文库

丛书主编

郑 毅

东疆史略

李健才 衣保中 编著

吉林文史出版社

图书在版编目（CIP）数据

东疆史略 / 李健才，衣保中编著. -- 长春：吉林
文史出版社，2021.1
（长白文库）
ISBN 978-7-5472-7580-1

Ⅰ.①东… Ⅱ.①李… ②衣… Ⅲ.①东北地区—地
方史 Ⅳ.①K293

中国版本图书馆CIP数据核字(2020)第252980号

东 疆 史 略

DONGJIANG SHILÜE

出 品 人： 张　强
编　　著： 李健才　衣保中
丛书主编： 郑　毅
责任编辑： 戚　晔　高丹丹
责任校对： 周长庆
装帧设计： 尤　蕾
出版发行： 吉林文史出版社有限责任公司
电　　话： 0431-81629369
地　　址： 长春市福祉大路出版集团A座
邮　　编： 130117
网　　址： www.jlws.com.cn
印　　刷： 吉林省优视印务有限公司
开　　本： 170mm×240mm　1/16
印　　张： 25.25
字　　数： 350千字
版　　次： 2021年1月第1版　2021年1月第1次印刷
书　　号： ISBN 978-7-5472-7580-1
定　　价： 248.00元

《长白文库》编委会

《长白文库》总序

中华优秀传统文化是中华民族的"根"和"魂",习近平总书记高度重视中华优秀传统文化,并将其作为治国理政的重要思想文化资源。"不忘本来才能开辟未来,善于继承才能更好创新。""优秀传统文化是一个国家、一个民族传承和发展的根本,如果丢掉了,就割断了精神命脉。"中华优秀传统文化具有多样性和地域性等特征,东北地域文化是多元一体的中华文化中的重要组成部分。吉林省地处东北地区中部,是中华民族世代生存融合的重要地区,素有"白山松水"之美誉,肃慎、扶余、东胡、高句丽、契丹、女真、汉族、满族、蒙古族等诸多族群自古繁衍生息于此,创造出多种极具地域特征的绚烂多姿的地方文化。为了"弘扬地方文化,开发乡邦文献",自 20 世纪 80 年代起,原吉林师范学院李澍田先生积极响应陈云同志倡导古籍整理的号召,应东北地区方志编修之急,服务于东北地方史研究的热潮,遍访国内百余家图书馆寻书求籍,审慎筛选具有代表性的著述文典 300 余种,编撰校订出版以《长白丛书》(以下简称《丛书》)为名的大型东北地方文献丛书,迄今已近 40 载。历经李澍田先生、刁书仁和郑毅两位教授三任丛书主编,数十位古籍所前辈和同人青灯黄卷、兀兀穷年,诸多省内外专家学者的鼎力支持,《丛书》迄今已共计整理出版了110 部 5000 余万字。《丛书》以"长白"为名,"在清代中叶以来,吉林省疆域迭有变迁，而长白山钟灵毓秀，蔚然耸立，为吉林名山，从历史上看，不咸山于《山海经·大荒北经》中也有明确记录，把长白山当作吉林的象征，这是合情合理的。"（《长白丛书》初版陈连庆先生序）

1983 年吉林师范学院古籍研究所（室）成立，作为吉林省古籍整理与研究协作组常设机构和丛书的编务机构，李澍田先生出任所长。全国高校古籍整理工作委员会、吉林省教委和省财政厅都给予了该项目一定的支持。李澍田先生是《丛书》的创始人，他的学术生涯就是《丛书》的创业史。《丛书》能够在国内外学界有如此大的影响力，与李澍田先生的敬业精神和艰辛努力是分不开的。《丛书》创办之始，李澍田先生"邀集吉、长各地的中青年同志，乃至吉林的一些老同志，群策群力，分工合作"（初版陈序），寻访底本，夙兴夜寐逐字校勘，联络印刷单位、寻找合作方，因经常有生僻古字，先生不得不亲自到车间与排版工人拼字铸模；吉林文史出版社于永玉先生作为《丛书》的第一任责编，殚精竭虑地付出了很多努力，为《丛书》的完成出版做出了突出贡献；原古籍所衣兴国等诸位前辈同人在辅助李澍田先生编印《丛书》的过程中，一道解决了遇到的诸多问题、排除了诸多困难，是《丛书》草创时期的重要参与者。《丛书》自 20 世纪 80 年代出版发行以来，经历了铅字排版印刷、激光照排印刷、数字化出版等多个时期，《丛书》本身也称得上是改革开放以来中国印刷史的见证。由于《丛书》不同卷册在出版发行的不同历史时期，投入的人力、财力受当时的条件所限，每一种图书的质量都不同程度留有遗憾，且印数多则千册、少则数百册，历经数十年的流布与交换，有些图书可谓一册难求。

1994 年，李澍田先生年逾花甲，功成身退，由刁书仁教授继任《丛书》主编。刁书仁教授"萧规曹随"，延续了《丛书》的出版生命，在经费拮据、古籍整理热潮消退、社会关注度降低的情况下，多方呼吁，破解困局，使得《丛书》得以继续出版，文化品牌得以保存，其功不可没。1999 年原吉林师范学院、吉林医学院、吉林林学院和吉林电气化高等专科学校合并组建为北华大学，首任校长于庚蒲教授力主保留古籍所作为北华大学处级建制科研单位，使得《丛书》的学术研究成果得以延续保存。依托北华大学古籍所发展形成的专门史学科被学校确定为四个重点建设学科之一，在东北边疆史地研究、东北民族史研究方面形成了北华大学的特色与优势。

2002年，刁书仁教授调至扬州大学工作，笔者当时正担任北华大学图书馆馆长，在北华大学的委托和古籍所同人的希冀下，本人兼任古籍所所长、《丛书》主编。在北华大学的鼎力支持下，为了适应新时期形势的发展，出于拓展古籍研究所研究领域、繁荣学术文化、有利于学术交流以及人才培养工作的实际需要，原古籍研究所改建为东亚历史与文献研究中心，在保持原古籍整理与研究的学术专长的同时，中心将学术研究的视野和交流渠道拓展至东亚地域范围。同时，为努力保持《丛书》的出版规模，我们以出文献精品、重学术研究成果为工作方针，确保《丛书》学术研究成果的传承与延续。

在全方位、深层次挖掘和研究的基础上，整套《丛书》整理与研究成果斐然。《丛书》分为文献整理与东亚文化研究两大系列，内容包括史料、方志、档案、人物、诗词、满学、农学、边疆、民俗、金石、地理、专题论集12个子系列。《丛书》问世后得到学术界和出版界的好评，《丛书》初集中的《吉林通志》于1987年荣获全国古籍出版奖，三集中的《东三省政略》于1992年获国家新闻出版总署全国古籍整理图书奖，是当年全国地方文献中唯一获奖的图书。同年，在吉林省第二届社会科学成果评奖中，全套丛书获优秀成果二等奖，并被国家新闻出版总署列为"八五"计划重点图书。1995年《中国东北通史》获吉林省第三届社会科学优秀成果二等奖。2005年，《同文汇考中朝史料》获北方十五省（市、区）哲学社会科学优秀图书奖。

《丛书》的出版在社会各界引起很大反响，与当时广东出现的以岭南文献为主的《岭南丛书》并称国内两大地方文献丛书，有"北有长白，南有岭南"之誉。吉林大学金景芳教授认为"编辑《长白丛书》的贡献很大，从《辽海丛书》到《长白丛书》都证明东北并非没有文化"。著名明史学者、东北师范大学李洵教授认为："《长白丛书》把现在已经很难得的东西整理出来，说明东北文化有很高的水准，所以丛书的意义不只在于出了几本书，更在于开发了东北的文化，这是很有意义的，现在不能再说东北没有文化了。"美国学者杜赞奇认为"以往有关东北方面的材料，利用日文资料很多。而现在中文的《长白丛书》则很有利于提高中国东北史的研究"（《长白丛书》出版十周年纪念会上的发言）。中国社会科学院边疆史地研究中心主任厉声研究员认为："《长白丛书》已经成为一个品牌，与西北研究同列全国之首。"（1999年12月在《长白丛书》工作规划会议上的发言）目前，《长白丛书》已被收藏于日本、俄罗斯、美国、德国、英国、加拿大、澳大利亚、韩国及东南亚各国多所学府和研究机构，并深受海内外史学研究者的关注。

为了更好地传承和弘扬优秀地域文化，再现《丛书》在"面向吉林，服务桑梓"方面的传统与特色，2010年前后，我与时任吉林文史出版社社长的徐潜先生就曾多次动议启动出版《长白丛书精品集》，并做了相应的前期准备工作，后因出版资助经费落实有困难而一再拖延。2020年，以十年前的动议与前期工作为基础，在吉林省省级文化发展专项资金的资助下，北华大学东亚历史与文献研究中心与吉林文史出版社共同议定以《长白丛书》为文献基础，从《丛书》已出版的图书中优选数十种具有代表性的文献图书和研究著述合编为《长白文库》加以出版。

《长白文库》是在新的历史发展时期对《长白丛书》的一种文化传承和创新，《长白丛书》仍将以推出地方文化精华和学术研究精品为目标，延续东北地域文化的文脉。

《长白文库》以《长白丛书》刊印40年来广受社会各界关注的地方文化图书为入选标准，第一期选择约30部反映吉林地域传统文化精华的图书，充分展现白山松水孕育的地域传统文化之风貌，为当代传统文化传承提供丰厚的文化滋养，是一件功在当代、利在千秋的文化盛举。

盛世兴文，文以载道。保存和延续优秀传统文化的文脉，是人文社会科学研究者的社会责任和学术使命，《长白丛书》在创立之时，就得到省内外多所高校诸多学界前辈的关注和提携，"开发乡邦文献，弘扬地方文化"

成为 20 世纪 80 年代一批志同道合的老一辈学者的共同奋斗目标，没有他们当初的默默耕耘和艰辛努力，就没有今天《长白丛书》这样一个存续 40 年的地方文化品牌的荣耀。"独行快，众行远"，这次在组建《长白文库》编委会的过程中，受邀的各位学者都表达了对这项工作的肯定和支持，慨然应允出任编委会委员，并对《长白文库》的编辑工作提出了诸多真知灼见，这是学界同道对《丛书》多年情感的流露，也是对即将问世的《长白文库》的期许。

感谢原吉林师范学院、现北华大学 40 年来对《丛书》的投入与支持，感谢吉林文史出版社历届领导的精诚合作，感谢学界同人对《丛书》的关心与帮助！

郑　毅

谨序于北华大学东亚历史与文献研究中心

2020 年 7 月 1 日

《长白丛书》序

吉林师范学院李澍田同志，悉心钻研历史，关心乡邦文献，于教学之余，搜罗有关吉林的书刊，上自古代，下迄辛亥，编为《长白丛书》，征序于予，辞不获命。爰缀予所知者书于简端曰：

昔孔子有言："夏礼吾能言之，杞不足征也。殷礼吾能言之，宋不足征也。文献不足故也，足则吾能征之矣。"说者以为："文，典籍也。献，贤也。"这是因为文献对于历史研究相辅相成，缺乏必要的文献，历史研究便无从措手。古代文献，如十三经、二十四史之属，久已风行海内外，家传户诵，不虞其失坠，而近代文献往往不易保存。清代学者章学诚对此曾大声疾呼，唤起人们的注意。于其名著《文史通义》中曾详言之。然而，保存文献并不如想象那么容易。贵远贱近，习俗移人，不以为意，随手散弃者有之。保管不善，毁于水火，遭老鼠批判者有之。而最大损失仍与政治原因有关。自清朝末叶以来，吉林困厄极矣，强邻环伺，国土日蹙。先有日、俄帝国主义战争，继有军阀割据，九一八事变后，又有敌伪十四年统治，国土沦亡，生民憔悴。在政权更迭之际，人民或不免于屠刀，图书文物更随时有遭毁弃和掠夺命运。时至今日，清代文书档案几如凤毛麟角，九一八以前书刊也极为罕见。大抵有关抨击时政者最先毁弃，有关时事者则几无孑遗。欲求民国以来一份完整无缺地方报纸已不可能，遑论其他。

中华人民共和国成立以来，百废俱兴，文教事业空前发展。而中经十年浩劫，公私图书蒙受极大损失，断简残篇难以拾掇。吉林市旧家藏书，"文革"期间遭到洗劫，损失尤重。粉碎"四人帮"后，祖国复兴，文运欣欣向荣，在拨乱反正的号召下，由陈云同志领导，大张旗鼓，整理古籍，一反民族虚无主义积习，尊重祖国悠久文化传统，为振兴中华，提供历史借鉴。值此大好时机，李澍田同志以一片爱国爱乡的赤子之心，广泛搜求有关吉林之文史图书，不辞劳苦，历访东北各图书馆，并远走京沪各地，仆仆风尘，调查访问，即书而求人，因人而求书，在短短几年内，得书逾千，经过仔细筛选，择其有代表性者三百种，编为《长白丛书》。盖清代中叶以来，吉林省疆域迭有变迁，而长白山钟灵毓秀，巍然耸立，为吉林名山，从历史上看，不咸山于《山海经·大荒北经》中也有明确记录，把长白山当作吉林的象征，这是合情合理的。

丛书中所收著作，以清人作品为最多，范围极其广泛，自史书、方志、游记、档案、家谱以下，又有各家别集、总集之属。为网罗散佚，在宋、辽、金以迄明代的著作之外，又以文献征存，史志辑佚、金石碑传补其不足，取精用宏，包罗万象，可以说是吉林文献的总汇。对于保存文献，具有重大贡献。

回忆酝酿编余之际，李澍田同志奔走呼号，独立支撑，在无人、无钱的条件下，邀集吉长各地的中青年同志，乃至吉林的一些老同志，群策群力，分工合作，众志成城，大业克举。在整理文献的过程中，摸索出一套先进经验，培养出一支坚强队伍。这也是有志者事竟成的一个范例。

我与李澍田同志相处有年，编订此书之际，澍田同志虚怀若谷，对于书刊的搜求，目录的选定，多次征求意见。今当是书即将问世之际，深喜乡邦文献可以不再失坠，故敢借此机会聊述所怀。殷切希望读此书者，要从祖国的悲惨往事中，培养爱国家、爱乡土的心情，激发斗志，为四化多做贡献。也殷切希望读此书者能够体会到保存文献之不易，使焚琴煮鹤的蠢事不要重演。

当然，有关吉林的文献并不仅以汉文书刊为限。在清代一朝就有大量的满、蒙文的档案和图书，此外又有俄、日、英、美各国的档案和专著。如能组织人力，有计划、有步骤地进行整理，提要钩玄勒成专著，先整理一部分，然后逐渐扩大，这也是不朽的盛业，李君其有意乎？

一九八六年五月一日

吉林　陈连庆　谨序

前　言

旧吉林省东部边疆地区，南起图们江源，北迄三江口，地跨二千里，含今吉林省延边朝鲜族自治州和黑龙江省牡丹江、合江两个地区。其间山峦起伏，江河纵横，沃野千里，为中国东北东部边疆奥区。

东疆素为东北边陲重地。远古以来，先后有肃慎、挹娄、沃沮、勿吉、靺鞨、女真等族生息繁衍于此，顽强地经营着东疆宝地，创造了多姿多彩的民族文化。近代以来，强邻环伺，边疆危机。沙俄鲸吞，吉林骤失江东领土；日帝肆虐，延边几成"间岛"异域。巍巍长白山，目睹着人世沧桑巨变；悠悠图们江，倾诉着祖国悲怆往事。

光复以降，东疆回到人民手中，历史揭开崭新篇章。延边成立自治州，各项事业欣欣向荣，经济、文化蓬勃发展，成为富有特色的民族自治区域。昔日号称"北大荒"的三江平原，如今已成为闻名遐迩的"北大仓"。延吉、牡丹江、佳木斯等大中城市迅猛崛起，图们、绥芬河等边贸口岸日益繁荣，祖国东疆正以崭新的姿态，活跃于东北亚经济大舞台。中共十一届三中全会以来，伴随改革开放大潮，东疆开发热浪波峰涌起。中苏东段边界签约，图们江出海口试航，长岭子等十处边境贸易口岸开辟，珲春"金三角"经济开发区筹建，东疆成为举世瞩目的热点。

然而欲图现代东疆大开发，必须对本地区的历史和现状进行全面纵深研究，为筹划边疆未来建设宏图提供依据。我们吉林师范学院古籍研究所，作为祖国东陲的地方文化研究机构，长期以来一直以弘扬乡邦文化、服务地方建设为职志。我们为现实东疆开发大潮所感奋，遂不辞艰辛，毅然请缨，九十年代初叶，承担了国家教委和吉林省教委以及吉林省社会科学规划的东疆研究历有年矣。清季以来，俄日频侵，疆土不保，一批爱国志士愤然而起，边疆学派勃然而兴。曹廷杰身入虎穴，考察失地，推出《东北边防辑要》《西伯利东偏纪要》和《东三省舆地图说》三大论著。吴大澂奉檄勘界，据理力争，国表有维，乃著《皇华纪程》《吉林勘界记》《奉使吉林日记》。嗣后日帝挑起"间岛"争端，吴禄贞受命于危难之际，惨淡经营，国土得守，乃作《延吉边务报告》，举凡延边史地、开发、界务诸端，备载详明，足资鉴证。匡熙民《延吉厅领土问题之解决》、宋教仁《"间岛"问题》诸论迭出，考证缜密，文字激扬，皆为声讨侵略者之檄文。清季白山弛禁，刘建封、张凤台、刘寿彭等人，密林探险，登临长白，征文考献，筹划开发，建树良多。举其大端，则有《长白山三江源流考》《长白山江岗志略》《长白汇征录》诸篇，为长白山区早期开发奠基立石。

边疆学派的东疆研究，给今人很多有益的启示。要言之，在于本乎爱国之心，应乎时事之需。或为界务谈判寻证，有功于国家；或为边疆开发筹划，造福于同胞。我们进行东疆课题，理应承继这份宝贵遗产，光大先贤爱国卫疆之志。为此，本项课题主旨，在于系统研究东疆历史演变规律，总结边疆开发经验，探求民族消长源流，明了边界变迁始末，揭示东疆区域文化特征。贯通古今，融合中外，在东北亚经济圈大范围内重新认识东疆的战略位置和经济地位，为边界谈判和边区开放提供决策咨询和历史借鉴，而于吉林省东部山区综合开发之战略大计或许不无裨益。

一切科研工作皆须从资料入手。祖国东疆历史悠久，内涵宏富，其间民族驳杂，此消彼长，兴亡更迭，争斗剧烈，在这一神奥领域演出了一幕幕有声有色的史剧。但因地处边隅，年代久远，文献无征，典籍鲜闻，声息隔绝，留下无数空白之页，给今人研究东疆史地带来极大困难。于是，我们毅然肩负起开掘东疆文献之重任。几年来，先后整理出版了《皇华纪程》《吉林勘界记》《延吉边务报告》《延吉厅领土问题之解决》《"间岛"问题》《长白山江岗志略》《长白汇征录》《东三省政略》《珲春县志》《珲牍偶存》《珲春琐记》《珲春地理志》《珲春副都统衙门档案选编》《东游纪程》《东陲纪闻》《奉使吉林日记》等十余部珍贵边疆典籍资料,为东疆研究奠定雄厚的基础。

与此同时,我们又先后组织四次大规模学术考察活动。1987年春秋两度考察扈伦四部。1988年7月,九人考察队顺松花江下漂,进行以东疆民族迁移为内容的学术考察。历时半月,行程五千里,临三江口而返,采集大批文物资料,收获甚丰。翌年暮秋,吉林师院古籍所偕延边州史志办公室及汪清县林业志办公室一行九人组成东疆考察队,奔赴延珲边境,考史迹、观形势、寻旧迹、采口碑,满载而归,发表纪闻两篇,颇获学界称道。此外,1990年盛夏,借召开清先史国际学术讨论会之机,我们又偕日本学者考察沿边古城。

在大规模文献整理和实地考察的基础上,我们开始着手进行专题研究。集聚中青年科研骨干十余名,组成东疆史地、东疆经济、东疆民族、界务交涉和边疆文化等五个课题组,分别就东疆历代疆域沿革,古今边疆经济开发,民族迁移及分布,历代边界勘察和交涉,边区教育与风俗等课题展开深入研究,撰写一批富有创见的学术论文,在《吉林师范学院学报》1990年第2期和《长白学圃》1991年第7期辟有"东疆研究"专栏,并拟不定期出版《东疆研究文集》。在此基础上,由各课题组通力合作,合著《中国东疆研究》鸿篇巨制,并形成一份颇具分量的《东疆综合开发规划》,奉献于祖国边疆建设大业。

目前,东疆研究仍处于拓荒期。除有零散论文外,迄今未见系统论著出世,致使人们欲论东疆,常有"不知从何说起"之感。幸而东疆课题愈益引起学界关注。中央民族学院历史系陈连开教授曾提出"图们江流域的历史考察"选题,获得吉林省考古研究所李健才研究员的共识,两位学界闻人共同拟定提纲,并由李健才先生撰成书稿六万言,投寄我处。余得之如获瑰宝,反复披览,弥足珍贵。是篇深入发掘东疆考古资料,广征原始文献史料，古代部分详述图们江流域悠久文化起源、民族源流、疆域沿革、行政管辖诸方面，而对东疆与中原王朝的密切联系尤加确考，证明图们江流域自古以来向为中国领土，爱国之情溢于言表。该稿晚清部分历数俄日侵掠东疆领土罪行，详考边界谈判和勘界过程，讴歌二吴力保疆土、巩固边防之伟绩，诚为爱国主义之生动教材。真是所见略同，相见恨晚。于是将这篇宏文纳入东疆出版课题，并嘱本所助理研究员衣保中同志续补民国及伪满部分。衣君接受任务后，奔波于长春、延边之间，广泛搜罗有关档案和中外文献资料，历年余而成文稿八万言，译稿六万言。文稿利用大量档案文献资料，对清末民初东疆的土地开发与经济建设，日本帝国主义侵略延边及各族人民反日斗争，中俄界务纠纷和中苏边境争端等课题进行深入、全面、系统的论述。译稿汇辑有关伪满时期东满政治、经济日文资料，尤详于日本移民侵略、张鼓峰事件和所谓"北边振兴计划"诸内容。译文前置评析，纠谬正讹，东满概貌跃然纸上。

李健才、衣保中著述合璧，为我们勾勒出从上古时代到二十世纪四十年代东疆万年历史的基本线索，实现了东疆史研究零的突破，为深入开展东疆研究打下良好基础。惜乎古代部分局限于图们江一段，未得东疆古史全貌。本拟由吉林师院历史系王崇时副教授增补乌苏里江流域古史内容，乃因王先生教学繁忙，又接受整理两元史任务，无暇于此，终未竟事，以致缺漏。所幸东疆研究课题刚刚展开，更加全面、系统的东疆史著指日可待。

《奉使吉林日记》乃是吴大澂筹办吉林边务的详细记录，《东陲纪闻》系无锡人士秦岱源供职中东铁路期间的游记，二书有关东疆见闻价值可贵，前者由刘贵君标注，后者由田新廷同志选辑校点，附录于后，可供参考。为方便今后的东疆研究工作，由吉林师院古籍所资料室杨立新女士汇辑有关东疆中文资料书目和论文索引，由衣保中同志辑译东疆日文资料索引，附于书末，分门别类，亟便检索。

总而言之，这部著作凝聚着史学前辈的智慧和青年作者的劳作，堪称佳构，可谓东疆研究课题的初步成果。值此合著付梓之际，聊赘数语，以为东疆研究纪序。

李　澍　田

识于吉林师院五号楼力耕斋

辛未年元月

目　　录

第一章　图们江流域古代历史的演变

图们江有珲春河、嘎呀河、布尔哈通河、海兰江等四大支流，所以图们江流域，包括延边除敦化外的大部分。因此，图们江流域的历史基本上也可以说就是延边地区的历史。在图们江流域发现了从旧石器时代到新石器时代、青铜时代的一些古代文化遗址，证实了延边图们江流域的历史是悠久的。早在战国时代成书的《山海经》就记载了东北图们江流域的著名大山不咸山（今长白山），及其附近的古代居民肃慎的情况[1]。据中国古代文献记载，和中原华夏族接触比较早的东北古代居民，有山戎、发、息慎（肃慎），并且都到周朝进过贡[2]，周王朝把肃慎居地看作自己的北部领土[3]。远在前21世纪以前的虞舜时代，就有关于东北古代居民和中原有了往来的传说。这些古代传说，虽然不能作为科学论证的根据，但从东北各地出土的鼎、鬲、豆等中原黄河流域所特有的典型代表文物来看，早在虞舜时代和周王朝时代，东北古代居民和中原华夏族之间的往来，还是可能和可信的。其后，历代王朝在图们江流域设官置守，不但有明确的文献记载，还有大量考古资料的证实。历代各族人民在图们江流域创造的丰富多彩的文化遗迹、遗物，生动地记录了这一地区的历史演变和发展。大量的考古资料和文献记载证实，这里的古代文化和中原古代文化有着源远流长的血肉联系。它是我国统一的多民族国家的历史见证，是中华民族文化的组成部分，是进行爱国主义教育的生动教材。

注：

[1]《山海经·大荒北经》;《山海经·海外西经》。

[2]《史记·五帝本纪》《大戴礼·少间篇》《逸周书·王会解》。

[3]《左传》昭公九年，周景王十二年（前533年）。

第一节 旧石器、新石器、青铜器
时代的文化遗存

一、26000年前，我们的祖先就劳动、生息、繁衍在图们江流域

1964年5月，在吉林省延边安图县明月镇东南2.5公里，布尔哈通河右岸石门山南坡上进行清理发掘石灰岩洞穴时，出土了大量的哺乳动物化石，并从中发现了一枚古人类牙齿。其后，在1973年和1981年，对洞穴又进行了两次清理。考古学界将与动物化石同时出土的这一枚古人类牙齿化石定名为"安图人"，是属于智人类型的古人类[1]。"安图人"所处的地质时代为晚更新世后期，应属于旧石器时代晚期。据碳14测定的年代，距今为26000年。"安图人"的发现，证实了最晚从26000年前的旧石器时代晚期开始，我们的祖先就劳动、生息、繁衍在延边图们江流域这块土地上。

二、4500年前，图们江流域已进入新石器时代

在图们江流域发现的新石器时代遗址约有十余处[2]，其中经过清理发掘，具有代表性的遗址为龙井县（现为龙井市）德新乡南10公里的金谷早期遗址[3]。在金谷早期遗址中，出土了磨制石器和带有"人"字纹、"雷纹"等纹饰的陶器等350多件，经碳14测定，其年代距今为4410—4540年，属于新石器时代晚期的文化遗存[4]。金谷早期遗址的发现，说明远在4500年前，相当于中原夏代以前，图们江流域已从旧石器时代进入到一个新的社会发展阶段——新石器时代。

三、3000年前，已进入青铜时代

在图们江流域已发现的青铜时代的文化遗址和墓葬共有20多处[5]，

经过清理发掘的有汪清县的百草沟遗址和新华闾墓葬、金城墓群；龙井县（现为龙井市）的金谷晚期墓群、龙泉遗址和船口古墓；珲春县（现为珲春市）的新兴洞墓群；延吉市的小营子墓群等。其中有代表性的是汪清百草沟遗址（下层）、小营子墓葬和金谷晚期墓葬。

据碳14测定，金谷晚期遗址和墓葬以及龙泉遗址的年代，距今约3000年前，相当于中原的商周时期。图们江流域的青铜时代遗址和墓葬，绝大多数还是使用新石器，而青铜器的使用还是很少的，只有青铜扣等一些装饰品，说明这一地区的青铜文化还是很不发达的。

注：

［1］姜鹏：《吉林安图人化石》载《古脊椎动物与古人类》1982年20卷1期。

［2］［3］［4］延边博物馆《延边文物简编》编写组；《延边文物简编》第16-25页。

［5］《延边文物简编》第26页。

第二节　汉、魏、晋时代的北沃沮

一、汉代北沃沮的文化遗存和分布

绥芬河中游的黑龙江省东宁县大城子、团结遗址，是北沃沮文化遗存中具有代表性的遗址。经碳14测定的年代，相当于秦、汉之际[1]。在图们江流域已发现的相当于秦、汉时代的"团结文化"遗址共有40多处，墓葬10多处[2]。在汪清百草沟遗址上层、现为珲春市二完小遗址、现为龙井市富裕乡大苏遗址等堆积中还出土有铁矛头、铁镬、铁器残片等，但数量和种类都比较少，生产工具主要还是以磨制石器为主，因此考古学界称之为"早期铁器时代"。

陶器以手制的夹砂素面褐陶为主，器型较大，流行圆柱状器耳。代表性的陶器有浅盘高圈足豆、敞口鼓腹紧身瓮、高领罐、敞口筒形罐，以及盆形多孔甑等。

从出土的陶豆、陶甑、仿铜石矛、铁镘等器物的形制来看，都和中原汉代的同类器物相似，特别是铁镘和中原地区的汉代同式铁镘完全相同。在团结遗址中还出土了和汉代铁镰完全相同的铁镰，以及汉宣帝时期的五铢钱。这些都反映了早在汉代，居住在今图们江流域的古代居民——沃沮人就和中原地区的经济文化有了密切的联系。

考古学界认为相当于汉代的"团结文化"为北沃沮人的文化遗存，因此，推定与"团结文化"相同的古代文化遗存为北沃沮人的分布范围。其西至哈尔巴岭[3]，东至日本海，南至图们江流域，北至兴凯湖以南的绥芬河流域。以今图们江流域为汉代北沃沮人的居地，和有关古代文献记载也大体相符。

二、汉、魏、晋时代的北沃沮

沃沮之名始见于汉初，《三国志·东夷传》载："汉初，燕亡人卫满王朝鲜，时沃沮皆属焉。"汉武帝元封三年（前108年），灭卫氏朝鲜，分其地为四郡，以沃沮地（包括南、北沃沮）为玄菟郡，"后为夷貊所侵，徙郡于高句丽西北，更以沃沮为县，属乐浪东部都尉"[4]。到东汉光武帝光武六年（30年）下令省边郡，罢都尉，封其县中渠帅为沃沮侯[5]。

西汉宣帝建昭二年（前37年），高句丽建国，初都纥升骨城（今辽宁省桓仁县城东北30里的五女山城）。3年迁都到国内及尉那岩城（今吉林省集安市及其西北5里的山城子）。当时的夫余和高句丽皆归汉代玄菟郡管辖。《三国史记》载：高句丽太祖大王四年（56年）秋七月，"伐东沃沮，取其地为城邑，拓境至沧海，南至萨水"[6]。萨水即今朝鲜境内的清川江。据《后汉书·东夷传·沃沮》记载："东沃沮，在高句丽盖马大山之东，东滨大海，北与挹娄、夫余，南与濊貊接。其地东西狭，南北长，可折方千里。"从东沃沮北与挹娄、夫余接的记载可知，这里所说的东沃沮包括南、北沃沮，而不是仅指南沃沮。南沃沮即沃沮城在今朝鲜咸镜南道的咸兴，北沃沮"去南沃沮八百余里"[7]，约当今图们江流域，和上述考古资料也相符。沃沮因"其土迫小，介于大国之间，遂臣属句丽"[8]。《三国史记》载，高句丽太祖大王四十六年（98年）春三月，王东巡栅城（在今珲春八连城即渤海东京龙原府附近的温特赫部城或沙齐城）。太祖大王五十年（102年）秋八月，遣使安抚栅城，可知高句丽的势力已到达北沃沮即今图们江口珲春附近。

正始五年（244年），曹魏派幽州刺史母丘俭征高句丽，攻陷丸都（今集安）。正始六年，再次东征，高句丽王位宫（即东川王优位居）[9]，逃到北沃沮。母丘俭遣玄菟太守王颀追击，"过沃沮千有余里，至肃慎氏南界，刻石纪功，刊丸都之山，铭不耐之城。诸所诛纳八千余口，论功行赏，侯者百余人。穿山溉灌，民赖其利"[10]。从北沃沮（今图们江流域等地）、肃慎（在北沃沮之北）的地理位置和"过沃沮千有余里，至肃慎氏南界"[11]，以及"过沃沮，践肃慎之庭，东临大海"[12]的记载可知，曹魏军队已到达今图们江流域。这是中原王朝的军队继汉武帝出兵朝鲜置四郡以后，又一次具有深远影响和重要历史意义的一次远征。它加深了中原王朝和人民对东北边疆地区古代各族的联系和了解。

其后，曹魏因忙于和南方蜀、吴争夺中原，无暇东顾，沃沮、不耐涉等地复归高句丽。沃沮之名从两汉直到魏、晋正式见于史籍，最后到西晋武帝太康六年（285年），扶余为慕容廆所袭破，"其王依虑自杀，子弟走保沃沮"[13]，从此以后，沃沮之名不见史册。

东晋时，高句丽逐渐强大起来，405年，高句丽尽得辽东、玄菟两郡之地[14]。410年，又攻占了东夫余（即夫余）的大片领土[15]，高句丽的疆域大为扩张。

注：

[1] 干志耿、孙秀仁著：《黑龙江古代民族史纲》第188页。

[2]《延边文物简编》第24页。

[3] 有的推定西至老爷岭或张广才岭，但老爷岭以东嘎呀河流域发现

一些"团结文化"遗址。张广才岭当是肃慎的西界，而不是北沃沮的西界。

[4]《后汉书·东夷传·沃沮》。

[5]《三国志·魏书·东夷传·沃沮》《后汉书·东夷传·沃沮》。

[6]《三国史记》东明圣王十年（前28年）："灭北沃沮，以其地为城邑"的记载不确，故不取。

[7][8]《后汉书·东夷传·沃沮》。

[9]原文"句丽王宫"为东川王位宫之误。

[10][11]《三国志·魏书·毋丘俭传》。

[12]《三国志·魏书·东夷传》。

[13]《晋书·四夷传·东夷》。

[14]《资治通鉴》卷114，《晋纪》36，安帝义熙元年（405年）正月戊申。

[15]《好太王碑》。

第三节　从南北朝到唐初的靺鞨白山部

494年，夫余为勿吉所逐，夫余灭亡，勿吉进入夫余故地。从南北朝开始，在今图们江并长白山一带，出现了勿吉即后称靺鞨七部之一的白山部。这时沃沮已为靺鞨七部之一的白山部取而代之，并融合于其中。白山靺鞨即靺鞨与沃沮的融合体。因此，朝鲜学者丁若镛在《大韩疆域考》卷4《靺鞨考》中认为所谓靺鞨（即靺鞨）就是沃沮。白山部在"粟末之东"，即沃沮故地，在今吉林省延边长白山和朝鲜咸镜南、北道一带。"白山（靺鞨）本臣高丽，王师取平壤，其众多入唐，汨咄（伯咄）、安居骨等皆奔散，寝没无闻焉，遗人并入渤海"[1]。即唐灭高丽后，白山靺鞨和高丽中的一部分人被迁到唐代营州（今辽宁省朝阳市）一带。靺鞨中的伯咄、安居骨等部也在唐灭高丽后逃奔各地，渤海建国后，并入渤海，到辽代称为女真各部。

[1]《新唐书·黑水靺鞨传》。

第四节　唐代渤海的中京和东京

668 年，唐灭高丽后，一部分高丽人和过去在高丽统治下的一部分靺鞨人（白山部）被迁到唐朝营州（今辽宁省朝阳市）一带。696 年，因为他们都参加了契丹人的反唐斗争，在唐军的进攻和镇压下，被迫离开营州。靺鞨人和高丽人先后在乞乞仲象和大祚荣父子的领导下，东渡辽水，于698 年，在奥娄河（今牡丹江）上游的东牟山建国，国号曰震，定都旧国（今吉林省敦化敖东城），建立了以靺鞨族为主体，联合一部分高丽贵族的政权。713 年（唐开元元年），唐玄宗派郎将崔忻册封大祚荣为渤海郡王、忽汗州都督，从此去靺鞨之号，专称渤海，成为唐朝的藩属国。先后归唐朝的营州都督、幽州都督、营州平卢军使、平卢节度使和淄青平卢节度使管辖。渤海从大祚荣建国，到第十代宣王大仁秀时（818—830 年）统一靺鞨各部，到第十三代大玄锡时（872—893 年），"遂为海东盛国"[1]。渤海设五京十五府六十二州统辖全国各地。渤海五京即上京龙泉府（在今黑龙江省宁安县渤海镇）、中京显德府（在今吉林省延边和龙市西古城）、东京龙原府（在今延边珲春市八连城）、南京南海府（在今朝鲜咸镜南道的咸兴）[2]、西京鸭绿府（在今吉林省临江市）。渤海五京中有两京（中京和东京）在延边图们江流域。从图们江流域分布的许多渤海古城、古墓葬、古遗址[3]可以证实，到唐代渤海时期，图们江流域的经济文化较前有了重大发展。

渤海中京显德府辖有卢、显、铁、汤、荣、兴 6 州。据《辽史·地理志》东京道条载，这 6 个州共领有 20 个县。今和龙县西古城（中京显德府）周围已发现的渤海古城（包括平原城和山城）有 20 多座，多在西古城四周大小河口或交通要道附近，和文献所载中京所辖 6 州和 20 个县的数目基本相符。

西古城（中京）周围还分布着 10 多处渤海墓群，上千座墓葬。经清理发掘的重要渤海墓有：1971 年清理了已被破坏的今和龙市八家子镇河南屯古城内的渤海贵族墓。从出土的金银器物以及花纹形制来看，有明显的唐代风格[4]。1973 年，在今和龙市八家子镇北大村渤海墓群中，清理了 54 座墓，皆为单室石室封土墓。出土文物有鎏金莲瓣式饰件、银钗、铜带具、菱花式铜镜、凿形铜镞等。出土的铜镜、铜带等器物，和唐代相同或相似[5]。1980 年，清理发掘了今和龙市龙水乡龙海村西龙头山上的贞孝公主墓，此墓早已被盗，所剩文物不多，但墓室内还是留有壁画和贞孝公主墓志。贞孝公主墓壁画，是首次发现的唯一的渤海壁画，它展现了渤海人的形象和绘画艺术的卓越成就。壁画的服饰和墓志的内容，生动、具体地证实了唐代文化艺术和封建伦理道德对渤海的深刻影响[6]。同时，贞孝公主墓的清理发掘，为推定今和龙市西古城为渤海中京，增加了一条重要依据。至此，西古城为渤海中京可谓已成定论。

渤海东京龙原府（今珲春八连城）辖有庆、盐、穆、贺 4 州。庆州在今珲春市三家子乡古城村的温特赫部城[7]。盐州在今俄罗斯波谢特湾北克拉斯基诺附近的下岩杵河河口附近的岩杵（亦书颜楚、眼春）渤海古城[8]。穆、贺 2 州当在今珲春市境内的渤海古城中求之。据《辽史·地理志》东京道条载，4 州共领有 18 个县。在珲春市境内的渤海古城已发现的约有十三四座。再加上今俄罗斯波谢特湾附近的渤海古城和东京龙原府所辖 4 州 18 个县的数目基本相符。

渤海建国后，唐朝的册封使和渤海的朝贡使，通过朝贡道和营州道进行频繁的往来，其中的朝贡道通过今延边图们江流域[9]。渤海中京显德府（显州）就是朝贡道上的一座重镇。据统计，从唐中宗神龙元年（705 年）到唐昭宗乾宁元年（894 年），唐朝派遣册封使达 13 次之多[10]。渤海遣使朝贡者，从唐玄宗开元元年（713 年）到唐懿宗咸通年间（860—874 年）共有 90 次[11]。其间并"数遣诸生诣京师大学，习识古今制度"[12]。开元二十六年（738 年），渤海遣使求写《唐礼》《三国志》《晋书》《三十六国春秋》，许之"[13]。由此可知唐朝和渤海在政治、经济、文化上的密切联系。高度发展的唐代经济文化，通过朝贡道传入渤海，对渤海的发展有很大影响。

注：

[1]《新唐书·渤海传》。

[2] 南京南海府的位置有在今朝鲜咸镜南道的咸兴、北青和咸镜北道的镜域三说，今采咸兴说。

[3]《延边文物简编》第 72—90 页。

[4] 郭文魁：《和龙渤海古墓出土的几件金饰》，载《文物》1973 年 8 期。

[5]《和龙县文物志》第 32—36 页。

[6]《和龙县文物志》第 20—26 页。

[7] 李健才：《东北史地考略》第 71—73 页。

[8]《中国历史地图集》释文汇编东北卷第 102 页。

[9] 李健才：《东北史地考略》第 49—55 页。

[10] 金毓黻：《渤海国志长编》卷 7，大事表。

[11][12]《新唐书·渤海传》。

[13]《册府元龟》第 6 册，卷 999，请求条，原文作开元三十六年，系二十六年之误。

第五节　辽代的蒲卢毛朵部和长白山女真部

926 年，辽灭渤海后，担心渤海遗民"居远境，恐为后患"[1]，为了巩固其统治，将渤海州县和人民，迁到辽上京和东京一带[2]。从今延边图们江流域的渤海古城内，只有渤海文物，而不见辽、金文物，可知后代并没有沿用，在辽代废弃以后，成为废墟。唐代渤海境内的黑水靺鞨，到辽代称为生女真。辽灭渤海后，一部分被迫南迁，北方的黑水靺鞨乘虚而入，南下进入渤海故地[3]，即今图们江流域和朝鲜咸镜道一带，他们和当地没有南迁的渤海人融合在一起，成为长白山三十部女真和蒲卢毛朵部。他们介于契丹和高丽之间，叛附不定。《高丽史》称之为"黑水蕃众"或"黑水国人"。辽对辖境内的各族人民采取"因俗而治"的方针。对汉人和渤海人置府州县来管理；在女真等氏族地区置大王府、王府、节度使统辖女真各部，在今延边图们江流域以及朝鲜咸镜南、北道地区置长白山女真国大王府和蒲卢毛朵部大王府，在今俄罗斯沿海州地区置渤海女真国大王府统辖女真各部。此外，辽还在渤海率宾府故地置率宾府（在今绥芬河流域）[4]。辽代率宾府置刺史，府治在今俄罗斯乌苏里斯克，即双城子辽金古城。上述女真各部大王府和率宾府都在辽代东京道的辖境内。

一、辽代长白山三十部女真的分布地区

辽代长白山女真有的记载为"长白山三十部女真"[5]"女真三十首领"[6]"女真三十姓部落"[7]"三十姓女真"[8]。《高丽史》所载"女真三十姓部落"[9]和《三朝北盟会编》所载"三十姓女真"[10]的三十姓名称，多数都不相同，只有一少部分（如徒单与徒恩、温迪掀与晕底宪、乌陵与乌临大、排磨申与排门异等）相同。说明两者既有联系，又有不同，两者在以前属于同一部落，其后由于迁徙发展扩大，又分出新的部落散居不同的地区，形成新的共同体。长白山三十部女真当因地近长白山而得名。后来有的迁移到朝鲜的咸镜南、北道一带。

关于辽代长白山三十部女真的分布区域，史学界有三种不同的看法。一是认为在长白山延边地区和朝鲜咸镜南、北道一带；二是认为在今长白山延边地区；三是认为在今朝鲜城川江流域的咸兴平原。

《高丽史》卷4，显宗三年（1012年）闰十月："女真毛逸罗、鉏乙豆率部落三十姓诣和州乞盟，许之。"同书卷7，文宗元年（1047年）八月："蒙罗古村、仰果只村等三十部落番长率众内附。"同书卷9，文宗二十七年（1073

年）五月：“三山村尹祖西老等三十徒酋长。”上述和州即今朝鲜咸镜南道的永兴。蒙罗古村即今咸镜南道的英州城，在城川江畔东兴里。三山村即元代的三散，在今咸镜南道的北青。由此可知，女真三十部在今朝鲜咸镜南道的咸兴平原一带。但据《金史·食货志》户口条载：“大定十七年五月，省奏，咸平府路（府治在辽宁省开原老城镇）一千六百余户，自陈皆长白山、星显、禅春河女真人，辽时签为猎户，移居于此，号移典部，遂附契丹籍。”星显、禅春（漯春）两河在今图们江以西[11]，即今图们江的支流嘎呀河、布尔哈通河[12]。这里所说的辽代“长白山、星显、禅春河女真人”，即辽代长白山三十部女真人，居住在今长白山、嘎呀河、布尔哈通河一带，乙典部是原居上述地区后移至今辽宁北部者。又从《三朝北盟会编》卷3所载，长白山三十部女真之一的温迪掀，即《高丽史》卷4，显宗三年（1012年）三月条所说的三十姓（部）之一的晕底宪。温迪掀、晕底宪即《金史》所说的温迪痕、温迪罕、温特罕。据《金史·世纪》和《金史·留可传》载：“统门水温迪痕部”，可知温迪痕部在今图们江流域，即和今珲春市三家子乡温特赫部城（渤海城）相连的斐优城（辽、金城），两城西距图们江一里。长白山三十部女真各个部落的地理位置，虽然难以一一搞清，但其中有的如上述文献所载在长白山、图们江、朝鲜咸镜南、北道一带，还是明确的，因此长白山三十部女真即女真三十姓部落的分布范围当在今延边图们江、长白山和朝鲜咸镜南、北道一带。辽设长白山女真国大王府管辖，大王府的位置，由于缺乏记载，属今哪一古城难以推定。

二、蒲卢毛朵部的地理位置

《辽史》卷88列传大康义载：“蒲卢毛朵界多渤海人。”《辽史·圣宗本纪》太平六年（1026年）四月：“蒲卢毛朵部多兀惹户。”兀惹户是渤海遗民之一。《辽史》载：太平七年（1027年）正月，“蒲卢毛朵部遣使来贡。”重熙十三年四月，辽派兵“攻蒲卢毛朵部”。重熙十五年（1046年）二月，“蒲卢毛朵界曷懒河户来附”。重熙十七年（1048年）四月，“蒲卢毛朵部大王蒲辇，以造舟人来献”。

辽设蒲卢毛朵部大王府[13]来管理。

关于蒲卢毛朵部的地理位置，有的认为在今朝鲜咸兴平原[14]；有的认为在今延边海兰江[15]。从蒲卢毛朵界内有曷懒河（今海兰江），以及其名多与回跋、曷苏馆或长白山太师等名并提的记载来看，蒲卢毛朵部有一部分在今海兰江一带还是可以肯定的。但从全面来看，"定蒲卢毛朵部在今吉林省海兰江流域与朝鲜咸兴平野之间"[16]还是可信的。

长白山三十部女真的蒲卢毛朵部地处辽与高丽之间，叛附不定，有时归附于高丽[17]。到辽圣宗时，为争夺"高句丽旧地"，对高丽发起 3 次（993 年、1010 年、1018 年）进攻。到开泰九年（1020 年）高丽遣使请和，归还江东 6 州。因此，长白山三十部女真和蒲卢毛朵部摆脱高丽的控制，又纷纷接受辽的官爵，表示臣服[18]。到辽末为女真完颜部统一[19]。长白山女真和女真完颜部因和经济文化比较发达的高丽邻近，在长期的经济贸易中，"得铁既多"，已大量使用铁器，社会经济文化得到迅速发展。女真完颜部统一女真部以后，发展壮大起来，和高丽发生冲突，展开了争夺曷懒甸的斗争。

三、辽末女真完颜部发展到长白山和曷懒甸一带

《金史·世纪》载：女真完颜部从始祖函普五传至昭祖石鲁时，其年代当在辽兴宗太平、重熙年间，"昭祖耀武至青岭、白山，顺者抚之，不从者讨伐之"，已将其势力发展到延边长白山一带。六传到景祖乌古乃时，约当辽道宗时代，白山、统门（今图们江）等地的女真人已开始接受女真完颜部的控制。十传至康宗乌雅束时（在高丽肃宗九年，辽天祚帝乾统四年，1104 年），乌雅束遣石适欢率兵追击未附女真，进入曷懒甸（今朝鲜咸兴平原），到达高丽长城附近[20]。这时高丽长城外，皆为女真完颜氏所有。这一长城即高丽靖宗十年（1044 年），筑定州城（今朝鲜咸镜南道咸兴西南 35 里的定平）的同时修筑的长城。此即西南与高丽接界的曷懒甸长城，在定州、宣德（咸兴西南 45 里）、元兴（定平南 50 里）三关门一带。

高丽睿宗二年（1107 年），发兵进攻女真，高丽战败请和。同年十二月，高丽又大举进攻，大败女真军。睿宗三年（1108 年）四月，在女真占据地区，自咸州（今咸兴）至公崄镇（朝鲜吉州西南大德里山城）筑九城（成州、英州、福州、雄州、吉州五州城和公崄、通泰、真阳、崇宁四镇城）为界，立碑先春岭，皆徙南界民实之。其后女真不断来攻，高丽战败，终于在睿宗四年（1109 年）七月，退还九城，女真收复高丽所侵故地[21]。此即后来《李朝实录》中所说的"本国东北地方，自公崄镇历孔州、吉州、端州、英州、雄州、咸州等，俱系本国之地，到辽乾统七年（1107 年），东女真作乱，夺据咸州迤北之地"的事实。

注：

[1]《辽史》卷 75，《耶律羽之传》。

[2]《辽史·地理志》上京道、东京道条。

[3]《高丽史》卷 4、卷 5，《显宗世家》。

[4]《辽史·地理志》东京道、率宾府条。

[5]《辽史·圣宗本纪》开泰元年（1012 年）正月条。

[6]《续资治通鉴长编》卷 32。

[7][8]《高丽史》卷 4《显宗世家》显宗三年三月。

[9][10]《三朝北盟会编》卷 3。

[11]《金史·太宗本纪》天会九年正月条。

[12]《中国历史地图集》释文汇编东北卷第 183 页。

[13]《辽史》卷 46。《百官志》。

[14]池内宏：《完颜氏经略曷懒甸和尹瓘九城之役》附蒲卢毛朵部，载《满鲜地理历史研究报告》第 9 册。

[15]《吉林通志》卷 11；日本和田清：《东亚史研究》（满洲篇）第 184 页。

[16]《中国历史地图集》释文汇编东北卷，第 160 页。

[17]《高丽史》卷 7，文宗元年（1047 年）八月。

[18]《辽史·圣宗本纪》开泰元年（1012 年）正月；同书太平元年（1021

年）四月。

[19]《金史·世纪》。

[20]《高丽史》卷12，肃宗九年（1104年）正月条；《金史·高丽传》。

[21]《高丽史》卷13，睿宗四年十月丙午；《金史·世纪》《金史·斡鲁传》《新增东国舆地胜览》卷48，咸兴府。

第六节　金代的曷懒路和东夏的南京路

一、白山、黑水和徒门水

白山、黑水之名同时出现，始见于《金史·世纪》："生女真地有混同江、长白山，混同江亦号黑龙江，所谓白山、黑水是也。"金代所说的白山即长白山的简称，黑水指今第一、二松花江和黑龙江下游[1]。白山、黑水是我国名山大川之一。早在战国时代成书的《山海经》就记载了东北古代名山不咸山（今长白山）和古代居民（肃慎）。吴士鉴《晋书斠注》："不咸山即长白山。"由上可知，早在战国时代，东北名山——不咸山（今长白山）就名闻于中原了。

《吉林通志》谓：今长白山，汉以前称不咸山，"汉曰单单大岭"，"魏曰盖马大山"[2]。后人多从其说，实为以讹传讹。单单大岭是汉代乐浪郡与其东部都尉所领七县的分界线[3]，在今朝鲜境内。盖马大山在东沃沮以西，当今朝鲜境内的狼亦山脉[4]。长白山从战国到南北朝以前，一直称为不咸山。如果汉称单单大岭，魏称盖马大山，为什么到晋代又称为不咸山？从《晋书·四夷传》"肃慎氏，一名挹娄，在不咸山北"的记载可知，直到晋代仍称为不咸山。到南北朝的北魏时才改称徒太山[5]。到唐代又改称太白山[6]。隋、唐时代，靺鞨七部中有白山部，辽代女真各部中有长白山部，但这是以部族名而非以山名出现的。虽然白山部和长白山部都在今长白山一带，但以山名正式出现还是从金代开始[7]。

金朝认为"长白山在兴王之地,礼合尊崇,议封爵,建庙宇"[8]。因此,在大定十二年（1172 年）十二月,封长白山为"兴国灵应王,即其山北地建庙宇"。大定十五年三月,奏定册封仪物,每年春秋二仲择日致祭。明昌四年（1193 年）十月,"复册为开天弘圣帝"[9],可见金朝对兴王之地的长白山加封与祭祀均非常崇敬。

在今长白山北百余里的宝马城（在今安图县二道镇北 12 里）,周长470 米,据亲自调查,在这一古城中,有渤海、辽、金、明、清砖瓦,可见历代沿用此城。其中最多的砖瓦块是辽金时代的,渤海的仅采集到一片指压纹板瓦块。地面上也有一些清代薄而小的瓦块。由此可知,长白山北的宝马城可能是金代建立庙宇之地。

图们江之名,始见于《金史》[10],《金史·世纪》作统门水。《金史·太宗本纪》太宗九年正月条作徒门水。统门水、徒门水,即今图们江。徒门水,元、明、清文献有时称图们江上源为阿也苦河或爱滹江、爱呼江。阿也苦河"源出长白山,东流入海"[11]。清代有时图们、土门[12]并用。图们江自清代开始,一直沿用至今。朝鲜文献均书为豆满江或豆漫江[13]。统门、徒门、土门、图们、豆满、豆漫,均为一音之转。"女真语谓万为豆满（豆漫）,以众水至此合流故名之"[14]。图们江有珲春河,嘎呀河、布尔哈通河、海兰江 4 大支流,即《金史·世纪》和《金史·太宗本纪》天命九年条的浑疃（浑蠢）水（今珲春河）、潺蠢（禅春）水（今嘎呀河）、星显水（今布尔哈通河）、曷懒水[15]（今海兰江）。这些山川的名称,都是在辽末,女真完颜部发展到图们江流域以后才见于文献记载的。

二、金代的曷懒路

女真完颜部统一女真各部,势力日益强大,1114 年,终于在阿骨打的领导下起兵反辽,1115 年,建立金国。金国建立后,分金国为五京十四总管府,是为十九路。今延边图们江流域为金上京路（今黑龙江省哈尔滨市阿城区白城）辖境。金在上京路女真地区设有蒲与路（今黑龙江省克东县金城乡古城村）、胡里改路（今黑龙江省依兰县城）、恤品路（今俄罗斯乌苏里斯克，即双城子）、曷懒路（今朝鲜咸镜南道的咸兴）管辖女真猛安谋克户。今延边图们江流域和今朝鲜咸镜南、北道都在金代曷懒路的辖境内。

早在女真建国前，已占据咸州以北之地，以定州、宣德、元兴三关门一带的长城与高丽接界，此即金代曷懒路的南界。据载："命以徒门水以西，浑疃、星显、潺蠢三水以北闲田给曷懒路诸谋克。"[16] 徒门水即今图们江，浑疃即今珲春河，星显即今布尔哈通河，潺蠢（亦书禅春）即今嘎呀河。由此可知，金代曷懒路的辖境包括今朝鲜咸镜南、北道和今延边图们江流域。

关于曷懒路的路治当今何地的问题，有当今朝鲜咸镜南道的咸兴[17]、咸镜北道的镜城[18]、咸镜北道的吉州[19]、今延边和龙市的东古城[20]诸说。

推定金代曷（合）懒路的主要根据是《金史·地理志》上京路合懒路条：合懒路"有移鹿古水，西北至上京一千八百里，东南至高丽界五百里"。又据《高丽史》卷5地理志载：高丽的东北界即合懒路的西界，即定州、宣德、元兴三关门一带。无论把合懒路的路治推定在上述哪一地点，其西北为上京，西南为高丽界或高丽国都。因此，所谓合懒路"东南至高丽界"，必为"西南"之误。又因为合懒路西南至高丽界（三关门一带）仅40余里，只有到高丽都城开京（今朝鲜开城）才和500里的记载相符。所以《金史·地理志》所载："东南至高丽界五百里"，实为"西南至高丽五百里"之误。丁谦认为"案此界字必误"[21]的看法是正确的。有的认为今朝鲜咸镜北道的吉州至高丽界正为500里，因此便把金代合懒路的路治推定在吉州。但是与合懒路"西北至上京一千八百里"的记载不符。从金代上京会宁府（今黑龙江省哈尔滨市阿城区白城）到合懒路的路线[22]来看，从吉州到今哈尔滨市阿城区白城（金上京）才仅一千三四百里，其他如从镜城和今延边海兰江的东古城到上京就更少于一千三四百里。而从今咸兴到金上京的方向距离则和"西北至上京一千八百里"的记载完全相符。特别是合懒路有移离骨水，它是当今哪一条河流，虽然还有不同看法，但都认为在今朝鲜咸镜南、北道境内，而决不在今延边海兰江流域。以上是推定金代合懒路治不在今海兰江流域的根据。

咸州（今咸兴）是高丽地名，而哈兰、合兰、合懒则是女真方言。咸州、哈兰是在蒙古进占这一地区以前的地名，在金代就有咸州、哈兰的地名[23]。所以金、元时代的合懒（哈兰、合兰）路的路治都在今朝鲜咸镜南道的咸兴。

三、延边长城

在今吉林省东部延边地区和黑龙江省牡丹江地区先后发现了古代长城遗迹。关于延边长城的情况，魏声和在《珲春古城考》以及《龙井县文物志》《和龙县文物志》等书中都有片断的记载。延边长城的全面分布情况，尚待今后的调查。在今和龙、龙井、延吉市北部山区的一段长城，多为土筑，也有石筑和土石混筑的，大部分地段修筑在山脊或山脊的一侧，部分地段跨越山岭、峡谷和河川。据调查，这段长城，"西自和龙县八家子镇丰产开始，经和龙县的西城、龙门乡，再往龙井县的细鳞河乡、桃源乡、铜佛乡、朝阳乡、八道乡，延吉市的烟集乡、龙井县的长安镇磨盘村（城子山山城附近），东至长安镇鸡林北山，总长一百余公里。古长城多已湮没，如今断续不连，在古长城左右两侧，筑有数十座墩台，当是瞭望台或烽火台"[24]。

此外，在黑龙江省东部牡丹江地区也发现两道长城遗迹。"一道在牡丹江左岸支流海浪河的北岸，略呈东西走向。另一道在镜泊湖东岸的山村中，也是东西走向"[25]。

关于延边长城的年代问题，有的根据1986年在延吉市北部清茶馆附近的长城墩台断面上采集的木炭标本，经碳14测定的年代为"距今1580±75年（树轮校正年代），相当于东晋时期，也就是相当于高句丽王朝中期"[26]。因此认为今延边长城是高句丽为防御北方挹娄人的南侵，动员北沃沮居民而修筑的[27]。

距今1580年前后，即410年前后，正当东晋安帝和高句丽好太王时代。这一时期正是高句丽的极盛时期，和慕容燕争夺辽东，并占领了辽东，最后向北方进攻东夫余即夫余，将其势力推进到第二松花江以南一带。高句丽好太王和长寿王时期又大举南下进攻百济。从历史记载来看,410年前后,高句丽的主要威胁和进攻对象不是北方的挹娄。高句丽在410年前后的战争,主要和慕容燕争夺辽东地区,并向北进攻夫余,向南进攻百济,没有和挹娄作过战。虽然《三国志·魏书·挹娄传》载:"其国(挹娄)便乘船寇盗,邻国患之。"又同书,东沃沮传载:"挹娄喜乘船寇钞,北沃沮畏之,夏月中要在山岩深穴中为守备,冬月冰冻,船道不通,乃下居村落。"这仅是挹娄在夏季通船以后,对邻近北沃沮的小股骚扰,规模不大,时间不长。410年前后,高句丽当时正处在向外扩张和进攻的阶段,而不是防御阶段,高句丽没有必要兴师动众修筑长城来防御北方挹娄的侵扰。而且410年前后,勿吉代替了挹娄、北沃沮之后,到东晋时已不见于史册。文献史料也没有高句丽在北沃沮地区修筑长城的记载。因此在墩台断面上采集的木炭标志,当是修筑墩台以前的遗物,混到墩台内的,还不能肯定就是长城墩台的建筑时间。如在辽、金古城墙的断面上也常见有前代文物,甚至也有石器夹杂其中。又如在珲春三家子乡斐优城墙的断面上就有许多渤海时代的瓦片,但斐优城不是渤海城,而是辽、金城。

也有的认为延边长城可能是金末蒲鲜万奴建立的东夏国,为防御蒙古而修筑的。这一推测不见文献记载。蒲鲜万奴从1215年建国,到1233年灭亡,仅19年,在这短短的19年中,东征西讨,转战各地,文献都有记载,而独对修筑长城这样的大事没有记载,这是不可能的。其次是,蒲鲜万奴在建立东夏初期,"仍羁属蒙古"[28],在1218年和1219年,曾和蒙古、高丽三方联合攻打契丹反金势力[29]。因此,在1219年以前,不会修筑长城来防御蒙古。1217年,木华黎进军中原,1219年,成吉思汗西征,这时蒙古无暇东顾,因此,万奴在1224年,曾企图乘机脱离蒙古而独立[30],但这时(1224年),距东夏灭亡(1233年),仅有八九年的时间,也难以修筑这样大规模的长城。

魏声和说:"或谓金源之兴,与高丽争界,此实当交战之冲,古垒纵横,即其遗迹云。"这一推论和文献记载基本相符。女真完颜部建国前,和高丽争夺曷懒甸时期，高丽曾修筑长城以及九城，而斡鲁"亦对筑九城，与高丽九城抗，出则战，入则守，斡赛用之，卒城高丽"[31]。女真建国后，天辅三年（1119年），"高丽增筑（曷懒甸）长城三尺，边吏发兵止之，弗从。报曰：'修补旧城'，曷懒甸孛堇胡剌古、习显以闻。诏曰：'无得侵轶生事，但慎固营垒，广布耳目而已'"[32]。以上是女真在建国前后，和高丽在曷懒甸修筑城堡和长城互相对峙的记载。今延边长城，在金代属曷（合）懒路辖境（见上述）。金代"曷懒（路）地接高丽"[33]。今延边金代古城及长城，和高丽所筑曷懒甸九城以及长城南北相对，当为金代防御高丽的进攻而修筑的。今延边长城的形制，有界壕、边墙、堡垒，和今大兴安岭东麓的金代界壕、边堡形制相同。又据《大金国志》卷24，《章宗皇帝本纪》载：泰和元年（1201年），"冬，浚界，深广各三丈，东接高丽，西达夏境，列屯戍兵数千里，防其复至"。这一记载明确指出金代为了"防其复至"曾修筑了"东接高丽"和"西达夏境"的两道界壕边堡（即长城）。因此，今延边和朝鲜咸境南北道境内的城堡和长城遗迹，当为金代曷懒路"东接高丽"的长城。所谓"西达夏境"即指从今东北呼伦贝尔盟莫力达瓦旗起，沿大兴安岭东麓西南行，穿过锡林郭勒盟草原，直到阴山背后大青山北部群山中的金代界壕边堡。

四、东夏的南京路

金末，蒙古从北方进攻，金在东北的统治日趋瓦解。贞祐三年（1215年）正月[34]，蒲鲜万奴据辽东叛金自立，称天王，国号大真，改元天泰。1215年10月，蒲鲜万奴率众逃到东海地区，以开元（北京）、南京为根据地建立东夏。东夏的疆域"其地南接高丽，北界混同江"[35]。从东夏的开元（今俄罗斯乌苏里斯克，即双城子南面的山城）和古州（今牡丹江市北郊的龙头山古城）[36]的地理方位可以推知东夏的开元即北京[37]。东夏北京路的辖境包括金代的恤品路以及胡里改路的南部（即牡丹江流域）。从东夏南京（今延吉市东20里的城子山山城）的方位，以及东夏蒲鲜万奴给高丽王的国书中所说的"本国（东夏）于青州（今朝鲜咸镜南道的北青），贵国（高丽）于定州（今朝鲜咸镜南道的定平）各置榷场，依前买卖"[38]的事实可知，东夏的南京路辖境基本上和金代合懒路的辖境相同。东夏的版图包括金代的恤品路和胡里改路的南部（牡丹江流域），以及金代曷懒路的绝大部分。今延边图们江流域正在东夏南京路辖境内。

在吉林、黑龙江两省，特别是在今延边地区出土的东夏官印较多[39]，为研究东夏官制提供了重要资料。其中主要有：1954 年，在延吉市东 20 里的城子山山城内出土"南京路勾当公事之印"一方，背刻"天泰三年六月一日"和"南京路勾当公事之印"，侧刻"南京行部造"。1975 年，在黑龙江省海林县长汀乡新胜村出土"万户天字号印"一方，背刻"天泰二年六月，北京行六部造"，侧刻"万户印"。1984 年 7 月，在牡丹江市北郊发现天泰二年的"古州之印"一方，古州在今牡丹江市北郊的龙头山古城（牡丹江西岸）[40]。文献记载东夏只有开元，而无北京，但出土的东夏官印，却只有北京而不见开元。开元在今俄罗斯乌苏里斯克，即双城子南面的山城[41]，和开元在南京（今延吉市东 20 里的城子山山城）东北[42]的记载相符。从蒙古军在 1233 年进攻东夏，攻下南京和开元[43]以后，东土悉平，东夏遂亡的记载可知，开元即北京，二者异名同地。如果开元、北京是两地，北京也是东夏的都城之一，蒙古攻下南京、开元之后，必向北京进攻，只攻下南京、开元，不攻下北京怎能算东土悉平，东夏灭亡呢？

从出土文物和文献记载来看，今延吉市东 20 里的城子山山城，地处要冲，在海兰江和布尔哈通河汇流处的西北岸，此即东夏的南京城。山城为石筑，周长 4454 米，城内有高句丽、渤海、辽、金和其他文物，其中以金代文物为最多。在山城内曾出土过东夏天泰三年的"南京勾当公事之印"，和天泰二年的"兵马安抚使之印"等。1909 年，日本人曾在城内发掘出青铜印函盖，盖上刻有"天泰八年二月分四品印二寸三分二厘五毫"18 个字[44]。据亲自调查，这座山城是建筑在陡峭的山巅上，南面和西南面最陡，西南高而险峻，难以攀登，东北低而平坦，有城门和通道。蒙古"征万奴，围南京，城坚如立铁。查刺命偏将，先警其东北，亲奋长槊，大呼登西南角，摧其飞橹，手斩陴卒数十人，大军乘之，遂克南京"[45]。文献所载南京城的形势和城子山山城的地理形势完全相符。城子山山城除东北较低有山道和城门以外，西南和南部都是比较险峻的红褐色的石砬子，和"城坚如立铁"的记载相符。蒙古军为什么不从有山道比较易行的东北部进攻，而偏从比较难以攀登的西南角进攻呢？因为东北部有城门和通道，必有重兵把守，所以蒙古军声东击西，偷袭西南角，"摧其飞橹"，斩掉城墙上的守卒数十人，冲破一口，而攻入城内，南京城遂被攻陷。从"城坚如立铁"和"登西南角"的登字来看，南京城为山城。城子山山城的地理位置，形制和出土文物是推定为南京的重要根据。又从文献所载南京的方位来看，也和城子山山城的地理位置相符。据《李朝太祖实录》卷 1 载："斡东在南京东南九十余里，距今庆兴府东三十里，……南京之平亦有土城，其北七八里又有大石城。"这和布尔哈通河平原（延吉平原）的东端平原上的土城即今延吉市长白乡河龙屯古城，为一周长一千米的方形渤海土城，以及土城西北约三四里有大石城（今城子山山城）的实际情况完全相符。又据《李朝实录·燕山君日记》卷 27，三年九月辛酉条："南京距稳城二百余程。"《新增东国舆地胜览》卷 50，钟城都护府，古迹古南京载："自潼关堡渡豆满江，径甫青蒲，渡舍春川，有古城，号南京，其西北又有山城。"从潼关堡（今朝鲜潼关，在钟城北部十八朝鲜里处）北渡图们江，经石建，再往北走几十里，北渡海兰江后，就到达古城和山城一带。这里所说的古城即上述的土城，即今城子山山城东南三四华里的河龙古城。在这一土城的西北三四华里处，正是城子山山城。此外，又据《辽东志》卷 9，外志载："开原东陆路至朝鲜后门"的各个驿站中，南京在弗出（约当今安图县境内的古洞河流域）和随州县（今朝鲜钟城）之间。城子山山城的地理方位和这一记载也相符合。因此，自从提出以今延吉市东二十里的城子山山城为东夏南京城之说[46]以后，史学界迄今无异议，可谓已成定论。

注：

［1］李健才：《东北史地考略》第140—145页。

［2］《吉林通志》卷18，山川条。

［3］《三国志·魏书·濊传》。

［4］《中国历史地图集》释文汇编东北卷第23页。

［5］《魏书·勿吉传》。

［6］《新唐书·黑水靺鞨传》。

［7］《金史·世纪》。

［8］［9］《金文》卷35。《礼志》8，诸神杂祠。

［10］有的认为图们江之名始于《辽史》。即天庆五年冬十一月条，作驼门。但驼门在今第一、二松花江屈折处，是地名，不是河流名，故以驼门当今图们江并谓始见于《辽史》均为误解。

［11］《寰宇通志》卷116，女直、山川条；《开国方略》："爱滹江东流入海"。

［12］齐召南：《水道提纲》："土门江出长白山东麓，曰土门色禽。"色禽者河流之义也；《清圣祖实录》卷246，康熙五十年五月。

［13］［14］《新增东国舆地胜览》卷50，庆源、山川条；《龙飞御天歌》卷7，第53章注。

［15］曷懒河始见于《金史·兴宗本纪》重熙十五年（1046年）二月条。

［16］《金史·太宗本纪》天会九年正月条。

［17］丁镛：《大韩疆域考》卷6《北路沿革考》。

［18］《满洲历史地理》第2卷，第179—180页。

［19］《朝鲜历史地理》卷2，第116—119页。

［20］《吉林通志》卷11，沿革志2，海兰路。

［21］丁镛：《大韩疆域考》卷6《北路沿革考》。

［22］李健才：《东北史地考略》第163—167页。

［23］《李朝太宗实录》卷7，太宗四年五月己未；《新增东国舆地胜览》卷48，咸镜道。

［24］《延边文物简编》第61页。

［25］友之：《吉林东部延边地区发现古长城》，载《辽金契丹女真史研究》1985年1期。

［26］［27］《延边文物简编》第61—62页。

［28］屠寄：《蒙兀儿史记·蒲鲜万奴传》。

［29］《高丽史》卷22，《高宗世家》五年十二月和六年正月。

［30］《高丽史》卷22，《高宗世家》十一年（1224年）正月戊申。

［31］《金史》卷71，《斡鲁传》。

［32］《金史·高丽传》《金史·太祖本纪》。

［33］《金史·蒲察世杰传》。

［34］屠寄：《蒙兀儿史记·成吉思汗》和同书《蒲鲜万奴传》皆谓乙亥年（1215年）正月叛金自立。《金史·宣宗本纪》和《元史·太祖本纪》皆谓（1215年）十月叛金自立，是错误的。十月是万奴率众保东海建立东夏的年代。

［35］《元史新编》卷17，《东北诸部·东夏》

［36］樊万象：《古州之印与地望》，载《北方文物》1985年3期。

［37］《黑龙江省古代官印集》第44页载：1975年5月在黑龙江省海林县长汀乡新胜村出土"万户天字号印"一方。背刻"天泰二年六月日，北京行六部造"。

［38］《高丽史》卷22，《高丽世家》高宗十一年春正月戊申条。

［39］张绍维、李莲《东夏年号的研究》，载《史学集刊》1983年3期。

［40］樊万象：《古州之印与地望》，载《北方文物》1985年3期。

［41］李健才：《东北史地考略》第181—192页。

［42］《元一统志》开元诣古城条："开元城……西南曰南京。"

［43］《史记》卷59，《地理志》开元路；《元史》卷152，《石抹阿辛传》。

[44]《满洲历史地理》第 2 卷第 264 页。

[45]《元史》卷 152,《石抹阿辛传》。

[46]《满洲历史地理》第二卷 263、264 页。

第七节　元代的开元路

1233 年,蒙古灭东夏后,"于建州故城北石墩寨设官行路事,辖女真等户"[1]。这一开元路即东夏的开元路,在今俄罗斯乌苏里斯克即双城子南面的山城[2]。元太宗七年(1235 年),立开元、南京二万户府,府治迁到黄龙府(今农安县城)。元世祖至元三年(1266 年),立东京、广宁、懿州、开元、恤品、曷懒、婆娑等路宣抚司。"[3]可知这时恤品、曷懒已分立为路。至元四年改立辽东路,至元二十三年(1286 年),复改为开元路。原恤品路废并入开元路。1342 年,开元路的路治又由黄龙府(今农安县城)迁到咸平(今开原老城镇)。明洪武二十一年(1388 年),改开元为开原,为了区别最初的开元和西迁后的开元,就把东夏和元初的开元称为东开原、旧开原。今延边图们江流域、朝鲜咸镜南北道以及绥芬河流域、俄罗斯乌苏里斯克(双城子)等地皆在开元路辖境内。这从《李朝太祖实录》卷 1,《高丽朝》关于"时双城(即今朝鲜咸镜南道的永兴)以北,属于开元路。""遂至开元路南京之斡东居焉"记载可以得到证实。元代设置的双城总管府、合兰府、奚关总管府都在开元路辖境内。

双城总管府:宪宗八年(1258 年),蒙古散吉大王占领和州以北之地,设双城总管府于和州[4],即今朝鲜咸镜南道的永兴。其管辖范围,南起铁岭(今朝鲜咸镜南道和江原道交界处的山岭),北到徒门水(今图们江)[5]。

合兰府:咸州女真方言称哈兰、合兰,在今朝鲜咸镜南道咸兴南五里。蒙古占据后,沿用金代合懒路之旧。《析津志·天下站名》所载从唆吉(今敦化市）通往合懒府（合兰府）的路线和驿站，是推定元代合兰府的可靠根据。从其中端州（今朝鲜端川）、青州（今朝鲜北青）、洪宽（今朝鲜洪原县）驿站的位置，以及所载合懒府"其东海"的方位来看，元代的合懒路至元三年（1266年）从开元分立为路，后复降为府，即合兰府，在今朝鲜咸镜南道的咸兴府南五里[6]，隶双城总管府，合兰府水达达即今朝鲜东北部沿海一带以捕鱼为生的女真人。

奚关总管府：据《龙飞御天歌》卷7，第53章："奚关城东距薰春江（今珲春河）七里，西距豆满江（今图们江）五里。"今珲春河之西，图们江之东，正当今珲春市三家子乡古城村内的斐优城。此即金代的温迪痕部城，和后来明代东海瓦尔喀部的蜚优城。

双城总管府、合兰府，即从三关门到公崄镇以南之地，从1258年到1356年，设于元[7]达九十九年。到元末，全国爆发了农民大起义，高丽在1356年，乘机收复了没于元的失地[8]。

注：

[1]《大明清类天文分野之书》卷24《辽东都指挥使司》开元路。

[2]李健才：《东北史地考略》第182—192页。

[3]《元史·世祖本纪》。

[4]《高丽史》卷24，《高宗世家》高宗四十五年十二月己丑；《高丽史》卷130，《赵晖传》。

[5]《李朝太祖实录》卷1，高丽朝。

[6]《新增东国舆地胜览》卷48，咸兴府古迹条。

[7]《高丽史》卷24，《高宗世家》高宗四十五年十二月己丑；《高丽史》卷130《赵晖传》。

[8]《李朝太宗实录》卷7，太宗四年五月己未；《新增东国舆地胜览》卷48，咸镜道。

第八节　明代卫所和驿站

明军在 1368 年，推翻元朝以后，进军东北，平定故元残余割据势力，招抚东北蒙古、女真各部，建立都司、卫所和驿站，统辖东北全境。

一、明初和朝鲜的边界

明初，屡次派遣官员军队到黑龙江下游奴儿干地方和蒙古兀良哈地区积极进行招抚的同时，并派官员到图们江流域招抚女真各部，以加强对这一地区的统治。

明灭元后，以旧属元朝的领土应归明朝所有，故于洪武二十年十二月，明太祖命户部向高丽提出："铁岭[1]北东西之地，旧属开元，其土著军民女直、鞑靼、高丽人等，辽东统之；铁岭之南旧属高丽，人民悉听本国管属。疆境既正，各安其守，不得复有所侵越"的咨文[2]。第二年（1388 年）初，高丽"集百官议之，皆以为不可与"[3]。在高丽抵制下，以及当时条件不成熟，明朝原拟在洪武二十一年（1388 年）深入高丽东北部建立铁岭卫的计划也没有实现，只好撤退到奉集县（在今辽阳市东北 80 里，沈阳市东南 40 里的奉集堡）置铁岭卫[4]，以安抚元之归降官员和部众。在洪武二十六年（1393年），又将铁岭卫徒到辽、金时代的银州（即臣州），遂改银州为铁岭[5]，此即今铁岭地名的由来。到甲申年即永乐二年（1404 年），明朝以朝鲜[6]"咸州（今朝鲜咸镜南道的咸兴）迤北，古为辽、金之地"，再次向朝鲜提出"索十处人民"[7]，但朝鲜仍然坚持公崄镇[8]以南至铁岭之地归朝鲜[9]，朝鲜使臣金瞻以辽、金地理志无十处地名为借口[10]，说服了明朝。最后，明成祖在永乐二年，以"朝鲜之地亦朕度内，朕何争焉"[11]，便批准了朝鲜的要求，朝鲜计禀使金瞻在外交上取得了胜利，并得到了朝鲜国王的赏赐[12]。

1392 年，朝鲜太祖李成桂夺取了政权，改国号高丽为朝鲜以后，积极经营朝鲜的东北部，"拓地至豆满江。"[13] 到朝鲜世宗时，不但完全收复了咸州（今咸兴）以北，公崄镇以南之地，并将其势力发展到公崄镇以北至图们江右岸，"置会宁、钟城、稳城、庆兴等四邑。"[14]

二、明永乐初建立的建州卫和毛怜卫

明永乐初，屡次派遣官员到图们江流域招抚女真各部。永乐元年（1403年）六月，明成祖朱棣敕谕图们江流域的"女真吾都里、兀良哈、兀狄哈等招抚之，使献贡"[15]。永乐二年四月，明派辽东千户王可仁（王修）奉敕谕到朝鲜东北部招谕"参散、秃鲁兀等处女真地面官民人等"[16]。参散（三散）即英州，今朝鲜咸镜南道北青。秃鲁兀，即端州，今朝鲜咸镜南道的端川。接着，明于永乐二年六月、十二月[17]屡次遣使经朝鲜招抚女真各部，并建立建州卫、毛怜卫等。

永乐元年（1403 年）十一月，"女真野人头目阿哈出来朝，设建州卫军民指挥使司，以阿哈出为指挥使。"[18]"以功赐姓名李思诚"[19]。阿哈出在朝鲜《李朝实录》中写作"於虚出"。阿哈出不但是明朝卫所的地方官员，也是皇亲，他是明成祖朱棣"三后之父"[20]。永乐三年十二月，由于阿哈出的推荐，明朝又任命居住在图们江吾音会（亦称阿木河，今朝鲜会宁）一带的吾都里（斡朵里）万户童猛哥帖木儿为建州卫指挥使[21]。永乐九年四月，猛歌帖木儿率众西迁到凤州（今吉林省辉发河流域），和阿哈出的建州卫（永乐四年迁到开元的凤州）同住在一地以后，在永乐十年（1412 年），从建州卫中析置建州左卫，任命猛哥帖木儿为建州左卫指挥使。永乐二十一年（1423 年）建州卫头目李满住率部众迁到婆猪江（今浑江）。猛哥帖木儿率部众又迁回阿木河即吾音会（今会宁）。建州卫是明在东北女真各部中，置卫最早、影响最大的一个卫。居住在图们江会宁一带的建州左卫指挥使猛哥帖木儿是清朝的先世，建州卫女真是满族的主要组成部分。

以猛哥帖木儿为首的建州卫（后分为建州左卫）指挥使当时居住在以会宁为中心的图们江流域[22]。但在永乐元年十一月，建立的以阿哈出为指挥使的建州卫，最初置于何地？缺乏明确记载，这是史学界长期以来还有争论的问题。

据《李朝太宗实录》载："初，野人至庆源塞下，市盐铁牛马，及大明立建州卫，於虚出（阿哈出）为指挥，招谕野人，庆源绝不为市，野人愤怒，建州人又激之，乃入庆源界抄掠。"[23] 当猛哥帖木儿同王教化的入朝京师时说："我若此时（永乐三年，1405年）不入朝，则於虚出（阿哈出）必专我百姓，故不得已入朝。"[24] 这些记载说明，永乐三年时，以阿哈出为首的建州卫，和朝鲜邻近，并和建州卫（即后来的建州左卫）指挥使的猛哥帖木儿驻地相距不会太远，否则以阿哈出为指挥使的建州卫怎么能激怒野人入寇庆源，猛哥帖木儿又怎能怕阿哈出专其百姓呢？因此，推定明在永乐元年十一月，建置的以阿哈出为首的建州卫，也当在今图们江流域。明在图们江流域置建州卫，使朝鲜感到威胁，认为"帝（明成祖朱棣）于东隅置建州卫，是扼我咽喉，掣我右臂也"[25]。所以当明朝遣使招抚猛哥帖木儿时，朝鲜也派官到猛哥帖木儿居处做说服工作，使他"勿从朝庭使臣之命"[26]。当明置建州卫以后，又借口关闭了庆源贸易，以抵制建州卫的设置。

明于永乐三年十二月，设立毛怜卫，以把儿逊为指挥使[27]。据朝鲜《龙飞御天歌》和《李朝太宗实录》的记载可知，兀良哈（胡里改）部的八儿速（即把儿逊）和阿古车是毛怜卫的指挥使，居住"在豆漫江北，南距庆源六十里"[28] 的土门（豆门）[29]，即今图们江北岸珲春市境内的珲春河下游。又据《李朝世宗实录》载："毛怜卫在古庆源、斡木河之间，前此波乙所（即把儿逊）为其卫主，……其地距新庆源三日程也。"[30]

新庆源即今图们江右岸朝鲜的庆源城。斡木河又称阿木河、阿木火、吾音会[31]，即今图们江东岸朝鲜境内的会宁。古庆源即今朝鲜的庆兴，在庆源东南，图们江右岸。可知到朝鲜世宗十九年（1437年），毛怜卫已迁到豆满江（图们江）外一带[32]。

永乐六年三月，"忽的河、法胡河、卓儿河、海刺河等处女真野人头目哈刺等来朝，遂并其地入建州卫，命哈刺等为建州卫指挥千百户"[33]。其中的海刺河即合兰河，今海兰江，可知永乐六年（1408年），今延边海兰江等地已并入建州卫管内。

永乐八年（1410年）三月，毛怜卫指挥使把儿逊和阿东等在土门（豆门）被朝鲜诱杀后[34]，明朝任命在土门（豆门）的把儿逊之子阿里为指挥使，掌印信，史称东毛怜卫。永乐九年九月，又任命阿哈出的次子猛（莽）哥不花，即迁到回波江凤州的建州卫指挥佥事兼任毛怜卫指挥使[35]。这一再建的毛怜卫，因在原毛怜卫之西，史称西毛怜卫。后因西毛怜卫无印信，无部众，"其朝贡奏事，令李满住给与印信文书"[36]。1933年，在今和龙市智新庄长财村发现的"毛怜卫指挥使司之印"，印背刻"永乐三年十二月五日，礼部造"。和《明太宗实录》卷39，永乐三年十二月甲戌条所载设卫赐印的年月完全相同。

由上述可知，明初建立的建州卫和毛怜卫，都在今图们江流域．但图们江流域原来并没有建州、毛怜这一地名，为什么以建州、毛怜为卫名，值得深思。从"居建州、毛怜等处者为建州女真"[37]的记载来看，原居住在今依兰的胡里改（兀良哈）部和斡朵里部人[38]，在元末，由于吾者野人和松花江水达达的反抗[39]，以及女真各部之间的斗争，曾一度迁到建州（在今绥芬河流域的建州）和毛怜（今穆棱河流域）一带，遂有建州女真这一部族的名称。后来由于兀狄哈的侵扰，又南迁到图们江流域，当明永乐初，招抚女真各部，在图们江流域置卫时，遂以建州为卫名。

三、明在图们江流域建立的其他卫所

明在今延边图们江流域建立的卫所，除历史上有名的建州卫、毛怜卫外，有记载可考者还有童宽山卫、卜忽秃河卫、哈兰城卫、禾屯吉卫、古鲁浑山卫等。此外，还有在今珲春以北绥芬河流域俄罗斯滨海地区设立的率宾

江卫、使坊河卫、喜乐温河卫等。

童宽山卫是在永乐六年（1408 年）二月设立的[40]。《满洲源流考》卷 13，谓童宽山卫，是通肯山之音讹。据《珲春县志》卷 20 载："通肯山卫城，东北距县治（按：应为在县治东北）二百五十里，在蓝家蹚子东沟与三人沟附近的通肯山上。"从珲春到黑龙江省东宁的公路在山城西约二华里处通过，这也是一条古道。

卜忽秃河卫，永乐十二年（1414 年）三月置[41]。《满洲源流考》卷 13 及《吉林通志》卷 12 均载，卜忽秃河是布尔哈图（通）河之讹。因此，推定卜忽秃河卫在今图们江的支流布尔哈通河流域。

哈兰城卫，永乐五年（1407 年）正月置[42]。《盛京通志》《满洲源流考》《吉林通志》均以哈兰城为海兰城之讹，在今海兰江的北岸，即今和龙市东城镇的东古城，周长 2080 米。东古城为辽、金古城，可能明代沿用。在东北城之东，海兰江北岸，至今还有海兰村和海兰古城，周长约 400 米的小型辽、金古城。有的认为哈兰城卫在今朝鲜咸镜南道的咸兴，认为元代的哈兰城（今朝鲜的咸兴）即明代的哈兰城卫的所在地。但这一带是在永乐二年（1404 年）十月，明朝已将公崄镇以南之地划归朝鲜[43]，所以明朝不可能再在永乐五年（1407 年），在公崄镇以南的咸兴置哈兰城卫。

禾屯吉卫，永乐七年（1409 年）九月："禾屯吉河等处女真野人头目粉甫等来朝，设禾屯吉、失里木二卫，命粉甫等为指挥千百户镇抚。"[44]由此可知，禾屯吉卫是在禾屯吉河流域。卫名是以河流的名称命名的。禾屯吉又书和通吉、和屯吉、赫通额、合克通吉、和通集、活同几等，均为和屯吉的音转。《满洲源流考》卷 13 谓："和通吉河在吉林东南一千四十里入混同江。"乾隆元年《盛京通志》卷 13 谓："合克通吉河，（吉林）城东一千四十五里，源出勒福陈冈，西北流（后又西南流），合福尔虎河（今富尔河）入混同江。"这两条记载说明禾屯吉河即今古洞河，是推定禾屯吉卫在今安图县古洞河流域的根据。1974 年，在吉林省洮南市向阳乡玉城

东疆史略

村七官营子屯西南一里许的明代遗址中出土"禾屯吉卫指挥使司印"一方，印背左边竖刻两行"永乐七年九月日""礼部造"。和《明太宗实录》设卫赐印的年月记载完全相符。

古鲁浑山卫，永乐五年二月置[45]。《满洲源流考》《吉林通志》《盛京通志》均谓古鲁浑山即乌尔浑山，亦名夏查山。从文献所载乌尔浑山[46]、夏查山[47]的地理方位来看，即今珲春城南敬信乡北的黑顶子。

此外，在今珲春以东的俄罗斯境内还有使坊河卫和珠伦河卫、喜乐温卫等。使坊河卫，永乐八年（1410年）二月置[48]。《吉林通志》卷12，《满洲源流考》卷13，均谓使坊河即今绥芬河的支流舒繙河，在今俄罗斯乌苏里斯克（双城子）境内。珠伦河卫，正统后置。珠伦河发源于珲春东南长岭子与黑顶子之间，东南流入今俄罗斯的波谢特湾[49]。喜乐温卫，永乐五年（1407年）正月置[50]，在今俄罗斯滨海边区颜楚河至绥芬河下游地区[51]。

四、明朝派军开发长白山地区并建立长白山寺

永乐十四年（1416年）十一月，明派内官张信（张童儿）到辽东（今辽阳），准备率军到长白山地区进行开发和招抚工作。永乐十五年（1417年）正月十九日，率领军马1500名，从辽东出发，三月二十九日到达所河江（今二道江）畔的罗延（即娘娘库，今安图县城），在这里置木栅、造仓库、输入粮料。并有"木千户石脱里率军人五百，农牛一百六十只"[52]在罗延安下大营，从事屯田开发。据1978年亲自调查访问，得知在原安图县城（松江）北门靠近二道江（娘娘库河）处，曾有大寨遗址（今已无），和在所河江边造木寨、置木栅的记载相符。明军来到"乃颜地面安下大营"[53]，从事屯田开发的同时，还"差委土官头目石脱里等四员管领旗军五百名前去弗朱江并分春河（今珲春河）上下山场采捕"[54]。到宣德六年（1431年），明遣"内官昌盛、尹凤、张童儿、张安定等"，在朝鲜官员的陪同下前往朝鲜咸吉道吉州、庆源、甲山等处采捕海东青、土豹等，

并赴京进献[55]。

永乐十五年四月，张信（张童儿）又率军马一千名，从罗延出发来到南罗耳砍木材，造长白山寺[56]。南罗耳在"白头山北"[1]。今长白山北唯一的平原上的古城遗址即宝马城。古城周长一里，城内散布着历代的砖瓦块，其中以辽、金瓦块为最多，也有明清时代薄而小的瓦块。此城址正在长白山北，可能明代沿用改称南罗耳，在这里修建长白山寺，"以达达僧人及近处有善心僧人"看守[58]，并置管理僧人的行政机构——僧纲司，官员由当地僧人中任命。永乐十五年（1417年）春正月，"设辽东建州卫僧纲司，命本土僧搭儿马班为都纲"[59]。由此可知，图们江流域的建州女真人信奉佛教，并有许多佛教徒。《明宣宗实录》载：宣德三年九月、十月，宣德七年四月、五月，及八年十二月等，有建州卫女真僧人绰失班入朝。明在努儿干、长白山地区，除设都司、卫所和派军戍守外，"朝廷尤虑未善，更命造寺，使柔化之"[60]。力图用佛教思想柔化当地女真人，以便巩固其统治。

五、明代驿站

明朝在统一东北，建立都司、卫所的同时，为了适应当时军事政治的需要，为了加强对东北的经营管理，积极恢复和建立东北水陆交通驿站通往东北各地。其中经过今延边图们江流域的交通路线有两条：一是"开原东陆路至朝鲜后门"；二是"纳丹府东北陆路"。

"开原东陆路至朝鲜后门"这条道路上的驿站有："坊州城（今海龙县山城镇）——奚官（不详）——纳丹府城（今桦甸市苏密城附近）——费儿忽（今富尔河流域）——弗出（今古洞河或海兰江流域）——南京（今延吉市东二十里的城子山山城）——随州县（今朝鲜钟城）——海洋（今朝鲜吉州）——秃鲁（即秃鲁兀，今朝鲜咸镜南道端川西南十三里的古城）——散三（今朝鲜咸镜南道的北青）通朝鲜后门。"[61]这条路线从开原（今开原老城镇）出发，东行到坊州城，然后再沿辉发河流域的纳丹府城、富尔河流域的费儿忽，古洞河流域或海兰江流域的费出，到南京，即今延吉市东二十里的城子山山城。然后由南京东渡图们江，进入朝鲜的东北部即朝鲜后门。从这条路线上的驿站和明初建州卫的方位来看，这是明初通往建州卫，和建州卫通往明朝的朝贡道。

"纳丹府东北陆路"，这条路线上的驿站有：那木剌站（今桦甸市的暖木即暖木条子）——善出（不详）——阿速纳合（不详）——潭州（今敦化）——古州（今牡丹江市）——旧开原（今俄罗斯乌苏里斯克即双城子南面的山城）——毛怜（在旧开原南，今图们江北岸珲春市境内）[62]。这条路线，从纳丹府东北行，经那木剌等七站到达终点站毛怜。明初毛怜在今图们江北岸珲春境内。这是明初通往毛怜卫的路线，是明初毛怜等卫的朝贡道。

注：

[1] 铁岭在今朝鲜咸镜南道和江原道交界的山岭。

[2]《明太祖实录》卷187，洪武二十年十二月壬申;《高丽史》卷137,《辛禑传》。

[3]《李朝太祖实录》卷1，辛禑十四年戊辰。

[4]《明太祖实录》卷189，洪武二十一年三月辛丑。

[5]《明太祖实录》卷227，洪武二十六年夏四月壬午。

[6] 1392年李成桂夺取了政权取代高丽，改国号为朝鲜。

[7]《李朝太宗实录》卷35，太宗十八年五月癸丑。

[8] 丁镛：《大韩疆域考》卷6，北路沿革：公崄镇在吉州西南，与英、雄二州相距不远。

[9]《李朝太宗实录》卷7，太宗四年（永乐二年）五月己未。

[10] 辽、金史地理志不载十处地名，不等于不是辽、金之地，明朝礼部官员和明成祖受蒙蔽，同意了朝鲜的要求。

[11]《李朝太宗实录》卷35，太宗十八年五月癸丑。

[12]《李朝太宗实录》卷8，太宗四年十月己巳朔。

[13]《新增东国舆地胜览》卷48，咸镜道。

[14]《李朝世宗实录》卷63，世宗十六年（明宣德九年）正月甲申。

[15]《李朝太宗实录》卷5，太宗三年（永乐元年）六月辛未。

[16]《李朝太宗实录》卷7，太宗四年六月己卯。

[17]《李朝太宗实录》卷8，太宗四年十二月庚年。

[18]《明太宗实录》卷24，永乐元年十一月辛丑。

[19] 茅瑞征：《东夷考略》女真。

[20]《李朝太宗实录》卷1，太宗十一年四月丙辰。

[21]《李朝太宗实录》卷11，太宗六年（永乐四年）三月丙申。《明太宗实录》卷39，永乐三年十二月甲戌。

[22]《李朝世宗实录》卷20，世宗五年（永乐二十一年）四月乙亥;《新增东国舆地胜览》卷50，会宁都护府，建置沿革。

[23]《李朝太宗实录》卷11，太宗六年二月己卯。

[24]《李朝太宗实录》卷10，太宗五年（永乐三年）九月己卯。

[25]《李朝太宗实录》卷12，太宗六年八月庚戌。

[26]《李朝太宗实录》卷9，太宗五年三月己酉。

[27]《明太宗实录》卷39，永乐三年十二月甲戌。

[28]《龙飞御天歌》卷7，第53章注："兀良哈则土门括儿牙八儿速"。

[29]《李朝太宗实录》卷19，太宗十年（1410年）三月乙亥："兀良哈指挥阿古车居处豆门（即土门）"。

[30]《李朝世宗实录》卷53，世宗十三年（1431年）八月己未。

[31]《新增东国舆地胜览》卷50，会宁都护府。

[32]《李朝世宗实录》卷79，世宗十九年十月丁巳朔："昔居于豆满江内，今皆徙居于江外"。

[33]《明太宗实录》卷55，永乐六年三月辛酉。

[34]《李朝太宗实录》卷19，太宗十年（永乐八年）三月乙亥。

[35]《明太宗实录》卷78，永乐九年九月辛酉。

[36]《明英宗实录》卷43，正统三年六月戊辰。

［37］万历《大明会典》卷107，礼部65，东北夷。

［38］《龙飞御天歌》第7卷，第53章注。

［39］《元史》卷41，《顺帝本纪》至正三年、六年、八年条。

［40］《明太宗实录》卷55，永乐六年（1408年）二月丙申。

［41］《明太宗实录》卷91，永乐十二年（1414年），三月庚辰。

［42］《明太宗实录》卷48，永乐五年正月戊辰。

［43］《李朝太宗实录》卷8，太宗四年（永乐二年）十月；《李朝太宗实录》卷35，太宗十八年一月癸酉。

［44］《明太宗实录》卷66，永乐七年九月己卯。

［45］《明太宗实录》卷48，永乐五年二月癸丑。

［46］嘉庆重修《大清一统志》卷76，吉林1·山川·乌尔浑山。

［47］《吉林分巡道造送会典馆清册》，第206页（长白丛书本）："夏查山即黑顶子山。距城南乌道六十里，山行八十里"。

［48］《明太宗实录》卷68，永乐八年二月戊戌朔。

［49］嘉庆重修《大清一统志》卷67，吉林1·山川·乌尔珲山；《吉林分巡道造送会典馆清册》第182页（长白丛书本）。

［50］《明太宗实录》卷48，永乐五年正月戊辰。

［51］《中国历史地图集》释文汇编东北卷第252页。

［52］《李朝太宗实录》卷33，太宗十七年五月乙卯。

［53］［54］《李朝太宗实录》卷33，太宗十七年四月辛未。

［55］《李朝世宗实录》卷54，世宗十三年（宣统六年）十二月丙午。

［56］《李朝太宗实录》卷33，太宗十七年五月乙卯；同书卷34，太宗十七年七月己卯。

［57］《李朝世宗实录》卷101，世宗二十五年九月辛未；《李朝文宗实录》卷8，文宗元年六月壬午。

［58］《李朝太宗实录》卷33，太宗十七年五月乙卯。

［59］《明太宗实录》卷104，永乐十五年春正月己亥。

［60］《重建永宁寺碑记》。

［61］［62］《辽东志》卷 9。

第九节　清朝封禁时期的图们江流域

一、清太祖统一图们江流域

早在明末努尔哈赤建立后金以前，就统一了图们江流域。据《清太祖实录》载：万历三十五年（1607 年）正月，一向归服于乌拉部的东海瓦尔喀部[1]，以乌拉贝勒布占泰暴虐，转而向建州女真首领努尔哈赤请求归服。努尔哈赤许之，乃命其弟舒尔哈齐等率兵三千进至瓦尔喀部根据地的蜚悠城[2]。布占泰得知后，为了扼其退路，两军决战于钟城乌碣岩[3]，乌拉军大败，退守乌拉城（今永吉县乌拉街古城）。努尔哈赤军"进攻斐优城，收四周屯寨约五百户"，"远近部落，几尽服属"[4]，"江外诸胡，积苦于忽胡（乌拉部）之侵扰。无不乐附于老酋（努尔哈赤）"[5]。1607 年，努尔哈赤征服了原属于乌拉部的赫席赫路（从鄂木索至敦化）、俄漠惠苏鲁路（张广才岭东北鄂木索）、佛纳赫托克索路（宁古塔西南五十里）。1609 年，收复了东海窝集（渥集）部[6]的溥野路（瑚叶路），即今俄罗斯境内的刀毕河流域。1610 年，收复了宁古塔及绥芬河流域的窝集部。1611 年，征服了东海窝集部的乌尔古原、木伦二部。1613 年正月，努尔哈赤攻陷乌拉城，乌拉遂亡。此为努尔哈赤的北上征服东海和黑龙江流域的女真各部扫除了障碍，去掉后顾之忧。1614 年，努尔哈赤征服东海南窝集部的押兰（今俄罗斯滨海地区南部海参崴以东的雅兰河流域）、石临（即西林，今海参崴以东的锡林河流域）两路[7]。1616 年，努尔哈赤派兵收复黑龙江下游的萨哈连部和使犬部。1617 年，派兵攻下库页岛和附近小岛[8]。1616 年，努尔哈赤在赫图阿拉（今辽宁省新宾县老城）即汗位，建国曰金（史称后金），建元天命。1625 年，后金迁都沈阳（1634 年改称盛京）。1626 年，皇太极即位，1629 年，居住在珲春河两岸的库雅喇人,"始来朝贡。"[9]1636年,皇太极称帝,改金为清,改元崇德。到1642年,皇太极征服了黑龙江中、上游地区,统一了全东北[10],结束了分裂动荡的局面,为清军大举入关解除后顾之忧。

顺治元年(1644年),清朝从盛京(今沈阳)迁都北京入主中原。清朝入关后,把盛京、吉林看成是清朝发祥重地,今延边图们江流域是清朝始祖猛哥帖木儿的发祥地,这一地区早在清朝建国前,已被清太祖努尔哈赤统一。清朝入关后,列为封禁区,不许汉人进入开发。

二、清朝将图们江流域列为封禁区

清初,长白山和图们江流域被列为封禁区,封禁采捕的河流山场有:"布尔哈通河(河侧朝阳川,又名珍珠营)、海兰河、噶哈哩河(今嘎呀河),以上为捕珠河。见《八旗通志》。瑚珠山(即瑚珠站)、阿布达哩(即今珲春东沟)[11]、乌尔珲山[12]、呼兰山(即今之火龙沟)[13]。以上为采捕山(即捕貂和采参的禁山),见《珲春册报》"[14]此外,还有大图拉库河、尼雅穆尼雅库河(即娘娘库河,今二道江),和通额河(今古洞河)、富尔哈河(今富尔河)也是封禁捕珠河[15]。柳条边和东流松花江以东到海的广大地区,从康熙二十年(1681年)修筑柳条边起开始封禁,其后又不断下令严禁汉人流入。清初封禁采捕的河山,其中有:东珠、人参、貂、狐、熊、鹿、虎、豹等特产,每年由乌拉总管和吉林将军派人采捕。直到咸丰十年(1860年)以后,为了移民实边,封禁渐弛。今延边图们江流域,直到光绪七年(1881年),终于废除禁山围场之旧制,设招垦局招民开荒。共封禁了200余年。

三、封禁时期的地方军政机构

盛京、吉林为清朝的发祥地,主要是满族居地,因此,清朝把东北划为特别行政区,采取和直省(本部十八省)不同的地方统治制度。清初,在柳条边和东流松花江、黑龙江下游以东到海,以至库页岛的广大地区,设宁古塔将军,后改称吉林将军,管辖满洲、蒙古、汉军、锡伯、巴尔虎等旗人的军政事务。顺治十年(1653年),在宁古塔(今宁安县)置昂邦章京镇守。

康熙元年改为镇守宁古塔等处将军（简称宁古塔将军）。其辖境[16]包括今延边图们江流域。康熙十五年（1676年），镇守宁古塔等处将军移驻吉林乌拉城（今吉林市），由一名副都统（隶属于宁古塔将军）镇守宁古塔地方。当时珲春地方（珲春为满语，即边地，约当今延边地区）尚无行政机构，归宁古塔副都统管辖。直到康熙五十三年（1714年），在珲春河地方才设珲春协领（隶属宁古塔副都统）管辖境内库尔喀即库雅喇满洲各旗户。这是清朝在今延边图们江流域设官的开始。当时的协领衙署在今珲春市靖和街。当时以兵力修建大堂五间、办事房三间、档房三间、仪门一间、大门三间、义仓十五间、银库三间等[17]。珲春城周一里，门四，康熙五十三年修[18]。直到光绪七年（1881年），珲春副都统依克唐阿用兵力开始修建城池，城周七里，门四，池七尺，池边遍植杨柳[19]。珲春协领的辖境是："南至海一百一十里，北至佛思恒山一百二十里宁古塔界，东至海二百八十里，西至土门江二十里朝鲜界。左环沧海，右带门江（图们江），外控高丽，内屏重镇，是珲春之形胜也。"[20]今延边地区除敦化外，皆在其辖境内。珲春一带，在1860年《中俄北京条约》签订以前，无边患之忧，无边防之设，因此，军队很少，珲春协领之下，仅设三个佐领。康熙五十三年当时仅有"以捕獭之库尔喀兵一百五十名充珲春额兵"。五十四年，拨宁古塔兵四十名，往驻珲春。乾隆十七年，拨三姓兵六十名往驻珲春。二十五年，增珲春兵二百名，即从打牲丁内挑选充额，到乾隆二十五年，兵额才增加到四百五十名[21]，维持境内地方治安。光绪三年（1877年），"自三姓至乌苏里口，由北而南，不下二千余里，直至珲春之土们江口，均与俄国毗连"，"吉林额兵一万六百余名，自军兴以来，各省征调，存营仅有七千余名，除轮流守卡、巡查围场等差外，统计额兵不过三千余名，且难一律精壮。"[22]这就是当时吉林地区的军备情况。

此外，在珲春协领境内山川险要之地，设十五处卡伦，专司搜检往来过客，剿捕匪贼，递送公文。这十五处卡伦，其中按月更换永设卡伦七处：有密占（今珲春密江）、穆克德和（今珲春市凉水镇境内）、哈顺（今汪清县东振乡南山屯）、噶哈哩（今汪清县天桥岭镇）、磨盘石、达尔欢霍落、蒙古（即蒙古街，今俄罗斯滨海地区）。二月添设，至十月撤回卡伦八处：有佛多西（现珲春中俄交界地）、珠伦（现属俄罗斯境内）、阿蜜达（现属汪清）、法依他库、哈达玛（今珲春哈达门）、西图、呼拉穆、图拉穆[23]。以上旧卡，划归沙俄领内者均于咸丰十年裁撤。在珲春、延吉、汪清境内各卡，则于民初裁撤。各处卡伦专为严防汉人进入封禁区私垦、挖参、采珠、伐木、狩猎等而设。

四、封禁时期旗人的开发概况

清初，珲春协领辖境内，主要是满洲旗人居地，康熙时满洲八旗和土著库尔喀部，[24]开发官荒八千九百九十九垧，注册为旗地[25]，清初定例，旗人"准在百里以内自由耕垦"，不纳租赋，不报官署，"凡出百里外，则治逃逸罪"。各旗无论户数多少，各设穆昆达（族长）一人，根据旗的指令，受理本族事宜。据嘉庆二十三年（1818年）册报，驻防旗人及其家眷共三百五十六户，二千五百三十九口。又据《造送会典馆清册》光绪十八年（1892年）二月呈报的公文云："珲春，无丁银，土著民户一千二百五十，丁口一万五千二百。"旗人之外，"无外来民户。"乾隆四十五年时，珲春旗地面积略有增多，计一万二千零五十垧[26]。驻防八旗官兵随缺地一万零九百四十垧。到鸦片战争以前，"除在街市居住不计外，河南岸及山沟分驻者有二十余屯，户至六千余口。"[27]

珲春境内，山岭纵横，河川较多，东为大海，森林资源和地下资源以及渔猎资源都比较丰富。据《盛京通志》载："珲春诸江河产大马哈鱼。秋八月，自海逆水入江，驱之不去，充积甚厚，腹中子大如玉蜀黍。取鱼晒干，积之如粮。土人竟有民履鱼背渡者。"其中谈到人踩鱼背过河，虽属夸张，但封禁时期，珲春诸河盛产鱼类的情况可以想见。"捕打海菜为生"，"四季射猎无虚日。"[28]

珲春一带，由于长期封禁，不许汉人进入开发，再加上大批满洲八旗不断抽调随军入关，所以这一地区形成地广人稀，经济发展缓慢的局面。

境内仅设协领和士兵四五百名。由于封禁政策的实行，不但推迟了这一地区的经济开发，也削弱了边防力量，在客观上也为以后俄、日帝国主义的侵略创造了有利条件。在"强邻逼处"，俄、日帝国主义侵略加剧的情况下，图们江流域的边防危机也日益加深。

五、穆克登审视碑

康熙帝认为"长白山乃祖宗发祥之地，今无确知之人。"[29]所以在康熙十六年（1677年），派官庭内务大臣觉罗武穆讷（武默纳）、一等侍卫兼亲随侍卫首领臣耀色等四人奉旨调查长白山[30]。《满洲源流考》按语云："自言长白山者皆得自传闻想象之词。""武穆讷奉旨亲往看验，所载尤为详确。"这是长白山真实面貌的第一份珍贵资料。康熙二十三年，"复遣驻防协领勒辄等"[31]，前往长白山进行调查。康熙五十年（1711年）上谕云："土门江，自长白山东边流出，向东南流入于海。土门江西南系朝鲜地方，江之东北系中国地方，亦以江为界。此处俱已明白。但鸭绿、土门二江之间地方，知之不明。"[32]所以在康熙五十一年（1712年）五月，打牲乌拉总管穆克登奉旨查边。清廷并咨告朝鲜国王派官照管，朝鲜派接伴使朴权、观察使李善溥接应。穆克登与朝鲜军官李义复、赵台相等登长白山，"审视鸭绿、土门两江之源，俱发轫于分水岭（以两水东西分流，故曰分水岭）。岭之西为鸭绿江之源，岭之东为土门江源，故于岭上立碑[33]。关于分水岭上的碑文各书所载有的不全，有的个别字稍有出入，互相对照较为详确者为"大清乌拉总管穆克登奉旨查边，至此审视，西为鸭绿，东为土门，故于分水岭勒石为记。康熙五十一年五月十五日。笔帖式苏尔昌、通官二哥，朝鲜军官李义复、赵台相，差使员许梁、朴道常，通官金应瀗、金庆门"[34]。"此碑高通尺二尺余，广一尺余，额题横书'大清'二大字，正面九行：一行八字，二行十二字，三行十字，四行三字，五行十一字，六、七行各十字，八、九行各八字。皆正书、石质青，头背左右琢而不磨，在白头山大泽东下十里许"[35]。"康熙五十一年五月二十八日,穆克登总管在给朝鲜接伴使、观察使商立界栅的咨文中谓："为查边事，我亲至白山审视，鸭绿、土门两江，俱从白山根底发源，东西分流。原定江北为大国之境，江南为朝鲜之境，历年已久，不议外，在两江发源分水岭之中立碑。从土门江之源顺流而下审视，流至数十里不见水痕，从石缝暗流至百里，方现巨水流于茂山。两岸草稀地平，人不知界，所以往返越境结舍，路径交杂，故此与接伴、观察同商，议于茂山、惠山相近无水之地，如何设立坚守，使众人知有边界，不敢越境生事。"[36]并建议中、朝两国在这一带设立界栅，标明边界。同年六月二日，接伴使朴权等复文云："以木栅非长久之计，或筑土或聚石或树栅，趁农歇始役，虽至二三年后完毕，亦且无妨。"复文还提出："既以定界之后，则应标之时，似无烦大国人监视，随便始役，虽至二三年完毕亦且无妨。"[37]朝鲜官员为什么提出由他们单方面树立界栅的要求，穆克登丧失警惕，缺乏考虑，所以"当穆氏查明边界之后，既专以界标之设，委之韩员，穆氏已归，无人监视，自为韩人所欺。惟故于茂山、惠山之间坚守，果否设立，或初设后毁，皆难深考。而必思藉此设一可疑伪据，以便其私谋，为异日争界之地步，固可断言。不然，我之遣员查边，自立界标，已明言与彼国无涉，而彼必甘言媚辞以求得此立标之权，果何为哉"[38]。于是由朝鲜单方面在茂山、惠山附近设立的界标，以及穆克登审视碑的位置竟成历史疑案，为后来中、朝界务交涉争论的焦点。

注：

[1] 在今图们江下游和俄罗斯滨海地区的南半部。

[2] 在今为珲春市正西之三家子乡高丽城村的斐优城。

[3]《李朝宣祖修正实录》卷41，宣祖四十一年二月。

[4]《满洲实录》。

[5]《李朝宣祖实录》卷209，宣祖四十年三月庚辰。

[6] 嘉庆重修《大清一统志》卷68，吉林2。东海窝集部："在珲春城东南，凡沿海林木丛茂处皆曰窝集。"

[7]《清太祖实录》卷4，第12页，甲寅（1614半）冬十一月乙酉朔。

[8]《清太祖实录》卷5，天命二年二月丙申朔。

[9]《皇朝文献通考》载："珲春河左、右岸皆库雅喇人所居，……天聪三年（1629年）秋七月，始来朝贡。"

[10]《清太祖实录》卷61崇德七年（1642年）六月辛丑。

[11]东沟金场系指珲春红旗河流域的老龙口、柳树河子、瓦岗寨、高家炉、马滴达等处。

[12]即黑顶子山，在今珲春市东南七十五里。

[13]火龙沟有外火龙沟岭，在珲春城西南三十里。里火龙沟岭在珲春城西南六十一里，火龙沟岭在珲春城西南八十里。

[14]吴禄贞：《延吉边务报告》第26页（长白丛书本）。

[15]《吉林通志》卷35，《食货志》8，土贡。

[16]嘉庆重修《大清一统志》卷67，吉林形势，其辖境："东滨大海，西接边墙，南峙白山，北逾黑水。"

[17]《吉林外记》卷7，公署。

[18]嘉庆重修《大清一统志》卷68，《吉林》2，珲春城。

[19]《吉林分巡道造送会典馆清册》珲春城池。

[20]《吉林外记》卷2，疆域形势；嘉庆重修《大清一统志》卷68，吉林2，珲春城；《吉林通志》卷22，《舆地志》10，水道上。

[21]《吉林通志》卷50,《武备志》1，驻防上，珲春城驻防，《吉林外记》卷4、《吉林志书》第22页（长白丛书本）。

[22]《清代黑龙江历史档案选编》第138页（黑龙江人民出版社1986出版）。

[23]《吉林志书》第22页（长白丛书本）。

[24]《皇朝文献通考》卷271，《舆地考》3："自珲春河左右皆库雅拉人等所居，亦名库尔哈"即库尔喀。

[25]《八旗通志》卷21。

[26]《吉林外记》卷7，田赋、旗田。

［27］［28］《珲春乡土志》卷3。

［29］《清圣祖实录》卷69，康熙十六年（1677年）四月。

［30］《八旗通志初集》卷185。

［31］《吉林通志》卷18，《舆地志》6，长白山。

［32］《清圣祖实录》卷246，康熙五十年五月。

［33］吴禄贞：《延吉边务报告》第70页（长白丛书本）。

［34］［35］王芸生：《六十年来中国与日本》第5卷，第95—96页（三联书店1980年8月出版）。

［36］吴禄贞：《延吉边务报告》第70页（长白丛书本），转引朝鲜《万机要览》（察考）原编卷48，第745页（汉城版）。

［37］［38］吴禄贞：《延吉边务报告》第70—75页（长白丛书本）。

第二章　晚清东疆的边防和边界问题

第一节　图们江流域的边防建设

1840 年鸦片战争以后，由于一系列不平等条约的签订，帝国主义列强的侵入，中国逐渐沦为半封建半殖民地社会。1858 年，中俄《瑷珲条约》和 1860 年中俄《北京条约》的签订，沙俄侵占我黑龙江以北、乌苏里江以东的大片领土，东北边疆形势发生了巨大的变化。昔日那种无边患之忧的图们江流域，呈现重重的边疆危机局面。特别是日俄战后，随着日本侵略的加剧，边疆危机进一步加深。十九世纪五六十年代以前，东北为清朝的根本重地，不属边防要地，因此，图们江流域珲春、延吉一带，没有什么边防建设，没有什么战略地位可言。但是到 1860 年，特别是日俄战争以后，强邻压境，这里成为俄、日帝国主义争夺的焦点，一变而为国防战略要地。正如吴禄贞在《延吉边务报告》中所说："延吉一隅之地，俄得之，足以制日；日得之，足以制俄；我善用之，则日、俄皆为我制，关系讵不重哉。"清政府在强邻压境和关内大量破产农民不断冲破封禁流入东北的形势下，为了防御帝国主义的侵略，为了缓和国内阶级矛盾，不得不废除封禁，实行移民实边，加强防务。

1880 年和 1907 年，清廷先后派遣吴大澂和吴禄贞到东北督办吉林边务，担当筹划边防建设和边界谈判的重任。他们是在国际上列强瓜分中国的严重时刻，在国内清政府腐败无能、国力贫弱的危机时刻来担当这一重任的。可谓"受命于仓卒之际，奉命于危难之间"。他们二人都认为边界谈判"非口舌可与抵挡"，"为文事必有武备"，主张边界谈判必以实力做后盾，必须奉行实力政策，加强边防建设。

一、移民实边

由于清政府对吉林地区实行长期的封禁政策，图们江流域、珲春、延吉一带，地广人稀，更无边备可言。十九世纪后期，由于帝国主义侵略的加剧，东北边疆危机日益严重，清政府为了加强防务，废除封禁，实行移民实边。光绪四年（1878年），在吉林设荒务局，招民开垦。吴大澂经过实地踏察，确定珲春和三岔口（今黑龙江省宁安市）等边地为招垦中心。为了加强边防的统治力量，提高与沙俄边界交涉谈判地位，经吉林将军铭安奏准，光绪七年（1881年），将珲春协领正式提升为副都统，以依克唐阿为首任副都统。他首先招募猎户五千人，建城设卡，招民垦荒，筑炮台，修道路，珲春边防日趋巩固。副都统只辖珲春城，专司边务和防务。原设协领移驻珲春河地方，专理旗民政务。副都统的辖境："东西距二百五十里，南北距三百余里。东至萨字界牌二百二十里中、俄新界；西至图们江三十余里朝鲜庆源府界；南至图们江土字界牌八九十里海界；北至老松岭二百二十里宁古塔界；东南至长岭俄卡三十余里中、俄新界；东北至通肯山拉字界牌三百余里，东为中、俄新界；北与宁古塔界；西南至长白山石乙水七八百里及千里朝鲜界；西北至哈尔巴岭三百余里敦化县界。"[1]光绪七年（1881年），设立珲春招垦总局，派李金镛主办招垦事务。同时在南岗（即南荒，今延吉市）、五道沟（今珲春市马滴达乡境内）设立招垦分局。黑顶子（珲春城东南）在1886年收回后，又设立黑顶子屯垦营一处。光绪七年，在与朝鲜接界处的和龙峪（今龙井市智新乡）设立通商总局，在光霁峪（今龙井市开山屯镇光昭村）、西步江（今珲春市三家子乡古城村）设立通商分局，"专司朝鲜通商、税务与韩民越垦之事"[2]。招垦局和通商局的设立，对安排汉族和朝鲜族人民的生产、发展垦荒、巩固边防建设都起了积极作用。

"珲春原属军治，满洲八旗均属兵籍……光绪十七年，珲春八旗册报行差人丁计户一千四百零三，丁口一万零四十三。凡旗人在百里内自由耕垦，不准为商，凡出百里外者，则以逃逸罪。"[3]"珲春八旗田一万一千五百里九十三垧", "官兵随缺地, 共地一万零九百四十垧。"[4]

除旗地外, 经光绪七年奏准后, 招民开垦的土地, 多在图们江北岸的珲春河、海兰江、布尔哈通河、嘎呀河流域, 招垦成绩显著。为了安抚垦民, 成立垦荒社, 珲春垦地五千六百二十垧。设立春和社、春芳社、春华社、春明社、春融社、春阳社。南岗 (今延吉市) 地方垦地一万八千九百三十九垧。设立志仁社、尚义社、崇礼社、勇智社、守信社、明新社。五道沟地方垦地三千零七十三垧。设立春仁社、春义社、春礼社、春智社、春信社。光绪十三年, 调靖边营兵试办黑顶子屯垦。十六年, 黑顶子屯垦地一百四十四垧。以上共垦地二万七千七百七十六垧, 共建立十七个垦荒社[5]。

清初, 图们江流域为封禁地, 不许汉人进入开发, 朝鲜人更在严禁之例。"国 (清) 初时, 吉、韩界禁极严, 两国之民有私自越图们江一步者, 由两国官吏处死, 否亦格杀无论 (见《吉林外记》和《珲春例案》)。"[6] 但是到同治九年 (1870年) 和十年 (1871年), 朝鲜咸镜北道连年天灾, "朝鲜贫民越垦于北岸者沿江甚多"[7]。朝鲜难民, "不惜冒犯重禁, 渡江越境"[8], 进入图们江左岸的我国境。但这时只是冒禁私垦, 而且 "不过在茂山对岸之外六道沟等处, 茂山以下, 图们江北之地, 则无有也"[9]。光绪七年 (1881年), 吉林将军铭安奉命查边, 见朝鲜人越垦情形严重, 行文朝鲜政府, 令垦民一律退回朝鲜境内。然朝鲜越垦农民安土重迁, 多不愿返回。同年, 经吉林将军铭安、督办边防事宜吴大澂奏准, "将该流民查明户籍, 分归珲春及敦化县管辖。嗣因朝鲜国王恳请刷还流民", 只好限期一年, "由该国地方官设法悉数收回。复因限期已满, 该国仍不将流民刷还, 反纵其过江侵占"[10]。不但如此, 为了避免被驱逐, 企图侵占图们江左岸越垦之地, 又制造豆满江 (图们江)、土门江为两江的谬论, "执意强辩"[11]。这就是中、朝边界问题的起因。这一问题, 以后又为日本帝国主义所利用, 捏造了所谓 "间岛" 问题, 为其侵略东北延边等地大造舆论。

"光绪十一年, 俄人有与朝鲜陆路通商之议, 因欲安抚韩民, 不使生心

东疆史略

外向，遂有越垦局之设，划图们江北沿岸为韩民专垦之区。韩民越垦之增盛，实以此举为嚆矢。"[12]越垦局专管韩民垦荒事务。"划图们江以北长约七百里，宽约四五十里为收纳韩民之地，所予韩民权利，且较华民为优"[13]如为朝鲜垦民代买耕牛，允其分期偿还等。因此，越垦局成立后，越垦之韩民大量增加，开垦土地日益增多。"韩民越垦多年，庐墓相望，一旦尽令刷还，数千人失业无依，不特情实可矜，急切亦无办法。若听其以异籍之民，日久占住，主客不分，殊非久计。"[14]再加上"该国迁延至今，断难将流民刷还"[15]。因此，光绪十六年（1890 年），由总理衙门奏请，将越垦之地，编甲升科，领照纳租，入中国籍，归中国地方官管辖。"先行派员清丈，编甲升科，以期边民相安。"[16]光绪二十年，吉林将军长顺奏："凡越垦之地，统建四大堡，堡分有社[17]：镇远堡（在珲春城西南，图们江北岸），建于黑顶子，分设八社，与韩之庆兴府对峙；宁远堡，建于光霁峪，分设十三社，与韩之钟城府对峙；安远堡（在珲春城正南，图们江北岸），建于章母得基，分设六社（原文七社，实为六社），与韩之茂山府斜对。"[18]另外，还有绥远堡建于杉松背，与韩之会宁府对峙，分设十二社[19]。以上四堡三十九社，"收抚垦民四千三百零八户，男女丁口二万零八百九十九人，统编一百二十甲，较定四百一十五牌，丈报熟地一万五千四百余垧，岁征大租银二千七百七十九两有奇。自光绪十六年起，至二十年竣事"[20]，是为清丈地亩，照则升科，设抚垦局之始。

为了招民开垦，光绪七年（1881 年），设立珲春招垦总局，管理汉族农民开垦事务。同年在和龙峪设立通商总局管理通商、税务与韩民越垦之事。光绪十年，珲春副都统（依克唐阿）兼帮办吉林边务，这时专管旗务的专员，遂兼有管理民事兵政的全权，故珲春副都统不惟专办边防，而韩民越垦事务亦由其兼管。光绪十一年（1885 年），在烟集岗[21]设立越垦局，专管越垦韩民事务。光绪十二年（1886 年），将哈尔巴岭以东地区的垦务，由敦化县划归珲春招垦局和越垦局管理。光绪十七年（1891 年），吉林将军又将珲春招垦总局和越垦局合并为抚垦局，并迁到南岗（又名烟集岗，即今延吉市），管理来垦汉人和越垦韩民的垦荒事务。抚垦局迁到延吉后，附近房屋建筑渐多，稍具街市规模，所以南岗俗称局子街或土地局子。其后，因进入图们江流域从事开垦的汉人和韩民日益增多，华、韩杂处，事务殷繁，已非敦化、珲春远在数百里外者所能管理。为了便于和加强管理，光绪二十八年（1902年），在延吉岗（今延吉市）增设延吉厅，厅的长官为抚民同知，"兼理事街，正五品，属吉林分巡道，掌地方赋税、词讼之事。兼理事者，得兼理满洲人之事务也"[22]。在和龙峪设分防经历一员，隶延吉厅，掌初级裁判及开垦、捕盗事务。从1902年成立延吉厅起，才有专管汉人和韩民事务的官衙和官员。自从延吉厅抚民同知得兼理满洲人之事务以后，珲春副都统的职务有名无实。到宣统元年（1909年），清朝裁珲春副都统，升延吉厅为延吉府，同时改和龙峪分防为和龙县（县治在大砬子，今智新乡），并设吉林东南路兵备道台公署[23]，移住延吉，直隶于吉林巡抚，管辖延吉府、珲春厅、东宁厅和敦化、穆棱、汪清、和龙、额穆等县。由于废除封禁，推行移民实边，延边图们江流域的人口和垦地迅速增加。据光绪十八年册报：珲春（指珲春副都统辖境）：土著民（即八旗行差人丁）户一千二百五十，丁口一万五千二百。"[24]"珲春八旗田一万一千五百九十三垧。官兵随缺地，共一万九百四十垧。"[25]到光绪三十三年（1907年），延吉厅内的汉人和韩民户口共计"八千九百二十五户，共垦地五万六千九百六十八垧"[26]。

由上述可知，延边图们江流域，在废除封禁以后，人口和开垦的土地都有了迅速的发展，这是延边各族人民长期辛勤劳动，共同奋斗的结果，各族人民为祖国东北边疆的开发和边防的巩固，做出了重要贡献。

二、建立边防军

吴大澂在1880年来吉林以前，吉林仅有驻防八旗兵和练军。珲春地方的八旗兵归吉林将军管辖下的珲春协领管辖。到同治六年（1867年），因旗兵缺乏战斗力，加上各地起义渐多，又建立了专为镇压东北人民起义的地方练军[27]。由最初的一千名,发展到光绪十七年的三千五百多名[28],"分驻各城镇,每处自一二十人至数十百人不等"[29]。驻防八旗兵和地方练军主要任务是镇压人民起义和维护地方治安,当时吉林地区还没有专门用来保卫边疆的军队。就是这些仅有的八旗兵,也因镇压太平天国和捻军起义而大部被抽调入关。吴大澂面对吉林边防极度空虚和沙俄咄咄逼人的形势,积极采取措施,加强边防力量。光绪六年(1880年),他和吉林将军铭安联名奏准在吉林建立边防军。改编原有的八旗兵,废除世袭制,改为招募制,这是军队建设上的一次重要改革。建马步十三营,共五千人,名为巩、安、绥、卫四军和靖边军。光绪七年(1881年),边防军增至七千人。光绪十年(1884年),裁去巩、绥、卫、安名目,统称靖边军[30]。延吉的军备,以吴大澂在珲春创建的靖边军开始。靖边军共分前、后、左、右、中五路,分驻在珲春、三姓、宁古塔(今宁安)等中、俄边防要地[31]。靖边军主要为防俄而建立。光绪二十六年(1900年),当八国联军进侵北京之际,沙俄乘机侵入东北和珲春等地,靖边军奋起反抗,给入侵者以重创;"光绪二十八年(1902年),移靖边军于宁古塔,复设吉强军驻延吉厅,以防备珲春、延吉一带之地。"[32]光绪二十九年(1903年),吉林省添招吉强军四营,分驻延吉境内,是为延吉厅驻扎吉强军之始。是年,"设吉强军步队三营、马队一营,分驻图们江北岸。前此,靖边军九营,盖注重俄防,而吉强军则专防韩民之不靖而设也。"[33]是年(1903年),韩官李范允,带兵渡江,越界杀掠,吉强军平其乱。

为了防止朝鲜人的越垦和中朝来往商民的漏税,为了防御沙俄从水路入侵,光绪十五年(1889年),创建图们江和松花江水师营。图们江水师营兵四十八名,拥有三板船一只,驾噶尔萨炮二尊;四板船二只,各载噶尔萨炮一门。夏季梭巡于图们江中,冬季则驻扎于珲春之西步江[34]。图们江水师营官兵在光绪二十六年(1900年)抗击沙俄入侵珲春时战败,退至吉林被遣散[35]。

为了防御沙俄从松花江和珲春两路入侵,吴大澂决定在三姓和珲春扼要地方修筑炮台。光绪七年（1881年），靖边军开始修筑珲春东西两座炮台。西炮台建于珲春城西南十余里的外郎屯，即今珲春镇西南五公里的板石乡春景村北零点五公里的图鲁村炮台遗址；东炮台建在珲春城东南十余里的阿勒坎，即今珲春东南五公里马川子乡炮台村炮台遗址。东、西炮台各由三个炮台组成。各置克虏伯大炮一门，即东、西炮台各置克虏伯大炮三门，东、西炮台各驻步队一营。西炮台是阻止沙俄军从黑顶子侵入珲春之路；东炮台是阻挡沙俄军从岩杵河入侵珲春之路。东西两座炮台相距约五公里，是沙俄入侵珲春必经之路，为扼制沙俄进犯的有力军事设施。光绪十二年（1886年），吉林防务帮办，珲春副都统依克唐阿，命靖边军改筑东、西两炮台，光绪十六年（1890年）竣工。光绪二十六年（1900年），沙俄乘八国联军进侵北京之际，侵入东北。由海参崴和波谢特湾出发，进犯珲春、宁古塔等地。珲春东、西炮台在阻止敌人入侵方面发挥重要作用，打退了敌人的入侵。后因东炮台的炮口震裂，清军撤回珲春城里，1900年7月30日，珲春城被沙俄军攻陷后，大肆屠杀和掠夺。这时刘永和领导的忠义军兴起，转战各地，提出"抗俄寇，复国土"的战斗口号。

为了提高边防军的作战能力，吴大澂非常重视改善武器装备。他在吉林期间，为靖边军除购置"洋枪炮"外，并于1883年，在今吉林市建立吉林机器局和火药厂（今吉林市松花江南岸），为靖边军制造新式武器弹药，提高靖边军的防御力量。

三、修筑驿站

延边图们江流域在封禁时期，交通不便，仅有从吉林经俄莫贺索洛（今敦化县额穆）到宁古塔（今宁安县）的道路[36]。从宁古塔到珲春的道路，全程五百四十里，中间无驿站和旅店，只有旧设台卡（卡伦）六处，传递公文。这条道路上的台卡有：宁古塔90里、玛勒呼哩120里、萨奇库（今汪清县骆驼山）80里、噶哈哩（今汪清县天桥岭镇）40里、哈顺（今汪清县东振乡南山屯）80里、穆克德和（今图门市凉水镇境内）70里、密占（今为珲春市密江）60里珲春[37]。以上台卡由宁古塔、珲春拨派官兵轮流驻守。来往行旅自备干粮，可借宿卡伦或随地露宿，俗称打野盘或打野营。"露宿必傍山依林近水草，年少而贱者持斧伐木燎火自卫，或聚石为灶，出铜锅作粥，人持一木碗啜之。雨雪至无从避，披裘冻坐而已。"[38]

为了加强防务，传递文报，移民实边，便利来往商民，旧设台卡的道路，已不能适应新的形势发展要求，光绪七年（1881年），由铭安和吴大澂会奏，改台卡为驿站。1881年，珲春首任副都统依克唐阿统属驻防靖边军，按年分段修筑了通往吉林、宁古塔、东宁的三条道路。

吉林城东通宁古塔、珲春的驿站有：

"乌拉站90里、额赫穆站80里、拉法站65里、退搏站80里、意气松站40里、额摩和站80里、搭拉站70里、通沟镇站，（由搭拉站）60里、必尔罕站60里、沙兰站80里、宁古塔70里、新官地站60里、玛勒瑚哩站60里、老松岭站61里、萨奇库站60里、瑚珠岭站60里、哈顺站38里、大坎子站45里、穆克德和站60里、密占站60里、珲春城站。共二十站程，途一千二百零八里，除通沟镇不计"[39]。在宁古塔所属境内增设了新官地、玛勒瑚哩、老松岭、萨其库、瑚珠岭五个驿站；在珲春所属境内增设了哈顺、大坎子、穆克德和（德通）、密占、珲春五个驿站[40]。自光绪七年（1881年），吴大澂督办边务，开辟了通往图们江流域的道路，并派靖边军沿途驻扎。光绪三十四年（1908年），陈昭常、吴禄贞先后督办边务，再次修筑从吉林经敦化到延吉，再由延吉东至珲春，西至外六道沟，东北至宁古塔的道路。沿途设立马拨以递公文，安设电线，开办邮政，以通信息。此外，还修筑了从珲春至东宁的道路。从珲春城一百九十里到红旗河屯，二百八十里到通肯山高力营到达东宁县。其间在高力营屯设有驿站。在珲春境内设立的各路驿站，为后来公路、铁路的开辟奠定了基础，随着延边图们江流域的土地开发和人口的增加，有的驿站逐渐发展起来，成为城镇和村镇。

光绪年间，吴大澂等在珲春、延吉一带推行移民实边，建立靖边军，修筑驿站等一系列措施，对加强边防和中俄边界谈判都有重要意义。

注：

［1］《吉林分巡道造送会典馆清册》第151页（长白丛书二集本）。

［2］《吉林分巡道造送会典馆清册》第181页（长白丛书二集本）。

［3］《珲春乡土志》卷3，民族。

［4］《吉林通志》卷30，《食货志》3，田赋下，第528页（长白丛书本）。

［5］《吉林通志》卷31上，《食货志》4，屯垦，第535页。

［6］［8］吴禄贞：《延吉边务报告》第60页（长白丛书本）。

［7］吴禄贞：《延吉边务报告》第119页。

［9］吴禄贞：《延吉边务报告》第62页。

［10］［11］《吉林通志》卷31上，《食货志》4，屯垦，第536—537页。

［12］［13］吴禄贞：《延吉边务报告》第62、65页。

［14］［15］［16］《吉林通志》卷31，《食货志》4，屯垦第537页。

［17］《清季中日韩关系史料》卷5720页，光绪二十年三月，吉林将军长顺奏牍。

［18］［19］［20］吴禄贞：《延吉边务报告》第32页，第66—68页；《清季中日韩关系史料》第5720页，吉林将军长顺奏折。

［21］旧名南岗，为南荒音转，俗传岗上常有烟云，故名烟集岗。

［22］宋教仁：《"间岛"问题》第320页（长白丛书初集）。

［23］1913年2月，改为东南路观察署，1914年6月，又改为道尹公署。

［24］《吉林分巡道造送会典馆清册》第199页（长白丛书本）。

［25］《吉林通志》卷30，《食货志》3，田赋下，第528页。

［26］吴禄贞：《延吉边务报告》第55—57页。

［27］《吉林通志》卷51，《武备志》2，驻防下，第845页。

［28］《吉林分巡道造送会典馆清册》第177—179页。

［29］《珲春乡土志》卷6，武备·驻防。

［30］［31］《吉林通志》卷53，《武备志》4，靖边军，第856页；吴禄贞：《延吉边务报告》第28页。

［32］宋教仁：《"间岛"问题》第 321—322 页（长白丛书本）。

［33］吴禄贞：《延吉边务报告》第 33 页。

［34］《吉林通志》卷 53，《武备志》4 第 861 页，865 页。

［35］《珲春乡土志》卷 6，《武备志》，图们江水师营。

［36］乾隆元年《盛京通志》卷 17，驿站。

［37］［38］《吉林通志》卷 57，《武备志》8，驿站，第 925 页；《吉林外记》卷 3，驿站。

［39］［40］《吉林分巡道造送会典馆清册》第 185 和 188 页。

第二节 清季中俄东部边界的勘定

1860 年 10 月，英法联军进北京之后，清廷被迫与英、法分别签订了中英和中法《北京条约》。同年 11 月，沙俄乘机迫使清廷与之签订《中俄续增条约》，即中俄《北京条约》。此约共 15 条，其第一条是关于中俄东部边界的规定："此后两国东界，定为由什勒喀、额尔古纳河两河汇合处，即顺黑龙江下流至该江、乌苏里江会处。其北边地，属俄罗斯国；其南边地至乌苏里河口，所有地方属中国。自乌苏里河口而南，上至兴凯湖，两国以乌苏里及松阿察二河作为交界。其二河以东之地，属俄罗斯国；河西之地，属中国。自松阿察河之源，两国交界逾兴凯湖直至白棱河；自白棱河口，顺山岭至瑚布图河，再由瑚布图河口，顺珲春河和海中间之岭至图们江口，其东皆属俄罗斯，其西皆属中国。两国交界与图们江之汇处及该江口，相距不过二十里。"其中还规定："上所言者，乃空旷之地，遇有中国人居住之处及中国人所占渔猎之地俄国均不得占，仍准中国人照常渔猎。"[1]根据这一条规定，沙俄不仅强迫清政府承认了 1858 年所订不平等的《瑷珲条约》规定的割黑龙江以北之地，而且还将该约所规定中俄共管之地，割给沙俄；也就是说，除重申《瑷珲条约》已割黑龙江以北之地，又迫使清廷割让从乌苏里江口至图们江口东到海约 40 万平方公里的中国领土给沙俄。

中俄《北京条约》签约之时，对上述边界并未经双方实地会勘，更没有设立界牌。所以《北京条约》第三条规定："为在东部，即兴凯湖到图们江之间，和在西部，即从沙宾达巴哈到浩罕领地之间的地区设立界牌，俄中两国政府特派出信任大员（大臣）。为勘查东部边界，双方代表将于明年四月（咸丰十一年三月）在乌苏里江口会晤。"[2] 根据此条规定，在中俄《北京条约》订立之后，两国东部边界的走向、规定、树立标志等事，仍需两国派员实地勘查、绘图、议定，作记补入《北京条约》有关条款，才能算正式结案。因为道路险阻，交通不便，恐难如条约所规定时间在乌苏里江口会齐，清政府照会俄国，改在五月（阳历 6 月）在兴凯湖会齐[3]。清政府派遣仓场侍郎成琦与吉林将军景淳，和沙俄勘界代表滨海省省长卡札凯维奇、副代表布多戈斯基于咸丰十一年五月十一日（1861 年 6 月 18 日），在兴凯湖附近土尔河口的土里罗格举行勘界会谈[4]，此即中俄"兴凯湖勘界会议"。

值得注意的是，俄方选择的土里罗格，位于土尔河口，即兴凯湖西北岸奎屯必拉，亦即牛角湾地方，当时俄国已侵占其地并设立哨所，造成既成事实，以便为俄方将土尔河解释成白棱河制造借口。

一、1861 年中俄"兴凯湖勘界会议"

这次会谈争论的焦点是中俄《北京条约》第一条规定作为划界标志的白棱河口所指为何地的问题。据此条规定的中俄边界，从松阿察河源越兴凯湖至白棱河口，再由白棱河口顺山岭至瑚布图河口。因此，只有确定白棱河及其河口的位置，才能划定兴凯湖和瑚布图河以北这两段中俄边界。但是成琦"遍查吉林所绘各图及早年所存通省全图，只有白珍河，并无白棱河。"连上年俄使伊格那切夫在北京要求中国画押的地图上也没有白棱河，只有白志河。经过成琦"两相考校"，认为白棱河即兴凯湖西岸偏南的白珍河，其方位与条约所述完全相符[5]。

按照成琦的考校，不仅按方位应当确认白珍河即条约所称白棱河，且订约时俄方要求画押的地图上白志河与白珍河，只是译音歧异，实同名之异译，理应按图确认白珍（亦即白志）河为条约所称的白棱河。但俄方代表却硬说在兴凯湖西岸偏北的土尔河口（土里罗格，位于今密山县当壁镇南）为白棱河口。如此，在松阿察河源与土尔河口划一直线，则将兴凯湖大部分划入俄国版图。如以白珍河口划界，则仅将兴凯湖的一半划归俄国。

俄方提出的无理要求，受到了成琦的抵制。成琦据理力争，指出土尔河与白棱河毫无相似之处，"显与和约、地图均属相悖"。然而，俄方坚持其说，双方争议毫无进展。

五月十五日（6月22日）双方再次会议。俄方代表不但依然坚持以土尔河为条约所称白棱河的主张，并进而要求"将穆棱河作为公共之地"，向中国提出进一步的领土要求。此议被驳回，又要求"将珲春作为公共之地"。这些在条约之外的无理要求和节外生枝的谈判伎俩，均受到了中国代表一一驳斥，俄方代表卡札凯维奇"始觉理曲"，表示愿意放弃这些要求[6]，但关于白棱河所指何处，仍坚持其主张，如若不接受其无理主张，即以停止谈判相威胁[7]。中方代表成琦唯恐谈判破裂而导致俄方的军事侵略，被迫接受了俄方提出的白棱河即土尔河的要求，将兴凯湖的大部分划归俄有。同时还决定："由此（兴凯湖土尔河口）取道至瑚布图河，顺珲春河，非山林丛杂，即河水涨阻，荒僻危险，莫知远近。兼以大雨行时，泥深数尺，实难行走。拟在兴凯湖行营，照依和约，将地图未分之界用红色画断作记，绘图钤印，应立界牌，各差小官树立。"[8]其后，双方遣官勘界立牌时，就是根据在俄方绘制的地图上所标记的红色界线进行的。在从乌苏里江口到图们江1000多公里的边界上，共立8个木制界牌。以俄文字母为界牌名。界牌上一面写俄文字母，一面写译音汉字。即 E（耶）、И（亦）、К（喀）、Л（拉）、Н（那）、О（倭）、П（帕）、Т（土）8个木制界牌。它们的位置在《交界道路记文》[9]中都有明确的指定地点。即：

耶字界牌立于乌苏里河口西。

亦字界牌立于松阿察河源西岸旱路上。

喀字界牌立于白棱河口北。

拉字界牌立于蜂蜜山以南，即兴凯湖和穆棱河之间分水岭的小漫岗上。

那字界牌立于小绥芬河源附近横山会处。

倭字界牌立于瑚布图河口西岸。

帕字界牌立于瑚布图河源山顶上。

土字界牌立于图们江左边距海不过二十里处。

兴凯湖勘界会议于阴历五月二十一日（阳历 6 月 28 日）由中俄双方签订了《中俄续增条约补充条款》和《交界道路记文》，双方代表画押钤印，互换图约，并在换约前一天由卡札凯维奇和成琦亲自在白棱河口北设立喀字界牌。

换约后成琦回京复命，其余界牌则由两国互派地方官员，按照地图标出的位置树立[10]。

今据同治朝《筹办夷务始末》卷 1，第 1—2 页，和《吉林通志》卷 55 第 889—890 页列表说明如后：

界牌名	立牌日期	界牌监立者	设立界牌的位置
E 耶	六月十一日 （7月19日）	（中）富尼扬河 （俄）吉成克	应立于乌苏里江口之西莫勒密地方，因该处低洼，改立在乌苏里江口以上三里高岗处，并于莫勒密地方多立界牌一面以为印证。
И 亦	六月六日 （7月13日）	（中）瑞 林 （俄）图勒宾	松阿察河源西岸
K 喀	五月十五日 （6月22日）	（中）吉勒图勘 （俄）图勒宾	白棱河（即俄方所指土尔河）口
Л 拉	七月四日 （8月9日）	（中）永 安 （俄）图勒宾	蜂蜜山（今密山县）以南的小漫岗上
H 那	同 上	同 上	横山会处，在东小绥芬河河源东附近

界牌名	立牌日期	界牌监立者	设立界牌的位置
O 倭	七月二十二日（8月27日）	同 上	瑚布图河口西边
Π 帕	同 上	同 上	瑚布图河源山顶上
T 土	八月一日（9月5日）	（中）永 安，一书台斐音阿（俄）图勒宾	图们江左岸距图们江入海口二十里处
立牌咸丰十一年，即1861年。汉字注明月日为阴历，括注阿拉伯字月日为阳历			

据当时俄国人的回忆，参加监立界牌的中国官员纪某（即吉勒图勘），因在途中犯了鸦片烟瘾，克服不了途中的困难，在向俄方官员提出"具结"，"声明一切界牌都是根据国界记录设置在各该地点的"[11]条件下，中途退出勘界立碑工作。由于他擅离职守，使俄方在勘界立牌工作中得以为所欲为。因此，有的界牌并未建立在《条约》和《记文》所指定的位置上。在从乌苏里江口至图们江口长达 1000 公里的边界上，仅立 8 个木制界牌，间距过远，所立界牌不但极为简略草率，而且易于损坏和移动。这些都成为后来边界纠纷的根源。

中俄《北京条约》的签订，俄方鲸吞了原属中国的黑龙江以北、乌苏里江以东的大片领土，而兴凯湖会议划定的中俄东部边界，又对俄方有利，为沙俄向东发展提供了基地，使中国处于强邻压境的困境。在这种严重的边防危机面前，清廷不得不废除封禁政策，实行移民实边，以加强边防。

兴凯湖会议之后，俄方仍不断违约，对中国领土实行进一步的侵略。

其一，公然违背《北京条约》中关于在划入俄境地区，"中国人所占渔猎之地，俄国均不得占，仍准中国人照常渔猎"的规定，实行驱逐华人[12]，使他们失去家园与安身立命之地。

其二，不断侵犯中国边境，例如光绪元年（1875 年），沙俄军侵入珲春河南岸[13]，光绪四年（1878 年），又侵入石头岭一带[14]。

兴凯湖会议以后，又制造了许多新的划界问题，其中主要是：

中俄《北京条约》规定："两国交界与图们江之会处及该江口，相距不过二十里。"因此，《交界道路记文》载明土字界牌设在"图们江左边距海不过二十里"的地方。但是原立的木制土字界牌"不知何年毁失，遍询土人，无从查究。"[15] "现查（咸丰）十一年所立土字界牌之地，并未照准条约记文二十里"的规定，而是将土字界牌立于图们江口"系俄里二十余里，以中国里计之，实系四十五里"[16]的沙草峰。这是在条约规定之外，又向北侵入中国领土 20 余里。

不但如此，在沙草峰以北 45 里的"黑顶子山濒江一带，久被俄人侵占"。"竟于黑顶子地方添设卡兵，接通电线，有久假不归之意。"[17]因此，兴凯湖会议之后，产生的边界争议虽多，而以图们江口地段为主要争议地段。此外，据吴大澂《吉林勘界记》，在咸丰十一年（1861 年）以后还有需要改立、补立、重立界牌等多处问题需要解决。

1885 年 4 月 28 日，总理衙门大臣奕劻上奏说：中俄东界的界牌"年深月久，形迹无存"，"界地湮失"，请速派大员往勘[18]。同时还有"一八六一年即咸丰十一年所换地图红线有简略不甚详细之处，恐两国官民彼此误会，渐起争端"[19]。所以，在光绪十二年四月（1886 年 5 月）清廷派会办北洋事宜大臣都察院左都御史吴大澂、帮办吉林防务大臣珲春副都统依克唐阿与俄方代表东海滨省巡抚兼理事务将军巴勒诺夫（巴拉诺夫）、办理地图衙门大员舒利经、帮办军务大臣总理营务克拉多、南乌苏里界廓米萨尔马秋宁等在岩杵河（今珲春东、俄罗斯境内的克拉斯基诺）会同商办东部边界问题，史称岩杵河勘界会议。

二、1886 年中俄"岩杵河勘界会议"

岩杵河勘界会议从光绪十二年四月二十二日（1886 年 5 月 25 日）开始，至九月十八日（10 月 15 日）结束，历时近 5 个月。这次勘界以小绥芬河源头附近的横山会处的"那字界牌"到图们江口附近的"土字界牌"这一地段为重点。解决了如下几个问题：

第一，重立土字界牌的问题

如前所述，根据中俄《北京条约》和兴凯湖会议所交换的《记文》，土字界牌应立于距图们江20里的地方。按当时议定，应是20华里，但俄方将土字界牌立于距图们江20余俄里的沙草峰地方。如此，"以中国里数计之，实系四十五里"。当中国代表提出应该按《条约》和《记文》规定的位置重建土字界牌时，俄方代表巴拉诺夫竟说："海口二十里，海水灌入之地，当谓之海河，除去海河二十里，才算图们江口，彼国所谓二十里，如此核计。"[20]吴大澂对巴拉诺夫"海口非江口"的谬论给予了有力的回击，指出"海口即江口，有何分别？若论海水所灌，潮来时海水进口不止二十里，潮退时江水出口亦不止二十里。所谓江口者，总在海滩尽处，仍须照约由海口量准二十里方为妥洽。"[21]巴拉诺夫"仍以旧红线为词，坚持不允。"[22]最后说此事"须电报总督，转达俄廷请示办理，俟有回电再行续议"[23]。

四月二十六日（5月29日）双方第二次会议，巴拉诺夫按总督电覆云："从前既未立妥，自可酌量更改，现拟向沙草峰挪前十八里，立于山南沿江高坡下，不致为江水冲塌，约计离海口不过二十四五里；再前，则沙土浮松，恐无立碑之地耳。"[24]经过再三辩论，最后双方达成一个妥协方案，决定土字界牌立于距图们江30里，径直到江口27里的地方，即沙草峰以南越岭而下的平岗尽处[25]。此处即今珲春市敬信镇防川村沙草峰南5公里处，图们江下游左岸防护堤上。

五月二十日（6月21日），吴大澂，尧山都护（即珲春副都统依克唐阿）会同巴拉诺夫至沙草峰南麓监立石制土字界牌。石制土字界牌高七尺，宽十五寸，厚六寸，一面刻汉文"土字牌"三字，"旁（即左侧）列年月（即"光绪十二年四月立"八个字）。牌下入土深三尺三寸，四周地基用坚石筑成，外挖深沟，填以碎石，均灌灰浆，以期经久"[26]。新立土字界牌比原立位置，中国收复10里之地，但和《条约》《记文》的规定比，中国仍损失新立界牌以南10里的土地。

五月二十日，吴大澂、尧山都护在与巴拉诺夫同至沙草峰南监立土字界牌时，在长岭子口中俄交界第八记号处，添立铜柱。这里过去是从珲春通往俄境岩杵河的要道，向无边界标志，因此，添立铜柱，以期经久。此处即今珲春东南 20 公里，板石镇境内原天文台旧址。

铜柱"高十二尺一寸五分，宽三尺零三分"[27]，上刻吴大澂亲笔篆书共 4 行 58 字，即："光绪十二年四月，都察院左副都御史吴大澂，珲春副都统依克唐阿奉命会勘中俄边界，既竣事，立此铜柱。铭曰：'疆域有表国有维，此柱可立不可移'"[28]此铜柱，在 1900 年沙俄侵入珲春境内时，被沙俄侵略者毁为两段，并非法运到伯力博物馆[29]。

第二，收复黑顶子问题

黑顶子在珲春县城南 80 里，敬信镇境内。此处以南不远的金塘村现已发现一处渤海和辽、金沿用的古遗址。东西约 120 米，南北约 100 米，有渤海指压纹板瓦，还有辽、金兽面瓦当，龙泉窑瓷片。可知其始置于渤海而辽、金沿用[30]。从地理位置看，在渤海时期当为东京龙原府所属盐州所辖地方。

黑顶子过去又名夏渣山、乌尔浑山。明代为古鲁浑山卫，到清代成为"围禁山场"。其地气候温和，土壤肥沃，是清末以来当地有名的产粮区之一。所处地理位置重要，南与朝鲜庆兴府隔江相望，为中、俄、朝三国相邻地区，"地逼韩、俄，实为险要"，在交通与边防方面都是很重要的地方。沙俄约在 1873 年前后[31]侵占其地，改名萨维诺夫卡。1883 年经吴大澂"确切查明该地方实系俄人侵占珲春之地"，"若不及早清理，珲春与朝鲜毗连之地大半为俄人窃据，其隐然觊觎朝鲜之意.已可概见"[32]。吴大澂认为："俄人占据黑顶子，则图们江一百余里不复为珲春所有"，"此黑顶子之关系甚大，不能不及早清理也。"[33]吴大澂为了尽快收复黑顶子，"屡与俄员照会，索还占地，并迭次面商，据约辩论，俄员一味支吾延宕。竟于黑顶子地添设卡兵，接通电线，有久假不归之意。旋经吉林将军希元专派协领穆隆阿、双寿等约同俄员会勘，仅至沙草峰，为俄人所阻，未经勘毕而回。"[34]因此，吴大澂将收复黑顶子问题列入勘界会议的主要议程。

在双方第二次会议上，吴以坚决的态度，确凿的证据，据理力争，终于迫使沙俄同意将黑顶子归还中国。会议决定："中国界内黑顶子地方旧有俄国卡伦、民房，议明于1886年6月，即光绪十二年五月，迁回俄境。两国勘界大臣各派委员前往该处交接明白。"[35]

黑顶子地方的收复，是岩杵河会议的重要收获之一。收复的当年，清政府即派靖边军"前路右营步队一营进驻黑顶子"[36]。以后于"光绪十三年（1887年）调靖边营兵试办屯垦。十六年（1890年）撤兵，以地给民"[37]，在黑顶子设招垦分局，移民实边。同时，仍拨靖边军步队一营、马队一哨归靖边前路驻扎黑顶子地方[38]，以加强黑顶子地段的防御。

第三，补立和增设界牌的问题

岩杵河勘界会议谈判的重点是重立土字界牌和收复黑顶子两大问题，此外"尚有应办事宜数端"[39]，需要在这次勘界谈判中解决。

1861年中俄勘界时，"旧图（1861年中俄勘界时绘制的地图）内拉字、那字两牌之间，有玛字界牌，《记文》则缺而未立（经调查证明当时确未立牌，属漏立之界牌）。条约内帕字、土字两牌之间，有啦、萨二字界牌，地图、《记文》略而不详"[40]。因此，吴大澂主张补立玛字界牌，增设啦（与上述拉字界牌不同，是另一个字号的界牌）、萨二字界牌。双方达成协议，同意补立和增设界牌。将补立的玛字界牌立于拉字界牌西南大树岗子中俄交界处。又因自土字界牌至帕字界牌间距离太远，拟于蒙古街往来之路增设啦字界牌，于阿吉密往来之路增设萨字界牌。将增设的啦字界牌立于俄界蒙古街[41]和珲春交界处，即"在今珲春城东北112公里春化乡分水岭东1公里无名高地的山腰上。界牌坡下为山口，原来是通往蒙古街、海参崴的通道。"[42]萨字界牌立在今珲春县城东80公里马滴达乡东光村（镇安岭）东12.5公里的分水岭山背上，过去是珲春与俄境阿济密往来的路口。

兴凯湖会议之后原立的8个木制牌，在岩杵河会议后改立为石制，加上补立的玛字和增设的啦字、萨字界牌，共立石制界牌11座[43]。这些石制界牌的形制、大小均与前述吴大澂与巴拉诺夫于光绪十二年五月二十日在沙草峰南麓监立的土字牌相同，皆镌刻"光绪十二年四月立"字样。

吴大澂还认为："两国交界地段太长，牌博中间相去甚远"[44]，边界不易辨识，因此光绪十二年（1886 年）《中俄珲春东界约记》规定：在上述 11 座石制界牌之间，再立 26 个石制小界牌。以汉文一、二、三……数字为小界牌的名称，称为第一记号．第二记号，第三记号等。小界牌的形制似圭形小石碑，上刻记号数和勘界监立者。如第十六记号，正面两侧右侧刻"第十六"，左侧刻"16"，在"第十六"和"16"之间刻"勘界大臣吴依监立" 8 个字[45]。

对于这种小界牌的设立位置，在岩杵河会议所订《中俄查勘两国交界道路记》中都有详细记载。其中在珲春地区中俄边界线上设有从"第一"到"第十六"的 16 个小界牌。在珲春长岭子天文台设立"第八"记号的小界牌，"用砖垒高，以坚石为基址"。上立石制小界牌和吴大澂所立铜柱。其他"皆用土砌成圆墩，周围挖沟，垫以石块，上立小石牌。"[46]光绪三十三年六月十八日（1907 年 7 月 27 日）曾对珲春地区这 16 个小石界牌情况做过一次调查，据查："原设小石牌共十六处，第一号、第二号、第九号、第十号、第十一号、第十五号、第十六号等七处均尚建如故；惟第四号业已损坏，仅存石块；其第三号、第五号、第六号、第七号、第八号、第十二号、第十三号、第十四号共八处均已遗失无存。[47]""现珲春县境边界线上记号之小石碑大部分已遗失无存，只有第十六记号石牌保存完好。第十四记号石牌业已找到，但已毁坏，第十五记号石牌已毁为碎块，但这两个记号石牌尚能看出牌文，石牌的形制和字体与第十六号石牌相同。"[48]可见对于边界标志，晚清时期保护与重视是很不够的。

第四，纠正错立位置和被移动的界牌

根据 1861 年中俄签订的《交界道路记文》的规定，那字界牌应立在"横山会处"、倭字界牌应立"在瑚布图河口西边"。但在光绪十二年（1886 年）经吴大澂亲自和巴拉诺夫查勘，发现"宁古塔境内倭字、那字二界牌，均与《记文》《条约》不甚相符。"[49]倭字界牌"现在小孤山顶，距瑚布图河口尚有二里，并非中俄交界地方"，而是在中国领土内。按照《交界道路记文》的规定，倭字界牌应设在"瑚布图河口西边"，当时为何设立在小孤山，"细询缘由，因当时河口水涨，木牌易于冲失，权设山顶，离河较远。若以立牌之地即为交界之所，则小孤山以东至瑚布图河口一段，又将割为俄地"。因此，吴大澂与巴拉诺夫"议定，将倭字石界牌改立在瑚布图河口山坡高处，正在两国交界之地，按之地图、条约，均属相符。"[50]议定之后，六月二十六日（7月27日），吴大澂与尧山都护（依克唐阿）即商派宁古塔佐领托伦托勒，骁骑校永顺前往瑚布图河口与俄方官员舒利经共同监立倭字界牌[51]。

按照双方商定的立牌地点并约定：舒利经回去运送倭字界牌，托伦托勒留在立牌地点等候。但是舒利经竟违约，背着托伦托勒指使俄国边民将倭字界牌立在约定地点以西四里多的地方，侵占了中国领土。托伦托勒发现后，向舒利经提出抗议，舒利经未予理睬，继续蛮横无理地指使俄人在他私自指定的地点竖立倭字界牌。托伦托勒为了保卫祖国领土，愤然跳入俄人挖好的土坑中，阻止俄人将倭字界牌立在中国领土之内。托伦托勒厉声向舒利经声明："我身可埋，界不可移。"舒利经理屈词穷，在托伦托勒的凛然正气面前，只好下令将倭字界牌立于双方议定的地点[52]。

关于《交界道路记文》所议定的在"横山会处"所立的那字界牌[53]，经吴大澂亲自查勘，发现早在光绪三年（1877年）以前即已不知去向。而光绪三年"宁古塔副都统双福与俄官廓米萨尔、马秋宁补立的那字界牌，在瑚布图河口正北山上，距绥芬河与瑚布图河交汇之处不及二里。倭、那二字界牌相去太近，又非横山会处，自应查明更正。因派熟悉边界之员，宁古塔佐领托伦托勒会同舒利经裹粮入山十余日，依水寻湖，披荆辟路，始于（光绪十二年）阴历六月二十日，访得木牌一座，上多朽烂，仅存尺余，下有碎石平砌台基，虽字迹剥落无存，按其地势正在横山会处。迤西即系小绥芬河源，水向南流，其为那字旧界牌又无疑义。"[54]找到了1861年所立于横山会处的那字界牌旧址，就为纠正双福与廓米萨尔等于光绪三年临时所立那字界牌的位置，并为重立那字界牌找到了确切的根据。当时正值雨季，各山沟节节阻水，车道不通，双方议定，待到冬季冰道畅通时，"再由两国边界大臣派员监立可也"[55]。后经重新竖立，于是那字界牌终于按《交界道路记文》恢复在原议指定的位置。为了使两国边界标志更清楚可辨，双方决定："自横山会处到瑚布图河口，应用天文测算之法，做一纸[直]线（即从那字界牌到倭字界牌划一直线作为国界）。其间有林木丛杂之处，则砍树为路。有高岗阻隔之处，则筑土为墩。有道路分歧之处，则挖沟为记。仍将各处记号，挨次编定数目，嵌立小石牌，悉由舒利经督率经理，中国派员随同照料。其补立错误之那字木牌，即行毁废。现在新刻之倭字石牌，应照《交界道路记文》设立瑚布图河口。该处浅滩，又恐河水盛涨，冲坏牌座。今议于大绥芬河北岸山坡高处准对瑚布河口建立倭字石界牌，其小孤山上原立木牌亦即毁去，以免误会。"[56]

第五，关于中国船只出入图们江口的问题

1860年，中俄《北京条约》签订后，东北东部沿海一带被沙俄所侵占，中国丧失了图们江出海口。为了改变这种情况，吴大澂于四月二十六日（5月29日）第二次会议上提出图们江出海口"应作为中俄两国公共海口"的问题。当时俄方首席代表巴拉诺夫以"仍须电商总督再行定议"[57]为借口，企图拖延下去。其后，吴大澂又数次提出图们江口为中俄共同海口问题[58]，据理力争，沙俄终于同意了中国船只自由出入图们江口，俄国"不得阻挡"。1886年10月12日，俄国地方当局向珲春副都统递交了一份《俄国关于中国船只出入图们江口事的照会》，经双方议定，将此照会作为《中俄珲春东界约记》的附件。由此，图们江口为中俄公共出海口的问题虽然没有写在条约的正文中加以解决，但在附件中规定中国船只完全合法自由出入该海口，不必向俄国官员领照。中国船只在图们江口航行的问题得到了解决，这也是岩杵河会议中的一个收获。

1886年中俄岩杵河勘界会议进行将近5个月，双方签订了一系列关于划定从图们江口到兴凯湖地段中俄边界的文件，即：《中俄重勘珲春东界约记》，包括此次勘界的全部内容，该约共 8 条，并附件 1 件。另外还有《吉林勘界记》《宁古塔境内倭字那字二界牌》《更立倭、那二字石牌记文》《勘查两国交界道路记》《增订两国交界第六段道路记》等关于其他具体问题的决议。

中俄 1861 年兴凯湖勘界会议和 1886 年岩杵河勘界会议，是对 1860 年中俄《北京条约》所订中俄边界的具体划定。而岩杵河会议除了重新核定和竖立兴凯湖会议所立 8 个木制界牌并改立石界牌以外，又补立和增立了萨、啦、玛三座石界牌。其各石牌位置与纠正情况，已如上述，唯立于乌苏里江口的耶字界牌，未能得到认真勘查和解决其位置。又据《查勘两国交界道路记》所载：从图们江口以上 30 里的土字界牌到白棱河口之喀字界牌止，共分 6 段，在这 6 段之间，增立 26 个小石制记号牌[59]，增强了边界的分辨标志。同时也解决了中国船只自由出入图们江口的合法权利问题。

19 世纪 80 年代，中国正面临着列强妄图瓜分的危险境地，当时中国与列强各种外交谈判，往往以订立丧权辱国的不平等条约和协议告终，而中俄岩杵河勘界会议却取得了上述各项成果，使沙俄不得不退还中俄《北京条约》规定外进一步侵占的部分中国领土，维护了中国主权，不致进一步受到沙俄侵犯。这些成果的取得，和吴大澂竭尽全力维护祖国领土主权的斗争精神与实干精神分不开，也和吴大澂等能审时度势利用当时国际矛盾展开外交斗争的真才实学分不开。在晚清时期的历史条件下，岩杵河中俄勘界会议，中国所取得的胜利，确实来之不易。

三、"岩杵河勘界会议"以后的边界问题

吴大澂在 1886 年的勘界谈判中也有一些不足之处。

如土字界牌并不是按《条约》规定立于距图们江口 20 里的地方，而是经过反复交涉，达成妥协，立于距图们江口 30 里的地方。以当时沙俄非法侵占的实际据点计，中国收回了 10 里之地，以《条约》规定的分界点计，

则仍在条约以外又丧失了图们江口地段 10 里之地。

最主要的疏忽，是当时清廷与吴大澂等均以为从松阿察河到乌苏里江口这一段，以江河为界，国界容易识别划定，不会出现什么问题，但实际上，这一疏忽为以后在乌苏里江江口地段的中俄边界划定造成不应有的困难和问题。

按照通常的国际惯例，凡以江河分界之国界，应是以主河道为准。而1861 年中俄兴凯湖勘界会议签订的《交界道路记文》规定耶字界牌应立于"乌苏里江口西"，当年阴历六月十二日（7 月 19 日）三姓副都统富尼扬阿会同俄国官员吉成克到乌苏里江口竖立耶字界牌。因为吉成克指称："乌苏里江口近岸莫勒密地方低洼，立牌恐被冲没"，经双方"商拟在乌苏里江口以上三里许高阜处立牌"。三姓副都统富尼扬阿"恐距岸较远，仍于莫勒密地方立界牌一面，以为印证。"[60] 1886 年岩杵河勘界会议的当年，光绪十二年，吉林将军希元奏派富克锦协领会同俄官将乌苏里江口旧有界牌一道换立头号耶字石界牌一道。"[61] 这些历史事实足以说明乌苏里江口地段同样是以乌苏里江主河道为界。

然而沙俄居心叵测，潜将耶字界牌移至通江口——乌苏里江口地段之支流河口，造成了这一地段中俄分界的新问题。

《鸡林旧闻录》（一）载："照咸丰十年旧约，界限（即耶字界牌）实在伯力之对岸，不料俄人明占潜侵，西进八九十里。故现在自通江口以下，南北岸皆非我有。""查乌苏里江，为中俄天然国界，今彼不以正流，转以通江口之沱江为界。"据（台湾）赵中孚研究："相传（耶字）界牌系木质制就，立于乌苏里、黑龙江会流处东岸俄领哈巴罗夫（伯力）城之南，光绪十二年东界重勘时，吴大澂未亲赴兴凯湖以北地段，俄勘界官勾结俄籍华人纪凤台[62] 等，诱称在喀萨克维茨沃站（与华界乌苏里镇相对，即通江子汊流入乌苏里江之处）发现木牌，乃就该处换立石牌。根据日后俄国提示该界牌之换文纪录，文尾署名中国方面勘换界牌官员，竟为协领顺凌、通事佟敖三、纪凤台三人。嗣后耶字界牌，复为俄人由乌苏里江东岸移至（西岸）华界乌苏里镇，旋不知去向。耶字界牌失踪后，中俄双方均不承认对方所指立界处所，以致造成所谓通江子交涉。"[63]

争论的焦点是何者为乌苏里江正流。俄方硬说通江子为乌苏里江正流，指乌苏里镇为立耶字界牌之地。按俄方这种说法，则黑龙江和乌苏里江两江冲积而成的大型三角洲，即今抚远三角洲（即黑瞎子岛，东西90里，南北40—50里不等）将划归俄国。但历史事实却是，通江子从来也不称为乌苏里江，而是自有其名称的乌苏里江支流。中俄《北京条约》明载以乌苏里江江口分界，中俄兴凯湖勘界会议所订《交界道路记文》也明记耶字界牌立于乌苏里江口而不是通江子口。因此，抚远三角洲无疑应属中国领土。

注：

[1]《中外旧约章汇编》，生活、读书、新知识三联书店1957年版第149—150页；又参见《中俄边界条约集》（俄文汉译本），商务印书馆1973年6月版第27—28页。

[2]《中俄边界条约集》（俄文汉译本）第32页。

[3]《吉林通志》卷55，《武备》6，分界条，长白丛书本（以下皆注此版本）第888页。

[4]（台湾）赵中孚著《清季中俄东三省界务交涉》1970年初版第126页；又参见伊·费·巴布科夫《我在西伯利亚服务的回忆》王之相译，陈汉章校，商务印书馆1973年版有关部分。

[5]咸丰朝《筹办夷务始末》卷79第8—10页。

[6]咸丰朝《筹办夷务始末》卷79第14页。

[7]详见伊·费·巴布科夫著，王之相译，陈汉章校《我在西伯亚服务的回忆》，商务印书馆1973年版第85—86页。

[8]咸丰朝《筹办夷务始末》卷79第15页。

[9]收录于《吉林通志》卷55，《武备》6，分界，第890页。

[10]同治朝《筹办夷务始末》卷1第1—2页；《吉林通志》第889页；

又参见（台湾）赵中孚《清末中俄东三省界务交涉》第 128 页。

[11] 详见伊·费·巴布科夫《我在西伯利亚服务的回忆》1973 年王之相汉译本第 89 页。

[12] 曹廷杰《西伯利东偏纪要》60。

[13]《珲春乡土志》卷 1，舆地。

[14]《宁安县志》

[15][16][17][22][25][34][40][44][49][50][54][55][56] 吴大澂《吉林勘界记》，收入《吉林通志》卷 55，《武备志》6，分界。

[18]《清季外交史料》卷 57 第 9 页。

[19]《重勘珲春东界约记》。

[20][21][23][24][51][57][58] 吴大澂《皇华纪程》长白丛书本，第 320—321 页。

[26][46][59]《查勘两国交界道路记》收录在《吉林通志》第 895 页。

[27]《珲春乡土志》卷 1，国界。

[28] "疆域有表"，"表"或作"志"、"界"，今以吴氏《愙斋自订年谱》及《吴愙斋先生年谱》所记为准。

[29][52]《宁安县志》卷 1；《珲春乡土志》卷 1。

[30] 杨再林《珲春黑顶子地方调查记》载《延边史志》1985 年 1 期。

[31]《清季外交史料》光绪朝卷 46 第 7 页，吴大澂在遵旨覆陈被参各款中说："臣查俄人占领珲春所辖黑顶子地方，在臣未到吉林之先，事越六七年，吉省官民，从未过问"。1880 年吴氏被派到吉林，前此六七年，当为 1873 年前后。

[32]《吴愙斋先生年谱》第 101 页。

[33] 吴大澂《手书信稿》所收《复鼎臣将军书》，写于腊月初八日。

[34][39][40] 吴大澂《吉林勘界记》。

[35]《重勘珲春东界约记》。

[36]《吉林通志》卷 53，长白丛书本，第 860 页。

[37]《吉林通志》卷31上，长白丛书本，第535页。

[38]《吉林通志》卷53，第862页。

[41]曹廷杰《西伯利东偏纪要》十："探蒙古街，即蒙武河，为绥芬河口西北之支河，在三岔口正南二百余里。"

[42]延边博物馆编《延边文物简编》第125页。

[43]11座石制界牌的位置，详见《吉林通志》卷55，长白丛书本，第900—901页。

[45][48]延边博物馆：《延边文物简编》第125页；《珲春县文物志》第106页拓片照片。

[47]《中苏边界历史文件集》（内部资料）。

[53]《吉林通志》长白丛书本，第313页载：宁古塔城"东至横山会处平冈小峰之巅那字界牌"。

[60]《吉林通志》卷55，长白丛书本，第889页所载吉林将军景淳奏文。

[61]《吉林通志》卷15，第274页：此处云"乌苏里江东岸耶字界牌"，当以《交界道路记文》规定耶字界应立于"乌苏里江口西"为准。

[62]曹廷杰《西伯利东偏纪要》112："查彦楚河有华商刘福、伯利有华商纪凤台二人，俱未改装，华貌俄心，意不可测。"魏声和《鸡林旧闻录》（一）："闻当时伪伥于俄，以媚外起家者，双城子有孙福，伯力有纪凤台。"

[63]（台湾）赵中孚著：《清季中俄东三省界务交涉》民国五十九年三月初版，第163—164页。

第三节　光绪年间的中朝界务问题

一、中朝界务争端的起因

清初，延边图们江流域为封禁区，不许汉人进入开发，朝鲜人更在严禁之例。"吉林、朝鲜本以图们一水为限，自庚午（同治九年，1870年）、辛未（同治十年，1871年），（朝鲜咸镜）北道大歉以后，朝鲜贫民越垦于北岸者沿江甚多"[1]。朝鲜难民"不惜冒犯重禁，渡江越境"[2]进入图们江北岸的我国境内，这是朝鲜难民大批越垦之始。光绪七年（1881年），清政府为了移民实边，设招垦局，招关内汉族农民垦荒，朝鲜难民闻讯非法越垦者日益增多。光绪七年，吉林将军铭安命知府李金镛办理珲春招垦事宜，发现朝鲜难民越垦者日益增加的情况十分严重。"行文朝鲜政府，令韩民一律退回韩境"[3]。但越垦朝鲜流民多不愿复归故土。经铭安与吴大澂奏准，将朝鲜流民查明户籍，允其垦荒种地，分归珲春、敦化县管辖。但是光绪八年（1882年）八月，朝鲜国王提出"乞许今吉林珲春、敦化地方所有朝鲜流民刷还本国"[4]的要求。清政府准其要求，并给予一年的限期，由朝鲜悉数收回。

光绪九年（1883年）四月，敦化县贴出告示，令非法越垦朝鲜流民，返回本国。这时朝鲜政府也派西北经略使鱼允中过江到吉林珲春等处招朝鲜流民回国。但朝鲜流民多不愿回国，并上书朝鲜钟城府使李正东，为了避免被驱逐回国，"遂取证已移动之穆克登碑，诡言红土河为土门江之初源[5]，并捏造图们、土门为两江，提出"土门者，分界处土门也。图们者，庆源以上入海处也。本国通称由本国界内发源至入海处谓豆满"[6]。即以今之图们江为豆满江，而以今之松花江的上源和海兰河、布尔哈通河为土门江[7]。意即朝鲜流民越垦之地在其所说的土门江之南，非中国领土，以此混淆国界，并要求朝鲜政府查勘国界。朝鲜"边吏明知其非，亦利其混界之辞"[8]。刷还朝鲜流民的一年限期已满后，朝鲜不但没有将流民刷还，反而纵其过江越垦。光绪九年（1883 年），朝鲜钟城府使李正东向敦化县提出照会说："屡年招抚，无计可安，既有白山之奉旨立碑，故欲借是而乞得寸土以插贫民也。"又说："但愿借得沿江或十里或五里，远不过二十里，随贫民所居而借地，照奉天例，设木栅以限之，俾得安抚。"[9] 在提出土门、豆满为两江之说的同时，又提出借地安抚朝鲜越垦农民。中朝界务争端，遂因朝鲜难民之越垦而起。

二、光绪十一年中朝第一次勘界谈判

朝鲜西北经略使鱼允中，光绪九年（1883 年），招民回国没有完成。回到朝鲜汉城以后，向政府报告朝鲜流民的情况，并以土门、图们（豆满）为两江的理由，建议朝鲜政府派人共同勘查江源，以定中朝国界。光绪十一年（1885 年）八月十五日，朝鲜国王向清政府提出勘界要求[10]。清廷派珲春协领德玉、督理吉林朝鲜商务专员秦瑛、招垦局委员贾元桂等为勘界代表；朝鲜派安镇府使李重夏为勘界代表，双方代表于光绪十一年（1885 年）九月三日，在朝鲜会宁举行会谈，会谈持续进行了一个月。在会谈中争论的主要问题：土门、图们是一江还是两江；图们江的正源是哪一条水的问题。光绪十一年十月一日，双方代表共同勘查图们江源，十五日，双方决定共同组成三个队勘查红土山水、红丹水、西豆水三水江源。十月二十七日，三个队的勘查全部人员全部返回茂山。双方代表就勘查结果进行会谈，双方未取得一致意见，主要分歧是：

中国代表根据大量中朝历史文献记载，指出土门、图们（豆满）为一江，吴禄贞在其《延吉边务报告》中论之极详[11]，不再赘述。朝鲜代表得出土门、图们为两江，不但论据难以令人信服，而且其所指土门江也变化不定。初以土门、图们（豆满）为两江；继之又指中国内地海兰江、布尔哈通河为土门江；终则以松花江发源之黄花松沟子，有土岸如门，附会土门之意，

指为土门江[12]。初则执意强辩，后来经过辩论和勘查，在事实面前不得不放弃其主张。

关于土门江源的辩论，中国代表根据穆克登审视碑碑文中有"西为鸭绿江，东为土门，故于分水岭上勒石为记"的字句，红丹水在长白山分水岭之东，正对鸭绿江源，因此认为红丹水为图们江的正源。认为审视碑原来的位置应在长白山三汲泡的分水岭，即小白山。而今审视碑的位置不在分水岭的小白山，而在长白山的胭脂峰，显系后人偷移至此。因此，图们江源不应以后移之碑为根据。朝鲜代表以现存穆克登审视碑的位置为图们江源的铁证，非后人所移。同时误指该碑附近有土堆和石堆，是江源的边界，与碑的位置相符[13]。查土石堆为封禁时期所立，与边界无关，而且土石堆的方位与穆克登审视碑也不相连[14]。

中朝双方代表通过勘查，发现图们江上游有三源。即西豆水（南源）、红丹水（正源）、红土山水（北源）。经查明只有红丹水在长白山分水岭（小白山）之东。正对鸭绿江源，与穆克登碑文"西为鸭绿，东为土门"之碑文吻合。因此。中国代表认为，更加证明今穆克登碑的位置系后人所移。原址应在三汲泡分水岭，发源于三汲泡的红丹水为图们江的正源，红丹水为中朝界河。朝鲜代表以现在穆克登碑在胭脂峰的位置为根据，以发源于穆碑附近的红土山水为图们江的正源，红土山水为中朝国界。图们江源勘查清楚以后，朝鲜代表知前所混称海兰江、布尔哈通河即土门江亦即分界江的说法，已难强辩，不得已，放弃前说，乃改而争红土山水为江源即分界江。关于图们江源的会谈，持续一个月，各持己见，遂各绘图而罢，第一次勘界谈判并未取得一致意见而告结束。双方代表回国后，各向本国政府汇报了这次勘界谈判的始末。

三、光绪十三年中朝第二次勘界谈判

光绪十二年（1886 年），清朝政府为了早日划定中朝边界，复派德玉、秦瑛、候补同知方朗为勘界代表，会同朝鲜代表李重夏继续进行勘界谈判。

但因朝鲜多方拖延，致使勘界谈判未能如期进行。

光绪十三年（1887年）三月，清总理衙门奏准，复勘中朝边界，清廷仍派德玉、秦瑛、方朗为勘界代表和朝鲜勘界代表李重夏于四月五日在会宁[15]举行第二次勘界谈判。

因茂山以东，以图们江为界，双方代表已无异议，茂山以西到红土山和石乙水合流也已勘定，所未决者，惟二水合流处以上两源[16]。因此，这次双方商定，共同复勘红土山和石乙水合流以上两源头，以便议定以何水为正源的问题。

光绪十三年，第二次勘界谈判取得了一些进展，但仍未取得一致意见。朝鲜代表仍然坚持以红土山水为图们江上源的界河，并以此定国界。我方代表"意欲从速了事，遂姑让数十里，循石乙水为界，稍偿其愿，免致此案久悬"[17]。朝鲜代表这时"已知图们、豆满为二江之误，复知土石封堆方向不同，江源不合"[18]，便不再坚持这些错误主张，但仍然坚持以红土山水为图们江正源的说法。我方代表"遂终以碍难曲从，又各绘图而罢"[19]。第二次中朝勘界谈判可以说大局已定，仅以石乙水还是以红土山水为正源和界河的问题，双方争论[20]未决而已。

中国代表德玉在光绪十三年（1887年）六月七日。向吉林将军汇报复勘边界情况时，提出建议说："如以石乙水源定界，则小白山东麓起，至茂山城止，自应摘要立碑，庶几界划分明，永垂久远。"[21]并"附拟立十界碑处"位置表[22]，即从小白山顶到三江口（茂山）以下三十一里处的图们江和朴河汇流处建碑十座，分刻"华、夏、金、汤、固、河、山、带、砺、长"十字界碑。光绪十四年（1888年），在图们江左岸建十字界碑[23]。

1888年1月，清朝北洋大臣李鸿章咨朝鲜国王文，请其派遣相当负责官员，就已勘定的绝大部分中朝国界，正式定界，并建立界牌。但因朝鲜国王仍坚持以红土山水为图们江正源的主张[24]，所以1887年中朝第二次勘界谈判，虽然界务大局已定，但因红土山水、石乙水孰为正源未取得一致意见而没有签订界约。

四、中日战后的中朝边境事件

中日和日俄战后，朝鲜在日本帝国主义的怂恿下，重新提出解决边界问题，并不断制造事端挑起边境事件。

中日战后，根据《马关条约》清朝承认朝鲜独立。1897 年，朝鲜改国号为韩。1904 年，签订《日韩议定书》，从此韩国完全受日本控制和操纵。1910 年，日韩合并，又改名朝鲜。这时朝鲜利用中国战败和列强加紧侵略中国的机会，重新提出中朝边界问题，以期实现其以红土山水为图们江正源，并以此定界的主张。

首先是光绪二十三年（1897 年），朝鲜政府派咸镜北道观察使赵存禹调查长白山查边碑（即康熙五十一年五月，打牲乌拉总管穆克登奉旨查边时，在长白山分水岭上设立的审视碑）和中国延吉境内的朝鲜垦民情况。1899 年，朝鲜内务大臣李乾夏又训令咸镜北道观察使李锺观就中朝边界问题进行调查。他们先后向朝鲜政府提出要求重新勘查中朝国界。这时，不但坚持以红土山水为图们江的正源和两国国界，并推翻前已达成的协议，即土门、图们（豆满）为一江的结论，再次提出土门、图们（豆满）为两江的问题。其目的就是乘中国多事之秋，将在中国延吉厅境内居住的朝鲜农民越垦地区划入朝鲜版图。

1900 年，八国联军侵入北京，沙俄乘机侵入东北，进入珲春地区。沙俄乘朝鲜与日本的矛盾、朝鲜与中国的边界问题，遂决计拉拢朝鲜，扩大自己的势力。早在光绪十一年（1885 年），就与朝鲜达成秘密协议，即《朝俄密约》六条[25]。主要内容是朝鲜受侵略时，由俄国保护。后因日俄战争沙俄战败，这一秘密协议没能实现。朝鲜乘当时沙俄侵占东北的有利时机，制造边境事件，挑起中朝边界纠纷，企图将珲春、延吉一带占为己有。

光绪二十七年（1901 年）五月二十日，有韩国警官李寿益、金致云，二十二日，又有韩国警官李敬顺等各带从人非法过江，侵入我国和龙峪，越界争管越垦韩民。由于当地官民的反抗而未能得逞[26]。光绪二十七年（1901 年）九月，清驻朝鲜钦差大臣许台身，就韩官越境生事问题，照会韩国外务部，提出抗议。

光绪二十七年十一月，侵入珲春地区的俄国军官马伦罗，自珲春到韩国京城汉城，由沙俄驻朝鲜使节陪同会见清驻韩使节许台身，劝说中国与韩国订立《中韩陆路章程》，并提出他私拟的陆路章程草案六条[27]。主要内容是按照开港口岸由领事管辖本国移民的惯例，使两国交界官行使领事职权管理对方边境的本国边民。其所拟内容是侵犯中国主权的，当然不能接受。因为中韩两国边境地带，并非开港口岸，各国边境地带的主权属各国政府，一方官吏无权越境管辖对方边境地带的本国移民，况且越境韩民已加入中国国籍，领照纳租，已失去原有韩国（朝鲜）国籍。这一草案有利于韩国，严重侵犯中国领土主权。沙俄提出这一草案的目的"不独意存见好于韩，实将借此向韩索酬，为与韩通接交界电线之地"[28]，借此以便从韩国夺取更多的权益，清使许台身当然不能接受。

1900年，沙俄侵入珲春以后，俄人移居珲春者渐多，俄国派官驻地陀所（今延吉市河南街旧名南营，地陀所亦曰艾丹城）管理，日俄战后，撤退地陀所官。韩国也借口保护韩民派李范允为"间岛视察官"[29]，1902年，"李范允带兵过江，在安远堡逼号官粮，阻挠完赋，并在各社私放乡约，鬻售执照，按户苛派钱财，且以言语恫吓，该处人心惶惑"。并且"韩国边界官多有越界烧抢情事"，以及"韩兵越境抢刈禾稼，致毙华民"[30]等严重情况。1903年，李范允率炮队大举侵犯中国边境，清廷延吉厅同知陈作彦和吉强军统领胡殿甲急调军队与地方团练进行阻击，经过多次战斗，终于将其驱逐出境。

五、《中韩边界善后章程》的签订

韩国李范允率兵大举侵犯中国边境失败后，主动请和。光绪二十九年（1903年）六月十五日，在光霁峪分防经历张兆麒公馆举行会晤。中国代表有陈作彦、胡殿甲、张兆麒。韩国代表有金命焕、崔南隆、金炳若、钟城郡守朱哲濬。七月十三日，中韩双方再次会晤，议定《中韩边界善后章程》

十二条[31]。七月十五日，双方换约。其主要内容是：第一，中朝两国界址有白山碑记（即穆克登审视碑）可证。仍候两国政府派员会勘。会勘以前，仍照旧以图们江为界，不得纵兵过江闹事。从而杜绝了侵越事件的发生。第二，中方不承认朝鲜李范允有权管理中国边境地带的朝鲜垦民，朝方亦不勉强。第三，两国军队无有公文，不得持械过江，否则格杀勿论。第四，光霁峪前假江之地（朝鲜指假江为"间岛"），向准钟城府韩民租种，今仍照旧办理。中国仍允向韩出口粮米，以济韩食，从而改善两国关系，增进两国人民的友谊。《中韩边界善后章程》签订后，两国边境出现安定局面。

《中韩边界善后章程》签订后，清廷于 1904 年决定与朝鲜签订两国《陆路通商章程》。1904 年 2 月 4 日，清外务部在给清驻朝鲜大臣许台身的训示中指出："陆章从缓，勘界先办。"[32]中国主张在朝鲜签订《陆路通商章程》前，鉴于朝方对国界仍有不同意见，所以清廷主张先勘定国界，打算与朝鲜进行第三次勘界。但这时（1904 年），日俄战争已经爆发。1904 年，日本与朝鲜政府签订《日韩议定书》，1897 年，朝鲜改名为韩国，已为日本控制和操纵。日本军队大批进入朝鲜，朝鲜危在旦夕，此时已无心勘界，以及与清朝签订《陆路通商章程》。1904 年，日俄正忙于交战，日本也无力顾及其他。但日本唯恐中朝一旦勘定国界，最终圆满解决国界争议，日本将失去利用中朝国界争议，大做文章侵占中国东北领土的借口。因此，日本极力阻止清朝与朝鲜勘界。日本外相训令日本驻清使节内田与清外务部交涉，日本因日俄战争正酣，劝清朝不要急于与朝鲜勘界，主张暂缓派员勘界。在未勘界以前，中韩双方，严饬地方官员，约束兵民，不得寻衅生事[33]。当时腐败无能的清政府没有识破日本的阴谋，遂于 1904 年 8 月 3 日，照会朝鲜政府，表示谅解日本政府的意见，不复要求勘界，静待日俄战后再议，清廷终于陷入日本的圈套。日俄战后，日本胜利，并夺得朝鲜政府的外交权力，利用中朝国界争议，制造所谓"间岛"问题，公然派大批特务人员侵入延吉地区，并建立"间岛"派出所，进行全面侵略活动。

注：

［1］吴禄贞：《延吉边务报告》，长白丛书初集本（以下同，不另注）第119页，引光绪九年，朝鲜钟城府使照会。

［2］［9］吴禄贞：《延吉边务报告》第60—62页。

［3］王芸生：《六十年来中国与日本》第5卷第96页。三联书店1980年8月版（以下同，不另注）。

［4］吴禄贞：《延吉边务报告》第61页，附录《韩皇咨礼部转奏文》。

［5］魏声和：《鸡林旧闻录》，长白丛书本第51页。

［8］吴禄贞：《延吉边务报告》第78页。

［7］［8］［17］［18］［19］吴禄贞：《延吉边务报告》第76页。

［10］《清季中日韩关系史料》第1889页。

［11］吴禄贞《延吉边务报告》第105—115页。

［12］吴禄贞《延吉边务报告》第76、83、90、94页。

［13］吴禄贞：《延吉边务报告》第77—78页。

［14］吴禄贞：《延吉边务报告》第74—75页。

［15］吴禄贞：《延吉边务报告》第94—95页，附录《光绪十三年朝鲜国王勘界咨文及中韩两国勘界委员公文节略》。

［16］吴禄贞：《延吉边务报告》第108页，转载《商定界限后照会》。

［20］双方争论详见吴禄贞：《延吉边务报告》第96—108页，转载《复勘图们界址谈录公文节略》。

［21］［22］［23］拟立十字界碑位置详见吴禄贞：《延吉边务报告》第90页。《吉林通志》卷17，《舆地志》5，疆域3，第323页。宗教仁：《"间岛"问题》第272页。长白丛书初集本。

［24］吴禄贞：《延吉边务报告》第121—122页。

［25］王芸生：《六十年来中国与日本》第1卷第311—312页，转引《日本外交文书》明治年间追补第一册第364—365页。

［26］［27］［28］《清季中日韩关系史料》第5453—5454页，第8卷

第 3789 号附件。

[29]宋教仁:《"间岛"问题》第 273 页。

[32]《清季中日韩关系史料》第 5826 页。

[33]吴禄贞:《延吉边务报告》第 158-159 页。

第四节 "间岛"问题真相

一、日本侵入延吉,大造侵华舆论

十九世纪末二十世纪初,中国边疆危机日益加深,特别是在日俄战争以后,日本以朝鲜和辽东半岛为基地,加紧侵略东北。当时的珲春、延吉一带,地处吉林东部门户,不但有丰富的自然资源,而且还是战略要地。日本"得之可以拊海参崴之背,而断俄人之左臂"[1],并且可以成为日本侵入东北的基地。日本侵略者认为旅大是侵入东北的正门,而延吉、珲春则是入侵东北的后门,而且是最近便的入侵之路。因此,日俄战后,1907年7月,日俄双方在俄都圣彼得堡公然签订《日俄协约》《日俄密约》,划定了两国在东北的势力范围。日俄从此由冲突转为合作,由竞争中国权利,变为共同瓜分中国权利。在此前后,日本便派遣大批军官、警察、特务、调查人员潜入延吉一带[2]。仅 1906 年和 1907 年,就有一千多名日本人在延吉一带进行全面的侦察活动,刺探军事、政治、经济、人口、地理等各方面的情报,为其大举侵略延吉一带做准备。同时还利用中朝界务争议制造所谓"间岛"问题,混淆视听,大造侵华舆论。日本为了侵略延吉地区,先后在延吉设立朝鲜统监府"间岛"派出所、"间岛"日本总领事馆、"间岛"救济会、朝鲜银行"间岛"派出所等机构,从军事、政治、经济等各方面进行全面的侵略。

1907 年 3 月,日本驻朝鲜统监伊藤博文派斋藤季治郎率领一批侵华分子,从朝鲜汉城出发,于 4 月 18 日渡图们江,公然侵入延吉,先后进入东盛涌（今龙井市东盛涌镇）、局子街（今延吉市）、铜佛寺、老头沟、天宝山、头道沟（今和龙市头道沟镇）、东古城（今和龙市东城镇）、六道沟（今龙井市龙井镇）等地，进行侦察活动，从各方面搜集情报，为其侵略大造舆论做准备。斋藤中佐以统监府理事官的名义，率文武官及宪兵多人，越境侵入龙井（六道沟），设立朝鲜统监府"间岛"派出所，并击伤我官兵，捣毁我官署，占据我民居，明目张胆地侵犯中国领土主权，朝着强占延吉地区迈出了更加严重的一步。

日俄战前，日本在外交文书中，曾明确承认图们江为中朝边界。伊藤博文在《日俄交涉破裂始末》一文中说："图们江以北属清帝国领土之一部。"日使内田康哉致外部递留节略云："图们江'间岛'介在清韩交界。"又与外部晤谈问答时云："中韩交界之图们江，有一'间岛'地方。"[3]他们说的"间岛"即图们江中的假江。

最初所说的"间岛"即中国所说的假江，"盖图们江自茂山以下沿江多滩地，而以光霁峪前假江之地面为最大（假江韩人实呼为斜米，亦犹华所呼江洲之意）。纵十里，宽一里，计有地二千余亩。图们江正流向经钟城南岸滩地，连结图们（江）北岸。"[4]光霁峪在今龙井市开山屯镇光昭村，而假江原来即该村前图们江中的一个小半岛。"光绪七年，韩人于图们江北岸私掘一沟，使江水歧出（见越垦局总理禀吉林将军禀稿）。此滩地遂介在江中，四围带水矣。自放荒后，韩民首先租种，每岁纳银八百两于越垦局，以为办公经贴，历有成案（亦见越垦局总理禀稿，现纳租银于和龙峪衙门）"[5]。光绪七年（1881年），韩人于图们江北岸私掘一沟以后，使连接北岸的滩地遂成江中的一个小岛，中国称之为假江，又名江通，从来没有"间岛"之名。光绪二十九年（1903年），韩国官员李范允在给中国越垦局的行文中始见"间岛"之名。李范允"妄指假江之地为'间岛'，谓有田五十余结，划在两江之间。又曰：'此土介在一江分派之中，始有韩民耕种'，遂欲妄相牵混，指为韩领。此'间岛'名称所由来也。越垦局覆以假江之地实属中国领土，'间岛'之争，遂作罢论，"[6]即至此，"间岛"之争已经解决。

指假江为"间岛",不过是韩官李范允个人的定名,一人之私言,而非两国官方所公认的地名[7]。1903 年,李范允带兵过江扰我边境,被我军击退平息之后,订立《中韩边界善后章程》十二条。其中的第八条云:"古'间岛'即光霁峪假江之地,向准钟城韩民租种,今仍循旧办理。"[8]这里明确指出假江之地为中国领土,说明"间岛"问题已经就此解决。其中所谓"古'间岛'"者,乃韩人一面之词,即中国假江之地,自古以来从无"间岛"地名。

日俄战后,日本吞并朝鲜,日本以中朝界务未定为借口,硬将实际并不存在,而且早在1903年已经解决的"间岛"问题,又提出来混淆是非,大造侵华舆论,妄图扩大其势力范围,以达到其侵略中国领土的野心。如上所述,日俄战前,日本官方还说图们江中的"间岛"在"清韩交界"处,"图们江以北属清帝国领土之一部"。但是到日俄战后,日本人守田利远在其所著《满洲地志》中又将"间岛"的范围无中生有,任意扩大,胡说什么:"韩人所称之豆满江,各地异名。在钟城、会宁及茂山附近者,称伊后江或鱼润江。左侧支流向西逆溯,支那人谓之布尔哈通河,至蘑姑子再进至局子街(即延吉厅),为其本流。西南方位之分歧,经夹信子沟达黑沟岭之水源,名骇浪河(即海兰江),上流南分有一支流,韩人称曰土门江。该土门江与伊后江同发源于长白山中,至稳城而合流,其间沿二江之流域合成一大区域者,即'间岛'是也。"[9]在大造土门、豆满为两江谬论的同时,又妄图将"海兰河以南,图们江以北,宽约二三百里,长约五六百里之地"[10]指为"间岛"。接着日本报纸又捕风捉影,"遂将距延吉厅八百余里之夹皮沟地方亦谬称为'间岛'区域"。胡说"鸭绿、松花、图们三江发源于其地,有俨然一小独立国,曰'间岛'。'间岛'幅员东西七百六十里,南北三百五十里(华里)。帽儿山沿辉发河达松花江南岸一带地域,悉入'间岛'范围,其广袤与我日本九州相伯仲,如此广大之版图,属中国乎?属朝鲜乎?尚难断定。"[11]由此可知,随着日本侵略者胃口的扩大,"间岛"的范围也越来越大,又进而扩大到图们江以北,松花江以南的夹皮沟一带地方。"间岛"即假江之地,关于它的位置和归属问题是十分清楚的。日本所划定的"间岛"范围，随心所欲，毫无根据，"真如太空游星，毫无定位"，"以图们江中之洲，而欲拓到图们江北岸之大陆；以二千余亩之滩地，而欲混有中国数千方里之版图，"[12] 这就是日本所谓"间岛"问题真相。对于日本所捏造的"间岛"问题，吴禄贞在《延吉边务报告》、宋教仁在《"间岛"问题》一书中，根据实地调查和中外大量史料给以彻底的批驳和揭露。日本以捏造的"间岛"问题，提出"解决'间岛'悬案"，以中朝界务未定为借口，1907 年，以"保护朝鲜人生命财产"为名，悍然出兵侵入龙井等地，以龙井为中心，制造事端，挑起矛盾，进行侵略活动。当时的延吉地区正处在占领与反占领的严重关头。

二、吴禄贞督办延吉边务和《延吉边务报告》

为了抵制日本侵略，1907 年，东三省总督徐世昌奏准，设吉林边务，任陈昭常为吉林边务督办，派新军督练处监督吴禄贞为帮办吉林边务。

吴禄贞认为和日本帝国主义交涉谈判必以实力做后盾，他深知"为文事必有武备"，因此，他到延吉以后，立即整顿边务，加强战备。同时他还带领有关人员进行实地踏查，查阅大量的有关文献资料，对延边地区的历史和地理进行了深入的研究，在他主持下，编写了《延吉边务报告》，为对日交涉提供有力的根据。

光绪三十三年（1907 年）九月，在今延吉市设立延吉边务督办公署（在今延边朝鲜族自治州人民政府北侧），并派兵驻守，与日本"朝鲜统监府间岛派出所"相对峙。光绪三十四年（1908 年），修建延吉边务督办公署，亦称"戍边楼"。宣统元年（1909 年）建成[13]。是当时延吉地区的最高地方行政机关。在设边务督办公署的同时，在和龙峪、光霁峪、六道沟、珲春、铜佛寺、帽儿山、前稽查处、外六道沟、怀庆街、马牌、娘娘库等处韩民较多的地方设派办处十一所。经常带兵在辖境内巡视，使日本侵略者无隙可乘[14]。此外，还制定派办处事务所规则十四条。对维护中国主权、保护延吉地区的朝鲜族垦民，制止日本侵犯中国主权的活动，都起了重要作用。

光绪三十三年（1907 年），吴禄贞刚到延吉，就遇到日本斋藤率领的武装宪警强渡图们江侵入延吉地区。当时正值"延吉兵哗饷噪变，日帅渡图们江应之"，形势非常严重。刚到延吉上任的吴禄贞，临危不惧，采取应变紧急措施，对哗变部队，晓以大义，平息了兵变，阻止了日军的入侵，稳定了边防局势[15]。吴禄贞同时还结识了活动于夹皮沟、光霁峪一带的"马贼"韩登举等，用爱国主义精神教育启发他们，使他们成为一支抵抗日本侵略的武装力量。斋藤发现吴禄贞拥有众多士兵，虽然服装不大整齐，但精神旺盛，斋藤心中暗暗折服，只得领兵退去[16]。

延吉边务督办公署和吴禄贞为了维护国家主权，保护延吉地区居民生命财产的安全，对日本侵略中国主权的活动进行针锋相对的斗争。1907 年11 月，查封了日本资本家侵占的天宝山银矿。阻止了日本越界筑路阴谋。查禁日本私运违禁器物（如矿砂、军火等）的出口入口。封闭了杉松背森林区，禁止日本盗伐。逮捕朝侨亲日分子李义英，驱逐亲日组织"一进会"头目金海龙[17]。这些坚决有力的行动，打击了侵略者的嚣张气焰，伸张了中国人民不畏强敌的决心和志气，致使日本侵略者斋藤不得不承认："中国尚有人，如吴禄贞不可轻也。"[18]

吴禄贞奉命帮办吉林边务以后，首先在吉林查阅大量有关图们江延吉地区的文献史料，然后带领督练处科员周维桢、李恩荣和六名测绘人员，从吉林省城（今吉林市）出发，经敦化、延吉厅到达珲春。又从珲春出发，自备干粮，跋山涉水，沿图们江登上长白山，并到夹皮沟等地进行实地调查，最后回到吉林。吴禄贞一行历时七十三天，行程二千六百多里，终于完成了边界实地勘察任务，并绘制了一份延吉地区第一张五十万分之一的《延吉界务专图》[19]。根据实地调查资料和中外文史料，光绪三十四年（1908 年）三月，吴禄贞主持撰写长达十万字的《延吉边务报告》，呈送给东三省总督徐世昌，为对日交涉提供了翔实有力的根据，成为一份不朽的历史文献。

吴禄贞主编《延吉边务报告》，全书共分八章三十九节，附有图表。书中所论，实事求是，有理有据，精辟地论证了延吉地区历来是中国领土，使日本帝国主义捏造的"间岛"问题无隙可乘。详尽地论证了中朝界务始末，指出土门、图们（豆满）为一江，是中朝的界河，深刻而有力地揭露并批驳了日本捏造的所谓"间岛"问题的谬论。这份报告不仅洋溢着爱国热情，而且充满了一丝不苟的科学精神。在国内和对日交涉中，产生了极大的影响。

杰出的民主革命家宋教仁在 1908 年春，写出了《"间岛"问题》一书，同年夏，在上海印行。全书共分七章，引用大量中、日、朝有关外交史料，论述了"间岛"问题的起源和争议，以及"间岛"与东亚政局的关系和"间岛"问题的解决等，目的是为了唤起民众，大造舆论，保我领土。

1909 年，担任吉林边务处文案职务的匡熙民，满怀爱国热情和反帝义愤，以国际公法和大量的官方文献，以及实地调查资料，写出了《延吉厅领土问题之解决》一书。"此吾欲唤醒同胞，建议政府，载笔而作，此书之意也。"[20] 全书共分四章；第一章，延吉厅之价值。第二章，领土问题宜速解决之理由。第三章，日本不能与我开衅之实情。第四章，解决之方法。书中深刻地分析了日本侵略者种种弱点，提出保卫延吉厅领土的方法。有理有据地揭露和批驳了日本帝国主义歪曲事实，蚕食我国领土的谬论，以确凿的史料论证延吉是中国领土，使日本帝国主义侵略野心，在世界公理面前暴露无遗。

1907 年 12 月，吉林地方自治会呈外部请争"间岛"并附呈中韩国界历史地图文,附历史志一册。以翔实的资料指出"间岛"之地确为中国领土，并请外部"据此力争，以期保存国土，而慰黎庶殷望。"[21]

以上这些爱国主义杰作，为对日交涉提供了有力根据，为抵制日本帝国主义的侵略，起了重要作用。

吴禄贞到任不到一年的时间（光绪三十三年六月到三十四年三月），文事、武备一齐抓，时间虽短，但功绩卓著。年轻（仅 27 岁）职卑（新军督练处监督，略当中校）的吴禄贞，骤居高位（边务帮办），遭到清朝官场嫉妒和排挤，光绪三十四年（1908 年）春末，吴禄贞被开去吉林边务帮办，调任奉天帮办军务。这时，珲春副都统陈昭常升任吉林巡抚，兼吉林边务督办，改以傅良佐为帮办。日本得知吴禄贞被罢调走后，不断制造事端，傅良佐难于应付，对日交涉失败，只得称病辞去，清政府不得不再度起用吴禄贞。吴禄贞以过去为人掣肘，不得放手办事，要求由他独任督办，专折奏事，不受吉林巡抚（陈昭常）节制，方允就任。清政府只好答应他的要求，光绪三十四年（1908年）夏，以吴禄贞"为督办吉林边务大臣"身份，再次主持延吉边务。在整顿军屯，修筑道路，增进汉族、朝鲜族人民之间的团结，以巩固边防的同时，针对光绪三十四年（1908年）十二月，日本再次提出的对延吉的无理要求和种种谬论[22]，进行有理有力的斗争。宣统元年（1909年）二月二十七日，中国外务部，以长文节略驳复日本。由曹汝霖面交伊集院（日本驻华公使伊集院彦吉）。在长文节略中，对中韩国界提出详尽确凿的证据，证明延吉一带确属中国领土，日本所提之伪证均被推翻。这一长文节略系吴禄贞、周维桢二人代外务部所拟的复文，在历史及学术上均有重大价值，对当时的交涉尤为有力。盖此节略发出后，日本即不再坚持所谓"间岛""非中国领土"[23]的谬论。

日俄战后，革命党人对东北比较重视，同盟会先后派遣柏文蔚、宋教仁、白逾桓等人到东北活动，谋占奉天，与南方起义相呼应。吴禄贞（1880—1911年）19岁在日本士官学校学习时，参加"兴中会"，成为"兴中会"的忠实捍卫者。吴禄贞出任延吉以后，对柏文蔚等革命党人的活动有所荫护，引起了清政府的疑忌。宣统元年（1909年）十一月，清廷认为吴禄贞有革命嫌疑，将其调回北京。吴禄贞在不到三年的时间里，两戍延吉，在外有强敌入侵，内有清廷掣肘的情况下，始终顽强斗争，为保卫祖国领土延边做出了卓越贡献。

三、《图们江中韩界务条款》的签订

1904年，日韩议定书签订后，韩国的内政外交完全受日本的操纵和控制。宣统元年（1909年）二月，中国外务部，以长文节略驳复日本关于"间

岛"问题的照会以后，日本侵略延边无隙可乘，不得不与我签订《图们江中韩界务条款》。在吴禄贞调回北京以前，清政府于 1909 年 9 月 4 日，派外务部尚书、会办大臣梁敦彦与日本驻华公使伊集院彦吉，在北京签订了《图们江中韩界务条款》（共七款）。其中第一款规定："中日两国政府彼此声明，以图们江为中韩两国国界，其江源地方自定界碑起，至石乙水为界。"[24] 确认图们江是中朝两国国界，江源地方以石乙水为界。终于解决了中朝长期以来对图们江江源界务问题的争论。从而也就正式否定了日本为侵略延吉而捏造的"间岛"问题。第七款还规定日本撤出侵略机构——"间岛"派出所和文武官员，从而保证了图们江以北的领土完整。这是以吴禄贞为首的爱国官员和延吉各族人民共同斗争的胜利。清政府对日本所提出的各项权益的要求也做了让步，给以满足。根据《界务条款》第二、七条的规定，1909 年 11 月 1 日，在撤销朝鲜统监府"间岛"派出所的同时，又在龙井镇设立"间岛"日本总领事馆。后来又在局子街（今延吉市）、头道沟（今和龙市头道镇）、百草沟、珲春等地设立领事分馆；此外，还许开头道沟、百草沟、龙井村、局子街四处为商埠。日本在龙井等地设立领事馆或领事分馆，取得领事裁判权，第四款规定日本领事官认为中国法庭对韩民的民事、刑事案件判处"不当"时，有权请求复审，为日本帝国主义在延吉行使治外法权，干涉中国内政埋下了祸根。第六条，还迫使清政府承认日本取得吉会铁路修筑权，为日本进攻东北创造便利条件。

日本在《图们江中韩界务条款》中所得到的东西，比当年吴禄贞坚决拒绝了的日本斋藤所提出的无理要求，有过之而无不及。吴禄贞对清廷的这种丧权辱国的行为，深为愤慨，他在《戍边草·放歌步谢大虎文原韵》一诗中，抒发了自己的愤世忧国的心情。

"自古和戎非良策，一误不可况再误。

边尘未扫征人恨，大地河山待鼓铸。"

这首诗隐约透露了吴禄贞推翻卖国的清朝，重新"鼓铸"祖国河山的决心。同时为了防止清廷"一误再误"，吴禄贞在《图们江中韩界务条款》

签订后，草《善后书》万余言，并亲见东三省总督锡良，商讨亡羊补牢之计，可惜为时已晚，无可挽救[25]。清政府的这种腐败无能和卖国行径，激起了延吉地区各族人民的反对。随着日本侵略活动的日益猖獗，延吉地区各族人民的反侵略斗争也日益高涨。

四、延吉各族人民反对日本侵略的斗争

《图们江中韩界务条款》签订后，吉林各界人民，对这一丧权辱国的条款均表反对。吉林商民致电外务部，反对条款中规定的日本有筑吉会铁路、开商埠和到中国法庭听审等各项权利。电文云："吉林系根本重地，夫路权所及，即兵力所及，吉林近日犹得偷安者，徒以东南一面，目下犹未得手，今许吉会，真是四面包抄，全省归其束缚。至五埠皆延吉左近精华，且有溢出界务范围之外，因界务而牵及界务以外之地，失计未有过此者，此约誓死不能承认。"[26]延吉朝鲜族人士也联名上书吉林边务公署，表示反对丧权辱国的条款。

日本帝国主义侵入延吉地区以后，朝鲜族的一批反日爱国志士在各地兴办许多私立学校，提倡新学和进行反日爱国教育。其中比较有名的私立学校，有1906年由朝鲜族反日爱国人士李相卨等人在今龙井市东盛涌创办的"瑞甸书塾"。在这所学校创办的第二年，日本在龙井的"朝鲜统监府'间岛'派出所"以取缔反日教育，强令停办。学校的进步师生不畏强暴，纷赴各地继续办学。1907年，在局子街（今延吉市）西郊卧龙洞建立了"昌东讲习所"。在局子街东郊小营子建立了"光成讲习所"。1908年，在和龙县大砬子（今龙井市智新镇）建立"明东讲习所"。1910年，在今龙井市开山屯镇境内建立"正东讲习所"。这几处讲习所后来都发展成中学，培养了许多反日爱国人才，推动了反日爱国运动的发展[27]。

五、吴禄贞的被害

宣统元年（1909年）十一月，清廷将吴禄贞调回北京以后，同年十二月，任命吴禄贞为新建陆军第六镇统制（相当于师长），驻保定。1911年10月，

爆发了辛亥革命。清军在河北省永平府举行秋操演习，吴禄贞想利用这一机会举行起义，为清廷猜忌，临时下令停止吴禄贞率第六镇参加秋操的演习。1911年10月31日，吴禄贞到石家庄，同年11月7日，被袁世凯派人暗害。吴禄贞的爱国主义精神，深为延边人民所崇敬，噩耗传至东北，"延珲士民奔走悲号"，纷纷集会追悼并为悼诗、诔文、哀挽，以志哀思。其中有延吉朝鲜族垦民所赠挽联曰："白山峨峨，黑水洋洋，我公之德，山高水长；白山郁郁，黑水汩汩，我公之悲，山摧海泣。"[28]

这副挽联表达了延边各族人民对这位戍边卫国的民族英雄的深切追怀。

1912年3月，黄兴等人在上海张园发起召开吴禄贞追悼大会。1913年11月7日，吴禄贞殉难两周年之际，河北人民在石家庄火车站为他修墓立碑。民国初年，延吉各界人士，在延吉边务督办公署院外西南隅，特为他竖立"吴都护禄贞去思碑"，以追怀他治理边疆抗击日本侵略的功绩。民国十五年（1926年），将此碑移至西公园（今延吉市人民公园）内。1931年"九一八"事变后，日本侵略者将石碑凿毁。1935年，日本侵略者借口在西公园内修建"延吉神社"，又将此碑址拆除。今天，我们应该为这位戍边卫国的民族英雄重新树碑立传，对后代进行爱国主义教育。

注：

［1］吴禄贞：《延吉边务报告》第4页，叙言。长白丛书本。

［2］吴禄贞：《延吉边务报告》第150—154页。

［3］吴禄贞：《延吉边务报告》第126页。

［4］［5］吴禄贞：《延吉边务报告》第125页。

［6］［7］［8］吴禄贞：《延吉边务报告》第125—126页。

［9］［10］［11］吴禄贞：《延吉边务报告》第126—127页。

［12］吴禄贞：《延吉边务报告》第128页。

［13］宣统二年（1910年）正月，裁撤"延吉边务督办公署"，东南兵备道移驻于此。

［14］［17］《东三省政略》卷1、边务、延吉篇。

［15］［16］钱基博：《吴禄贞烈士传》，载张难先：《湖北革命知见录》。

［18］甘鹏云：《吴君禄贞传》，载《潜庐续稿》甘氏印本。

［19］吴禄贞所为图说，附载于《东三省政略》第四册。

［20］匡熙民：《延吉厅领土问题之解决》自序。

［21］《清季外交史料》卷209；王芸生：《六十年来中国与日本》第五卷第98—104页，三联书店1980年8月出版。

［22］光绪三十四年（1908年）十二月，日本驻华公使伊集院彦吉向我外务部提出关于"间岛"问题的长篇照会。

［23］长文节略，详见王芸生：《六十年来中国与日本》第5卷，第127—145页。三联书店1980年8月出版。

［24］王芸生：《六十年来中国与日本》第5卷第211—212页。三联书店1980年8月出版。亦见刘瑞霖编：《东三省交涉辑要》卷1，订约门。

［25］冯天瑜、贺觉非：《吴禄贞与"延吉边务"》，载《江汉论坛》1980年6期。

［26］《清季外交史料》（宣统朝）第5册第47页。

［27］延边博物馆编：《延边文物简编》第137—139页。

［28］见谢柄朴编：《遗诗》铅印本附录。

参见冯天瑜、贺觉非：《吴禄贞与"延吉边务》，载《江汉论坛》1980年6期。

参见吴忠亚：《吴禄贞与所谓"间岛"问题》，载《社会科学战线》1984年3期。

第三章　清末民初东疆开发和人民反侵略斗争

第一节　吉林垦植分会的成立及其对吉林东北部沿疆的调查与开发

一、吉林垦植分会的成立及东疆移垦规划的提出

辛亥革命后,以孙中山、黄兴为首的一批革命领袖产生了一种大功告成、功成隐退的思想。孙中山认为,民族、民权主义已"因清廷退位而付之实现","唯有民生主义尚未着"。因此,实现民生主义成为最紧要的任务[1]。于是,孙、黄二位革命领袖乃奔走于南北各地,着力进行振兴实业的活动。这时,追随黄兴参加武昌保卫战的吉林籍革命党人杨福洲,建议移民实边,开垦边荒。黄兴采纳了这个建议。在南京发起组织了中国拓殖协会。并委派杨福洲回吉林组织分会[2]。

杨福洲回到吉林后,得到乡邦人士的欢迎,被委以吉林交涉署特派员之职。1912年3月24日,黄兴致电吉林都督陈昭常,希望他支持筹建吉林拓殖分会的工作。5月5日,吉林拓殖分会成立大会假吉林教育会召开,参加会议者三百余人,会上推举吉林都督陈昭常为正会长,吉林劝业道王荃本和特派员杨福洲为副会长。

5月9日定会址于省城(今吉林市)德胜门外长公祠内,开办经费由正副会长及各司道捐助。5月25日召开选举大会,选出评议员四十名,候补评议员十名。5月31日由评议员会推举总务、调查、交际、编辑四部部长及各部干事。6月10日会址迁入昭忠祠内,6月16日正式启用关防[3]。

当时协会的主要宗旨是垦荒殖民、开发边疆，而与帝国主义的拓土殖民政策有着本质的区别。因而不久黄兴就将拓殖协会改名为垦植协会，吉林分会在 10 月 1 日亦接到黄兴来电，奉命更名为垦植协会吉林分会，于 10 月 25 日刊用新关防。改名后的垦植分会内设政务、财政、调查、文事四部，部下分设庶务、文牍、交际、会计、银行、视察、测绘、交通、编辑、学务十科。各科干事分常驻、义务两种，常驻干事每名酌给酬劳十两八两不等，至多二十两。义务干事无酬金[4]。垦植分会成立后，得到吉林各界人士的热烈支持，尤其当地爱国实业家纷纷入会，不久会员即发展到二千余名之众[5]。

吉林垦植事业应从何处着手呢？吉林垦植分会"叠次征集意见，开会研究，佥以实边为唯一进行之方法。"[6]杨福洲认为："吉省内控蒙韩，外逼俄日，边防在在皆关重要，而尤以东北邻俄一带为最紧急，亟宜首先从事，以杜窥伺之狡谋。"因此，该会议决以松花江下游南岸及乌苏里江东岸宽十五里长一千三百余里为实行移垦地点[7]。经反复酝酿，通过了一项由会员关尚贤提议，秦锡藩、阎启瑞起草，杨福洲、顾次英修正的《吉林省移垦边荒巩固国防议案》，该议案包括六章三十三节，其主要内容如下：

（一）论述了开垦吉林东北部边疆的紧迫性。指出："吉林全省安危存亡关系，全视垦植进行之迟速为断。""吉省地广人稀，其势固不得不以移垦为正办，而南日北俄实逼处此，尤不能不采用屯垦制度。""吉林关系国界之边地，起自东南路延吉府，迄乎东北路临江、绥远，无尺土不入明窥暗占之范围，无一刹那不在杌陧动摇之地位。"尤其是东北部"独与俄邻，松花乌苏里两江对岸屯堡相望，烟火万家，彼中经营一日千里，重以阿穆尔铁路昼夜督促，松花、混同、乌苏里诸江舳舻衔接，盘马弯弓，无非在发展其殖民能力。一俟有机可乘，越江飞渡，即以我数千里穷荒为尾闾耳"。而当时我国界内"一望荒芜，人烟稀少，以至任彼私移界址，越界渔樵"。移民垦边"何可再缓"？

（二）阐明了在东北沿边地区进行屯垦的重要意义。该议案指出边疆屯垦有十利：即"消纳军队无危险而有大利，其利一。开垦边荒，尽成沃壤，其利二。于无形之中布置重兵，俾国防得以巩固，其利三。道路既通，交通益便，尽去荒芜阻滞之弊，其利四。运输络绎，商业自日形发达，其利五。各种天产日渐呈露，利益不可胜言，其利六。成效稍著，推广各地。易于着手，其利七。农商业繁荣，税率骤增巨款，其利八。就近招致俄领侨民，俾不至流离异域，其利九。优待赫哲种人，……自不致受俄笼络，……其利十"。

（三）详定移垦方式和措施。其方式是以安置遣散军人为主体，实行边疆屯垦。移民事宜由官府办理，各省负责挑选垦丁，吉林省则委派招待员分驻营口、奉天两埠，负责输送垦丁。垦丁移入后，每名授荒二十坰，并由公家借垫一切垦费，借款在开垦三年后按原借数目作十成分六年归还。本省贫民、旅俄华侨有愿到垦区者，亦编入垦户之内，一切待遇与垦丁相同。被驱华侨愿自备资本在垦区设店经商者及设立工厂者，在市镇内按其资本大小售予街基，并免收捐税五年。

（四）筹建移垦机构和设施。在吉林垦植分会下附设垦植筹办处，专办移丁垦植事务，由筹办处在哈尔滨组织一财务机关，以备将来设立垦植银行之预备。各垦植财务所，专司经费之保存及使用。由筹办处选派谙练之人于临江以下各处设垦植供给所，凡垦户一切必需之物品全行购备，并于开垦段内择适中地点附近有人烟之处设立分所，以供垦户支领。在哈尔滨设垦植运输所，专门负责垦户运输事宜。还筹备设立护垦队，分驻垦区[8]。

吉林垦植分会的这个议案切中时弊，清醒地认识到了东北边疆危机的严重性，依据中国传统屯田戍边，寓兵于农的治边国策，提出了裁减内地军阀武装，用于充实边疆，这样既可内弥军阀混战，亦可外御强俄侵边，确实是一种"一举二善"的良策。但在当时的历史条件下，内地各派军阀都在图谋壮大实力，不可能裁撤自己的军队去搞"移民实边"，因而后来东北边疆移垦仍然依赖于关内广大的移民。

二、东疆调查的展开及其成就

为实施《移垦边荒巩固国防议案》，必须对确定为移垦地点的吉林省东北沿疆地区有详细的了解。但当时这一带仍属"茫茫荒宇，人迹罕至之区"。尽管清末这里已经开始放荒设治，并"尝以一纸公文派员考察"但"大率未能身履其境，道听途说，敷衍塞责，鲜有详实图说，足资印证"。因而决定先由调查入手，"以免轻率将事之弊"。当时有会员曹斌（名凤云）、全山、胡志文三人"奋然兴起"，不避危难，毅然"裹粮就道。"[9] 当时垦植分会给这三位勇士颁发了委任证书，兹转录如下[10]。

为给委任证书事：案查本分会提议移垦一案，业将计划大纲经评议员会讨论议定，绘有草图。但全段之中详细地势，非经确切实地调查，则布置村镇难期适宜。全体公议，由本会派员前往指定之沿松花江下游及乌苏里江沿岸，计自临江府起至兴凯湖畔之龙王庙址，暂以全段宽十五里为限。除沿江五里，以居中五里为最要，细为调查，详绘图说。查有会员曹君凤云、全君山、胡君志文，谙练边情，熟习测绘，堪任本会调查测绘等事。惟因边疆一带山深林密，道路崎岖，各员备极艰苦，身历险阻，不能不格外慎重，以免阻碍。已由本会通行及咨请吉都札饬各地地方官妥为保护，代觅向导，并由交涉司请领护照。又经当场议定，往返川资，夫役工食，及其他零星费用，均予实用实报。再由委任之日起，每员按月酌给酬劳中钱二百吊，作为半尽义务半享权利。除咨报总会立案外，自应给与证书，粘连调查测绘凡例，务希查照文内事理，实力调查。并希查照本会移垦议案，所有重要关节，逐项记录绘明，分别报告，是为至要。此证。

全　　山

右证书给会员曹凤云收执。

胡志文

东疆考察队的三名成员 1912 年 8 月从临江府城西的古城子出发，向东沿松花江、通江至耶字界牌，又向南沿乌苏里江、松阿察河至兴凯湖畔的龙王庙亦字界牌为止，全程用步数表测量（每里 720 步，折合步弓 360 弓），共计 1373 里。这次考察全程计用五个多月时间，考察队员经历千辛万苦，收获很大。杨福洲说他们"历尽险阻，备尝艰辛。于华人踪迹不至幽深丛阻之境，记载详明，测绘周密。有时趋避俄人，有时谨防匪盗，亦有时或遇猛兽。秋则水潦泥涂，冬则冰天雪地，每日步行数里或十数里不等。甚有无米为炊，忍饥待毙之日。以坚忍耐劳之精神，发奋探险之事业。凡五阅月而竣事，热心公益如曹、全、胡三君者，可谓至矣尽矣。"[11]

这次边疆考察取得了丰硕的成果，考察队员不仅详细记录了边界地区实情，为移垦边荒提供可靠资料和依据，而且详细测绘了边界走向和沙俄私移界牌的情况，为维护祖国疆土做出了巨大贡献。具体成果主要体现在《吉林垦植分会实测东北沿边移垦地图》（以下简称"东北沿疆地图"）和《吉林垦植分会为移垦边荒巩固国防案第一次实地调查东北路沿疆总纲报告》（以下简称"调查东北路沿疆报告"）这两份珍贵的历史文献上。下面分别加以简要介绍。

"东北沿疆地图"共十四幅，均系考察队员实际踏查绘制的。第一张是总图，另外十三张是边界分段测绘图。总图比例为九十万分之一，分图比例十二万分之一。图上标有府厅县治、村屯、房屋、庙宇、木桥、界牌（原界牌、移界牌）、电线、山脉、江河、湖泊、水泡、古城、杂树林、草甸、平冈、江滩、俄省治、俄屯、草道、熟地、鱼梁、网滩、衙署、学校、关卡、电报局、赫哲人居住点，以及拟设村、镇、电报局、电线等内容，可谓无所不包，极为详备。正如杨福洲所云："斯图也，凡山脉河流、高原平野、农牧林矿渔猎、赫哲人种、俄边防御、何者宜设村、何地宜设镇、何地宜置守，均逐一详细标明，眉目尚觉清晰。"[12]

这些地图刊印后，获得很高的评价。中国垦植协会会长黄兴说：考察队员"草行露舍，从事实测，成图十有四幅，其比例之确，绘图之精，实近世官图所未有"[13]。东三省筹边使章太炎对吉林垦植分会的志士考察东疆，绘就详图之举更是赞不绝口，说他们"走临江过绥远，沿乌苏里江右岸以达兴凯湖，一千三百余里。冒霜雪，斩棘荆，准望地形，测绘以归。

为图十四幅，凡吉林与俄接壤者，其间土田、森林、渔牧靡不详备。其测量之审正，比例之真确，绘事之缜密，界线之分明，视官图什佰过之。而于耶字界牌移徙处所尤详，用意深邃，计划宏大，固非徒为农事计也。得是图者念昔人之苟且弃边，与今人保卫之不易。苟居其位，亦可以知所当务矣。余行设吉林，与杨君交，知其艰难尽瘁而得之，以为国之重宝，民之屏障，历然在于斯册，不可秘而藏也，遂纵恿付石。非独以示世之留意边事者，亦欲见诸行事云尔"[14]。

"耶"字界牌的位置是中俄、中苏之间领土纠纷的焦点之一。考察队员对该界牌进行了重点考察，遍访该处年久居民及界牌附近的赫哲族人，终于搞清了沙俄私移界牌，蚕我疆土的详细情况，并在图中用大段文字注明，以启示后人。注文中者先明确区分通江与混同江并非同一条江。指出："吉林东北邻俄之边疆，北有临江以下之松花江，东有乌苏里江，两江对峙，均向东流，势如环抱。中间由松花江岔流南达乌苏里江，世称通江，为两江运通捷径。而松花江正流，仍向东下，及至俄国伯力地方，与乌苏里江合为一流，方名曰混同江。"沙俄掠夺我黑龙江以北、乌苏里江以东大片国土后，逼迫清廷与之划分国界，遂立木质界牌于混同江之东南岸附近伯力日奔沟地方。但不久俄方就私将界牌沿乌苏里江向西私移至八岔东南、青牛河北地方，然而仍在乌苏里江的南岸，尚未侵占江北土地。后来，俄方又将该界牌私移过江，沿岸向西移至乌苏里江北岸之包宝山地方，复将包宝山凿平，致界牌湮没。但包宝山仍在松花江岔流之东，距离通江尚远。光绪十二年（1886年），清派员会同俄方重立石质"耶"字界牌时，俄国乃恃强狡辩，强指通江为混同江，即将界牌立于通江东口四里余之西，紧临乌苏里江北岸地方。后经数十年间，江水冲击，堤岸损坏，界牌行将倒于江中，俄国又乘机将界牌移立于乌苏里江北岸距江三丈余的高地上[15]。这样，就向人们提供了俄国通过私移界牌侵占我国通江以北领土的罪证。

"调查东北路沿疆报告"是这次东疆考察的另一项重要成果。该报告就其内容来看，一是概述了东北沿边计划移垦区的地点、里数、面积及毛荒总数、全段内已有户口、牲畜、熟地、全段可垦熟地、按地预计殖民数、拟设村镇、地势、土质、气候、宜种谷类及收获量、粮价及销路、垦地方法、水旱交通道路、林木、渔业、商业景况、流民情形、旅店、邮电、赫哲人、韩国人族、边巡、设治处所、吏治等各方面的状况。二是对移民区所属的临江府、绥远州、虎林厅的设治沿革、城区衙署、政治设施、农商工业、户口种族、及其他情况列表介绍，尤其对这三处设治区域的渔业、森林、兽产、特产、垦地建筑物品价格、金融、古迹及人民风俗习惯之调查尤为详细。三是详述中俄国界之沿革与纠纷，揭露俄方限制我国边民捕鱼与航运、虐待华侨、抵制华工、蚕食我边境领土的罪恶行径，简介俄国边境布置情形及俄国伯力博物院所陈列掠夺的中国文物。四是勘定了移垦区内拟设 180 个村镇的具体位置，并拟定了垦区经营规划，对移民界内开辟交通路线，设置电线和电报，布置设防地点，加强边疆设治和边务管理等方面都根据实地调查提出了缜密的规划和建议，所附《调查移垦界内原户籍人丁牲畜地亩一览表》按户系统登记了移垦区内已有民户的位置、户数、人名、种族、原籍、职业、男丁、女口、移来年限、牲畜、舟车、垦成地亩等具体情况和数字。还附有《调查移垦地点详细报告》，对在垦区内拟设的 180 个村镇的具体位置、地势、土质、物产、交通等方面进行了详细的记载。

总之，这个报告不仅为吉林垦植分会的东疆开发大业提供了翔实的第一手资料，"其于本会之进行不啻了如指掌"，而且"即于国家设险固防、安边御侮之大计，或亦不无小补云尔。"[16] 它作为一份珍贵的历史文献，为我们今天了解和研究东疆历史和开发提供了切实可信的历史资料。作者们不避艰险、爱国爱疆的献身精神，也为我们留下一份宝贵的精神财富。

三、垦植协会兴办东疆实业

垦植协会不仅制订了开发东疆、巩固国防的系统规划，广大会员还把这项规划付诸实施，形成了一股兴办实业、开发边疆的热潮。

1912 年 6 月，会员秦锡藩等发起垦植急进社，在密山一带购置荒地，招户开垦。先招股本6万元，以50元为一股，共招1200股，股本分三期交纳，社址设于吉林拓殖分会（尚未更名）院内。拟购荒60方，以59方为垦地，平分设立两庄，每庄以五十户为率。垦户有四丁以上者，给荒32坰，三丁者给21坰，以二年为限，一律开垦成熟。所余一方为村基、场圃、土场等用。设有正副管理各一人，协理二人，干事四人，司账二人。所招佃户一切川资皆由本社垫借，薄取其息[17]。不久，经吉林都督批准，依兰东马场屯垦事宜转交吉林垦植分会接办，已经东北路观察使将该垦区荒熟地亩、房间、器具等项移交完毕，作为官股，由垦植协会转交垦植急进社经营。到1913年5月，垦植急进社"已在密山县、依兰县两处实行开垦"[18]。

1913年初，吉林都督咨令延吉县将三道湾屯田转归垦植协会接办，该会委派干事解景霖前往接收，并在该处设垦植经理处一所，管理一切事务。会员张宗吉为振兴屯田区的垦务，乃申请在屯田界内集资创办垦植农业公司。经分会批准，于3月6日正式设立延吉三道湾垦植务农社。该社以"兴业实边，开地利民"为宗旨，由垦植协会会员张宗吉、杨显舜、刘玉川、战绍湖、毛培青、孟福庵、单殿臣等人集资创办；纯属商办性质，股金一万元，以吉洋为本位，500元为一整股，50元为一零股。该社以屯田区招垦事宜为营业范围，主要是招徕垦民，提供农具、籽种等项垦费的无息借款，垦熟之地每年按坰向该社交纳租粮五斗，以后每年依次递加五斗，至五年为止。凡经该社垫款各户至第五年交纳地租并还清垫款后，垦熟之地自第六年起以三成归该社，七成归垦户占有。未经该社垫款各户垦熟之地以二成归该社，以八成归垦户永远管业[19]。一年后，该社共垫出资本吉洋三千余元，先后移来山东、直隶、奉天等地垦户二百余家。但因延吉县公署要在屯田界内拨丈学田，遂使该社垦务滞碍不行[20]。

在垦辟边荒的同时，一些垦植会员还着手于边疆林、矿各业的建设。1912年，吉林拓殖分会会员，宁安府商董何光甲鉴于宁安境内森林大部分为俄商掠夺，为挽回利权，遂呈请集资创办林业公司。他在给垦植分会的"意见书"中曾详述其事：

"……查宁安地壤膏腴，林木丛葱，可谓天然物阜之域也。惟其地城邻铁路，界近俄邦。当此竞争时代，凡权利之所在，外人即想入手。乃余荒无多，森林环绕，四面山场业被俄人占居其三。如东界抬马沟为俄人谢介斯克侵占，东北四道岭至东南烟筒沟为俄人恰神克侵占，北有铁路相隔，西北界横道河至西面海浪河北岸为俄人西林克侵占。统在哈埠木石公司起领执照，任意砍伐。只有南面一线山场尚未被俄人侵占，亦久为俄人所觊觎。若不急速入手，诚恐宁属林产统被俄人侵占矣。然本会宗旨首以垦荒为要务，但事贵因地而制宜，尤贵因时而制宜。不若以林业为入手之初，林产可保，资本易筹，利益亦非浅鲜。时有不可缓者，俄人所占山场现已砍伐殆尽，于本年（指民国元年——引者注）旧历六月间有俄人恰神克来城采买大木四千余根，木商等虽系获利颇厚，窥其情意，势有侵夺权利之心。先则明为采买，暗则招募把头领伊资本督同砍伐。木商等洞悉其意，群起义念，愿结团体，公同保守。惜无入手之机，恐难举办。正在踌躇之际，即遇会员（指何光甲本人——引者注）入会而归，遵照会章，研究地方情形，有无与拓殖相关联者。木商等得闻本会机关，屡向讨论，要求我会速行维持，或请设拓殖公司，以期进行。或请立林业公会，以保林产，与（于）公共实多裨益。

会员伏思森林一项，本在拓殖范围以内，既忝厝会员之名，又为宁安土著，固当为地方尽此义务。是以不辞辛劳，会同熟习山路者亲自调查产林区域，绘具草图。查此山向产果松，东界烟筒沟，与恰神克为邻，南界老松岭，虽有成材大木，水路不通，陆路不便，惟有二道河、三道河东西两方面约在百里之许，可供三二百人五年砍伐之用。

复查木商等只有十二名数，现存资本三万吊之谱，欲图组织林业公会一所，虽为保守林产权利起见，事关重大，尤恐力犹不逮，难期效果。能否由省会拨款提倡，订议股章，再将木商资本联络招入。如有不敷，再行续集。此民心悦服，股款踊跃，林业庶可扩张，利益均能普沾。如省会不能预为提倡，木商等声称情愿将自己旧有资本暂为筹垫，接济无力把头，以杜其引俄入山，夺我权利等弊。"

在何光甲等人的积极筹备下，1913 年初组织成立了宁安县垦植采木公司。2 月 28 日经众发起人和股东投票，选举何光甲为总司理，郝景林为副司理。"现已招集优先股一千份，实交纳股金五百余份，暂在股实铺商万兴恒、庆祥号两家存储"。4 月 2 日公司正式开办[21]。

此外，吉林垦植分会还有会员李春圃等集资二万元创办聚兴源煤矿公司，开采吉林县属西北马家沟地方煤矿，"所出无烟煤甚佳"。会员解景霖创办伊通青堆子垦植银矿有限公司，开采青堆子一带银矿。该会还拟开办五虎林垦植中兴煤矿公司。垦植分会提倡由官银钱号特出纸币，以办理全省林业，业经省议会议决，后来得以实施。副会长杨福洲还积极筹备垦植银行，1912 年 12 月赴哈尔滨、长春等地进行实地调查，"并与各埠银行接洽就绪，收存股票"。"其余凡经本会会员报告，关于垦植事项，无论垦矿林牧渔业，均经本会切实调查，极力筹办，以期不负提倡实业之责。"[22]

从以上可见，吉林垦植分会团结一大批爱国实业家，以一片爱国之心积极进行东疆开发和振兴实业的活动，对民初东北边疆开发建设，抵制沙俄蚕食领土，起了积极的推动作用。

注：

[1]《孙中山全集》，第 2 卷，318—324 页。

[2] 吉林垦植分会档案，（缩）131—1—1838。

[3] 吉林行政公署档案，11（7—7）—1886。

[4][18][22]《吉长日报》民国二年五月十三日。

[5] 吉林省档案馆编《吉林省大事记》。

[6] 吉林垦植分会档案，（缩）131—1—1844。

[7][9] 吉林垦植分会档案，（缩）131—1—1845。

[8] 吉林行政公署档案，11（7—7）—1921。

[10] 吉林垦植分会档案，（缩）131—1—（2368—2370）。

[11][12][16] 吉林垦植分会档案，（缩）131—1—1846。

东疆史略

［13］吉林垦植分会档案，（缩）131—1—1839。

［14］吉林垦植分会档案，（缩）131—1—1847。

［15］吉林垦植分会档案，（缩）131—1。吉林行政公署档案，11（7—7）—1921。

［17］《吉长日报》民国元年六月二十一日。

［19］吉林垦植分会档案，（缩）131—2—（85—97）。

［20］吉林垦植分会档案，（缩）131—2—213。

［21］吉林垦植分会档案，（缩）13l—2—（516—518）。

第二节　民初东疆的土地开发

一、续放官荒，力促垦辟

经清末大规模放荒和招垦，吉林省内地各县土地开发渐趋饱和，而东北部沿疆地区由于地处边陲，人迹罕至，亟需充实。因此，民初吉林当局把放荒重点放在东北部边疆各县，并着力促进该区的开发和建设。

宣统三年（1911年）六月，"东三省奏设屯垦总局，所有东三省原办垦荒各局应即归并，其未放地于本年六月十五日一律停放"。[1] 但辛亥革命后，"垦户东来络绎不绝"。1913年4月，吉林省通饬各属"照章勘放，以实边圉"。无论大段官荒，畸零散荒，均准民间报领，以期速垦，而免荒芜[2]。1914年，《吉林全省放荒规则》正式颁行，该规则尤重东北沿边地区的官荒丈放，规定沿边各县每垧荒价较腹地各县低一半，其具体规定如下[3]：

地区＼等级	上等荒	中等荒	下等荒	最下等荒
腹地各县	吉洋4元	3元	2元	1元
沿边各县	吉洋2元	1.5元	1元	0.5元

　　事实上，吉林东北部边疆各县自清末以来一直在不断地丈放所属官荒，以解决当地的财政困难。宝清城北青山堡、本德堡荒地曾在 1910 年秋经临江派来的一名姓孙的委员勘放，他在放荒时曾私留最优荒地 30 余方，并转卖给倪占元 9 方。1912 年 7 月将该荒重新丈放，该处官员为转手渔利，竟将其中重丈的官荒以每方原价 110 吊 250 文加 20 倍左右的高价出放[4]。临江府（今同江县）所属街津口南有闲荒千余方，因"交通不便，小户无力就垦"，一直没出放。1912 年 9 月，桦甸巨绅韩登举禀请从所属佃民拨出 200 户，携带家眷牛具前往该处领垦，获省署批准，"札饬临江府遵照，准由该绅报领"[5]。密山垦务股从 1913 年 1 月至 4 月共放出七成收价荒地 29467 垧 5 亩 3 分，平阳镇上等街基 6750 方丈，下等街基 38130 方丈，石河镇上等街基 450 方丈，方宝镇上等街基 900 方丈，府城西关外下等街基 150 方丈，换照地 47799 垧 2 亩 1 分，共收价费钱 98832 吊 224 文，正价的十分之三解缴省实业司，其余均留县署垦务股[6]。依兰至密山官道的大小五站地方之官荒也在同年丈放，"兹已派员至彼丈放余荒，并勘择适宜地点出放街基，以为依密两县交通适中之点，政治农垦用作连络机关"。这次放荒只依兰县境就可丈出余荒五六十万垧[7]。依兰县东南部的勃力地方有官荒 20 余万垧，被依兰人称为"荒外"，土质肥沃，地脉平坦。1914 年"经省公署委定吴剑青君为放荒总理。该荒分三等价出售，上等荒每方（全地 45 垧）定吉洋 90 余元，中等 70 余元，下等 60 余元"。省城各士绅等有向吴君定购生荒或三方五方者颇众[8]。虎林县官荒 1913 年 8 月至 12 月曾经大规模丈放，1914 年 1 月至 3 月又放出生荒 196096 垧 6 亩 2 分，每垧收荒价及其他杂费中钱 4 吊，共收中钱 784386 吊 480 文[9]。民国初年，绥远县"呈请吉林民政长，准予开放荒地，不收荒价，只收荒费。奉吉林省行政公署业字 390 号批，印发荒照三千张到县"。民国二年（1913 年）10 月 31 日，该县"布告农商各界，如有热心垦务者，即赴局报领，以便派员同往勘丈，明定界址。填给荒照执业"[10]。

　　尽管民初吉林东北沿疆各县大多积极放荒，荒地丈放面积也很大，但官荒多为绅富包揽,领而不垦的情况普遍存在。民国元年(1912年)11月,吉林垦植协会东北路调查员全山、曹凤云、胡志文等在沿松花江下游、乌苏里江沿岸调查时,所见"多系富绅巨贾包领大段,辗转售卖,垄断居奇。并有官员见地价日昂,暗用堂名包揽,从中渔利。致使贫苦小民负耜远来,转无隙地可耕","放荒之举,历有年所。今询诸执政,佥称放尽。质诸遍野,依然榛莽。则吉省永无开垦之一日,而实边终属口头之禅矣"[11]。他们调查吉林省东北部1373里国境线的三万余方里面积内,仅有汉人387户(流民、窝棚浮户均在内),男691名,女175名。已开熟地只有2084垧5亩;有赫哲人188户,男498名,女502名,已开熟地68垧;朝鲜族移民41户,男122名,女99名,已开熟地45垧[12]。由此可见当时祖国东疆之荒凉和空虚。

针对上述情况,吉林垦植分会"经开会评议,讨论方法,查照地方利弊",拟订"限制垦荒章程"十三条,由吉林省行政公署修正公布。章程规定:"凡领而未垦各荒自此次布告之日起,予限半年责令各户报名,无论垧数多寡,均按原领时所定升科年限,仍尽原户自垦,逾限撤佃,并不发还原交荒价照费。其已过升科年限而仍未开垦者,不问其地属何人,得由垦植会会同地方官派员招领各处垦户实行垦辟,原领地主不得阻挠干预"[13]。

东北沿边各县也纷纷颁布催垦告示。民国二年(1913年)8月,"有现署穆棱县罗令含章拟具勒垦办法,详请一面督催原领荒主,一面安插外来垦户,并拟于垦熟之后,按佃八东二成数分劈"[14]。同年12月28日,饶河县知事赵邦泽在条陈政见呈文中也指出:[15]

一、领荒各户,宜设法催垦也。饶河自前清宣统二年设治后,放荒招垦已及三年。大段荒地,丈放殆尽。而实行开垦者,仍属寥寥。推其原因,虽由地处穷边,交通不便,连年荒歉,民食维艰,未始不由包揽大段者待价居奇之所致,若不设法催垦,一届起租年限,责令纳租,则各户受无穷之累。不令纳租,不特地方行政难为无米之炊,实边计划且属空谈无补。现拟具通告,登诸报章,凡系饶河荒户,自明年一月起,限半年内一律到段,盖房开垦。领荒五方以内，盖房一处，十方以内，盖房两处，其余以次递加。其实在无力开垦者，准于半年期内，缴照归公，发还原费一半。倘逾期不开，即行撤佃另放，原费概不发还。如此办法，似于限制之中，仍寓体恤之意，此拟办催垦之计划也。

一、丈放余荒，宜改良办法也。查县属荒务开办之初，领荒各户，大段居多，甚有一户领至二十方者。且报领一段，其段外余荒即预为占领，若续行丈放，先后两户，每生纠辖，此荒务上之习惯，牢不可破者也。若不续行丈放，则实在开垦者，反无荒可垦，而包揽大段者，多以其计为可行。现拟查照图册，将已放之荒，核明坐落四至弓尺，拨敷原领之数，余荒尽行出放。惟上年曾奉电饬，每户领荒以二百亩为限。查县境荒户，多系奉天远道来此，川资不易，仅领二百亩，得不偿失，未免限制过严，致难遵守。现拟量予通融，查明领户，确系实在开垦者，始准报领。每户不得过一方，以示限制。庶荒段既无包套之虞，领户亦少包揽之弊，此丈放余荒之改良办法也。

与催垦政策相配合，东疆各县还广泛采取清丈措施，用限期升科的方式督催领荒者将地迅速垦熟。依兰县"荒务积弊已深"，乃于1913年8月颁布清丈告示，并制定《清丈依兰全境各荒地亩章程》，开始对全境荒熟民旗各地进行普遍清丈[16]。同时，桦川、富锦、宝清、绥远、密山、虎林、穆棱、宁安等县纷纷颁布清丈告示，限令各荒户迅速前来丈地验照。吉林省对沿边各县清丈极为重视，专门制定《修正吉林沿边各县清丈地亩规则》44条。规定：依兰、桦川、穆棱、宁安、密山、虎林、饶河、同江、富锦、绥远、宝清、勃利、桦甸、额穆、濛江等十五县为清丈区域。丈出浮多熟地当年升科，荒地第六年起升科。并规定催垦年限，五年一律垦齐。清丈不仅增加了官府的收入，对促使领荒者按期垦熟土地也具有更加切实的作用。

到二十年代，东北当局更是全力加强对沿边地区的土地开发。1926年10月，依兰镇守使兼东北陆军步兵第九旅旅长李杜在视察东北路各县后呈称:"职此次亲历各县沿途视查,满目荒凉。……总计各县荒地之数,虎、饶、绥、同、富、桦约共三百万垧,开垦者不过十分之一,加以勃、宝、依、方、穆、密,统计约有五百万垧以上,已超过吉林全省收大租之地而有奇。……职尝调查所及,本年由哈尔滨东来,沿松花江、乌苏里江流域输入直鲁难民,约计男女十五万名口。当此内地各省灾祸频仍,此项难民自必源源而来。趁此时机办理开垦,厘定妥善章程,凡垦户所需用者,予取予求均由公家垫给,使有迁地为良之乐。"他还根据该区"钱法奇绌"、资金匮乏,以致影响垦务的情况,建议迅速组织"东北银行",并"饬令依兰道尹妥拟章程筹策进行"[17]。

1926年,吉林省长张作相"鉴于东来直鲁难民之日多,复以同江县地当松黑两江会合之冲,居中俄交界之境,土质膏腴,地多荒弃。为安民实边计,因有筹款十万元,派委专员赴同安抚难民,屯垦代赈之举。"[18]翌年1月,同江县知事吴钟麟委派专人赴奉天等地招徕垦民,为节省垦民旅费,还与铁路、轮船公司协商减免移民票价[19]。当年春天,"直鲁难民蚁聚哈埠,吴君交涉难民赴同航运免费,并订购应用农具器皿,随同难民数百户到同,会同该县官绅设法安插,定安民设村计划。除购买食粮按户接济外,复于每村设公用马架、水井、碾磨。此外,每户由官开熟地一垧,使之耕种储粮,以过冬令。嗣后斟酌时宜,厘订一切章程,而该地村治因以粗具"。经过一番艰苦奋斗,该县花用省长拨款不及一半,却在垦区兴建28个村屯,收容难民800余户,成效显著[20]。同江垦区建设是东疆开发史上成功的范例之一,它为以后的边疆开发提供了宝贵的经验。

为了加速东疆的土地开发,吉林省政府在1929年颁布了《修正吉林省沿边清丈各县荒地抢垦试办章程》24条,其主要内容摘录如下:[21]

第一条:吉省沿边各县荒地每被领户包揽大段,延不开垦,兹为催垦起见,特定抢垦办法,以期边荒早日垦齐。

第二条:沿边各县大段官荒无论已放未放,凡未经开垦者,概准抢垦。

第三条:抢垦区域以依兰、宁安、富锦、桦川、桦甸、穆棱、密山、濛江、虎林、同江、饶河、绥远、宝清、勃利十四县为限。

第四条：抢垦户以中华民国国籍人民为限。

第五条：原领户不论原领荒地若干坰，凡未开垦之荒准由有力无地之户一律抢垦，以资振兴。……

第七条：抢垦户须向该管县署报明地段，如系未放官荒仍照章缴纳价费，发给照据。如系已放之荒，每坰征收勘拨费大洋一角，徽由县署发给准垦执据。……

第九条：抢垦户报领荒地分三年垦齐，其垦熟之地，以四成归原领户，以六成归垦户，原领户不准索还地价，须将前领印照或执票执据取销作废，另按各人所得地数分发部照，以凭管业，不再收价。……

第十条：垦户有牛犁一具，只准抢垦一方，不准多报，其用洋犁者不在此限。

第十一条：垦户领得准垦执据，即须实行开垦，第一年应开成十分之二，第二年开成十分之六，第三年将报垦地亩全数开齐，如有违误，由县查明将准垦执据缴销，倘因特别事故不能开齐者，呈由县署量予展缓。……

第十六条：垦户报垦之地，每一方内经原户垦已过半，他户不准抢垦。……

第十九条：垦户因无力置买牛具，只用人力刨垦者，按每男一口准垦二十坰，有愿少垦者听。

第二十条：垦户与原户私自商订开垦者不在抢垦范围之内，官厅不加限制。

第二十一条，抢垦之地三年开齐，发给部照后，于第四年照章升科，不准展缓。

从以上可见，抢垦是一种比催垦更积极的促垦措施。催垦是把希望寄托在荒主身上，力促荒主前来垦荒。而抢垦则把那些包揽大段的荒主抛到一边，意在招徕垦民进入荒段，无论有主无主，只要有荒就可以开垦，垦熟后即可作为己业，这样，就彻底解决了领荒者揽而不垦，垦荒者欲垦无荒的现象。另外，又缩短限垦日期，以前丈放官荒是"五年六租"，即限五年内垦齐，而此次抢垦章程则明令三年一律垦齐。对垦户占荒数量也严加限制，以避免重新发生揽荒现象。

东北地方当局开发东疆的一系列措施确实收到一定成效。从1914年到1930年，东宁、宁安、密山、虎林、穆棱五县人口由184600人增加到378349人。而耕地面积更是明显增加。从1911年到1918年，桦川县耕地由0.25万垧增至12万垧，富锦县由0.61万垧增至3.3万垧[22]。从1914年到1929年，东宁县垦地面积由20900垧增至55517垧，宁安县由153500垧增至260136垧，密山县由21800垧增至46935垧，虎林县由3200垧增至5000垧，穆棱县由17100垧增加到24274垧。经过历年放垦，桦川县县城及佳木斯镇一带"已户口蕃臻，地辟过半矣"。就是边远的永丰区，亦有居民四百户，男女大小5200余人，垦成熟地六千垧有奇，"地方安谧，垦户云集，大有蒸蒸日上之势"。永丰区孟家岗一带，原有垦户87家，从1927年到1928年，新来垦户三百家，用洋犁开地3万垧左右，"兴盛之速殊为意料所不及"[23]。1922年宝清县已垦熟地仅有1.2万余垧，勃利县仅有6000余垧，饶河县升科熟地只有1414垧。[24]到1929年，宝清县熟地面积增至3万余垧[25]，勃利县耕地增至50569垧，饶河县耕地增至7340垧[26]。

吉林东疆的南部，亦即图们江流域，在清末曾因"间岛问题"而导致严重的边疆危机，清政府为抵制日本侵略，乃不遗余力地加紧该区的移民放垦。民国以后，已无大规模的放荒和垦殖之举。但随着汉、朝各族人民不断迁入，土地开发仍在不断发展。延边地区（包括延吉、珲春、和龙、汪清四县）朝汉族人口的增加情况，请参考下表[27]：

年　代	朝鲜族人口	汉　族　人　口
1912	163000	49000
1916	203426	60896
1918	253961	72603

年　代	朝鲜族人口	汉族人口
1919	279150	
1921	307806	73746
1922	323806	70698
1923	323011	77709
1924	329391	82730
1925	346194	82472
1926	356016	86349
1927	368827	94960
1928	382930	100165
1929	381561	116666

延吉各县耕地面积也逐年增长。从 1916 年到 1929 年，延吉县耕地面积由 74000 垧增至 152498 垧，和龙县由 42000 垧增至 55327 垧，汪清县由 1 4000 垧增至 47780 垧，珲春县由 28000 垧增至 68726 垧[28]。安图县是延边开发较晚的地区，因而民国初年仍在继续丈放官荒。从 1917 年 1 月到 1925 年 8 月，安图县共出放官荒 155317 亩。1917 年，安图县仅有耕地 36992 亩；1928 年，该县耕地已增至 107040 亩[29]。

二、农垦公司兴起及其在东疆开发进程中的作用

在清末民国时期东疆开发大潮中，农垦经济勃然而兴，推动了边疆开发，成为东疆开发史的重要特色之一。

191 0 年，东宁厅设有富宁屯垦公司，系属商办，集股小洋五万元，领有东至俄疆，西至穆棱，南至太平岭，北至黄窝集大山之间官荒五千垧。公司创办以来，"成效渐著"。翌年奉天屯垦总局派官员前来考察，"凡公司布置办法，俱极许可"。该公司曾派员赴烟台招徕垦民，建房三十余所，窝棚多处。垦民路费、种子皆由公司垫给[30]，嗣因遭遇灾歉，公司赔累不堪，股东解体。1913 年春东三省筹边使章太炎以二万三千两官款将该公司购归官办。当时北洋政府中央秘书厅拨借交通银行大洋三万元专办此项实业。不久筹边使被取消，该公司由吉林省长公署接管。后北洋中央政府一再催还三万元借款，而吉林省因财政困难，只好将该公司及密山县的金矿一并抵押给北洋中央政府。1914 年，北洋政府进步党官僚王揖唐、张一尘等乘机筹还官款，将该公司又改归商办，更名为阜宁公司。1920 年 7 月，直皖战争爆发，皖系战败下野，依附于皖系军阀的安福国会官僚王揖唐等遭到通缉，于是由其控制的阜宁公司也在同年被军阀张宗昌的裕宁屯垦公司所合并[31]。

民初吉林东北部边疆的大规模放垦过程中，农垦公司更是如雨后春笋般地纷纷设立。1912 年，中国垦殖协会鲁分会设立垦殖有限公司，勘定临江府（今同江县）城东一带作为移垦地点，建筑村屯房舍，修筑道路[32]。公司负责提供水井、碾磨及其他一切公共用物，但牛具籽种须垦户自备。公司在垦区设农业杂货店，供垦户购置农具及其他物品。公司土地招佃承种，其方式分两种：一种是由佃户分三年归还公司垫付的垦费，垦熟之地十分之三归公司，十分之七归佃户所有。一种是由公司与佃户签订租约，规定某年起租，某年增租[33]。该公司的移垦成绩，请参见下表[34]：

团 体	经理人	户 数	亩数(万)	村 屯
保华公司	朱心芳	34	1.53	头屯
同志社	张青卿	40	2.7	二屯
齐鲁公司	李莱山	15	0.9	二屯
志垦团	黄丹廷	25	1.08	三屯
协聚成	苗振纲	25	0.9	四屯
同技团	崔樾村	15	0.45	五屯
福和堂	王兴五	6	0.35	四屯
王福堂	王鼎三	11	0.585	四屯
淄东移垦团	刘允亮	11	0.495	四屯
保善团	樊克仁	22	1.8	头屯

1912 年，吉林绅士王叔康等 6 人集股 2 万元，组设开垦公司，从事密山一带的垦荒事业[35]。

1912 年，吉林省城湖广会馆的商人集股四五万元，组成"崇实会社"，专办东宁县六站地方垦务[36]。

1912 年，有刘文凤等发起艮吉垦务有限公司，在依兰、临江（今同江县）等府，桦川、饶河等县认领腴荒 80 万亩，设总公司于依兰府，另于哈尔滨设立分公司。资本分为 3200 股，每股吉平银一百两。公司在荒段内盖房掘井，招民垦种，并借垫资本，荒地垦熟后，公司与垦户对半分地[37]。

1914 年，北京绅商胡寅安、龚焕辰等 17 名和四川绅商龚相文、周秉权等 6 名集股大洋 4 万元，开办甲寅垦植社股份有限公司，领有同宾县乌吉密河一带（今尚志县）荒地 10350 垧。到 1917 年，垦熟升科地已有 3438 垧 2 亩，尚有 6900 余垧系属浮多地[38]。

1916 年，哈尔滨商人周渤、樊耀南等多人"发起一垦殖公司，专事开辟绥远县荒地"。共招股本 10 万元，分作一千股，由发起人自认 1 万元[39]。

1919 年，商人林鹤臬等人在长春设立了惠吉垦植股份有限公司。额定资本 100 万元，已收足 25 万元。先在牡丹江站设立事务所，承垦宁安、穆棱、勃利、方正、同宾等县未垦之荒[40]。

1920 年，军阀张宗昌接收东宁县富宁屯垦北公司，在小绥芬地方创办裕宁屯垦无限公司（亦名北公司）。其办事总机关设于北京，股本银币 5 万元。公司所用佃户除了原富宁屯垦北公司旧佃外，还新安置张宗昌所部之退伍兵。同年 4 月 17 日，该公司又兼并张一尘的东宁垦殖南公司（即阜宁屯垦公司），南公司承领的已垦未垦土地 7500 垧连同界内房屋、市场、树林等财产全部"归并北公司办理，任凭北公司另立名目及组织"。北公司出现大洋 3 万元交与南公司，"作为 10 年抵款，须至民国十九年同月同日，南公司方得照抵款原价赎还自办"[41]。1930 年，裕宁屯垦公司已垦成熟地 7260 垧。公司占地范围，"东至俄界，南至太平岭上分水岭迤北，西至细鳞河，北至窝集岭，计东西 70 余里，南北 90 余里"[42]。已垦地亩全由佃户耕种，佃户每年每垧纳洋元 2 角 5 分。1928 年，每垧地增纳学捐洋 2 角 5 分，1929 年每垧地又增纳警饷 2 角 5 分[43]。"九一八"事变前，裕宁屯垦公司向佃户征收大租 5 角，垧捐 6 角，农会费 1 元，公司收入 1 元 7 角 5 分，共计 3 元 8 角 5 分[44]。

　　二十年代东疆水田开发形成热潮，于是很多商绅纷纷投资于水田，兴办了一批水田公司。1921 年，哈尔滨久大银号附设裕民水田公司，经理林乡山，共集资大洋 4.5 万元，在富锦、饶河、宝清各县采报洼荒，开挖水道，修筑河堤，招奉省滨海稻农及当地农民佃垦[45]。但当该公司前往采报洼荒时，由于该处揽头"奇货可居，官吏争夺，所有富锦、宝清附近者，席卷无遗。而勃利、依兰亦相继而起矣。兹幸联合得力绅士分得数脑，业经交领者 80 方"[46]。同年冬，饶河县绅商项席珍等"以各县荒地废弃可惜，曾纠合同志多人，筹集现金暨荒地股各 250 万元，组设大丰水田公司，招致归化韩民栽种水稻。呈奉实业厅批准备案后，未两月各方承认入股者已达 300 万元之多。正拟开办，适因时局不靖，匪气四起，不特以现金入股者望而却步，即已垦佃户亦多相率逃避，致项席珍因忧病故，垂成之局遂而中止"。1923 年，又有赵世保等人在该县集钱股、地股各 250 万元，组织华丰水田股份有限公司[47]。1922 年，和龙县朝鲜族农民张子郁等在该县五区组设光开水利公会，"专事开筑水道，改种稻田"。共招集朝鲜族农民二三百人。经营一年，改种水田约二百垧。后因资金匮乏，兼与地主在分担开筑水道费用问题上涉讼法厅，"遂行停顿"[48]。1923 年，宁安县设有东北垦牧公司，资本 3 万元，种植水稻[49]。1925 年，富锦县绅民"筹集巨资"创办富方耕稻田有限公司，在富锦县的安邦河沿岸及方正县大、小罗勒密、西丰沟、四道河子、五道河子等处沿河两岸报垦洼下难耕之地，开辟水田[50]。1926 年，虎林县有解金荣等在马鞍山一带倡办稻田公司，集股大洋六千元，翌年已垦水田 20 余垧[51]。

　　农垦公司在东疆土地开发过程中起过一定的促进作用，主要表现在以下几个方面：

　　（一）各农垦公司广集股金，在一定程度上缓解了垦荒资金的匮乏。"资本者万事之母，垦荒为业，资本为尤。盖缘垦民迁入荒地，川资须费，修桥须费，开道须费，建房、凿井须费，牛犁籽种以及当年食粮又须费，……且农业一道，春种而秋收，获利尤缓"[52]，因而解决资金问题，是土地开发的重要条件之一。

（二）某些大公司建立了护垦队及团兵组织，保护垦民的正常生产和生活。东疆开发之初，荒山野岭，胡匪充斥。"入荒垦地者，不独财产难保，生命亦属堪虞"[53]，严重影响了当地的土地开发。阜宁屯垦公司为此建立了护垦队，由东宁县的 16 名猎户充当护垦兵，其饷银由公司发给，对安定垦民人心，保障垦荒的顺利进行起过一定的作用[54]。

（三）各农垦公司在招徕垦民，向垦民提供资金及生产、生活条件方面做了大量工作。如阜宁公司"广招流散，有家室者特给安家费 15 元……每垧酌借三斗以至五斗之食粮。食粮则春放秋收，不取子息；籽种则分期三年，全数归还"。从 1915 年到 1918 年，该公司就贷出资金约吉银七千余元，食粮八百余石（东宁每石合六百斤）[55]。一些公司还直接派人到关内招徕垦民，提供路费，妥为安置。

（四）有些公司还搞了一些农业改良。如阜宁公司引进美国坐犁，"异常适用"；还引进撒籽耙地机，"每拉过可撒种至十二行之多，稀稠宽窄，皆可随意"。该公司还在垦区内试养山东柞蚕，试种吉林农事试验场的旱稻、美国玲珑麦，都很有成效。并在西屯、八里坪、土城子等地试种水稻，"成绩颇佳"，每地一垧可收稻十四五石之多！[56]

（五）一些农垦公司不仅从事土地开发，而且兼营工商业，是一种综合开发的经济实体。1916 年，阜宁公司出资俄银三万数千元，在中东路五站地方的中国界内创设"中华市场"，负责出放街基，不久即有六百余户中国商民在这里落户。到 1918 年，已有甲等商号 24 家，乙等 84 家，丙等 70 余家，丁等 90 余家，合计不下 270 余家，而临时的小营业尚不在此数之内。在创办中华市场之前，这里"荒烟蔓草，野无人迹"，华商大多居于俄境及俄站界内，俄方对华商横征暴敛，"商民终岁勤劳，悉为外人削尽。"中华市场的创办，对繁荣边镇，挽回利权具有重要意义[57]。惠吉垦植公司在牡丹江上游垦区的孤家子开辟了富江镇，在黑王岭开辟保安镇，在喜林河开辟泰安镇。每镇建筑市房二百间，开设烧锅、杂货、银行各营业，"以期销售农产，接济器用，通融资材"[58]。农垦公司这种农工商"兼营并鹜"的经营方式，对当地经济开发起了推动作用。

（六）一些公司还曾投资于当地的社会事业。阜宁公司曾出资开辟寒葱河至太平岭的山道750里，改善了当地的交通条件。该公司还在中华市场创立两级学校一所，招收学生38名。此外还设有土城子学校、小绥芬金厂小学校、石门子旧塾、城东改良学校、河东旧塾、八家子小学、八里坪小学等，公司佃户地租项下每垧加征一元一角，专用于津贴学堂经费[59]。

当时农垦公司的兴起，不仅推动了当地的土地开发，而且促进东疆农业经济关系进一步变化。尽管这些公司大多采用租佃制经营方式，将土地出租给佃农，进行地租剥削，带有浓厚的封建色彩。但从总体上看，这些公司在经营目的、管理方式及社会效益等方面已经具有鲜明的资本主义性质。

注：

[1]《东三省日报》宣统三年七月六日。

[2]《远东报》民国二年四月二十日。

[3]《吉长日报》民国三年五月七日。

[4]吉林行政公署档案，11（7—7）—1926。

[5]《吉林公报》第109号。

[6]《吉长日报》民国二年七月八日。

[7]《吉长日报》民国二年十一月二十日。

[8]《盛京时报》民国三年五月十四日。

[9]《吉林公报》第427号。

[10]《满洲旧惯调查报告》一般民地，下卷，参照第69。

[11]吉林垦植分会档案（缩）131—（2381—2383）。

[12]《调查东北路沿疆调查总纲报告》手抄本。

[13][14]吉林行政公署档案，11（7—7）—1921。

［15］《黑龙江设治》（下），688—689页。

［16］《吉长日报》民国二年八月十日。

［17］吉林省长公署档案，11（7—7）—2122。

［18］［20］《东北新建设》，1卷3期。

［19］吉林省长公署档案，11（7—7）—2143。

［21］吉林省政府档案，11（7—7）—2166。

［22］《吉林省东北部松花江沿岸地方经济事情》，30—31页。

［23］唐纯礼:《治桦概要》。

［24］吉林省长公署档案，11（7—7）—2065。

［25］吉林省政府档案，11（7—7）—2199。

［26］《吉林新志》，下编，178页。

［27］天野元之助:《关于"间岛"的朝鲜人问题》，4页。

［28］1916年数字引自《满蒙全书》第3卷第3章;1929年数字出自《吉林新志》，下编，第5章。

［29］民国《安图县志》，卷4，人事志，实业。

［30］《吉长日报》，宣统三年八月二十日。

［31］吉林省长公署档案，11（7—7）—1968。

［32］吉林省行政公署档案，11（7—7）—1904。

［33］《吉林公报》民国二年二月十七日。

［34］《东三省农林垦务调查书》，197—198页。

［35］《盛京时报》民国元年四月九日。

［36］《吉长日报》民国元年四月十日。

［37］《远东报》民国元年六月二日。

［38］吉林巡按使公署档案，11（7—7）—1967。

［39］《远东报》1916年6月10日。

［40］［52］［53］［58］吉林省长公署档案，11（7—7）—2011。

［41］吉林省长公署档案，11（7—7）—2019。

［42］［43］吉林省政府档案，11（7—7）—2309。

［44］《东部国境北方地区调查报告》，1934 年 12 月。

［45］［46］吉林省长公署档案，11（7—7）—2046。

［47］吉林省长公署档案，11（7—7）—2087。

［48］吉林省长公署档案，11（7—7）—2074 及 2138。

［49］民国《宁安县志》卷 3。

［50］吉林省长公署档案，11（7—7）—2099。

［51］吉林省长公署档案，11（7—7）—2138。

［52］［53］吉林省长公署档案，11（7-7）—2011。

［54］［55］［56］［57］［59］吉林省长公署档案，11（7—7）—1968。

三、东疆水田开发的展开

吉林东疆地势低洼，气候湿润，江河密布，具有开发水田的优越条件。三江平原沼泽地带及河谷平原低湿洼甸之地的开发，是东疆土地开发的重要内容，并具有特殊意义。东疆紧邻朝鲜，是朝鲜族移民进入较早的地区。擅长种稻的朝鲜族移民的大量移入，推动了祖国东疆的水田开发。在以朝鲜族为主的各族稻农辛勤垦辟下，吉林东疆出现了延边、牡丹江和三江平原等三个著名的稻作区。

（一）延边地区的水田开发

光绪初年开禁放垦，延边地区的朝鲜族移民日益增加。从 1907 年到 1911 年延边地区（不包括敦化、安图两县）朝鲜族人口的数字分别为 71000，89000，109500，126000[1]。尽管最初本区的朝鲜族移民绝大多数来自以旱作农业为主的朝鲜咸镜北道，他们迁入延边地区后主要从事旱作，但仍有一些移民开始试种水稻。1890 年左右，即有朝鲜族农民在图们江北岸钟城崴子一带开垦水田。1900 年左右又有朝鲜族移民在海兰江畔的端甸平原开发水田[2]。1906 年 6 月延吉县大教洞十四户朝鲜族农民开挖的四华里引水渠胜利竣工，这是延边地区最早见于记载的水利工程，可灌溉水田将近 7 公顷。1911 年秋,又有延吉县尚义乡八道沟朝鲜族农户开挖引水渠 2.2 华里,灌溉水田 94.2 公顷,翌年竣工[3]。

民国时期,朝鲜人民不堪日本帝国主义残暴的殖民统治和压迫,大量移入我国东北,延边地区的朝鲜族人口迅速增加。延吉、和龙、珲春、汪清四县的朝鲜族人口,1912 年有 163000 人,1916 年为 203462 人,1918 年增为 253961 人,1921 年又增至 307806 人,1926 年已达 356016 人[4]。据 1930 年统计,当时延边地区各县的朝鲜族人口分布情况是:延吉县 195242 人,占全县总人口的 78.8%;和龙县 102674 人,占全县人口的 63.5%;珲春县 50349 人,占全县人口 56.6%;安图县 4296 人,占全县人口的 19.4%;敦化县 3429 人,占全县人口的 10.2%。以上六县朝鲜族人口占东北朝鲜族人口总数的 65% 以上[5]。

随着朝鲜族移民的增加,本区水田开发也迅速发展。1915 年 3 月,和龙县明新社三道沟开挖沟洫约 5.7 华里,灌溉水田 81.8 公顷。此后本区水田灌溉面积日益扩大,1918 年已达 810 公顷,1919 年又竣工灌溉水田 1182.7 公顷。1922 年,和龙县四光、三开两社的朝鲜族农户组成了光开水利公会,专门从事开筑水道、改种稻田的工程。经营一年,即将二百余垧旱田改作成水田[6]。到 1923 年本区已建成大小水利工程五十处,灌溉水田 3800 余公顷。其中延吉县有 2898 公顷,和龙县有 379 公顷,珲春县有 595 公顷,汪清县有 9.2 公顷[7]。在兴建水利工程中出现了一些占地、租地纠纷。1919 年 4 月,延吉县公署颁布了《延吉县播种水稻暂行规则》,做出如下规定:(一)因种稻开凿沟渠,必须经过之地,如系官地,准其呈明借用,不收租价;如系民有地亩,应由种稻各户向地主商明租用。(二)所有租价,依租田地之多寡,准一律按照上等地每年收入之数,由种稻各户共同给付。(三)地主租出开凿沟渠之地如于商议时愿意出卖,准照上等地时价加三倍,由各户按种稻地亩摊派,买作公用水地。(四)因开凿沟渠必须经过之地,准照土地收用办法,无论何人,不得故意阻挠。(五)地主租出之地应听各户自由使用,如有阻遏水道情事,令其负损害赔偿之责,并得酌量处以百元以下之罚款[8]。上述规定保障了稻农的合法权益，有利于水田开发的顺利进行。

在朝鲜族移民的影响下，当地官府和汉族农户也开始重视水田的开发和经营，1921年12月3日，吉林省省长孙烈臣专门给延吉县下达训令，"饬县设法提倡水田，以兴农事"[9]。1927年，吉林省实业厅又向各县发出指令，要求"各该县知事均应调查辖境低洼地亩，绘就详图，加注说明。劝导绅商士庶，组织稻田公司，集股经营……本厅自当极端奖掖"[10]。1927年，敦化县商会会长万茂森等集股开办水田公司，在碱场沟、黄密河一带招工开成稻田一百余垧，"成绩颇佳"；又在大青山开成大片稻田，获利极大，附近民户均极欣羡[11]。1929年，延吉县一区有汉族稻农59户，五区有汉族稻农87户；汪清县有汉族稻农36户；珲春县有汉族稻农69户[12]。

在以朝鲜族为主体的各族稻农的辛勤开发下，本区水稻生产有了很大的发展，1918年以后，延边地区基本上结束了从日本及朝鲜的大米进口，实现了大米自给。从1922年到1926年，本区水稻种植面积由6551公顷增为8118公顷。1925年，本区共生产大米118003石，除了当地消费外，尚可输出2066石，约占产量的1.8%[13]。1926年，汪清县共种植水稻6500亩，亩产一石二斗，共产水稻7800石[14]。1928年，该县水稻种植面积已扩大到8480亩，翌年又新增3352亩[15]。延吉县1927年已开发出水田4450垧[16]，1929年增至6005垧，翌年增至13000垧[17]。珲春县1927年共种植水稻3335垧，年产稻米10005石[18]。和龙县1929年有开垦成熟的水田923垧8亩，尚有2000余垧水田尚未垦熟[19]。敦化县1929年已垦水田572垧，1930年增至1279垧。[20]二十年代末，安图县"人烟渐多，韩侨之户亦颇不少，其人皆勤苦耐劳，颇晓种稻之法，居民亦有与其伙种者"。但因该县"处白山之阴，地势极高，森林未开，气候特寒"，因而水稻"丰收之处，十无一二"[21]。

民国时期，延边地区水稻生产技术也有所提高。当时不仅兴修了许多水利工程，而且培育出了一些适合当地气候的优良品种。例如延吉、和龙、珲春、汪清等地1915年以后逐渐推广了改良稻种"小田代",系本区优良稻种的鼻祖,具有早熟、高产等优点,促进了本区水稻生产的发展。敦化县引进和推广了日本早熟稻种"札幌赤毛种",生长期仅一百零五天左右,不怕霜害,易于栽培,产量也较高[22]。珲春、延吉等县还有许多稻农改革了粗放的撒播法,他们在谷雨前后将稻种装入草袋,浸润发芽后撒播于水田中,然后将稻苗移植在稻田内,按照三四寸见方一株或数株的距离插秧[23]。这种插秧方法是当时东北最先进的水稻种植技术。种植技术的改良提高了水稻的产量。据1930年4月吉林建设厅调查水利委员史国璋在延吉县的调查,当时延吉水稻每垧产量低者20余石,高者可达30余石,是其他作物的数倍或十余倍[24]。

朝鲜族移民对本区水田开发和水稻生产的发展做出了巨大贡献。本区水田绝大部分是由朝鲜族农民垦种的。1929年,和龙县共有稻农508户,其中504户是朝鲜族农民;延吉县志仁乡共有稻农178户,朝鲜族占119户,勇智乡共有稻农260户,朝鲜族占129户,守信乡和崇礼乡共有稻农1807户,绝大多数是朝鲜族;珲春县第四区的水田全由朝鲜族农民垦种,其他各区水田亦主要由朝鲜族农民耕种;敦化县共有稻农117户,全为朝鲜族;汪清县有稻农234户,朝鲜族占198户[25]。

（二）牡丹江地区的水田开发

早在1880年,就有朝鲜人安宗浩等迁入东宁县三岔口高安村,引小绥芬河水开发稻田。1896年又有从俄领沿海州移入的朝鲜族农民在兴凯湖附近垦辟水田。1897年前后,有参加甲午战争的朝鲜败兵移入宁安县渤海镇的上官地及三灵一带开垦水田。沙俄筑完中东铁路时,部分朝鲜劳工定居在绥芬河等铁路沿线地区开垦水田。1904年又有许多朝鲜族农民在密山县的高丽营地方种植水稻。进入民国时期,水田开发迅速发展。1916年,崔桂华等10多户朝鲜移民在宁安县试种水田,还有权万吉等7户朝鲜族稻农在该县江西乡明星村一带拦河修坝,开辟水田。1917年穆棱的朝鲜族农民引种早熟稻种"小田代"成功,使穆棱河流域水田开发迅速发展。1918年有大量从东北南部及延边地区移来的朝鲜族农民在海林、穆棱等地种植水稻。1919年东宁县小乌蛇沟农户于进才与朝鲜族农民伙种水田 8 垧，年收获稻子 64 石。1922 年又有大批朝鲜移民从苏联沿海地区移入密山县，使该县的水稻种植进一步扩大。1924 年，在虎林县的大桥村附近也开辟了大片稻田[26]。据 1923 年调查，牡丹江流域有可垦水田 45 万垧，绥芬河流域有 6 万垧，穆棱河流域 20 万垧[27]。可见牡丹江地区开发水田是大有潜力的。1923 年，穆棱县已垦成水田 554 垧，密山县已垦水田 1036 垧[28]。同年，宁安县共播种水稻 2000 垧，每垧产量达 7 石，共产稻谷 14000 石[29]。1929 年，宁安县水田面积增至 3207 垧 6 亩，翌年又增加到 3227 垧[30]。1930 年虎林县七里沁子河岸亦垦成水田 61 垧 5 亩[31]。

当时，本区的水田开发仅限于江河沿岸地区，利用自然河川进行排灌。宁安县水田分布于蛤蟆河子、海浪河、密江河、马莲河、三道河子、乜河、南沟河、大小架鸡河、柳树河子、臜舡河等河流的沿岸地区[32]。穆棱县水田"均由穆棱河、马桥河、细鳞河引水播种"。而引水之法，"概以挖掘沟渠，引水入田"。当时稻田的耕种方法，一般是先用犁起土，破碎土块，再引水灌田，然后用田内泥浆涂附周围畦畔，以防泄水，再用马耙耥平土面。播种前，先将稻籽在水中浸泡一星期左右，使之发芽，芒种前后播种。立秋出穗浆足时，即将田中之水泄出，"不日继而收获矣"[33]。宁安县所种水田"历年均丰收，每垧收获六七石左右。米质色白粒大"[34]。

当地官府为了增加财政收入，大力提倡种植水稻。穆棱县曾颁发劝民种稻的白话告示，兹录于下[35]：

为布告事。我们中国自古以农业立国，我们国民的勤苦耐劳，又是天赋特长，惟独有种通病，就是拘守成法，不知改良。更是我们东省的人，仗着土地宽阔，只知道拣着土质肥厚的地方，播种五谷。把那沿河洼下的地方，视为无用，任地利弃于地。这样办法，实在可惜。本县境内近几年来，由官府提倡水利，又有许多入籍韩民种植稻田，我们人民才有就沿河洼下之地种稻子的，但是为数仍然不多，哪就能算为对呢？求其原因，大概统因不知种稻子的利益，所以我们人民才不肯去种罢。本县长责司提倡水利，不惜谆谆劝谕。现在将那种稻田的好处分别说明如下：

（一）利用弃地。你们价买的土地，其地段之内，不免有那沿河洼下的地方。在从前本已视为无用，现在若均把他辟为稻田，岂不把那没有用处的地，变作最好的田呢？

（二）引水便利。本县河流很多，引水最便，如果利用天然的沟渠，稍加修理，就能引水入田，不能像没有水的地方有挖沟烦难。

（三）播种易。稻田是很容易种的，就是拔草难一点，但是能分别草和苗就行，其利益可是比做别工全强的多。尔等农民急速的试验罢，不可退后，利益叫人家捡去了，岂不可惜吗！

（四）收获多。稻田之收获能倍于旱田。设如旱田每垧能收三石，稻田就能收六石。

（五）稻价高。我东省以稻米为上等食粮，价钱比别的食粮贵，这是你们所知道的。那末，你们为什么不赶紧的种哪！

（六）无旱涝之虞。河流沟渠既多，旱则容易引水灌溉，涝则容易宣泄，无久浸的患害。

以上种种利益，不过略举大概。其利很多，不及详述。本县未辟稻田为数尚多，诚恐尔等农民不知其利，是所不惮烦琐，详切示知，仰尔农民人等，勿再观望，迅速辟种，毋任利弃于地，本县长有厚望焉。此布。

民国十九年六月八日

官府的提倡对本区水田开发具有一定的促进作用。

朝鲜族移民是本区水田开发的主力军。1929年，虎林县共有稻农38户，其中朝鲜族占37户[36]。1930年，宁安县共有稻农857户，其中852户是朝鲜族农民[37]。同年穆棱县共有稻农187户，其中朝鲜族占185户[38]。他们战胜严寒的气候，把长期荒弃的草甸地、涝洼地和低湿地开拓成肥沃水田，为本区的农业开发做出了巨大贡献。

（三）三江平原稻区的开发

三江平原地势低洼多沼泽，开发旱田较为困难，使该区土地开发远远落后于延边和牡丹江两个地区。在开发水田方面，尽管由于纬度较高，气候寒冷，但有优越的水利条件，因而本区水田开发进展较快。早在1880年，就有朝鲜族移民从俄境进入今饶河县大和镇一带游猎和采挖草药。他们发现此地便于种稻，于是招来伙伴和家属，建立朝鲜族村庄，开垦水田。附近的小佳河地主苑福堂见到朝鲜族种水田有利可图，就招来俄屯八户朝鲜族农民，租给房屋田地，开发水田。此后朝鲜族陆续迁入，民国时全县朝鲜族已达五千多名[39]。1916年时的饶河县知事陆迈出身南方，"于水田略有研究"，积极劝令当地朝鲜族农民垦种水田，收获颇丰，"颖粟可观"[40]。

二十年代，吉林当局为振兴东北沿边地区垦务，乃以大规模丈放洼甸淤滩作为放荒的重点。1921年，吉林省实业厅派专员到富锦等县调查。回来后，"称富锦洼地甚多，颇宜试种稻田"。但由于地处僻远，洼甸难垦，因而一直无人承领。因而经与吉林省清理田赋局协商，将富锦县四五两区境内柳树河等处两岸淤滩"按三垧扣作一垧，仍照清丈规则，每垧收荒价大洋1元5角。至应缴经费，既经折扣，仍照实扣之数，每垧随价加收二成，以符原案。其照费每张一元，注册费一角，仍应照收"[41]。这样，该处洼荒每垧实际仅收大洋5角，荒价大大降低[42]。翌年，依兰、勃利、宝清、饶河、同江等五县也援照富锦成案，减价出放境内洼甸淤滩。饶河县1922年12月呈覆："第查全境濒临乌苏里江，内有挠力河、内外七里沁河……等贯绕其中，多能开作水田。如能折扣丈放，可资提倡水田。"[43]同江县放剩余荒中，有夹荒53765垧，水田14750垧，洼塘98562垧。"未放之荒，不因土质瘠薄，即因低洼难种，是以多年无人报领。现在吉省畅行稻田，水甸颇有人承领，要皆因荒价限制，遂致未能试种"[44]。因而洼荒减价出放，确有提倡水田之意。吉林省当局对于东北沿疆各县减价丈放洼甸，一直持积极的态度，各县呈请减价大多批准。宝清县1922年呈请将所属板石河、双树河等处洼下未放7万余垧水甸以每三垧折成一垧，折扣后每垧收价大洋八角的低价出放，亦获批准，该处洼荒实际上每垧仅收价二角六分余[45]。减价的结果，大大加速了洼甸的丈放。据1923年呈报，富锦县已放洼荒5500垧，饶河县放出400垧，绥远县放出6750垧，勃利县放出405垧（其中已垦成水田27垧）[46]。

1924年，据依兰县知事王世选调查，当地虽洼甸甚多，但无一处开垦水田。本地食用粳米均由哈埠运来，价值异常高贵。该知事首先呈奉吉林田赋局核准减价出放水田，一面拟具白话布告。1925年间境内试种水田不过数十垧，但收获甚丰，引起人民极大注意，承领洼荒者日多一日。1926年，七、八虎力河沿岸与勾心集共垦种水田500余垧，出产稻子5000余石，当地销用不尽，又复运哈出售。1927年梨树园子、罗圈河与倭肯河沿岸又复垦种水田400余垧。当年全县开出大小段水田已有1000垧左右，稻子产额约在万石左右。从1924年到1927年7月，全县放出水田48379垧。除已开垦的外，尚有未开垦水田47000余垧[47]。

1927年，桦川县有民人马鸣伦等30名呈请开放县属洼甸，经省清理田赋局批准，每10垧或6垧折成1垧出放，共计放出16245垧，1929年已垦水田304垧6亩[48]。1926年，晓河县已垦水田490垧，1930年增至580垧，1931年增至641垧[49]。勃利县1929年已垦水田101垧5亩，1930年增至175垧6亩[50]。宝清县1929年已垦水田312垧。1930年增为335垧5亩，1931年增至771垧6亩[51]。富锦县1929年已垦水田272垧[52]。

东疆地区的水田开发是土地开发更深一层次的发展，它表明东疆各族人民已不满足于开垦土地，而且进一步开发该区丰富的水利资源，使本区水稻生产得以迅速发展，并形成了该区水田农业的经济特色。

注：

[1][3]《最近"间岛"事情》，121页。

[2]《在满朝鲜人概况》，1934年版。

[4][7]《最近"间岛"事情》，122页。

［5］《中华民国史料丛稿》，关于东北抗日联军的资料，第2分册，162页。

［6］［10］［47］吉林省长公署档案，11（7—7）—2138。

［8］吉林省长公署档案，11（7—7）—1993。

［9］吉林省长公署档案，11（7-7）—2041。

［11］［16］吉林省长公署档案，11（7-7）—2178。

［12］吉林省政府档案，11（7-7）—2210。

［13］《最近"间岛"事情》，290—301页。

［14］［18］吉林省长公署档案，11（7—7）—2127。

［15］［17］［20］［23］［24］［25］［32］［33］［34］［35］吉林省政府
档案，11（7—7）—2254。

［19］吉林省政府档案，11（7—7）—2257。

［21］民国《安图县志》卷4，人事志，实业。

［22］《吉敦沿线水田候补地调查报告书》42—44页。

［26］《满洲水稻作入研究》，1944年版；《满洲经济年报》，1941年版。

［27］［28］［46］吉林省长公署档案，11（9—7）—2080。

［29］吉林省长公署档案，11（9—7）—2096。

［30］［37］吉林省政府档案，11（7—7）—2230。

［31］［36］吉林省政府档案，11（7—7）—2209。

［38］吉林省政府档案，11（7—7）—2225。

［39］权宁朝《黑龙江省近代水田的开发与朝鲜民族》，载《中国东北
地区经济史专题国际学术会议文集》，学苑出版社，1989年版。

［40］吉林省长公署档案，11（7—7）—1974。

［41］［43］［44］吉林省长公署档案，11（7—7）—2046。

［42］吉林省长公署档案，11（7—7）—2345。

［45］吉林省长公署档案，11（7—7）—2072。

［48］吉林省长公署档案，11（7—7）—2201。

［49］吉林省政府档案，11（7—7）—2211。

［50］吉林省政府档案，11（7—7）—2219。

［51］吉林省政府档案，11（7—7）—2218。

［52］吉林省政府档案，11（7—7）—2203。

第三节　东疆经济的迅速发展

一、农业经济的发展

随着大规模放荒和垦辟，东疆农业经济迅速发展。

（一）农产品产量的增长

敦化县 1907 年生产小米 90000 石，大麦 19500 石，小麦 48000 石，黄豆 27500 石，玉米 7800 石，稗子 15400 石[1]。1909 年生产谷粟 28705 石，黄豆 37818 石，小麦 52146 石，玉米 15600 石[2]。1910 年生产小麦 54000 石，粟 67500 石，大豆 36000 石，稗子 31500 石，玉米和大麦各 18000 石[3]。延吉厅 1908 年出产小米 421092 石，黄米 9558 石，大麦 43864 石，小麦 132611 石，黄豆 124907 石，小豆 3802 石，吉豆 11405 石，高粱 397698 石，玉米 20052 石，稗子 14705 石[4]。珲春厅 1910 年出产大豆 36000 石，粟 31500 石，玉米 24000 石，大麦、小麦、稗子等合计 9000 石[5]。1920 年敦化县出产粟 255912 石，大麦 68959 石，小麦 156000 石，大豆 63753 石，玉米 3937 石，稗子 126750 石[6]。1924 年敦化县年产烟草 715000 斤，青麻 47250 斤，大麻 71250 斤[7]。1926 年汪清县岁产水稻 78000 石，陆稻 930 石，高粱 12400 石，谷子 63800 石，玉米 33250 石，黄豆 40300 石，小麦 27600 石，大麦 23800 石，小豆 10450 石，线麻 270000 斤，黄烟 380000 斤[8]。1927 年，开发较晚的安图县年产高粱和谷子各 15000 石，大豆和玉米各 2000 石，小麦 1600 石，大麦 1000 石，荞麦 600 石，稗子 2400 石[9]。1928 年，延吉、珲春、敦化、汪清、和龙五县的粮豆产额已达 1783866 石，烟、麻、靛等经济作物主额达 1912200 斤[10]。

牡丹江农产品产量从清末到民国时期也有较大幅度的增长。1908 年，绥芬厅小米产额为 33615 石，大麦 11579 石，小麦 44809 石[11]。密山府大麦产额为 680 石，小麦 3358 石，高粱 820 石，玉米 3321 石，大豆 2162 石[12]。民国时期，从 1913 年到 1924 年，密山县大豆产量由 24000 石增至 43800 石，高粱由 4800 石增至 9000 石，玉米由 6800 石增至 8000 石[13]。从 1913 年到 1918 年，宁安县小麦产量由 140000 石增至 268000 石，大麦由 25000 石增至 28000 石，大豆由 44000 石增至 300000 石，高粱由 15000 石增至 48000 石，谷子由 65000 石增至 140000 石[14]。穆棱县 1918 年的高粱米产量为 8500 石，玉蜀黍米为 26400 石，粟为 7600 石，小麦为 1200 石，大麦为 500 石[15]。东宁县 1924 年各种农作物的产额：谷子 21600 石，高粱 19500 石，小麦 12000 石，大豆 9000 石，小豆 960 石，粳子 200 石，菜豆 810 石，玉蜀黍 1920 石，芝麻 180 石，豌豆 100 石[16]。1928 年，虎林县年产黄豆 5000 石，高粱 1500 石，谷子 3000 石，苞米 1200 石，稻子 680 石[17]。经济作物的种植也有较大的增长。1918 年，东宁县烟草种植面积二十五垧，收获两万斤[18]。1924 年穆棱县种植烟草三十垧，每垧产量达八百斤[19]。1928 年，宁安县烟、麻、靛等经济作物的产量为 506000 斤，当地消费 306000 斤，外运 200000 斤[20]。农作物单位面积产量也达到一定的水平。宁安县 1923 年农作物的垧产量：大豆 2.5 石，高粱 3.5 石，谷子 3 石，玉米 3.5 石，稗子 3.5 石，小豆 3 石，水稻 7 石[21]。密山县 1926 年农作物垧产量：高粱 5 石，大豆 3 石，谷子 5 石，小豆 2.5 石，玉米 3.5 石，大麦 6 石，小麦 2 石。东宁县 1927 年农作物的垧产量：小麦 2 石，谷子 2 石，小豆 3 石，大豆 2.5 石，玉米 3.5 石，稻子 7 石，高粱 3.5 石，大麦 3 石，稗子 3.5 石[22]。当时东宁一带粮食每石约折合官秤六百斤[23]。据此推算，当时这一地区农作物的垧产量在一千二百斤至四千二百斤左右。

三江平原地区清季刚刚开放，大片土地仍呈荒芜状态，农作物播种面积极其有限。1910 年，临江府种植小麦 2000 垧，大麦 180 垧，高粱 180 垧，粟 240 垧，大豆 50 垧，小豆 100 垧，黄烟 50 垧。富锦县种小麦 1000 垧，大麦 200 垧，玉米 200 垧，高粱 500 垧，粟 3000 垧，豆类 500 垧，烟草

10 垧，白菜 15 垧。1911 年饶河县种小麦 200 垧，大麦 180 垧，玉米 150 垧，高粱 50 垧，粟 320 垧，豆类 100 垧，西瓜 40 垧，白菜 40 垧，萝卜 40 垧，王瓜和茄各 20 垧[24]。民国初年，本区各县作物播种面积逐渐扩大。1918 年，依兰县播种小麦 45000 垧，大麦 7500 垧，高粱 900 垧，玉米 10500 垧，谷子 12000 垧，黍子 7500 垧，稗子 3000 垧，大豆及豆类 40500 垧，荞麦 1500 垧，麻 3000 垧，其他 10500 垧。桦川县播种小麦 27600 垧，大麦 6000 垧，高粱 7200 垧，玉米 8400 垧，谷子 16800 垧，黍子 60000 垧，稗子 2400 垧，大豆及豆类 33600 垧，荞麦 1200 垧，麻 2400 垧，其他 8400 垧。富锦县种小麦 10500 垧，大麦 1900 垧，高粱 2000 垧，玉米 2400 垧，谷子 6500 垧，黍子 1900 垧，稗子 790 垧，大豆及豆类 3800 垧，荞麦 184 垧，麻 330 垧，其他 2696 垧[25]。农产品产量，1928 年依兰县年产大豆 350000 石，其他豆类 3575 石，高粱 7500 石，谷子 4500 石，玉米 7500 石，麦 61800 石，稻子 9000 石；桦川县产大豆 210000 石，其他豆类 1480 石，高粱 100000 石，谷子 155000 石，玉米 1800 石，小麦 101500 石，稻子 3500 石；富锦县产大豆 182000 石，其他豆类 9200 石，高粱 49000 石，谷子 10500 石，玉米 25000 石，小麦 101200 石，大麦 9000 石；勃利县产大豆 114000 石，高粱 24750 石，谷子 23925 石，玉米 26510 石，小麦 8514 石，糜子 3850 石，稻子 13500 石[26]。

（二）农产品的商品化

东疆农业不仅在量的方面有了显著的增长，在生产的性质上也有所变化。随着清朝封禁东疆政策的废除，东疆经济在开发中逐渐由封闭走向开放，由自然经济向商品经济过渡。

延边地区在清季就已开始有余粮输出。据载，珲春"自弛禁以来，虽垦熟之地无多，而小麦、大麦、米、粮、豆、谷之类岁输出俄韩各属者已不可数计"[27]。清朝末年，"延吉升科熟地不过十万垧，岁供华韩人民之食，输出于朝鲜及俄乌苏里江以东者已难数计"[28]。1909 年敦化县输出大豆 12340 石，小麦 21320 石；同年延吉厅输出大豆 15710 石，小米 112000

石[29]。清季珲春厅每年输出豆饼八十万块,豆油一百万斤,白面二万余斤,米一千二百石,青菜十万斤,鸡蛋五十万个,烧酒七千斤,铃铛麦五六千石,绳线麻二万斤[30]。民国时期农产品输出迅速增加。1924年,敦化共输出粟45600石,烟叶122622斤,人参13350斤[31]。1925年,延吉、珲春、汪清、和龙等四县输出大豆414675石,白豆46608石,小豆26694石,粟136975石,大米2066石,大麦及裸麦3752石,黍13247石[32]。本区粮豆大多输往朝鲜,或经朝鲜转运出口到日本等地。1917年延边地区输往朝鲜的粮食价值为30万元,1924年增为478万元,1926年增至877.7万元[33]。本区输出的粮食主要是大豆和粟。1926年本区输出的粮食中,大豆占63.2%,谷子占22.6%,玉米占0.15%,稻谷占0.6%[34]。1919年,延边地区输往朝鲜的粟17475吨,1922年增为33624吨,翌年又增至46588吨[35]。本区粮食商品率也达到较高水平。1909年,敦化县大豆的出境率为32.6%,小麦约为41%。延吉厅大豆出境率为27.5%,小米出境率为35.8%[36]。1924年,敦化县各种粮豆的剩余量占其生产量的比率是:粟为47%,大麦为64%,小麦为54%,大豆为80%,黍为53%,稗为18%;粮豆总剩余率为54%[37]。1925年,延吉、珲春、和龙、汪清四县的粮豆输出比率:大豆为64.65%,白豆为77.7%,粟为14.8%,大米为1.8%,黍为18.3%[38]。清末本区输出粮食以粟为主,大豆次之。粟的商品率较大豆高。民国时期大豆成为本区最重要的出口商品,商品率大大超过了粟。粟的商品率有所下降。1926年,本区大豆输出率为98.1%,而粟仅为7.6%[39]。

牡丹江地区农产品商业化也比较明显。在粮食输出方面,1913年,宁安县共输出小麦三万石,大豆一万石,高粱一千五百石,谷子三千五百石[40]。1918年,该县输出小麦已达148000石,大豆180000石,小米20000石,高粱13000石,大麦9000石[41]。穆棱县"近年土地渐阔,农产滋多",特别是1917年"年景丰收,农产品超过以前数倍,故输出数亦增加",当年共输出高粱米3500石,玉蜀黍米5200石,粟2400石,小麦500石,大麦300

石，均通过铁路输往海参崴、长春等地[42]。民国后期密山县对苏联的粮食输出贸易十分繁盛。1929 年全县出口大豆十二万八千石，占当年总产的 83.6%，其中仅挡壁镇一年即出口大豆十万石[43]。在农产品商品率方面，从 1913 年到 1918 年，宁安县粮食输出率由 14.5% 上升为 46.4%。1918 年，宁安县各种粮食出口率是：小麦为 55.2%，大豆为 60%，高粱为 27%，小米为 14.3%，大麦为 32%[44]。同年穆棱县小麦的输出率为 41.7%，大麦为 60%，粟为 31.6%，高粱为 41.2%，玉米为 19.7%[45]。1928 年，东宁县粮食输出率亦已达 42.5%[46]。由于小麦及大豆作为面粉业和榨油业的原料，在世界市场上十分畅销，价格高于其他粮食。1924 年东宁县每石小麦的价格为 25 元，大豆为 15 元，高粱和谷子 10 元，玉米仅值 8 元[47]。因而小麦和大豆在总种植面积中所占的比例较大，输出率也最高，成为本区农业生产的"拳头产品"。

三江平原地区开发较晚，但松、黑、乌三江航运的便利为农产商品化提供了条件。1918 年，依兰县农会调查该县粮食产销情况是[48]：

类别＼项目	年产额	消费额	出口额	时　价
小　麦	32285.3石	1124.7石	21038.2石	1452834.9元
大　麦	20197.5	6125.5	14072	807900
糜子米	8460.3	5786	2674.3	380714.4
小　米	4541.4	31685.4	1372.5	2043468
大　豆	47606.4	16130.4	31476	1904256
高　粱	13780.8	9505.8	4275	551232
计	167740.6	80480.1	87260.5	7140405.3

又据同年调查，桦川县年产小麦 96600 石，县内消费 63500 石，剩余 33100 石。大豆及豆类年产 109200 石，县内消费 31100 石，剩余 78100 石。再加上其他作物，该县每年可剩余农产品 120272 石。该县每年向外

输出谷物约有十二三万石之多[49]。1928年，依兰县粮食总产量为467600石，其中外销331800石。烟、麻、靛等经济作物总产量907500斤，其中外销550000斤。同江县粮食总产量26560石，其中外销6600石。宝清县粮食总产量114014石，外销39980石。经济作物总产量244100斤，外销130000斤。桦川县粮食总产量578780石，外销240000石。富锦县粮食总产量389470石，外销112000石[50]。

（三）林、牧、副、渔各业的发展

林业：东疆自清朝即号称"窝集"之地，长白山区和完达山区森林资源极其繁盛。据20世纪20年代的统计，延珲地区（含延吉、汪清、珲春、和龙四县）森林面积1685227町，材积量针叶树为169061040石，阔叶树为345394992石；敦宁地区（含敦化、额穆、宁安、东宁四县）森林面积2768170町，材积量针叶树382454374石，阔叶树506102076石；依兰道森林面积6955516町，材积量针叶树748641000石，阔叶树1361748000石[51]。1918年吉林林务总局成立时，曾在珲春设置分局，对官有林执行调查监督及管理事务，开始整理汪珲林区，对盗伐官有林者严加取缔。翌年，改林务局为吉林森林局，设驻在所于延吉局子街，仍执行监督管理事务，实际只是一个征收木税的衙门。当时延吉道尹陶彬还呈请农商部划出延吉、和龙之官有林三百余方里组设茂森采木公司，自任监督，如有采木者须经该公司认可，并征收木材时价5%～7%的木税。同时，东疆各县还根据《东三省国有林发放规则》陆续发放了一批林区，设立了一批私人林场。1917年10月延吉县设保林采木所，安图县孙善堂设华安采木所[52]。1918年安图县木商张瑞轩等集股设立安抚林业公司[53]。据1930年2月吉林省农矿厅调查，东疆各县领照林场的分布情况如下：[54]

领　户	县　别	位　置	面积（方里）
李钰	延吉	三道湾	100
金东明、罗葵萱	延吉	嘎呀河	200

领　户	县　别	位　　置	面积（方里）
程学洛、茹沛翰	延吉	柳树河子	98
朱济舟	延吉	蛤吗塘前河	150
冯之明	延吉	乾饭盆	100
王瀛南	延吉	牛心顶子	40
周成	延吉	庙儿沟、闹枝沟	138
王鹤亭	延吉	夹皮沟	194
刘元生	延吉	后柳树河子	200
娄守真	延吉	满塘湖	56
罗文炎	延吉	四、五道沟上掌	15
罗辉东、寇佐臣	延吉	王麻子沟	10
高锡恩	延吉	窝集沟	15
杨林	延吉	梨树沟	20
伊仍耕	延吉	小梨树沟	160
茂林采木所 徐承庆 陈玉庭	和龙	外四道沟乙段	40
同前	和龙	外五、六道沟甲段	155
蔚森采木所　张玉林	和龙	三道沟内青山子上掌	50
张凝甫、朱瑛	延吉	海南河上流	200
吴景陶　张玉林　鄂林翰	和龙	二道沟及蜂密沟上掌	100
龙甫臣	和龙	杉松背	155
彭家谷	和龙	庙岭	200
单金	和龙	杨木顶子	10
茂林公司　王中三	和龙	外四道沟	20
崔守正	汪清	桦皮沟河上掌	50
唐春尧	汪清	东南岔	100
华林公司 史振林	汪青	大汪清沟内托盘沟 小汪清沟内刺猬沟	
孙东青	汪清	小汪清沟	150
王节忱	汪清	牡丹川	20
张维周	汪清	大荒沟	200
陆谟	汪清	桦皮沟河上掌	200

领　户	县　别	位　置	面积（方里）
居仁堂	汪清	寒葱岭	200
合利成	汪清	旗杆顶子	200
杜奎林	汪清	小荒沟	20
梅绍先　陈萱宝	珲春	红旗河	200
吕士明	珲春	西南岔	200
孟小村	珲春	荒沟岭甲段	40
同前	珲春	青沟岭乙段	40
陶寿记	珲、汪交界	杨木桥子	200
功立公司　王功臣	宁安	二道梅林河及二道河子	130 170
金仲藩　胡宗灏　李盛铎	宁安	二站河	100
胡惠周　陆宗舆　陈雅梅	宁安	南湖头	200
志诚公司　王勋卿	宁安	二道河子沟里江北岔	200
李树生	宁安	松阴沟	165
冯克昌	宁安	大小烟筒沟	150
雷震初　孙九荣	宁安	海林站北三道沟	200
高耀东	宁安、汪清、穆棱交界	泉眼河窝集岭	150
周殿宸	勃利	西北棱	150
同益公司　史可权	穆棱	马桥河	100
李兰亭　王焕章	穆棱	窝集岭	150
同益公司　史可权	穆棱	马桥河	150
张熙　张宗仁	穆棱	马桥河上游以北	200
同益公司　高启明	穆棱	老龙岗	150
振东公司　张正方	虎林	那尔哈达拉岭	200
高凤忱	密山	石头河子	150
陈少甫	东宁	小绥芬河与夹板河之间	200
李功甫	同上	乌拉草顶子老松岭老黑山	150

木材产量亦相当可观，"珲春材"年产额在 100 万至 180 万立方公尺，1919 年竟达 360 万立方公尺[55]。

畜牧业：东疆畜牧业不同于西部草原地区，呈现为鲜明的山区副业特色。

从清末到民国，东疆各县畜牧业发展极为迅速。1908 年，延吉厅产马 6500 匹，牛 5600 头，羊 160 只，骡 4328 头，驴 295 头，猪 58200 头[56]。1909 年，密山府产马 1250 匹，牛 568 头[57]。1921 年，穆棱县有农户 2916 家，耕地 116216 亩，牛 1068 头，马 2892 匹，骡 68 头，驴 120 头[58]。1923 年，敦化县有马 8000 匹，牛 9000 头，羊 500 只，鸡 30000 只，犬 12000 条，猪 20000 头，鸭 10000 只[59]。1924 年东宁县农家副业养马 6000 匹，牛 2200 头，驴 140 头，羊 6400 只，猪 11100 头[60]。1925 年，汪清县农家养马 15800 匹，牛 11500 头，羊 564 只。猪 28400 头，鸡 102100 只[61]。1927 年勃利县养牛 1942 头，马 3400 匹，骡 458 头，猪 13500 头，鸡 325400 只[62]。1931 年 7 月，密山府有马 21723 匹，牛 18900 头，骡 9651 头，马 514 头，羊 769 只，猪 32106 头，鸡 82070 只，鸭 31028 只，鹅 7790 只。桦川县养马 20209 匹，牛 6419 头，羊 1320 头，骡 5071 头，驴 639 头，猪 19846 头，兔 280 只，鸡 39152 只，鸭 4517 只，鹅 546 只。延吉县养马 16040 匹，牛 16050 头，羊 7925 只，骡 2600 匹，驴 440 头，猪 62500 头，鸡 101960 只，鸭 2475 只[63]。

渔业：东疆河湖密布，渔产甚富。其中图们江以鳟鱼为大宗，海兰河以鲇鱼为大宗，布尔哈通河及嘎呀河以鲑鱼为大宗，牡丹江盛产鲤、鲫、鲢、鲶、细鳞、怀子等鱼，绥芬河产鲢、鳟、鲶、细鳞、胖头等鱼，兴凯湖产鲤、鲶、鳇、干条、岛子、怀子、细鳞、胖头、草根、黄鱼等。松花江下游更是盛产各种鱼类，尤以大马哈鱼（又称麻特哈、达吗哈、答抹哈等）最为著名。据 1913 年调查，牡丹江产鱼 22 万斤，绥芬河产鱼 20 万斤，延吉嘎呀河流域亦产鱼 40—50 万斤[64]。饶河境内的挠力河产白鱼 1 万斤，鲤鱼 2 万斤，鲫鱼 4 万斤，鲲鱼 1 万斤，菊花鱼 1 万斤，鳊鱼 2 万斤，勾心鱼 6 万斤。乌苏里江产大马哈鱼 5 万斤[65]。松花江下游的同江县年产鱼 50 万斤，桦川县 20 万斤，绥远县 108 万斤[66]。据吉林垦植分会在 1912 年末调查，乌苏里江流域及其与松花江交汇处共有中国人所设网滩 16 处，鱼梁子 20 道[67]。宁安县牡丹江流域的头二、三道梁子、湖头、松音沟、大绥芬河等处设有很多"梁子"，1913年产鲤七八千斤，鲫千余斤，黄姑三千斤，细鳞三四千斤，白鱼四千零八斤，草根和胖头各二千余斤，鲇鱼五千余斤[68]。据1929年调查，东疆各县渔业生产情况是[69]：

县　别	渔船数	渔户数	渔民人数	产额（斤）
珲春	10		35	150000
宁安	80		800	230000
虎林	30		200	50000
依兰	35	48	150	200000
饶河	10	3	23	20000
桦川	32		156	150000
合计	197	51	1364	800000

蚕业：1907年，吉林省设立桑蚕局，在吉林试验和推广养蚕技术，大力提倡蚕业。1909年宁古塔开办蚕桑局，从吉林桑蚕局领去桑秧7000株。试养桑蚕。翌年宁安府领种桑秧2万株，依兰府亦领去桑秧4000株[70]。依兰府"地处极边，气候寒冷，……知事（唐人寅）随时赴乡履勘，见橡树柳枝繁盛可爱，特请劝办蚕桑委员王翼之、董事会总董忠廉、劝学所总董荣山诸绅试以养蚕之法创设蚕桑公司，聘请盖平县技师招集生徒，自宣统二年设立公司起，……两年以来，收茧至五六十万个之多。办理放蚕等事略有成效，遂令照山东法织成茧绸，以收利益。视学徒所织成之绸质地细洁，销路甚畅，俄人夏间做单衣者都用此种茧绸"[71]。延珲地区的养蚕业大约始于1921年，延吉县二道沟朝鲜族农民李君桓试验栽植桑树。到1924年，朝鲜咸镜北道当局对延珲地区朝鲜人的养蚕业给予奖励，并从朝鲜移来桑苗，进行试种。当年因遇旱灾，多数枯死[72]。但此后栽桑者仍逐年增加，养蚕者1925年为322户，1926年增至679户，此后延边蚕业由试验期进入营利时期。延珲地方蚕业发展状况如下[73]：

延边四县（延，汪、和、珲）养蚕业历年发展状况表

年次	桑园（町）	户数	人数	放养数（枚）	产额（石）	备　考
1926年	64	679	1194	424	146	一町约合一公顷，一枚28蛾。
1927年	90	1036	1344	693	226	
1928年	144	1249	1677	999	274	
1929年	125	1284	1808	806	281	

延边各县养蚕状况表（1930年度）

县别	桑园（反）	桑株数	户数	人数	放养数	产额（升）	备考
延吉	694.3	666，960	770	1033	430	14048	一反约合一公亩
和龙	263.4	213，125	313	421	156	7925	
汪清	87.0	110，373	70	136	54	3802	
珲春	58	69，828	105	155	52	2364	
计	1107.6	1，060，286	1258	1745	692	28139	

依据山林江湖的东疆各族人民，自古以来就以采集狩猎业为经济特色，清末民初以后，尽管随着土地放垦和开发，种植业逐渐成为经济的主体，但各项副业仍未中辍，以农家副业的形式而普遍存在，是当地经济结构中的重要组成部分。清末参禁开放后，私人采参业十分活跃，"放山"业盛极一时。1908年绥芬厅出产山参百余两，翌年延吉厅出参万两上下，敦化县亦出参百余两。每两价值百余吊[74]。民国时期，延珲地区每年上山采参者有五六万人，年产值不下五六万元。宁安县1926年产山参500两，1927年520两，1928年540两。勃利县1926年产山参300苗，1927年产200苗[75]。人参的人工栽培业也逐渐兴起，东疆各地有很多"参营"或"棒槌营"。清末吉林省"种植之人参，多在乌苏里江边之谷中，吉林府之东部"[76]。长白山区更是分布着众多的人参栽培场，俗称"板子营"。每营雇用五六十名乃至三百名的工人，栽培数十亩的本圃[77]。延珲地区的三道沟里、蛤蟆塘及汪清县森林中栽培人参者有十一二户，年产值万元以上。敦化县有25户栽参者，每户年产参四五百斤，产值六七万元[78]。

吉林省养蜂业以东南部和乌苏里江附近地区比较多见，清末松花江上

流地方山区农户皆养十二三窝蜜蜂，蜂巢用长二尺余的木筒制作，上下无盖，中间放置有小孔的木板。初春时挂在房椽端上或后园树上，九月份就可割蜜，每窝可收蜜 30 余斤。东部乌苏里地方乃至龙王庙、杨木岗、驿马沟、三姓等地，有不少在山林中养蜂或采蜜者。兴凯湖北面高地总称蜂蜜山子，更是因盛产蜂蜜而得名，密山县之称即出于此[79]。汪清县亦盛产蜂蜜，1916 年该县牡丹川产蜜 2000 斤，小百草沟 800 斤，北三岔口 1000 斤，蛤蟆塘 500 斤，大汪清上村 800 斤，河东 200 斤，共计 5300 斤[80]。二十年代，东疆各地出现了许多蜂场，1926 年，滨绥铁路沿线的小岭至绥芬河等 33 个车站共有蜂场 168 处，养蜂 7920 箱，采蜜 47.85 万斤，价值 17—20 万元左右[81]。桦川县永丰区大巴虎力河北有名叫欧元的专业养蜂者，年产蜂蜜三百余斤[82]。养蜂技术也逐渐改进，世界标准巢箱郎根斯式（Langstroth）逐渐取代了旧式土巢箱[83]。

东疆是关东三宝的主要产地，林区猎业和山货采集业长盛不衰。饶河界内七里星河、大王碥子、西山顶子等处"山产人参、鹿茸、貂皮最佳，为他处所不及。又西山顶子十余里黑瞎子沟地方梨树成林，宽约二三里，长约四五里，品类不一，味极甘美"[84]。珲春厅所属的汪清、黑顶子等地，生长一种"经冬不凋之草，结实于雪中，粒小如粟，内含液质，甚为甘美，土人呼其名曰冻青草。故每届冬令，各地之飞禽咸翔珲春方面，弋射之生业遂为珲城天然之利，是以海参崴等地俄领商埠列肆之禽鸟，以珲春出口者为大宗"[85]。1908 年，绥芬厅共出产鹿茸 50 余副，木耳 11.4万余斤，元蘑 2.6 万斤，松子 13 万余斤，黄芪 28—29 万斤。1909 年，延吉厅出产黄芪及木耳 10 万斤以上。敦化县岁出黄芪 2 万余斤，鹿茸 50 余副，狐皮 300 余张，獭皮百余张，木耳 5 万余斤，蘑菇 10 万余斤。密山府出产木耳 10 余万斤，花蘑 2 万余斤[86]。民初延珲地区出产的兽皮每年只在局子街市场上销售者即达三四万元。敦化县有专业猎手三百余人，每年猎品产值达十万元。药材则有人参、细辛、贝母、黄芪、五味子、益母草、黄苓、桔梗、当归、地榆、木通等。敦化、额穆两县每年药材产值 20 万元左右。此外，延边还盛产元蘑、榛蘑、榆蘑、松花蘑及黑木耳等十余种菌类植物，延吉一带年产二三万元，敦化、额穆二县达十万元以上。上述山货均经吉林销售于天津等地[87]。宁安县 1926 年产鹿茸 100 副，1927 年 110 副，1928 年 120 副。该县 1927 年还出产黄芪 20 万斤，貂皮数十张[88]。勃利县 1926 年产木耳 8 万斤，兽皮 3.5 万张，茸角 50 副[89]。

注：

[1][4][11] 吉林行省档案，1（6—1）—306。

[2][29][36] 同上，1—（6—1）—205。

[3]《吉林省东南部经济调查资料》28 页。

[5]《吉林省东南部经济调查资料》，47 页。

[6]《额穆敦化两县事情》71—72 页。

[7]《额穆敦化两县事情》74 页。

[8][22][61] 吉林省长公署档案，11（7—7）—2127。

[9] 民国：《安图县志》卷 4，人事志、实业。

[10][20][46]《吉林新志》，下编，202 页。

[12][57][74][86] 吉林行省档案 1（6—1）—216。

[13][19][21] 吉林省长公署档案，11（7—7）—1951. 2096。

[14][40][41][44][48] 吉林省长公署档案，11（7—7）—1951, 1999。

[15][42][45] 同上，11（7—7）—1998。

[16][47][60] 同上，11（7—7）—2084。

[17]《吉林新志》下编，第 5 章，195 页。

[18] 吉林省长公署档案，11（7—7）—220。

[23] 吉林省长公署档案，11（7—7）—1968。

[24] 吉林行省档案，1（6—1）—342。

[25]《吉林省东北部松花江沿岸地方经济事情》，43 页。

[26][50][54]《吉林新志》下编，第 5 章。

［27］《东三省政略》边务，珲春篇，纪垦务。

［28］《东三省政略》边务，延吉篇，纪屯垦。

［30］《东三省政略》边务，珲春篇，附输出品调查表。

［31］《额穆敦化两县事情》83 页。

［32］［38］《最近"间岛"事情》300—301。

［33］《东三省实况》44 页。

［34］《中华民国史料丛稿》177 页。

［35］《满洲粟的调查》145—146 页。

［37］《额穆敦化两县事情》73 页。

［39］《"满铁"调查月报》昭和七年五月。

［43］张曼廷：《民国时期密山县中苏边界小额贸易》载《东北经济史论文集》，上册。

［49］《吉林省东北部松花江沿岸地方经济事情》448—450 页。

［51］《延吉道概况》及《吉林省林业》，1 町约合 1 公顷，下同。

［52］奉天省公署档案，卷 7768 号。

［53］民国《辽宁安图县志》，卷 4。

［55］《东北经济小丛书》林产，第 4 章。

［56］吉林行省档案，1（6—1）—307。

［58］吉林省长公署档案，11（7—7）—2057。

［59］同上，11（7—7）—2082。

［62］同上，11（7—7）—2144。

［63］吉林省政府档案，11（7—7）—2313。

［64］《农林公报》，二年五期。

［65］吉林行政公署档案，11（7—7）—2350。

［66］《满蒙全书》第 3 卷，960—961 页。

［67］［84］吉林省行政公署档案，11（7—7）—1921。

［68］同上，11（7—7）—2352。

［69］《农矿月刊》民国十八年 11 月，9 期。

［70］《清代吉林档案史料选编》蚕业，250—254 页。

［71］吉林省行政公署档案，11（7—7）—1934。

［72］《"间岛"地方概要》764 页。

［73］《延吉道概况》35 页。

［75］［89］吉林省政府档案，11（7—7）—2172。

［76］日本参谋本部：《满洲地志》，60 页。

［77］《吉林农报》民国六年六月十一日。

［78］《延边多种经营的历史简况》，延边朝鲜族自治州档案馆编，1982 年油印本。

［79］守田利远：《满洲地志》中卷，83—84 页。

［80］《满蒙全书》第 3 卷，787—788 页。

［81］《满洲经济观上的畜产业和渔业》12—14 页。

［82］民国《桦川县志》卷 3，物产志。

［83］黄越川《东三省畜产志》76 页。

［85］《盛京时报》宣统二年二月十二日。

［87］《延吉道概况》43 页。

［88］吉林省长公署档案，11（7—7）—2147。

二、工矿业和城镇建设

（一）工业

随着土地开发和农业生产的发展，东疆以农产加工业为主的手工业也逐渐兴起。

油房业。据 1929 年统计，延吉有规模较大的油房 22 家，和龙、汪清、珲春各有油房 7 家，以上四县油房资本合计 458100 元，职工 200 人，年产豆油 766550 斤，豆饼 7023000 斤[1]。宁安县 1915 年设恒庆机器榨油两合公司，资本银 5.5 万元[2]。牡丹江 1918 年 10 月设西盛泰机器榨油厂，资本

5万元[3]。宁安县春发合油房1923年12月资本额亦达5万元[4]。二十年代，海林有小油坊2家，穆棱县城有旧式油坊1家，名叫双合油坊，日产豆油1375—1750斤。穆棱车站则有中国人开办的机器油坊一家，置有六马力制油机，每日产油达6875斤。马林河站亦有机器制油业一家，名永隆油房[5]。依兰府油房业也很兴盛，1918年三姓镇内有大小油房16家，镇外各村有20家以上，每年消耗大豆二三万石，产油十万斤左右[6]。1918年桦川县城有油房2家，佳木斯镇则有5家，富锦县有油房6家，年产量豆油约7万斤，豆饼3.4万块。宝清县油房有天裕兴、天和祥、天合成、孙家油房、李家油房及吴家油房等6家，年产豆油亦在7万斤左右。同江县有油房3家，年产豆油4.1万斤左右[7]。

酿酒业。据1924年统计，龙井、东盛涌、局子街、汪清、三道沟、头道沟、南阳坪等地共有烧锅18家，计25班，年产烧酒360万斤。珲春县天兴涌烧锅设于1922年，1928年时资本18万元，年产酒1.1万斤[8]。"九一八"事变前，延吉、敦化、和龙、汪清等四县烧锅数已达28家[9]。1923年，宁安县有烧锅12家[10]。依兰道诸县烧锅的数量，据1920年调查，依兰县有30余家，年消费粮食2万石左右，可向伯力输出烧酒50万斤。桦川县城1家，佳木斯镇3家，年消耗原粮4万石，产烧酒302.5万斤。富锦县4家，年产酒二三万斤。宝清县5家，年产酒16万斤；同江县有1家，年产酒5.35万斤[11]。1929年，勃利县有2家烧锅，年产酒18万斤。

面粉业。龙井有王氏火磨工厂，由上海资本家王某经营，产品行销延边各地，一度与洋面竞销，维持相当长一段时间[12]。此外，延边各县还有许多小型磨坊。1914年，延吉县志仁乡即有14家面粉磨坊，守信乡则有6家[13]。据1924年统计，和龙、龙井、延吉、汪清等县磨坊共消耗小麦34092石、产粉9437800斤[14]。"九一八"事变前，延吉市有"公发合""聚成合"等40户，年产面粉82.4万斤[15]。牡丹江地区的磨坊业十分兴盛。宁安县1913年设有新华面粉公司，资本吉钱500万吊，1917年赢利45万余吊[16]，1914年又设长宁机面股份有限公司，资本银元20万[17]。1923

年宁安县大型面粉厂有新华两合公司、增兴公司、裕东股份有限公司、毓顺公司等[18]。"九一八"事变前，宁安县拥有火磨 6 家，东宁县有 2 家[19]。海林裕顺和火磨每昼夜能制面粉 20 吨，是一家较大的面粉企业[20]。富锦县 1917 年设立德祥东机磨面厂，系由二人合资，资本大洋 15 万元[21]，据 1920 年调查，富锦县除了县城有东兴德、德祥东两家面粉厂外，各村还有几家小磨坊，年产面粉 250 万斤[22]。1929 年，三姓设有通达火磨和依兰商会火磨，佳木斯镇则有震泰丰火磨股份有限公司和同瑞昌面粉厂，皆为规模较大的制粉企业。

其他加工业，则有碾坊、粉坊、香油坊、醋酱坊、糖坊（朝鲜族经营者称饴家）等等，都是一些供当地生活所需的手工作坊，生产规模一般都很小。1918 年，珲春有粉坊 33 家，年产粉条 20 万斤[23]。1924 年，局子街、东盛涌、龙井、铜佛寺、头道沟、百草沟、凉水泉等村镇的粉坊共消费小豆绿豆 2710 石，233400 斤。同年延吉、和龙、汪清三县共生产苏子油 183330 斤，胡麻油 392850 斤，亚麻子油 278240 斤[24]。局子街有中国人办的醋酱坊 2 家，资本合计 3.5 万元，年产 7 万斤[25]。依兰县 1918 年有粉屋 4 家，醋酱铺 5 家，豆腐屋 9 家[26]。

此外，制材、木工、铁工、砖瓦、陶器、制革、造纸、制绳、染色等一些工业也普遍兴起。延边制材厂集中于局子街、龙井两地，每年有 740 万才的生产能力。铁工则有制造车轮蹄铁者 60 余家，制造锅、炉的 8 家，制造农具者在 50—100 个农户中平均有一家。砖瓦烧窑分布于局子街、龙井村和头道沟附近，生产青砖、二青砖、花砖、红砖等四种。陶器业有数十户，主要烧制缸、盆、瓶等。制革业分布于局子街、龙井、头道沟等地，共有 9 家。还有制靴业数十家。年产靰鞡 1 万双左右。造纸主要以高粱秆为原料，共有 4 家。绳麻铺亦较常见，局子街、龙井、头道沟、珲春各有一二家。染色业局子街有 2 家，头道沟、龙井各有 1 家[27]。1918 年，依兰县城有靰鞡铺 8 家，铁器铺 5 家，铜锡细工铺 2 家，纸铺 2 家，绳铺 3 家，瓦铺 2 家，石铺 2 家[28]。

新式工业大致可分为两类：一为传统工业而采用机器生产者，如机器油坊、火磨、火锯三类；另一类是新兴产业，主要是指电力工业。东疆电力工业的发展，是与经济开发和城镇兴起密切相关的。延边地区电力工业，最早是1919年头道沟华商天兴源烧锅经理武树勋等发起筹建的龙井华兴电灯公司，当年8月获得了开办电业许可证，翌年9月10日召开创立大会，通过《华兴电灯公司招股简章》和《公司章程》，确定资本总额现大洋10万元，其中武树勋一人即入440股，计22万元。1921年，又将公司名改为大兴电灯股份有限公司。经五年筹建，1924年6月21日电厂竣工，24日开始送电，1924年点灯数为1413盏，供应龙井市照明用电[29]。珲春在1922年由华商孔佩之创设珲春电灯公司，中间一度中止。1926年8月设立旭春电灯股份有限公司，资本5万日元。同时还设有利通电话股份有限公司，资本大洋1万元[30]。1930年12月，华商周天禄、张文武集资1万元，以聚盛涌烧锅兼营电灯公司，翌年3月1日正式送电，装有日本制木炭瓦斯发电机15马力一台，供应头道沟市街照明用电[31]。

牡丹江地区设立最早的电业是华商李金生等集资创办于1912年的绥芬河宝成电灯公司，有30马力和16马力发电机2台，到1920年该公司不动资本已达20万元，净发电量平均51600千瓦。1918年志诚股份有限公司在牡丹江南江口建制材厂，安装2台16千瓦蒸汽发电机，供4台带锯和厂内照明用。同年8月，东宁县于德水集资31500元吉大洋，创办民营耀东电灯公司。1919年宁安县设立裕民电灯厂，装机2台，发电容量275千瓦。1925年横道河子创办福盛电灯股份有限公司，发电容量为81千瓦。佳木斯地区从1915年起到1931年"九一八"事变前，在富锦、桦川、依兰、佳木斯等地先后建立了企业自用发电厂7座。它们是富锦县东发祥火磨、德祥东火磨、佳木斯累增源油坊、德祥东制粉公司、同瑞昌盛记商号、依兰天兴制粉公司、同大第二制粉公司等电灯厂，共有发电机13台，总装机容量432.3千瓦。这些电厂以直流电为主，主要供应本企业生产照明用电[32]。

至于电话和电报业，据1931年春调查，依兰有电话局和电报局各1所，桦川县各 2 所，宝清县各 1 所，汪清县各 1 所，珲春县各 1 所，敦化县各 1 所，延吉县各 2 所，密山县各 1 所，宁安县各 1 所，东宁县有电话局 2 所、电报局 1 所，勃利县只有电话局 1 所，穆棱县有电报局 2 所，和龙县有电话局 1 所[33]。

（二）矿业

煤矿。东疆是东北煤矿集中产区，早在清季就已弛禁开采。民国初年，设矿开采者日见增多。在延边地区，1915 年珲春庙儿岭煤矿产煤 150 万斤，红旗河口煤矿出煤 400 余万斤，关门咀子煤矿出煤 800 余万斤，骆驼河子煤矿出煤 500 余万斤[34]。原延吉老头沟煤矿原系中国人开采，1918 年组成中日合办公司，年产煤 2 万吨左右[35]。1918 年，有华商孙芝坨领照在和龙县二道沟里、黑瞎子沟、土山子沟开采煤矿，开矿面积 5250 亩[36]。1921 年 9 月，有华商隋乃斌设立延吉榆树川煤矿，矿区 1001 亩[37]。12 月延吉县富绅关震庭、商务会长武佐臣等创办延吉华利煤矿公司，获得批准[38]。1926 年 10 月华商屠焕章领照开采延吉转心湖、四人班煤矿，名振兴煤矿。同时领照的还有和龙三道沟里、土山子煤矿。翌年 6 月商人董鼎三领照开采和龙五英洞煤矿。1928 年 4 月曹宝兴领照开采延吉磨盘山西沟煤矿，开采面积 1033 亩。5 月迟明领照开采延吉太平沟里东框子石沟煤矿，面积 729 亩。9 月，李秀生领照开采珲春二道沟里煤矿，面积 1 080 亩。11 月高京山领照开采珲春庙岭煤矿，面积 74 亩。12 月赵辰五领照开采延吉老头沟东北沟煤矿，面积 42 亩。曹得圃领照开采汪清凉水泉子西空洞山煤矿，面积 727 亩。1929 年 3 月，永衡官银钱号总办刘钧领照开采珲春纯义乡长岭子煤矿，面积 5400 亩。5 月金立堂领照开采延吉县四道沟里麦秸沟煤矿，面积 1080 亩。12 月吴绍南领照开采延吉县菜营沟黄盖洞煤矿，面积 1080 亩。毛照卿领照开采汪清县窟窿山煤矿，面积 1560 亩。延吉、珲春、和龙三县开采煤矿共计 16 处[39]。牡丹江地区，1916 年 5 月，袁大漳领照开采密山县黄泥河北山煤矿，矿区面积 5400 亩。1918 年 1 月，钟青溪领照开采密山县滴道沟煤矿，面积 5287.5 亩。3 月邹太升领照开采东宁县大佛爷沟煤矿，面积 1080 亩[40]。9 月徐鹏志领照开采密山县小黄泥河煤矿，面积 5400 亩[41]。1920 年 3 月，王鸿钧领照开采东宁县大佛爷沟西山煤矿，面积 540 亩。1922 年 11 月，王连功领照开采东宁县大乌蛇沟煤矿，面积 540 亩。1923 年 9 月，王鸿全领照开采东宁县大佛爷沟口张福窑地煤矿，面积 1055 亩。1924 年 1 月，吉林省政府与俄商谢结斯合办穆棱煤矿公司，开采穆棱县梨树沟、小碱场沟煤矿，矿区面积 15535 亩。1929 年 5 月，候振山领照开采东宁县老黑山煤矿，面积 5400 亩[42]。佳木斯地区，民初曾在依兰县城南 40 华里太平庄靠山屯附近发现煤矿，并有人试掘。后又在七虎力河上游老营盘西南发现煤层。勃利县乌斯浑河上游龙爪沟也有人采掘煤矿。1917 年，湖北商人孙深年创设兴华煤矿，开采富锦县鹤立岗煤矿，并在县城设兴华煤矿分销厂，每年可产煤 20 万斤[43]。1929 年 9 月，段有银领照开采富锦县小安帮河太平沟煤矿，矿区 5400 亩[44]。

金属矿业。东疆金属矿藏以金、银为主。早在咸丰年间，珲春柳树河、汪清石建坪、桦甸夹皮沟都已开始有大批流民进入私采金矿。光绪四年（1878 年），吉林曾奏请试办三姓东南的桦树林子，宁古塔的太平沟、蜂密沟、万鹿沟和夹皮沟金厂，不久又重新封禁。延吉天宝山银矿光绪初年开始有流民私采，光绪十五年（1889 年），程光第禀请试办，翌年招集商股 1 万两，1891 年复经吉林将军奏准设局开采。1896 年因亏损停办。同时，程光第还曾开办兴隆沟银矿和汪清窟窿山银矿。吉林三姓东沟、黑背二处金矿在同治年间即已有人私采。光绪十六年（1890 年），吉林将军在该处设矿局，试采三个月，然后加以封禁。光绪二十年（1894 年），直隶总督会同吉林将军奏委宋春鳌承办三姓金矿，在天津等地集得商股银 10 万元，1896 年正式开采。同年吉林省城设立垦矿总局，派员分赴各地查勘金矿，并在珲春柳树河、小绥芬河等处设分局，招丁试采。翌年又开办珲春、宁古塔、吉林 3 处矿务公司。1898 年初，吉林省又在密山兴隆沟设金矿局，并开办穆棱县凉水泉子沙金矿。翌年又开办和龙县蜂密沟砂金矿，矿丁达 2.1 万人。除了上述官矿外，汪清三道沟、和龙三道沟、珲春沙金沟、二至六道沟、长白山脉的石灰沟、头道至十七道沟，及图们江左岸地方都有几十人乃至上千人私采金矿，光绪二十四年（1897年）二月，吉林省垦矿总局下令宁古塔一带山岭准许私人注册挖金。1909年还有华商在三姓东大瓮山界大沿沟一带设立商办大沿沟金矿丽生新有限公司。到民国时期，私营矿业进一步发展。1913年设立了延吉金矿公司，开采延吉县志仁乡金矿。1914年，华商李寿开采珲春县春礼社六道沟金矿[45]。1914年10月，华商李家鳌领照与俄商合资开采东宁县小绥芬河金矿，矿区面积2800亩。1916年5月，李向阳组设振兴金矿公司，开采桦川县双龙河金矿，面积2700亩。10月刘绍文领照与日商合办天宝山银铜矿，面积32400亩。1917年1月，孙图南领照开采延吉鹁鸽砬子金矿，面积2560亩。1918年7月，高鹏翔领照开采延吉关门咀子铅矿，面积80亩。1919年2月，程亚阶领照试办延吉依兰沟钢铁矿，面积1755亩。3月，陶淦领照试掘汪清县窟窿山铜矿，面积2254.5亩[46]。1920年，朝鲜族任德大开采汪清县春明乡金铁洞、十里坪、中兴里等地金矿。1921年，汪清县开采小百草沟金矿。1927年，朝鲜族崔相五开采和龙县合化社端川村金矿，同年开采汪清县永昌洞金矿。1928年汉人李昌顺开采珲春县保德社二道沟金矿，同时还有和龙县明新社夹皮沟金矿的开采。1929年，朝鲜族朴承璧开采和龙县崇仁社沙金沟、德化社西阳沟、柳洞金矿洞、孟哥洞车厂子等处金矿。1930年有汪清县夹皮沟、砂金沟等地金矿的开采。此外，延边还出现了官商合办的延和金矿公司，资本40万元，拥有延吉县八道沟、小六道沟，和龙县夹皮沟、蜂密沟等处金矿[47]。

（三）城镇建设

大量移民进入东疆开发农业和工矿，促进了边镇建设的发展。近代东疆城镇经济的一个显著特征，就是出现了一批新兴城镇。这些城镇与封建时代的军事驻防据点和政治中心不同，它主要是在土地开发和工矿开发中形成的，尤其是铁路的修建，在沿线地区兴起了一批新兴城镇。

珲春、宁古塔、三姓等三个东疆重镇尽管已失去了往日显赫的地位，发展速度也慢于新兴城镇，但仍保持一定的规模。珲春原为吉林省东南门户，依山控海临江，为东疆南部第一重镇。但咸丰十年沙俄割占图们江下游左岸地区，毛口崴、岩杵河各港均为俄占，海疆门户无存，使珲春在吉省的军事、交通、商业的地位一落千丈。清末民初，珲春逐渐由军事重镇发展成为对俄领海参崴和朝鲜雄基港进行贸易的商业城市，民国时期有大小商号 500 余家，主要集散物为大豆、烟草、麦、粟、烧酒、兽皮毛等。1930 年人口为 1.2 万余人，设有县政府、陆军七十团、公安局、地方审判厅、榷运局、森林分局、税捐局、海关（分关）、小学校等，还有日本领事分馆。宁古塔是东疆最古老的边防重镇，曾为宁古塔将军驻地。旧城曾在 1916 年 5 月的一场大火中几乎化为乌有。后建之街道，以县政府为中心的两条大街甚为繁华。设有宁安县政府、二十一旅司令部、商务会、农务会、税捐局、电报、电话、邮政局、警察所、保卫团、中小学校等，人口 2 万人。主要商业有制粉厂、油坊兼电灯厂、森林公司、粮栈、烧锅、当铺、东北垦牧公司等，年贸易额 500 万元。三姓在清末曾设副都统衙门，是东疆北部政治、军事中心。民国以后，三姓仍为吉林省东北路分巡兵备道（后改称依兰道）驻地，设有依兰道尹公署、依兰县公署、县警察所、陆军第九旅司令部、劝学所及中小学校、国税局、盐务局、电信局、邮电局、商会、海关（江关）等机构。由于有松花江航运之利和官道交通之便，使之成为东疆北部的交通枢纽和贸易中心。1918 年有人口 1.8 万人。城内设有旧式钱号和当铺 8 家，还有烧锅、油房、磨房、杂货铺、靴帽铺、靰鞡靴铺、药铺、衣服铺、饮食店、醋酱铺、洋货铺、铁器铺、木器铺、染物铺、毛皮商、谷场、铜锡细工铺、纸铺、绳铺、照相馆、理发店、木材商、钟表店、肉店、书画商等品类齐全的工商业[48]。

与东疆老三镇相比，新开发区的城镇发展速度就快得多了。最典型的是延吉市。在清末放荒之初，延吉有南冈、烟集冈、局子街等名称，延吉乃"烟集"之转音。1902 年清在此地设延吉厅，1909 年升置延吉府，并成为吉林东南路兵备道的治所，从而取代珲春成为东疆南部地区的政治、经济中心。1913 年，改东南路兵备道为东南路观察使，翌年又改为延吉道尹公署。随着城市的发展，1929 年 9 月延吉成立市政筹备处，是当时吉林省仅有的三个设立市政建置的城市之一（其余两个为长春市和吉林市）。"九一八"事变前，延吉市设有市政筹备处、延吉县政府、公安局、检察厅、法院、监狱、商埠局、税务局、盐务局、陆军二十七旅司令部、延吉警备司令部、保安团、实业会、商务会、农务会、教育会等行政机构，还有邮电局、医院、图书馆、师范学校、职业学校、中小学等市政文化设施。延吉的工商业在延边最为发达，主要工业有榨油、面粉、粉条、白酒、毛皮、木材等农产加工业，商业有木店、布店、酒店、旅店、参号、丝房、当铺、官银号、储蓄会等 773 家（不包括朝鲜人和日本人开设的商铺）。1931 年，延吉市人口有 15643 人。在东疆北部，则以佳木斯镇的崛起最为显著。光绪末年佳木斯只是拥有百余户人家的小村，1910 年始于该处设桦川县，1913 年因水患而将县治移至悦来镇，在佳木斯仅设县佐一员。1916 年以后，随着附近鹤岗煤矿和梧桐河金矿的开发，佳木斯镇工商业迅速发展起来。1918 年，佳木斯有烧锅 3 家，油房 5 家，洋货店 2 家，木工铺 10 家，染坊 4 家，浴室 3 家，铜锡店 2 家，纸店 1 家，菜店和旅店各 4 家，钟表店 1 家，杂货店 111 家，鞋店 5 家，药店 6 家，饭店 7 家，绳店 3 家，照相馆 1 家，理发店 5 家，粮栈 7 家，戏场 1 家，以及其他各种营业场所，应有尽有。商铺数比桦川县城还多，成为东疆北部新兴的繁华边城。在东疆，这类开发区新兴城镇很多，诸如龙井（又名六道沟）、和龙峪（又名大砬子）、百草沟（汪清县治）、安图（又名娘娘库）、密山、虎林、饶河、勃利、富锦、同江、绥远等城镇，都是在官荒放垦和开发过程中形成和发展起来的。

东疆交通运输的发展也导致一批新兴城市出现，尤其是铁路的修筑对边疆地区城市的兴起具有重要作用。中东铁路 1903 年全线通车，其东部线即哈尔滨至绥芬河铁路把东疆与东北内地及俄国远东地区联为一体，铁路沿线地区兴起了一批以车站为中心的新兴城镇。例如，横道河子站在民国时期逐渐发展成为一个较大的市镇，该站人烟稠密，站内设有车库、工务第十一段、电务第四段、病院等机关。地方行政机关则有护路军办事处、警察署、特区法厅及特区分监、二等邮政局、电报局。全境居民 6515 名，其中俄人 4535 名，华人 1955 名。设有中俄小学数处，居民以经商者最多，务农者少。该站有大商号 10 家，小商号 30 家以上，还有烧锅、制酒厂 5 家，啤酒厂 1 家，电灯局 2 家。穆棱站除设有铁路机关外，还有学校多处，杂货商 40 家左右。1923 年由技师李和宁集资设立电灯公司，供应车站及附近之照明用电。海林站设有洋行多处，并有制米厂、火磨、油坊、转运公司、电灯厂、锯木厂以及各类商号 60 家，还有邮政分局 1 所，初等小学 3 所。牡丹江站亦有商号 50 家。尤其是绥芬河站，为中东路东线之终点，"该站华街，不惟各行政机关均聚于斯，且商务兴盛，为他站冠"。全市人口在 2 万人以上，其中华人 1.7 万人，俄人占 0.3 万人。全市有大小营业场所 200 家，有一家大型屠兽场，以及供全市照明的宝成电灯股份有限公司。"举凡教育、医院、电报、电话应有尽有"，"已成为东部文明之中心"[49]。

在汉、朝、满、赫哲等各族人民的辛勤垦辟和开发下，清末民初东疆农业、工矿和城市经济迅速发展，加速了边疆的政治、经济和文化建设，为巩固边防、充实边陲、抵制蚕食做出了巨大贡献。

注：

[1]《延吉道概况》46 页。

[2] 吉林巡按使公署档案 11（7—6）—1643。

[3] 吉林省长公署档案 11（7—2）—470。

[4] 民国《宁安县志》卷 8。

[5]《北满与东省铁路》

[6]《吉林省东北部松花江沿岸地方经济事情》401 页。

[7] 同上，456—539 页。

[8]《"间岛"地方概要》75 页。

[9][19]《延吉道概况》45—46 页。

[10] 民国《宁安县志》卷 3。

〔11〕《吉林省东北部松花江沿岸地方经济事情》402—540页。

〔12〕《延边文史资料》第2辑，147页。

〔13〕吉林巡按使公署档案11（7—2）—377。

〔14〕〔24〕《延吉道概况》47页。

〔15〕《延边朝鲜族自治州概况》延边人民出版社1984年版，12页。

〔16〕吉林省长公署档案11（7—2）—426。

〔17〕吉林巡按使公署档案11（7—2）—398。

〔18〕民国《宁安县志》卷8。

〔20〕《北满与东省铁路》1927年版，394页。

〔21〕吉林省长公署档案11（7—2）—429。

〔22〕《吉林省东北部松花江沿岸地方经济事情》492页。

〔23〕《满蒙全书》第4卷，第2编，第4章。

〔25〕吉林事务所编《间珲统计要览》40页。

〔26〕〔28〕《吉林省东北部松花江沿岸地方经济事情》399—400页。

〔27〕《延吉道概况》48页。

〔29〕《延边史志》1986年1期。

〔30〕吉林省政府档案11（7—1）—281。

〔31〕吉林事务所编《间珲统计地览》41—42页。

〔32〕《东北地区资本主义发展史研究》185—186页。

〔33〕《吉林新志》下编，第5章，313—314页。

〔34〕吉林省行政公署档案，11（7—3）—741页。

〔35〕《东北地理》吉林省，173—174页。

〔36〕〔40〕〔46〕《吉林新志》上编，第5章。

〔37〕〔39〕《吉林新志》下编，第5章。

〔38〕《吉林省大事记》208页。

〔41〕《吉林省大事记》129页。

〔42〕《吉林省人文地理学·人文部》83—88页。

[43]《吉林省东北部松花江沿岸地方经济事情》388—485。

[44]《吉林省大事记》363 页。

[45]《"间岛"地方概要》81—83 页。

[47]《"间岛"地方概要》80—83 页。

[48]《吉林省东北部松花江沿岸地方经济事情》第 2 编，依兰县。

[49]《北满与东省铁路》1927 年版，392—400 页。

第四节　日本帝国主义对延边的侵略
及各族人民的反日斗争

一、日本帝国主义大肆扩张在延边的侵略势力

日本帝国主义在"间岛"问题之争中遭受挫折之后，侵吞我国延边地区的野心并未就此收回，而是采取了更加阴险的手段，一方面极力推行"日人移韩，韩人移满"的移民政策，把大量朝鲜人民驱逐到延边地区乃至东北各地；另一方面是加紧对延边地区进行经济、政治、文化渗透，力图实现其最终侵占这一地区之罪恶目的。

在经济方面，日本商业资本为垄断延边的贸易市场，在延边主要城镇设立了大批商行，1924 年，仅龙井一地就有日商 173 家[1]。日商在延边大肆倾销日货，尤其棉布、纸张、卷烟等日货充斥延边市场。同时，日商还大量收购延边各族农民生产的农产品，尤其是大豆、粟和稻米，掠运到日本及其他资本主义世界市场，从中牟取暴利。延边进出口贸易主要由日本把持。1915 年日本在延边的贸易总额为一百零七万四千日元，1918 年增至五百三十六万三千日元。龙井对日贸易额，1918 年已达 270 万海关两，占该地贸易总额的 80% 以上[2]。

日本金融资本也随之进入延边地区。早在 1911 年，驻在龙井的日本领事馆就以救济当地火灾为名设立了一家名为"救济会"的金融机构，到

1918年，该会改换"东洋拓殖会社'间岛'分社"招牌，成为一个利用放贷进行掠夺农产品和侵占土地的侵略性金融机构。至1928年7月，该分社在延边投资总额达230余万元，其中用于掠夺土地方面的投资超过一百万元，其经营土地状况请参见下表[3]：

县　别	水田（亩）	旱田（亩）	合计（亩）
延　吉	19006	1191 9.6	30925.6
和　龙	997.6	2029.6	3027.2
汪　清	602	120.4	722.4
珲　春	21482.8	2012.4	23495.2
合　计	42088.4	16082	58170.4

此外，朝鲜银行1917年3月20日在龙井设立分行，与东洋拓殖会社不同，它主要办理商业贷款、存款和汇兑业务。中国官方为了抵制日本的金融侵略，在同年3月和7月先后设立了延边银行和中国银行支店，但由于资金不足，经营不善，1922年前后在日本金融资本的排挤下终于倒闭。而日资朝鲜银行的势力却迅速膨胀，1926年该银行发行金券（俗称老头票）流通总额达300万元，汇兑、汇款额达7001万元。1929年该出张所升格为朝鲜银行支店[4]。此外，日本在"珲春事件"后拨款十万元，于1922年先后在龙井、头道沟、局子街、百草沟、珲春等地设立金融部，由日本驻"间岛"总领事馆监督下的朝鲜人民会管理，主要办理朝鲜族农民的存款和短期借款。到1928年，该部贷款总额已达46579日元，大大加强了对朝鲜族农民的控制和盘剥[5]。

日本还极力在林业、矿业领域扩大其侵略势力。1910年，日本以中日合办的名义在敦化县设立富宁造纸公司，由日本王子制纸公司投资一百万日元[6]。此外，日本的会宁豆满江林业公司、珲和洋行、神户铃木商店、东洋火柴公司等木材经营者勾结当地官府大肆在延边收买山林，雇佣朝汉伐木工人掠采林木，将大量木材运往朝鲜和日本。1929年，延边地区共输出原木44117165立方尺，板材752100立方尺[7]。天宝山铜矿1916年为日资南满大兴公司所控制。该公司与程光第勾结，投资 50 万元，窃取了该矿的采掘权。日本资本家在第一次世界大战期间乘铜价上涨之机，将银矿改为以采铜为主，对该矿进行掠夺式采掘，致使该矿遭到破坏。战争结束后，铜价下跌，日本资本家乃封闭矿山，致使 217 名矿工失业。1918 年 9 月 21 日，日本通过《合办老头沟煤矿合同》攫取了对该矿的开采权。1923 年 5 月，中日合办的延吉老头沟煤矿正式开采营业，是年产煤 15000 吨[8]。

在政治方面，半殖民地半封建社会下，帝国主义一般是通过其代理人——中国封建统治者来实施其统治和剥削的。但在延边地区却出现了一种奇特的现象，在这块并非租借地的中国领土上，"日人竟敢明目张胆毫无忌惮实行其统治权。且势力超越中国行政官署之上，大有反客为主之势，实为有史以来之怪现状也"[9]。当时日本在延边地区设置了完整的行政、司法、警察组织体系，与中国行政系统并存。日本方面行政组织如下图所示：

"间岛"领事馆
↓
总领事警察部
十八处警察署

局子街领事分馆
珲春领事分馆
头道沟领事分馆
百草沟领事分馆
十八处朝鲜人居留民会
五处日本人居留民会

领事馆本为办理外交的机构，但日本驻在延边的领事馆却是地道的行政机构。"间岛"总领事馆事实上成为四县行政首长，下属四个分馆则分掌各区行政。十八处日本警察署在领事指导下监督各该区朝鲜人居留民会，委派各村屯参议员，直接统治当地朝鲜族人民。所谓朝鲜人居留民会，名义上是"谋朝鲜人共同利益"，实际上是日本领事馆直接操纵下对延边朝鲜族人民实施统治的政治机构。会中设有正副会长各一名，主事一名，议员及参议员各若干。各民会都是在 1917 年到 1921 年期间陆续设立的，所辖民户多者七千余户，小者千户左右，统治人口占当地朝鲜族民户的 75% 以上[11]。其主要职务是户口调查，调解民事纠纷，传达日本官方文件、命令和布告，管理辖区教育、宗教、殖产、卫生、金融诸事项，办理乡村邮政。至于邮政，根据 1922 年华盛顿会议通过的在华外邮撤废案，外国设在中国的邮政机构陆续撤除，"唯日本以东三省特殊地带，不肯即时撤退，迁延日期"。在延边地区，日本竟以会宁电信局名义在龙井设电信局，以庆源邮局分局名义在珲春设邮局，可见日本侵略者之卑劣无赖[12]。

其实，关于延边地区朝鲜移民的行政管理问题，早在 1909 年 9 月签订的《图们江中韩界务条款》第四款中早已做出明确规定："图们江北地方杂居区域内之垦地居住之韩民服从中国法权，归中国地方官管辖裁判。中国官吏当将该韩民与中国民一律相待，所有应纳税项及一切行政上处分亦与中国民同。至于关系韩民之民事、刑事一切诉讼案件，应由中国官员按照中国法律秉公审判。"在该条款的附件《外务部致日本公使照会》及日本公使的复照中亦明确规定："商埠地段及埠内工程、巡警卫生等事由中国政府自行办理，其章程亦由中国自定。"[13]但日本侵略者出尔反尔，1915 年乃单方面否认上述规定，"强自立法。"当年 9 月"驻延日领遇有垦民民刑各案便开始逮捕"，中国当局对此提出抗议，"日本方面竟逮捕如故，讯办如故"。后中国地方当局做出退步，"提出凡经入我籍之垦民不能逮捕"，"而日领事仍不允，且谓韩人户籍未清，继入中国籍，日政府固仍认作帝国居民"。因军阀政权妥协因循，外交软弱，致使延边地区的朝鲜移民"受尘吾土，独不受我政权支配，于是，政事民人皆非我有"[14]。

日本在延边设领之初，仅配置警察 30 名，1918—1919 年，日本在天宝山、八道沟、八道河子擅自增设警察分署及派出所。1920 年，日本乃以"珲春事件"为借口出兵延边，并将警察由 120 人增加到 240 人。日军撤退后，它们又以"防止韩乱"为名，增设警察分署及派出所 14 处，新增警察 221 人。北京政府外交部和延吉道尹为此向日本提出严正抗议，日本乃变换花招，对商埠地外之警察分署去其常设名称，假以临时派遣的形式，而实质上却巩固其警察机构。1922 年 6 月，延吉地方反日武装袭击并烧毁头道沟日本领事分馆，日本以此为借口又向延边增派警察 300 名。8 月，日本外务省派川越书记官前来，将驻延警察分为"警备警察"和"一般警察"两部分。到 1929 年，延边日警已达 460 名左右，成为镇压延边各族人民的反动工具。

在文化方面，日本在延边大肆进行殖民地奴化教育。1926 年，日本在延边各县共设立了朝鲜人学校 33 所，其中延吉县有 15 所，和龙县有 10 所，汪清县和珲春县各有 4 所，在校学生数达 4508 人。这些学校中有朝鲜总督府直属经营的龙井村中央学校、局子街普通学校及头道沟普通学校，其余各校皆以朝鲜总督府或朝鲜人居留民会为后台。教科书皆采纳朝鲜总督府编纂的教科书。此外，日本还在延吉、珲春和汪清设立五所日本人学校，1928 年在校学生 249 名[15]。1920 年日军出兵延边时，日人日高丙子郎组织文化侵略组织"光明会"，标榜"东亚亲善主义"，在龙井村经营六所学校，即永新中学及附属小学校、光明语学校、光明师范科、光明高等女学校、光明女学校、光明幼稚园。在校学生 1005 名，办学经费由朝鲜总督府补助，课目完全按朝鲜总督府之教育令办理。日本帝国主义还把魔爪伸向新闻媒介机关，1910 年在龙井村开办《"间岛"时报》，不久又办了"东满通讯社"，均为日本驻延边领事馆机关报。同时，又在延边各县设立大阪《每日新闻》《满洲日报》《朝鲜新闻》《京城日报》、元山《每日民众时论》《朝鲜日报》《东亚日报》《北鲜日报》、大阪《朝日新闻》《北鲜日日新闻》《京城日日新闻》等各报的支社通讯员。日本利用报刊"时肆鼓簧"，大造侵略舆论，致使当时延边地区"内政外交益形棘手"。为了抵制日本的文化侵略政策，1915 年延吉道尹公署创办《延边实报》，1922 年改为《延边时报》。1928 年延边一些爱国知识分子（其中包括共产党员）创办了《民声报》，进行反帝反封建的宣传，影响很大[16]。

二、延边地区各族人民的反日斗争

日本帝国主义对延边地区的猖狂侵略激起了各族人民的反日情绪，在中国和朝鲜地区的反帝斗争促动下延边地区反日斗争蓬勃展开。

最初，是一批遭受日本殖民当局迫害而流亡延边一带的朝鲜民族主义者和知识分子，组织士官学校和普通中小学校，实行军事教育，培养反日斗士。1913年局子街的金立和李同春等朝鲜族进步人士组织了延边第一个社会团体"垦民会"，主要是借助中国官府的力量从事延边朝鲜移民的"入籍"（加入中国国籍）活动，曾向中华民国国会提出《入籍提议书》，并试图解决民族自治问题，以反抗日本对延边朝鲜族人民的奴役。但由于这个组织脱离广大劳动群众，尤其是强征移民"入籍费"，遭到未入籍移民的反对，在1914年3月12日被官府取缔。

延边地区的反日斗争是与朝鲜民族独立运动和中国人民的反帝反封建斗争紧密相关的。1915年，全国人民反对"二十一条"卖国公约的反日高潮迅速蔓延到延边地区，局子街各界群众不顾官府阻挠，在北山学堂召开救国储金会，并积极开展抵制日货、提倡国货运动。还出现了汪清县罗子沟朝鲜族学生打死日本特务，和龙县明岩村学生痛打日本警察和亲日走狗的事件。

延边是朝鲜民族独立运动的重要阵地。1919年2月中旬，朝鲜酝酿民族独立运动的消息传到延边，和龙县明东学校、正东学校和延吉道立中学等纷纷召开演讲会，组织基督教青年会、忠烈队、自卫团、光复团等青年团体。派代表赴海参崴参加"韩国筹备处"。朝鲜"三一"运动爆发后，延边青年学生起而响应。3月10日，龙井、局子街等地学生秘密印刷《独立宣言》，举行罢课和示威游行斗争，向群众宣传朝鲜独立运动实况，鼓动人民参加反日斗争。12日，延吉"韩商尽悬太极国旗（朝鲜国旗）"。13日在各界反日团体联合主持下，在龙井瑞甸平野召开群众声援大会，龙井及附近朝鲜族学生和群众成群结队，冲破当地军警的阻挡，从四面八方涌入龙井东山坡下，聚众二万余人。大会由局子街耶稣教牧师金永学主持，宣读了《独立宣言布告文》和"公约三章"，刘礼均、裴亨堤等先后登台演讲。会上群众情绪激昂，传单漫天散飞，"万岁"呼声震天动地。会后，以明东中学 320 名师生组成的"忠烈队"为先锋，浩浩荡荡向日本领事馆挺进。当地驻军孟富德部和日本领事馆警察武力阻止游行队伍，悍然向学生和群众开枪，打死打伤四十余名学生和群众，造成一场轰动中外的流血惨案。17 日，龙井各界人士组成"义士会"，动员三千余名群众举行大会，追悼和安葬殉难烈士。同时延边其他地方亦爆发了群众反日斗争。16 日，头道沟聚众四五千人，在距城三里处开会。和龙县火狐狸沟三四十人"手持韩旗游行"。20 日，黑顶子、大荒沟、东间地方朝鲜族群众五百人在黄丙吉等人率领下各执太极旗及"大韩国独立万岁"字样的条幅，汇集到珲春县城"高呼万岁，集会游行"。在汪清，26 日上午，在百草沟聚集二千四五百人竖立中华民国国旗和朝鲜太极旗，"喧呼万岁，登台演说，下午散会"。28 日，和龙县城聚集千余人开会游行。29 日，珲春沙坨子有八百余人"聚众宣言独立"[17]。据统计，从 3 月到 5 月中旬，延边五县（延吉、珲春、汪清、和龙、安图）先后举行反日集会、示威、游行 54 次，参加人数约七万五千五百名，占延边朝鲜族人口的三分之一以上[18]。延边地区的汉族学生和群众乃至一些下级官兵对朝鲜族的反帝斗争给予同情和支持，3 月 13 日，延吉道立中学、师范和东山场学校汉族发起声援活动并参加了游行示威。3 月 26 日，百草沟召开反日群众大会时，汪清县警察局长、书记也出席大会，发表宣讲，表示支持群众正义斗争。"三一三"反日示威运动在延边历史上是规模空前的反帝斗争高潮，它广泛地动员了人民群众，激发了各族人民争取民族独立，反对日本殖民统治和侵略行径的热情，不仅有力声援了朝鲜民族独立运动，而且推动了东北地区的反帝反封建斗争高潮的到来。

　　1919 年 5 月 4 日，北京爆发"五四"爱国运动。5 月 18 日，延吉道立师范学校收到北京大学学生《敬告邦人父老书》后，即刻回信表示声援，延吉师范、二中及其他学校学生三百余人举行集会，高呼"打倒卖国贼""抵制日货""恢复国权"等口号，在局子街进行示威游行，一些前来阻禁的军警也加入游行队伍。紧接着举行罢课，召开学生大会，成立了延吉学生团，然后联络延吉道其他各县学生，成立吉林省东南路学生团，发表宣言，散发传单，到处讲演，掀起了一次反帝斗争高潮。延吉道公署为破坏学生爱国运动，下令中师两校提前放假，强行把学生逐出校门。放假后，东南路学生团仍领导学生继续进行斗争，分别组织"十人团"，广泛开展以抵制日货、维持国货为主要内容的反日爱国斗争。延吉各地民众在学生推动下，逐渐行动起来，先后举行罢教、罢工、罢市。6月1日，局子街各界民众在延吉商会召开代表会议，决定成立"国民团"。该团筹备会在"致师范学校公启"中写道："青岛问题危机万分，震动全国群起抗日。我延边地处边陲，久为日人觊觎，近来日人竟明目张胆，肆无忌惮实行其侵略政策，公然设警，擅自逮捕垦民，搜查私立学校，为所欲为，其不堪痛忍处殆有甚于内地。稍具爱国热忱者必不能坐视沦亡，当有以医救之。"珲春商会亦致电北京政府，要求拒签和约。7月13日，和龙县工商界92人召开全体会议，积极参加抵制日货的爱国运动[19]。

随着斗争形势的发展，延边各地的反日群众被广泛发动和组织起来，反日团体如雨后春笋般纷纷成立。据延吉道尹公署调查，当时有老人团、光复团、新民团、正义团、北路司令部、北路督军府、战军团、国民会、战斗队、老虎团等十余种，分布于延吉、珲春、和龙、汪清四县。这些团体逐渐转向军事斗争，形成督军部、军政署府两大部，每部四大队，每大队分四中队，每中队分两小队，每小队50人。另编派遣部分驻各处。据1919年9月延吉道尹公署报告，"决死队"有二千余名，在延吉、安图两县交界处安营扎寨。"此外假借名义，组织团体者或数百人，或百余人，亦所在多有"[20]。为培训军事骨干，各反日团体都开办了军事学校。1919年在汪清县西大坡、延吉县倒木沟、和龙县三道沟等地筹建"士官养成所"。1920年1月3日，反日义士尹俊熙等人在龙井南15华里的东良沟入口处伏击朝鲜银行马队，杀死日本军警和随行人员，缴获日币15万日元，用以购买武器，后因叛徒告密，夺取日币的义士大多被捕就义。到1920年夏，延边地区建立了七支规模较大的反日武装，拥有二千九百余人，步枪二千六百余支，机枪五挺。各反日武装不断袭击日本官署，甚至越过图们江袭击朝鲜北部的日本官署和军警。尤其是洪范图和朴英率领的武装部队，活跃于图们江、鸭绿江两岸，频繁袭击日本军警和国境哨所。当年各地反日武装在中朝边界一带活动达1651人次，其中较大的战斗，有当年3月份延边反日武装分数路八次袭击朝鲜稳城之战，6月份洪范图部"大韩独立军"在三屯子、后安山、枫梧洞等地重创前来讨伐的日军，沉重打击了日本侵略者的嚣张气焰，鼓舞了人民的斗志[21]。

延边地处中朝俄三国交界，朝鲜被日本吞并后大量侨民散居俄国和中国各地，与外界联系甚密。俄国十月革命后，大批旅俄知识分子接受了马列主义，并先后成立了韩人社会党、高丽共产党、"间岛"朝鲜共产党、满洲高丽共产主义青年会等组织。

当时"延边朝鲜青年之入俄回延者，受在俄共产党之命令，组织秘密团体，实行共产学说之宣传，不逾数年之间，青年子弟不受其宣传者十无一二"[22]。《新青年》《每周评论》《新世界》《劳动世界》《共产》《光明》《晓钟》《先锋》《共产党宣言》《国家与革命》《俄罗斯共产党政纲》《列宁》等大量革命书刊流传。1923年，以龙井为中心出现了"社会科学研究会""读书会"等马列主义研究团体，并在工农群众中发展组织，推动当地人民群众的反日斗争。1927年10月，中国共产党满洲省临时委员会成立，翌年2月省委派人到延边地区，10月成立中共东满区委员会。1929年7月，区委被破坏，当年冬季，省委派巡视员到延边，建立中共东满特别支部，开始全面展开群众运动。1930年5月，组织了"红五月斗争"，先是学生罢课、工人罢工、农民示威，月底形成"五月暴动"的斗争高潮。龙井、延吉、头道沟、大碇子、开山屯、蛤蟆塘一带各城乡的工农群众，奋起捣毁当地日本侵略者及其走狗的机关，切断电话线，炸坏龙井发电厂，破坏天图铁路，袭击东洋拓殖会社"间岛"分社[23]。5月26日，中国共产党组织在和龙县药水洞发动农民起义，打死土豪五人，建立东北地区第一个苏维埃政权，组建了拥有五十人的农民赤卫军[24]。6月，又组织和珲游击队，7月31日至8月1日，发动敦化、额穆两县农民六百余人举行"八一"暴动，破坏铁路、桥梁和车站，沉重打击了日本侵略者。延边共产党组织不仅领导人民进行反日斗争，而且把争取民族独立的反帝斗争与无产阶级和广大劳动群众的解放事业结合起来，标志着延边地区反帝反封建斗争发展到了一个新的历史阶段，新民主主义革命成为群众运动的主流。

三、日本强筑吉会铁路及延边人民护路斗争

日俄战争后，日本帝国主义为了实现"大陆政策"，侵占我国东北，把修筑吉会铁路作为"满鲜开发上一大急务"。所谓吉会路即接于吉长铁路之东端，经敦化、朝阳川，渡图们江以达朝鲜之会宁，把吉林省东部与朝鲜清津港连接起来的一条战略铁路。日本吞并朝鲜后，极力经营清津海港，开辟横渡日本海的航路，并由清津港筑一条直通会宁的铁路。吉会路筑成，则海陆衔接一气，由日本经朝鲜北部直达东北中部，大大缩短了日本直接深入东北腹地的距离。从日本经大连至长春需 77 小时，而从日本经清津和吉会路到长春仅需 56 小时。日本修筑吉会路用意，一是控制延边地区经济命脉，"吸收满洲、西伯利亚之产物"，"可夺海参崴之繁荣，移于清津"。二是"可以从满洲安全地输入军需物资。而当大陆一旦有事，就可以利用该线从日本国内迅速出兵，一举冲入敌人腹地，断其后路，先发制人"[25]。而且吉会路与"满铁"衔接后，将构成对"南满"及"东满"的包围之势，战争爆发后可迅速控制整个东北，因此，修筑吉会路是日本实现侵占东北的重要战略步骤。

早在 1909 年 9 月中日签订《图们江中韩界务条款》时，日本就把与边界无关的吉会铁路问题硬塞进条款，在第六款中规定："中国政府将来将吉长铁路接展造至延吉南边界，在韩国会宁地方与韩国铁路联络，其一切办法与吉长铁路一律办理。至应何时开办，由中国政府酌量情形，再与日本国政府商定。"[26]日本寺内正毅内阁时代（1916 年 10 月—1918 年 9 月），积极推

行统一满（洲）鲜（朝鲜）铁路政策，并在1917年7月把朝鲜铁路的经营及其未来路线的设计，全部委托"满铁"代办。此时，日本刚刚完成了朝鲜清津至会宁间的铁路建筑，于是日本更加积极地谋取吉会路建筑权，向段祺瑞政府抛出"西原借款"，使之屈从日本的侵略要求。1918年6月18日，北洋政府交通总长曹汝霖代表北京政府与日本兴业银行代表真川孝彦签订了《吉会铁路借款预备合同》十四款。合同规定，中方一俟吉会铁路正式合同签订后，即着手建筑该路。正式合同以预备合同为基础，在预备合同签订后六个月内订定。日方一俟预备合同成立，即向中方"垫借日金一千万元"。垫款利息为年息七厘半，即对于日金一百元每年付息日金七元五十钱，中方将以该路所属之财产及其收入作为担保。"[27] 1919年1月，该合同所规定的缔结正式合同期限已到，日本乃迫不及待地要求同中国签订正式合同。但北京政府慑于全国人民强烈的反帝斗争浪潮，正式合同未能成立。

几经挫折后，日本不得不改变策略，利用军阀内争之机，通过拉拢和收买东北奉系军阀和地方官吏劣绅，实行分段筑路的政策。日本首先窃取了天图轻便铁路（天宝山至图们）的修筑权。日本控制天宝山铜银矿后，乃以运输矿石为借口，于1918年擅自组织天图轻便铁路公司，向延吉道呈请修筑天图路，当即遭到延边人民的反对而未能获准动工。1921年8月17日，日本驻华公使小幡竟然照会中国外交部，转咨交通部，声称该公司在未发执照以前将自行动工。交通总长张志潭在第二天草批"备悉一是"四字函复，日方乃以此为借口准备在10月开工筑路。延吉各族人民获悉这个消息后极为愤怒，当即由商务会、农务会、教育会等法团联名致电北京当局，并召开群众大会，迫使北京政府明确下令不准动工，日本侵略者的阴谋被挫败。但日人贼心不死，1922年1月又派人到延边勾结汉奸吴召伯、程亚阶、武卓尘、徐梦周等"各认虚股若干，诱以同分红利。该绅等受其赎买，即电京反证有中国股本在内"[28]。但"不料事机不密，为人民揭发宣布罪状，延吉公民团、学生团大愤，乃集众数千人，为示威运动，积极反对"。4月30日，延吉师范及高等小学国民学校的七十余名师生，齐赴卖国贼吴、程、武、徐等人寓所，捣毁其家宅器具。沿途学生散发传单，手持书有"国民速起，共击国贼"及卖国贼名字的小旗，沿街示威游行。5月1日，延吉县第一高等小学师生一百五十余名到县农会门前示威，摘掉农务会及实业会匾额，并向县署请愿，要求制止修筑天图路。5日，延吉各县农民代表向道尹请愿，反对勾结日人筑路。8日，各界代表呈请查办入股合办者。6月28日，延吉地方武装袭击并烧毁头道沟日本领事分馆，打死日人多名。

但日本侵略者不顾中国人民反对，强行开工筑路。7月18日，日人为勘修天图铁路而随意割除禾苗，树立标桩，引起延吉、和龙人民聚众反抗，将勘测标桩纷纷拔毁。8月13日，日人在延吉开山屯地方强行动工，"遍设工棚，带警开工"[29]。20日，延吉各团体联合会在延春茶园召开国民大会，与会者千余人，声称日人如继续筑路，人民即以生命相争。24日，吉林省长公署令延吉道尹："天图铁路工程，交通部并未发给开工执照，日人擅行开工，饬蔡（运升）交涉员在奉与日总领事赤壕严重交涉，勒令该公司即日停工，静候解决"。9月5日，天图铁路公司董事户泽民十郎暗派日本工头带日韩路工三百五十余人在开山屯、石门子一带分段开工，该区警所长带警前往劝阻，并开枪示警，日韩工人始行解散停工。9日，日韩工人三百多名又在石门子开工，和龙、延吉两县民众数千人前往拦阻，被县知事劝散，另派警阻止兴工。日人持刀斧与中国警察顽抗，被警察强行遣散。日人又集六十余人割毁庄稼，乡民激愤，集合民团与之对抗。23日据延吉警察厅呈报，日本天图铁路公司已在石门子一带安装轻便铁轨，并有木质运输轧车四十余辆来往运土，共有中韩工人一百余名参加施工[30]。

时值奉系军阀在对直战争中败守东北，张氏割据政权为获得日本的支持，乃屈从日本压力。10月12日，吉林省交涉员蔡运升与日本泰兴会社代表在奉天（今沈阳）日本总领事署内签订修建天图铁路契约。11月8日，张作霖正式与日本签订《中日合办天图铁路契约》，把原中日商人合资（实际上是日商独资）改为中日官商合办，并将运矿铁路改为营业铁路。因系吉林省公署与日商股东饭田延太郎合办，故改名"吉林省天图轻便铁路股份公司"。公司资本 400 万元，中日各半，中方官股系由"满铁"借垫 200 万日元构成，因而该公司实际上仍由日人独占[31]。1924 年 10 月，天图铁路竣工，11 月 1 日，该路龙井村至老头沟干线和朝阳川至延吉支线正式开始营业[32]。

此后，日本又着手窃取吉敦铁路（吉林至敦化）的修筑权。1925 年 10 月，日本赎买段祺瑞政府的交通总长叶恭绰，使之与"满铁"签订《吉敦铁路承造合同草约》，日方向张作霖支付一百万元的"筹备款"，另给叶恭绰二十万元。不久叶恭绰等亲日派下台，新内阁对此草约未予承认。"满铁"乃贿赂、鼓动吉林劣绅刘树春等出面组织公司，与"满铁"职员为代表的株式会社签订吉敦路承包合同。1926 年 6 月正式开工，到 1928 年 10 月完工，全长 396 里[33]。至此，日本接通吉会路计划已完成三分之二，仅剩敦化至老头沟段的 260 里铁路有待修筑。

日本在吉敦路工程后期，即着手与张作霖进行延长吉敦路的交涉。1927 年 7 月 7 日，日本首相田中义一在"东方会议"的最后一天做出了"关于谈判吉会线之外的七条铁路线"的决定，并派张作霖的顾问町野武马和三井物产奉天分公司经理江藤丰二到北京与张作霖谈判。当江藤刚一提出"东方会议"上决定的七条铁路线问题，张作霖马上抬高嗓门大声说道："这不是日本原来为了和俄国打仗所准备铺设的铁路吗？"谈判迟迟无进展，最后，张作霖只承认了四条铁路。这时，江藤讨价还价地说："好吧，我们也放弃两条线路，那你就把剩下的一条也答应下来吧。"硬是把笔塞到张作霖手里，扯着他的手让张批上一个"阅"字。10 月 15 日，"满铁"总裁山本条太郎和张作霖取得了有关"建设满蒙五条铁路问题"的"基本谅解"。"满铁"获得了首先铺设吉会线（联结吉林和朝鲜会宁间的一段——敦化至图们间）和长大线（长春至大赉间）的工程承包合同。剩下的是洮索线（洮南至索伦间）、延海线（延吉至海伦间）和吉五线（吉林至五常间）三条铁路合同有待订立。这就是所谓的"满蒙五路"交涉的大致情形[34]。

关于"吉敦铁路延长垫款合同"（即敦图铁路承造合同）签订的时间问

题，一般论著皆认定为 1928 年 5 月 15 日。但据当时签约者赵东凡（当时名叫赵镇）回忆，是 1928 年 3 月初的一天。该合同的签订是在秘密状态下进行的。其具体经过是这样的：

1927 年，张作霖当了安国军大元帅，组织政府于北京，潘复任国务总理兼交通总长，常荫槐以次长代理部务，我那时为该部航政司司长。1928 年 3 月初，常荫槐因公赴济南，派我暂行代理他的职务。在他去后第三天的下午，忽接帅府电话，令我持部印和常部长名章进府到春藕斋见潘总理有要事。我当即乘车至新华门，即有传达处处长俞沐潭对我说，派人送我到春藕斋下车。甫入门，有一人从房门走出，对我说他是周秘书，让我进房内到东屋大长案尽里边一头坐下，他指着我拿着的黄包袱说："是部印么？交我吧，你略候一候。"他持包走入挂紫呢子拉帘的东屋。少顷，潘复从东屋走出，手执一本打字文件令我看，封面上写着"吉敦铁路延长垫款合同"的字样。他当即对我说："这是吉敦铁路延长至图们江，由日本垫款日币五百万元的合同，今日约定和日本铁道省代表中岛签字，部印已由这边盖了，常部长的名章可由你代为钤盖。"我陡闻之下，颇为愕然，遂答谓："我暂行代理的范围，只限于日常公事，似此重大问题，无权代办。若有必要时，请您给我一个手谕。"他说可以，遂即进入屋内，约半小时持回一纸对我说："这是大元帅的手谕，你可凭此交待。"我看上面写着："常荫槐名章由赵镇（我原名镇，后易为震，东凡是别名）代钤"等字，末盖有"居仁由义"篆文图章。我就在已打好字的"常荫槐"名下钤章竣事，随即退出。越一日，常始回，我告以前事。常说："我知道这件事，是帅府秘书长任毓麟和潘总理会同日本顾问河野少将所办的，其垫款日币五百万元，系供给军需品，并不以现款用来筑路，我很不赞成，但不能阻止。"[35]

日本逼迫奉系军阀签订"吉敦铁路延长垫款合同"的消息传出后，引起中国人民的极大愤慨。1928 年 5 月 14 日，吉林省议会致电张作霖，反对同日本签订修筑吉会路合同。16 日，吉林省议会召集全省各团体代表开会，抗议日本向张作霖要求吉会、吉五、延海、长大等路的建筑权，并电北京政府切勿许可。本月下旬，张作霖因决定退保关外，不再与国民军作战，不需补充军费，向日方要求取消该垫款合同，日方大为恼火[36]。

日本炸死张作霖后，继续对张学良施加压力，阻止东三省易帜，逼迫张学良承认吉会路合同。1928年10月2日，大连日文报纸登出铁路交涉消息，延边人民首先起来反抗。10月15日，延吉、珲春、和龙、汪清等县农、工、商、学联合会致电张学良，表示反对日本筑路。16日派代表分赴沈阳、吉林等地进行请愿活动。17日延吉农工商学各团体举行联席会议，在延吉成立"反对运动本部"，在和龙、汪清、珲春三县设立支部。25日起，延边各界数千人连日开会，主张由民众筹款自筑延敦（延吉至敦化）铁路[37]。

延边人民的反筑路运动很快扩展为波及全东北的抗路风潮，奉天各界成立"东三省路权保持会"，吉林各界成立"吉林省路权自主会"，哈尔滨各界成立"黑龙江路权自主会"，齐齐哈尔成立"黑龙江反日会"。在东北人民的强烈反抗和斗争下，奉天当局不得不接受群众的部分要求，处分了镇压示威学生的官吏，撤销了吉长兼吉敦铁路局局长赵镇等人的职务，拒绝日本延长吉敦路线施工。在东北实现"易帜"后，张作相和张学良把铁路交涉推给南京国民政府，使日本延长吉敦路的谈判被无限期地拖延下去。直到"九一八"事变前，日本接通吉会路的企图终未得逞。

四、日本帝国主义武力入侵延边

（一）珲春事件真相

延边各族人民风起云涌的反日斗争沉重打击了日本侵略势力，阻碍了日本帝国主义的侵略步伐。日本侵略者恼羞成怒，不惜冒天下之大不韪，运用贼喊捉贼的卑劣伎俩，一手炮制了"珲春事件"，并以此为借口武力入侵延边，发动了血腥的"庚申年大讨伐"。

所谓"珲春事件"，又名"珲春匪祸事件"，系指1920年9月12日和10月2日土匪两次袭击珲春县城的事件。据档案记载："民国九年（1920年）九月十二日午前五时许，突来大股悍匪，其来系由城东北方面分三股闯入。

一股围击警察所，一股由东门直扑陆军哨所及宪兵所，一股由南门入扑哨所。满城枪声四起，匪众并携有洋抬枪数杆，轰击县署与陆军哨所。""据闻该匪系万顺、四海两股，刻向王八脖子窜去"。"商会调查，被灾五十二家，共毁市房百三十六间，约钱货共损失四千万吊。各机关之损失约在五六千万吊左右，共掳去人票九十七名，现已逃回十余名矣"[38]。这是土匪第一次袭击珲春的大致情形。

第二次袭击发生在十月二日。据档案记载："十月二日，又有大股胡匪三四百名，于早四钟许，由县城西北方面攻入。此时，枪声四起，弹飞如雨，直扑日领事馆围攻，当即焚毁，被匪击死日人十余名"，"商民号哭，纷纷逃避，渡河溺死者大小男女二十余名，被匪击死者二十余名。县城内外大小各商全皆搜掠一空，焚烧商户十四家，房屋一百零二间。至八钟许，经保卫队、陆军、警察游击队死力抵御，始将该匪击退。计当场击毙胡匪三十余名。至下午九时许，该匪又来攻击陆军防营，两相攻击，至翌日四时匪始退去。……经查明，各商被匪抢劫损失数目，计本会被抢官帖五万余吊，各商共被劫去现款二百六十余万吊，损失货物折合官帖六百四十五万余吊。各商被掳去人票三十四名，其余被掳未详者，约有数十名。"[39]

事件发生后，日本立即大造出兵借口，10月7日，日本内阁扬言："最近在珲春所发生的凶变，都是由不逞鲜人等与中国马贼及过激派俄国人携手挑起的。"10月22日，日本内阁又无中生有地捏造事实说："匪贼总数约四百名，其中俄国人五名，不逞鲜人约一百名，中国官兵数十名。"[40]日本人之所以利用这个事件大造舆论，是有其险恶用心的。正如当时中国官员所指出的那样："日人现在四布谣言，云珲春事件有俄过激派及鲜党在内。观其用意，直欲假过激派而利用军事协定，假鲜党而借口进兵。"[41]1918年5月16日，日本利用协约国干涉俄罗斯之机，把大批军队派到吉、黑两省，并迫使中国与之签订《陆军共同防敌军事协定》，使其出兵东北合法化。这次事件中，日本反复强调有"俄过激派"（即俄罗斯共产党）参加，就是想寻找使其出兵东疆合法化的借口。而诬称土匪中有大批"韩党"（即朝鲜反日武装），则是企图把日军侵入延边这个国际问题说成是日本国内问题。把土匪说成"中国官兵"，则把"珲春事件"的责任推给中国官府，为其出兵入侵寻找借口。事实上，袭击珲春的土匪中根本没有什么"俄人过激派""不逞鲜人"或"中国官兵"。"据各方探报及逃回人票均称，俄匪确有数名，并未见有韩人在内，……该股匪多系在霍尔瓦特部下充当募兵，故有俄人加入，不能即指定为过激派。至韩党更可证明确无加入之人"[42]。后来被土匪绑架的日本人票彦板被中国军队救出后，亦称："自己能鲜语，为试探匪众内究竟有无鲜人及不逞鲜党参加，彼此曾以鲜谣辱骂匪众，乃彼等均不知所云何，毫不嗔怒。"[43]就连日本外务省参赞西泽义征来珲春调查，"亦未得混入鲜党确证，自觉初时布告宣言过于臆测"[44]。至于诬称土匪中有中国官兵，日人所据，其一是"领馆内击毙匪尸有上身著士兵军服者一名，当系士兵为匪"。其二是"日商杉浦商店有抢去财物，将军服脱置室内，另换衣服跑去"。据查只不过是"胡匪冒著士兵军服"[45]。

珲春事件的真相，是日本为制造武装入侵延边的借口而利用土匪炮制的一个阴谋。据朴殷植著《韩国独立运动之血史》一书记载："今回珲春之遭匪难也，彼谓有吾独立党及华兵参加者尤何其诬也？盖此案亦由彼之狡谋酝酿以成，而为其借故出兵之机会者也。"其内幕是日本人丸山鹤吉先以重金收买匪首"长江好"，后又通过"长江好"收买老黑山匪首镇东和镇中华。在第一次事件中，土匪没有攻打日本领事馆，只是大肆抢掠一番。日本随即派兵侵入珲春。但因珲春日领未受攻击，中国军警又严加防护，"以杜日领口实"，迫使日本军队在 9 月 15 日和 16 日"全数撤退回鲜城毕"[46]。正由于第一次袭击未达目的，于是日本又策划土匪在二十天后又发动了第二次对珲春的袭击。这次行动由日本浪人野清助安为参谋，土匪不再以抢掠财物为主，而是全力攻打日本领事馆，故意侵害日本人的生命财产。当时日本领事馆早已知道土匪前来进攻的消息，并派人到朝鲜请求增派军警，而朝鲜日军不但不增加珲春领事馆的警备人员，反而把大部警备人员撤回到朝鲜。因此，珲春事件是日本人故意策划出来的[47]。

（二）庚申年大"讨伐"

早在"珲春事件"发生前，驻朝鲜的日军司令部就制定了出兵"东满"的计划。1920年8月，日军驻朝鲜第十九师团详订《对"间岛"地方不逞鲜人团体讨伐计划表》如下[48]：

出动地区	出动方向	"讨伐"军编组	派遣部队
甲	珲春—草帽顶子	步兵一大队	步76
		机关枪队	
		骑兵一小队	骑72
		野步兵一小队	炮26
		工兵一中队	工19
		宪兵警察官若干	
乙	西大浦—蛤蟆塘—百草沟	步兵一大队半	步73
		机关枪队	
		骑兵一小队 工兵一小队	骑27 工19
		宪兵警察官若干	
丙	龙井—大屈沟—局子街	工兵一中队 宪兵警察官若干	工19
	庆源—头道沟	步兵一大队 机关枪队 骑兵半小队 工兵半小队 宪兵警察官若干	步73.74 骑27 工19

日军策划了"珲春事件"后，马上迫不及待地公然侵入延边地区。1920年10月3日，日本第十九师团的一个步兵大队以增援珲春日本领事分馆为借口擅自闯入珲春城[49]。7日，日本外务省发表出兵珲春声明书。9日，驻北京日使小幡照会北京政府外交部：日本政府决定继续派日军赴珲春、龙井村。15日，日军第十九师团大规模侵入珲春。18日，日军侵入东宁县[50]。据东宁县知事呈报："查先到日本军官系陆军第十六联队大队长，步兵少佐安藤正义。带兵三连进城，即将无线电台及军用电报、电话、邮便等项分别安设，屡经交涉，置若罔闻。……据炮兵大佐久间盛一面称：

来东陆军共计步兵二千名，骑兵一百七十名，大炮四尊，机关枪十六架，军用汽车二十五辆[51]。此后，日军陆续侵入和龙、汪清、延吉等县，军队陆续增加到二万余人。

日军所到之处，烧杀抢掠，无恶不作，对延边各族人民犯下滔天罪行。日军一千余人10月23日侵入汪清县托盘沟地方后，将该处一个约有二十余家的朝鲜族村落全部焚毁，十岁以上的男丁"尽皆枪毙，孀妇、幼小暨所养牲畜亦皆掳去。该处华民高田富、李英堂等二人，共有房八间，并家有一切器皿在内亦被焚烧"[52]。在和龙县，日军在东南岔沟口腰屯地方"按户搜翻，无论华韩居民即行绑吊加以非刑，种种暴虐不堪形容"。而在青山子沟里，则烧毁朝鲜族移民三十二户，烧死五十二人[53]。在珲春，从10月2日到11月11日，汉族人被日军枪杀八名，伤一名，朝鲜族被枪毙及烧死三十名[54]。在延吉，11月3日上午，日军五十八名赶到延吉东北十余里徐家沟地方"任意放火"，烧毁民房二十九间和一所小学，枪杀2人。下午又到延吉正东十余里小营子地方，烧毁民房和学校房舍四十三间[55]。10月13日，日军在该县勇智乡菜营沟枪杀朝鲜族移民三十二名，"烧毁房屋粮草甚多，最为残酷"[56]。延边地区的学校遭到破坏极大，很多学校校舍被毁，师生被残杀或捕杀。据不完全统计，日军在这次入侵中共枪杀各族人民3106名，烧毁民房2557户，烧毁学校31所，烧毁教堂7所[57]。这就是震惊中外的"庚申年大'讨伐'"血案。

（三）各族人民的反入侵斗争

日本帝国主义的暴行激起了各族人民的愤怒反抗。尤其是朝鲜族反日武装在敌人的疯狂扫荡面前，不畏强暴，进行了英勇的战斗。

"珲春事件"后，延边各反日武装团体就识破了日军的企图和阴谋，加紧组织抵抗和战斗。为了统一力量，1920年10月13日，各反日武装在延吉县北蛤蟆塘举行联席会议，达成了关于统一军事行动计划的协议，并由督军府、军政署和义军府等三个系统的十个反日武装团体组成三个联队，拥有官兵三千六百余人。此后，各联队分别转移到甄峰山、青山里一带。

不久，日本调集一个半师团的兵力侵入这个地区，企图一举围攻反日武装。

在青山里地区，反日武装与日军展开了一系列战斗，其中规模较大的有 10 月 20 日的白云坪伏击战，22 日的泉水洞夜袭战和二道沟渔浪村的阻击战，23 日的二道沟集场子伏击战和 24 日大金厂森林伏击战。以上较大的战斗是由反日武装第一和第二两个联队（分别由洪范图和金佐镇指挥）进行的。而第三联队则在长仁江一带打外围，通过一系列战斗扰乱敌人，配合了青山里的内线作战。反日武装在青山里战斗中以弱胜强，击毙日军联队长一人，大队长二人，其他将校以下 1254 人，并缴获大批枪支弹药，沉重地教训了日本侵略军[58]。

同时，延边及全国各族人民对日军悍然入侵我国领土的罪行进行了声势浩大的抗议和声讨运动。1920 年 10 月 19 日，吉林省议会因日本进兵珲春，致电北京政府，"请求中央严重交涉，勿稍退让"。21 日，吉林省城十一所学校学生在政法学校召开紧急会议，议决抗议日本入侵的四项措施：一、通电东三省各团体，请一致力争；二、协同吉黑两省，共派代表，分谒府院及外交部，请当局与日人严重交涉；三、致函本省各学校，请厉行抵制日货，组织演讲团；四、通电留日吉林同乡，请其鼓吹中国留日学生速争外交。23 日，中华民国学生联合会为日本出兵一事向日本政府提出严正抗议[59]。26 日，全国各界联合会向驻京日本公使发出通牒，警告日本"限三日内撤退珲春、延吉等处军队"[60]。延吉、珲春、和龙、汪清、东宁五县人民也在 31 日发表《公民联合书》，要求北京政府"向日人严重交涉，务将其已进之兵，限日勒令完全退出"[61]。

在全国人民反日情绪日益高涨的形势下，中国当局被迫向日本交涉从珲春等地撤兵事宜。11 月 10 日，张作霖派于冲汉赴日本，要求日本撤出军队。而日本公使则提出珲春撤兵的四个条件，坚持日本有出兵权。16 日北京政府外交部复照日使，要求日本即日撤退珲春日军，并拒绝日方所提出的出兵保留权，日使旋即要求外交部"将派往珲春替代日兵之华军数目、种别及何日启程、驻扎何地，一并复示，以便日军计划退兵"。18 日，日使照会北京政府外交部,答应撤出珲春日军。但事实上不但不撤兵,反而派飞机在珲春狂轰滥炸。于是北京、长春、吉林、沈阳、延吉、珲春、和龙、汪清、东宁等地的学生和人民团体继续展开更加激烈的抗议活动。11月中下旬,日军始从延吉、珲春一带陆续撤退。日本以退兵为条件,12月4日向中国提出在头道沟、百草沟、局子街等地设立日警,并保留珲春出兵权的无理要求,遭到中国政府拒绝。但日本却在9日擅自设警于上述三地,28日又在延珲和汪四县各商埠处设立"归顺者取引所",强迫各乡朝鲜族移民一律归顺日本,并挨户发给誓约书,强迫他们服从日本法令[62]。

　　1921年1月7日,吉林省政府与日本东福石井就解决珲春事件签订《暂时办法》,规定:"一、凡日军撤退之地方由中国接防;二、中国军驻地亦驻有日军,两者诚意相待;三、日军驻地有匪警发生,先知照中国军后始往进剿;四、延珲地方秩序由中国军警维持。"由以上规定可见,吉林当局对日军做出了重大妥协。尽管如此,日军仍不遵守这个协议,昼撤夜返,仅将表面军事设施拆除,并继续设警,而且还在8日向中国提出"尽驱朝鲜党人"的无理要求。15日,日本政府决定在延吉、珲春留驻日军二个大队,"其余日军即日撤退"。中国人民并未被日本撤军假象所蒙蔽。15日,珲春、延吉、汪清、宁安、和龙五县代表抵达北京,向北京政府痛陈五县人民受日军残害情形:人民伤亡近万人,财产损失两千万元,以及日军奸淫、烧杀、活埋、火烧、腰斩等兽行,要求日军撤退并赔偿损失。21日,吉林旅京同乡会再次上书政府,请严重交涉,表示"全吉七百万人誓为政府后盾"。3月4日,延吉、珲春民众代表又赴北京政府国务院请愿,督促日军全部退出珲春。6日,北京政府外交部要求日使先撤延吉日军两连及散处汪清、和龙等县日军。8日,日使提出延珲两处日军在3月底撤尽,但警察不撤。24日,日本正式通知中国外交部,谎称延珲日军已全部撤走,实际上仍然未撤。直到4月8日,日本内阁会议才决定撤退延吉、珲春日军,15日始行撤退[63]。延边各族人民在全国人民的支持下,终于挫败了日本帝国主义武装侵占延珲地区的企图,保卫了祖国的神圣领土。

注：

［1］《延吉道概况》（初稿），50 页。

［2］"间岛"日本领事馆编《满洲事情》第 2 辑。

［3］［9］沈茹秋：《延边调查实录》49 页。

［4］朴灿寿：《日本金融资本在延边的渗透和掠夺》，载《延边史志》1981 年 2 期。

［5］近藤三雄：《满洲农业金融》76—78 页。

［6］《吉林省大事记》（1912—1931 年）111 页。

［7］《延吉道概况》（初稿）41 页。

［8］《吉林省大事记》（1912—1931 年）243 页。

［11］《延吉道概况》90 页。

［12］沈茹秋：《延吉调查实录》42—59 页。

［13］步平等编著：《东北国际约章汇释》（1689—1919 年）409—411 页。

［14］《延吉道概况》（初稿）88 页。

［15］沈茹秋：《延边调查实录》34—35 页。

［16］《延吉道概况》（初稿）76—77 页。

［17］《延吉道概况》（初稿）94 页。

［18］金东和：《"三一三"延边青年学生的反日示威活动》载《延边历史研究》1988 年第 3 辑。

［19］《延吉道概况》（初稿）94—95 页。

［20］《延吉道概况》（初稿）99 页。

［21］韩俊光：《垦岛（"间岛"）的洪范图将军》载《朝鲜民族运动史研究》（日文）1989 年第 6 号。

［22］沈茹秋：《延边调查实录》55 页。

［23］《延边历史事件党史人物录》（新民主主义革命时期）中共延边州委党史委及党史研究所编印，36—37 页。

［24］《吉林省大事记》（1912—1931 年）吉林省档案馆编印，383 页。

［25］《延吉道概况》（初稿）100页。

［26］步平等编著：《东北国际约章汇释》（1689—1919年）黑龙江人民出版社1987年出版410页。

［27］步平等编著：《东北国际约章汇释》（1689—1919年）592-593页。

［28］《"满铁"史资料》第二卷，第二册551页。

［29］《吉林省大事记》（1912—1931年）214—224页。

［30］《吉林省大事记》（1912—1931年）225—228页。

［31］［32］《吉林省大事记》（1912—1931年）231页、265页。

［33］钟丽：《日帝修筑吉会铁路与延边人民的反抗斗争》载《延边文史资料》第4辑。

［34］草柳大藏著：《"满铁"调查部内幕》中译本，黑龙江人民出版社，1982年版274—276页。

［35］赵东凡：《吉会铁路签约经过》载《文史资料选辑》第17辑。

［36］［37］《吉林省大事记》（1912—1931年）329—330页、336—337页。

［38］［47］延吉道尹公署档案，内务科卷27号。

［39］［42］［43］［45］延吉道尹公署档案，内务科卷32号。

［40］高永一著：《中国朝鲜族历史研究》延边教育出版社1984年版255—256页。

［41］［44］延吉道尹公署档案，外交科卷11号。

［46］崔锡升：《珲春事件》载《珲春文史资料》第2辑。

［48］高永一著：《中国朝鲜族历史研究》253页。

［49］文龙：《日本驻珲春领事分馆屠杀我国抗日军民的罪行片断》载《珲春文史资料》第二辑。

［50］《吉林省大事记》（1912—1931）180页。

［51］延吉道尹公署档案，外交科卷46号。

［52］汪清县公署档案，实业类，卷20号。

［53］和龙县公署档案，外交类卷 66 号。

［54］延吉道尹公署档案，外交科卷 59 号。

［55］延吉道尹公署档案，外交科卷 20 号。

［56］延吉道尹公署档案，外交科卷 24 号。

［57］高永一著：《中国朝鲜族历史研究》270 页。

［58］李昌役：《青山里战役》载《延边史志》1988 年 1—2 期。

［59］《吉林省大事记》（1912—1931）181 页。

［60］《吉长日报》1920 年 10 月 26 日

［61］《吉长日报》1920 年 11 月 3 日。

［62］《吉林省大事记》（1912—1931）182—186 页。

［63］《吉林省大事记》（1912—1931）188—194 页。

第五节　中俄及中苏边境争端

一、沙俄对我国东疆的侵略

清末民初，沙俄继续扩大它在东北的侵略势力，不断制造边界纠纷，"或伤我之碑记，或侵我之沟界，任意骚扰，毫无顾忌"[1]。由于沙俄的侵略政策，使东部边疆长期得不到安宁，争端屡起，中国领土主权时遭践踏。

沙俄蚕食我国东疆领土的手段十分卑劣，"除以条约手续明取外，复以暗移界标或故赖界水之诡计，以攫夺之，深可痛矣"[2]。由于"俄人暗窃潜移，界线遂半非其旧。俗谚故有'马驮界碑'之语"[3]。清季沙俄私移东部界牌的情形，光绪三十四年（1908 年），姚和锟等在《吉林边务报告书》中曾做过详细记述：

"考萨字界牌处，即珲春与阿吉密（即阿济河）往来路口，据土人云：光绪三十三年此牌曾为降俄之韩民移动，旋亦归至原处，牌尚完全；啦帕两界牌均在珲春界内，无大损伤；倭字界牌在绥芬界之瑚布图河口，因河身日向西移，闻于光绪二十六年已被俄人移动；土字界牌在图们江口；那、码、拉、喀、亦五界牌均在密山府境；亦、喀两界牌对峙于兴凯湖东西两岸，一在松阿察河之源，一在白棱河口，于光绪二十六年均遭损伤，牌位尚如旧日。惟拉字界牌本在白棱河西小漫冈上，今已为俄人换粗石两条立于二人班地方，若按拉字界牌旧址计算，实向北移进三十□里所，原立之界牌则查不知所之矣；码字界牌亦被俄人毁去。……外之石堆共二十六处，现在第一记号已被降俄韩民毁坏，故去年我国收阳关坪地方之租，俄遂照会珲春副都统索还一切，其干涉我边之事，几与'间岛'初起之事相类。第八记号以铜柱为标识，俗谓天文台也。近俄人移至伯力博物院，曾经珲春副都统照会岩杵河之哥毕萨尔（俄官名）索此物，后彼无回复云云。"

沙俄侵略者从不遵守界约，经常越界进入我国境内私垦、狩猎、伐木、割草、采矿，不仅侵犯我国领土主权，而且破坏了我国领土自然资源和生态，甚至损害了我国的边防。

清朝末年，"东省与俄界毗连，吉林东北隅尤为接壤。铁路交通而后，俄人之移民而至者络绎不绝，沿边各境地广人稀，本省居民昧于耕种之利，以致他族潜来垦辟，日益增多，既未奉官吏明文，亦不遵界务条约。乌苏里江西岸挠力沟东南小清河地方，时有俄人越渡私垦"。光绪三十二年（1906），有俄人谢木恩别罗克雷罗夫及帕为勒擎资阔挪夫二人在临江州（今抚远县）乌苏里江木城地方私垦地三坰五亩[4]。临江州挠力沟乃森林繁盛之地，"枝叶扶疏，不见天日。每每行人往来，莫辨途径，何天生美材之多耶！俄人重视此地，以为奇货可居，或来此处渔猎，或越此地开垦"。该州所属的依拉嘎石山所产之石质白而坚，较俄国所产为佳，俄国伯力工程建筑"须买此石以作阶壁，前年依兰府委员荣某私与俄人立约，竟将此山作卖。旋经上峰觉察，严行札饬该处地方官派员封山。而俄则玩视公法，一概置之不理，我国所贴告示全行刷去，且将我国委员任意污辱，至今留连故土，依然封者自封，采者自采。"[5]

沙俄对我边疆森林资源更是极尽掠夺破坏之能事，竟用木桦作为火车和汽船的燃料。魏声和《鸡林旧闻录》称："舟行混同江，辄见我境南岸木桴如山，宽里许，长及四五六里者，连续不断，悉以供俄国汽船之用，皆领票砍伐者也。刻自哈尔滨下驶至伯力、海兰泡之俄轮有四十余艘，无一非以爨薪代石炭（煤）而取给吾土，沿岸森林垂垂尽矣。一至俄境，沿乌苏里铁道南行，则林木蔚然，四山浓绿，不但天然林特施保护，且造林区亦正发达。故俄轮行经绥远，必广运岸傍之积薪，恒至船中插足无地。缘过此便入俄境，当备往返之需。闻东清铁路需用更增十倍。诚恐我北满自古遗留之良产，不及数年，欲寻所谓窝集之胜，概渺难再见。"虎林厅"紧邻俄疆，……而该国则因防护边界，即下至江堤河畔禁令甚严，如有砍取，不论大小，每株罚俄洋二十五元。故所需材料，大而梁栋，小至薪炭，无不取给于我。……现在我边界沿江一带已等不毛，即距江稍远之区亦半被砍尽"[6]。由此可见，沙俄破坏我国边疆资源的用心是多么险恶和龌龊。

俄人不仅在边界地区偷采滥伐，而且还有一些俄商深入东疆腹地设立林场，对我国边疆森林资源进行疯狂的掠夺。沙俄在我国修筑中东铁路期间，曾分别与吉林和黑龙江签订《木植合同》，攫夺了在铁路沿线地区采伐木材的特权。此后，俄商在东北各地设立大批林场，任意砍伐林木，致使"铁路界内森林砍伐殆尽"[7]。据1913年6月26日统计，仅宁安县境内就有俄人设立的林场九家，兹列表于下[8]：

林场地点	承办人姓名	林场坐落四至	砍伐人数
沙河子站	四林亲	沙河子站沟里，长20里，宽10里	23
横道河子站	吉立吉斯克	距米得为吉站东北5里处	29
横道河子站	茶申		
三道窝棘站	福离得		12
三道窝棘站	舍福全克		8
海林站北三道沟	阿结耶夫	距海林站北30里	
四道岭子	茶申	铁岭河站东	15
磨刀石站	尼格来耶夫	磨刀石站南沟	17
台马沟站	协吉斯		11

在东宁县，1912年，"俄员将哈埠统税局总理谢某竭力赂妥，谢某即将东宁厅一带森林私卖俄人，任意砍伐"[9]。1916年，俄国林业技师弗理特将宁安县横道河子站为中心的820平方俄里的森林采伐权卖给中东路。中东路继承该林区后，从1916年至1923年共采圆木280500根，枕木448450根。1922年又收买史（四）林钦（亲）的林场，面积920平方俄里，1923至1924年伐木期中雇用工人达6500人，用马1500匹，可见伐木规模甚大，对我森林资源破坏十分严重[10]。1920年10月，吉林省议会转交于东云等三十三人条陈指控俄商谢洁斯等借修筑中东铁路之机，霸占铁路沿线森林，任意砍伐，偷漏国税，拖欠税款，贿通官府，霸占民荒，并勾结木税局妄发越期执照等罪行[11]。

沙俄还干涉我边民的正常生产和生活，霸占航路，阻碍我国人民在界河上航行。乌苏里江瓦盆窑地方（在今抚远县境内）产鱼甚盛，"网滩"很多，沿江居民大多以渔为业。该处"网滩"本在江水中流之西北华界以内，但对岸俄屯屯长八斯克克暨书记安特力在1912年"同称网滩地处系属俄界，不许华人捕鱼。复又指挥俄人尽行驱逐，夺去鱼网一面，又勒令渔户宋奎元交网滩押款羌洋五十元，方准捕鱼"，致使该地渔业日见消减。黑龙江及乌苏里江均系中俄界河，但航业为俄人垄断，尤其私挪"耶"字界牌于通江口后，"凡中国航船经过通江常有留难阻滞等事"[13]。尤其严重的是，俄国霸占抚远三角洲后，"黑龙江南岸和乌苏里江北岸皆非我有，渔樵行旅反向俄纳税。我商民不得已，凡乌苏里之航船，恒于此舍舟登陆，绕越通江口以下，而回航于混同江"[14]。1915年6月，沙俄竟完全侵占乌苏里江航路，不准中国船只航行[15]。

沙俄经常挑起军事冲突，迫害我边民。清季俄国红石砬子一带哥萨克兵"时越吾境，枪毙土人，有过于胡匪之为虐。甚至不论昼夜，私借查票（引者注：指强迫我华人缴纳人票捐的凭证）为名，硬行闯入华人旅店，肆意抢掠，无所不至。彼犹恐被劫之民出告于上，必将在室之人牵出门外，夏秋之间则活埋之，春冬时则填入冰眼"[15]。由此可见沙俄士兵的残暴。

1915年9月11日，穆棱县细鳞河附近五站俄国官兵十余名以剿匪为由，闯入我国商铺强抢，并打伤二人，被我军防所当场抓获俄兵四人。后双方协商，将俄方人员放回。14日晚，俄军寻衅报复，调集军队二百余人，攻打我军防所，打死打伤中国军人九名[16]。1917年2月，绥远县（今抚远市）二区界城子地方，有德泰祥商号被俄兵十余名抢动，击毙店员七名，伤二名，过路人死六名。强抢后将该商号放火烧毁，然后逃回俄境[17]。1919年8月10日，白俄匪帮四百多人由双城子开赴绥芬河六站，用大炮轰击华人居住区，炸死中国商人二人，伤一人，炸毁一些房屋[18]。

沙俄还擅自在中国国境内驻兵设警，侵我主权。日俄在签订《朴茨茅斯条约》的"附约"时，不经中国政府同意，擅自规定："两订约国可留置守备兵，保护满洲各自铁道线路，至守备兵人数，每一公里不过十五名之数。"[19]根据这个破坏中国主权的规定，1907年沙俄驻扎在中东铁路附属地的军队有：步兵五十四个中队，骑兵四十二个中队，炮兵四个中队。1910年又进行调整，驻军数目又有增加。此外，还在各地设立行政警察、路警、水警等。沙俄军警在东北各地胡作非为，经常侵害我国人民生命财产，犯下了滔天罪行。东疆是沙俄派设军警的重点地区。除了按照非法条约的常设军警外，沙俄还经常擅派军警闯入非驻兵区，侵害我国边疆主权。1914年6月27日晚，有俄国步兵五人，各持枪械弹药，闯入佳木斯沿江码头"扎下帐房"。同时，俄军还闯入富锦县境驻扎。吉林交涉署为此事向俄国提出强烈抗议，要求撤回驻兵。但沙俄以"照料轮船""只于开江时暂驻为词"，赖着不走。但到冬天封冻后，沙俄又以"看守中东铁路公司冰冻搁住轮船"为借口，"希图久驻"。于是我江航要津遂为沙俄无理霸占[20]。

按照1860年签订的《北京条约》，中国人在乌苏里江以东地区享有永久居住权和渔猎农垦权，但这些合法权益被沙俄野蛮地剥夺了。清末民初，"华人如过俄界必先起取人票，否则不能擅入。每票一张需钱俄洋十二圆一角五分，票后并须粘附本人照片。此票以一年为限，期满另换新票。凡过界一次必须加盖验票戳记，每次给费羌洋三角。稽查非常严厉，沿街警察随时索观，倘忘携带，必被重罚。其无票者即拘入警察巴厘司（即俄警署），指为华匪后，用火车载送中国长春等处。如华商店侨住户藏寓无票华人，一经查出，除将本人拘押外，罚房主羌洋二千五百圆。中国租界内客戏园尤为加意，不分昼夜，随时搜翻，甚有先鸣手枪以示威吓者。待遇华侨至为残苛"[25]。

其实，沙俄向华侨征收人票捐只是一种手段，其真正用意是寻找借口虐待华侨，迫使他们离境。据载："俄之查票方法层出不穷，或以两三警兵于天曙时闯门而入，奔走喧豗，所谓哗然而吓，虽鸡犬不得以宁。""至票无所有，则必将行囊器物搜索一空，能行贿者或可少免灾害，而种种冤屈无处鸣焉。更可异者，平时于通衢道路之中忽遇俄警数名，有意作长蛇势，强圈人入其内，不论有票无票，一律拘至警局。行贿者即先释去，不然长久拘留，故使人有不堪冻馁之境，是明以查票为苛索之一法也。哥萨克兵本无查票之责，近数月来忽向我民验票，即不论俄之何等人，亦以此事为意。人人如是，旦旦如是，几何流离颠沛之民之不尽为穷且盗也。尤可痛者，俄人私造假票，我民以价廉得之，喜不胜，一经俄人觉察，非行重大贿赂不能保其生命。凡无贮蓄之人，即被拘至四等火车运至哈埠，或开释，或交交涉分局。中途饥寒交迫，死亡相枕于道"[26]。

华侨乘坐火车时，也常遭到种种歧视和迫害。华、俄旅客"分乘行车之各半，界如鸿沟，彼此不相混杂"。"华人每上车时，车手倚门昂首，有意阻挠，颉颃作气势，以索分外小费"。"坐行车中，看守兵不时抚客之手，以相告曰：'有膏粮乎，有雪茄乎，速即与我少许。'以喜以怒，狰狞之状逼人。""三等客车限定华客三四人并坐一席，车中拥挤不堪，站夫恣意欺凌，暗无天日。稍有反抗之意，立刻殴骂兼行，令人敢怒而不敢言也。"[27]

二、中国加强东疆北部边防和边务交涉

在东部边疆未全面丈放之前，边防空虚，管理乏人，致使疆土不守，主权不保，边民无依。"未几而越垦者且营室宇矣，经商者且设市廛矣，法

律不足以治之，兵力不足以驱之，反客为主，变本加厉"。光绪六年（1880）清派吴大澂到东疆办理边务，翌年在三岔口（今东宁市）设招垦局，开始解除封禁，招民人垦荒。光绪八年（1882）吉林将军铭安和督办宁古塔事宜吴大澂会奏，"于宁古塔设合兰直隶厅，万鹿沟设绥芬县，为部议所格"[28]。同时还建议在三姓设立三姓厅，也未获批准[29]。于是，吴大澂乃专注于东疆招垦事业和充实边防。光绪十年（1884）三岔口招垦局共招到垦民五百余户，发放领地执照六百张[30]。到光绪十八年三岔口已有升科熟地12625垧4亩8分。至光绪二十五年又有续垦熟地5000垧。穆棱河官荒从光绪十一年也开始招垦，到光绪二十年，已招到垦民200余户，1100余人，共垦熟地2000余垧[32]。光绪八年，吴大澂在穆棱河到三岔口一带曾试办屯田，先后设立11屯，每屯共有屯兵30人，屯兵"且耕且守"，促进了本区的土地开发。

光绪末年，牡丹江地区进入全面放垦阶段。光绪二十八年在穆棱河街（今穆棱市）设立了密山招垦总局，并在呢吗口（今虎林）及凤锦镇（今密山）设立了招垦分局。到光绪三十三年十二月，各招垦局共丈放出荒地202273垧，熟地3770垧。光绪三十三年九月到宣统元年（1909）七月，密山府又丈放荒地68202垧9亩，熟地599垧7亩[34]。到宣统二年六月，密山府共计放出民荒471684垧7亩，其中垦熟者仅有16000余垧[35]。

在放垦的过程中，清政府陆续在牡丹江地区设置了一些州县。光绪二十八年（1902）曾在三岔口设绥芬厅，后移治于宁古塔。宣统元年升厅为府，并在府下设穆棱县。宣统二年又改绥芬厅为宁安府，并于三岔口设东宁厅。光绪三十三年（1907）在蜂蜜山北麓之高丽营子附近设密山府。宣统元年在呢吗口设呢吗厅。宣统二年因呢吗口已属俄界，改厅名为虎林。清亡前夕，密山府已放生荒599939垧，熟地5380垧；宁安府已放生荒27306垧，熟地502垧；东宁厅已放生荒8177垧；虎林厅已放生荒4640垧；穆棱县已放生荒5524垧[36]。

清末放垦面积很大，但实际垦熟者不多。特别是密山府已放荒地中，已开垦者仅占 3.4%。其原因除了"地处边远,盗贼骚扰,领户裹足不前"[37]外,主要是由揽头包领官荒,进行土地投机造成的。密山府为了解决这个问题,在宣统元年曾发布催垦白话告示,采取了以下几项措施:(一)报领的荒地无论已垦未垦,到第四年一律升科。(二)届限升科之地,可缓限一年垦熟,如限满仍未垦熟,即将地撤出另放,不给还原纳荒价。(三)届限升科之地,如拒不交纳钱粮,即将地撤出,另放他人[38]。并从宣统元年起,对已放荒地进行复丈,直到宣统三年六月底才清丈完竣[39]。

东疆最北端的三江平原地区也在清末全面开放。光绪三十一年(1905)八月二十四日,三姓交涉总办郑国侨向吉林将军衙门禀称:"遵查三姓一城,地处省城东北,与俄伯力接壤,乃吉、江两省之门户,又为松花、牡丹两江汇流东下之区。……各处皆有零星民户,地多荒芜,闻为揽头包庇所误。因而奉天南城各户东迁者,皆趋赴富克锦上下,如铃铛麦、佳木斯一带,现实日增月盛。而东山矿厂附近垦地成熟者不计也。……三姓满文则曰依兰哈拉,似应循名核实,请添设府治,名曰依兰府,监督江关税务,统辖两省新设各县,随缺加三品衔兼理交涉营务各事宜,以资镇抚,作为极边要缺。……江南岸边铃铛麦地方,西距三姓城二百余里,应请添县治,名曰同江县。富克锦城旧有协佐各官,专司旗务击捕等事,应请添设分防主簿一员,俾资分治。至拉哈苏苏地方,现在华俄杂处,居民尚少,地土极佳,只可暂将护江分关一局,先行移往,稽查出入,一俟农商辐辏,再行增添厅治,作为北门锁钥"[40]。同年十一月二十八日,吉林将军达桂等会奏设依兰府,并拟在拉哈苏苏设临江州。翌年正月二十二日,政务处会同吏部遵旨议奏此事,建议"应准如所请"。当即奉旨允行。同年五月六日,吉林分巡道札委三姓交涉总办郑国侨试署依兰府知府[41]。同年八月一日,临江州首任知州吴士澂正式启用关防视事[42]。宣统元年(1909)清政府又把临江州升为府治,同时还批准在小佳河地方增设饶河县,在依力嘎山地方增设绥远州,在桦皮川增设桦川县,在富克锦地方增设富锦县。翌年,上述诸州县的行政长官先后到任视事。各新设治州县积极进行放荒招垦事宜,极力充实边疆。临江"本极边陲,赤壤童山,荒芜极目。光绪三十二年始设州治,放荒招垦,冀实边圈。前知州吴牧任内放出荒地40余万垧,历年开垦成熟者不及2万垧"[43]。依兰府到宣统二年已放官荒157908垧[44]。饶河县亦丈出私垦熟地1086垧,放出荒地16000余垧[45]。宣统三年,临江府已放生荒439518垧,富锦县140921垧,桦川县7825垧,绥远州6718垧[46]。

光绪三十三年(1907)清政府改革东北管理体制,在东北改设奉、吉、黑三个行省,"吉林既设行省,始除邓邦述为交涉司。于其行也,以调查越垦勖之。光绪三十四年九月,邦述乃檄邻边郡邑,各就境内稽查俄民越垦情形,详查填报"[47]。宣统元年四月十五日(1909年6月2日),又添设吉林省东北路分巡兵备道,道署驻三姓城,管理依兰、密山、临江一带边务及关税事宜。同时还添设吉林省东南路分巡兵备道,道署驻珲春,管理绥芬河、珲春、延吉一带边务、边海兵备,办理珲春关税和交涉事宜。民国成立后仍沿清末旧制,只不过把清末各道所设的道员加参领衔改为观察使,另在各路设镇守使,掌管所辖地区边防和军政。1914年,吉林东北路道改称依兰道,道尹公署设于依兰县,下辖依兰、桦川、勃利、方正、同江、富锦、绥远、密山、饶河、临湖(拟设)、虎林、穆棱等十二县。吉林东南路道改称延吉道,道尹公署改驻延吉,下辖宁安、东宁、珲春、延吉、汪清、和龙、敦化、额穆等八县。东疆行政机构的增设,加强了对边疆事务的管理。1914年3月2日,吉林省行政公署密令珲春、东宁、虎林、穆棱、绥远、密山等县每年夏初秋后密查中俄界牌二次,要求各县查明所属界内中俄原订界牌记号有无移动、损失,并将勘察结果呈报公署[48]。

清季以来东疆的放荒和设治,边防得以逐渐充实,对沙俄侵略的抵制和交涉也逐渐加强,兹举几例如下:

其一,关于沙俄强租拉哈苏苏的交涉。

拉哈苏苏是赫哲语音译,意为"老屋",即今同江县。位于松花江与黑龙江的汇合处,是吉林省东北门户,扼松、黑两江航行要津,具有重要的战略意义。沙俄早在同治十年(1871)创立黑龙江汽船公司,光绪二十一年（1895）又创办黑龙江商船公司，垄断了松黑两江的航运和贸易。中东铁路开工后，上述两公司及东省铁路公司的数百艘船只往来于黑龙江、松花江和乌苏里江运送料件，异常繁忙，拉哈苏苏成为江运枢纽和货物集散地。光绪二十三年（1897），俄国筑路监工向吉林将军延龄"商借"拉哈苏苏及三姓（今依兰）北岸堆卸路料，但被中国政府驳回。光绪二十六年，沙俄出兵东北，乃强行占据拉哈苏苏。翌年，《辛丑条约》签订后，英日两个帝国主义结成同盟，迫使沙俄从东三省退兵。东三省地方政权也恢复了权力，沙俄已不可能随意侵占中国土地。光绪二十七年，沙俄驻吉交涉大臣刘巴乃"先斩后奏"地向吉林将军长顺提出租借拉哈苏苏三段荒地的要求。长顺先是委婉驳阻，后终于妥协。在光绪二十七年十二月（1902 年 1 月）与刘巴签订了《俄人租借拉哈苏苏荒地草约》八条，规定："租用拉哈苏苏荒地三段，按三姓副都统衙门绘送地图，黑河俄商轮船公司租地一段，东西各界均三百沙申[49]，南北长三百八十八沙申；俄人拉得伊申租地一段，东西宽七十四沙申，南北长七十五沙申；俄人那五莫夫租地一段，东西宽六十沙申，南北长九十沙申。应即按图将此三段划清界址，立定合同，作为租界，不得于界外稍有侵占。"但这个草约并未被清政府批准。外务部核议时称："中外通商以来，只有开关口岸之处，准各国租地居住贸易。今俄员拟在拉哈苏苏荒地，作为轮船码头及田庄牧场，恐各国以为例。应请该将军等，婉词阻止，以杜胶葛。"[50]但沙俄对中国政府的驳阻置之不理，仍在拉哈苏苏建盖房屋，"特作江轮往返给薪之所，住兵二十，护卫航轮"。"建筑兵房病院，并设关榷税"。光绪三十二年八月，清政府在拉哈苏苏设临江州，乃多次敦促俄人撤出侵占的土地，到光绪三十四年三月，俄人在中国政府一再督促下，终于被迫从拉哈苏苏撤走，收回了被俄人强租的三段荒地，取得了这次交涉的胜利[51]。

其二，关于拉哈苏苏税关的交涉。

光绪二十二年（1896），俄人乘我边陲空虚，乃擅自在拉哈苏苏设立税关，稽查出入口货物，征收捐税。当时俄方既未照会我将军、都统衙门，而地方官吏亦未揭报。到光绪三十三年吉林交涉司设立后，乃照会驻哈俄国总领事，"以拉哈苏苏为中俄交界要隘，该处设立税关，稽查出入口货物，有碍中国主权。迭经照请撤关，坚持不允。盖事逾十载，俄商占地建屋，布置整齐，税关附近，俨成市区。俄人未肯遽行交还，迭次照催，率以未奉本国政府命令为辞"，不肯撤关。这样争辩数月，始据临江州知州吴士澂电称："据俄官面告，该关准十日内撤回俄境。惟该处为华俄商船出入要口，请速派员接办。"于是，吉林省长公署委派知府吴文泰前往接收。但吴到任后，俄人又不肯立即交接。当年五月，俄领事馆照称："撤退俄关，改设华关，交涉当由两国政府商定后再行定夺。"于是清政府加紧向俄政府交涉此事。十二月，俄领事才照称："已奉本国户部札谕，准将拉哈苏苏俄官撤去。"当由滨江关道与驻哈税务司相机措置，派员接办。时值岁暮江寒，未能前往。滨江道乃电饬临江州知州吴士澂暂行接收，来年开春后即由驻哈税务司接办。至此，拉哈苏苏税关终于收回[52]。

其三，密山招垦局对俄人越界垦伐事件的交涉。

密山一带在招垦之前，"千里边荒，强俄接壤，彼则营屯林立，我则榛莽空虚。俄民遂相率私垦，预图侵占"。"频年以来，俄人之私垦、猎牲、伐木及一切非理之举动，时有所闻"。光绪三十三年（1907）九月，清政府乃选委专员办理蜂蜜山招垦事宜，并兼理清界实边之职，前往中俄边界地带详细调查俄人越垦侵边的情况。该员自穆棱河入山，沿俄边界纡道龙王庙，出呢吗口，再出俄界，至绥芬站折回穆棱河，共查出距呢吗口百里以外的乌苏里穆棱河口、大木克河、都穆河、屯望、宝脖子五处计有俄民三十二户，共越垦荒地五十余垧，还"搭盖窝棚为久据计"。于是，该员乃饬令呢吗口交涉局、招垦分局禁阻越垦俄人。但俄人置之不理。于是，复饬总局径向东海滨省俄官交涉，令其回国。在我方力争之下，俄官乃被迫允许我国驱逐越垦俄人，并保证禁止俄民越界[53]。

光绪三十四年二月，俄人擅入兴凯湖一带我国边界内私伐桦、柞等树一千四百根，从梨树沟一带运出境外。我国地方官查知后，立即照会俄国红土崖民官核办。但该官声称无权办理，乃由密山招垦总局径电俄东海滨省长官诘问。嗣由沙河子俄总管照会分局，订期齐集南站，公同会议。我方委派李向云前往交涉，"再四磋商，该总管始以属界不守条约，允认罚办"。我方乃定每根树木罚卢布二角五分，共罚俄人卢布三百五十元，限期缴清。"并议此后我界一草一木俄人不得越界动用。倘再不守约章，越界砍伐，一经拿获，准照华例惩办，俄官绝不干预，当由俄总管签字议结"。罚款也已按限缴齐。此后，密山府境"他处遂无伐木私运情事"[54]。

其四，沙俄驱逐五沟华民案的交涉。

"五沟"即指乌苏里江以东的棘心、驿马、瓦口、挠头、刀毕等五条小河，皆发源于俄国东海滨省，向西流入乌苏里江，故土人称此地为"五沟"。"五沟"地区原为中国神圣领土，有五百余户中国居民在这里繁衍生息。自咸丰十一年（1861）始被沙俄侵占。当时我国居民已经用汗水在该区建成了美丽的家园，"所有庄园、篱落、堤防、沟洫，亦灿然就绪，屯边都种桑柳，青青成荫，风景颇有佳趣。"[55]但是，沙俄并不遵守《北京条约》中我国居民在乌苏里江以东地区有居住渔猎权的规定，"日以残忍手段戕害我民，中国官吏足迹从未一至其地，华民无从呼吁，其隐忍而委于沟壑者不知凡几"。光绪三十三年（1907），清政府派员调查蜂蜜山垦务，行经呢吗口时，曾据华民郭万福呈称：五沟俄官迫逐我民，现将沟中屯长郭万有等五人监禁在双城子俄国监狱内。垦请设法营救，并保护五沟华民免其驱逐，以安旧业。当由该员带同郭万福至哈尔滨，由滨江道员杜学瀛照会俄领事，表示强烈抗议。但俄方置之不理[56]。翌年三月十二日，沙俄竟下逐客严令，限定中国居民在六周内全部迁出五沟。"我民恋旧情深，故土难去"，因而"徘徊眷顾，多耽误出境之期。"[57]沙俄乃派兵分头进沟，武力驱逐华民，仅许华民只身出境，不准携带牲畜农具，"稍一迟回，即被俄兵枪毙"，一场"江东六十四屯血案"的悲剧即将重演。中国呢吗口税务兼交涉委员赵瑞昌得知这一情况后，立即飞报密山招垦总局请求从速交涉，并赴五沟同俄总管"再三磋商，始经俄总管电请伯力俄督，得电准展限至本年华历十一月初一日为期[58]。但正当华民整理财物准备迁出之时，沙俄又派汉奸翻译孙福带俄兵进入五沟，"肆意妄为，略无忌惮，或黔其庐，或赭其垣，或牵其牛马，或索其财物。则有意抵滞以招枪毙者，实繁有徒。际此全体崩离，财产皆失，妇孺载道哀号，以演成驿障残阳之惨剧，并非笔墨所能形容也"。密山府招垦局得知此讯，一面饬赵瑞昌驰往伯力"重申前议"，一面转译俄文电致东海滨省，迫使俄督"电止孙某"，并将孙撤回，处以十年监禁之罪[59]。俄方保证缓限期内不再派兵驱逐，并许华民在秋委"收藏事毕"后离境。此后，中国居民得以陆续平安迁出五沟，密山府在呢吗口开辟垦区，安置一千余名五沟难民，有财产的令其缴价领地，无财产者令其先行开垦，陆续备价。从此五沟华民得庆更生，不致再罹无妄之灾，此拯救五沟华民之交涉也[60]。这次交涉尽管没有保住中国人民在五沟地区的居住权，但阻止沙俄对我边民的一次血腥屠杀，使千余名中国人得以安全回到祖国怀抱，这也是不幸中的万幸。

总之，清末民初我国吉林东北边疆地区自从"剿除胡匪，添设民官，驻扎军队，整顿垦局，保护商民。外人知我之注重边陲，于是稍戢其心，不似从前之举动如入无人之地，而越界滋事之一切交涉，理折情遣，亦遂能受我范围，而无非分之要求，意外之损失。"[61]

三、中苏边境纠纷及"中东路事件"中的东疆战场

十月革命胜利后，苏俄政府曾在1919年7月和1920年9月两次发表对华宣言，声明废除沙俄时代一切对华不平等条约，"所有俄国如前政府与中国所缔结之条约皆属无效，放弃侵占所得之中国领土及中国境内之俄国租界，并将沙皇政府及俄国资产阶级掠自中国者，皆无报酬地永久归还中国"。这些宣言曾使中国人民十分欢欣。1921年9月25日，延吉、珲春、和龙等县商会、教育会等团体联合吁请，趁俄罗斯赤塔代表求订商约之机，将珲春以东毛口崴一带沿海失地设法收回，以便商船出入[62]。但后来苏俄并未兑现自己的诺言。在领土问题上苏俄不仅没有放弃沙俄以不平等条约掠夺的黑龙江以北、乌苏里江以东的大片领土，以及沙俄没有条约根据而

侵夺的江东六十四屯领土，而且继续不断地私挪界牌，对我国东部边境领土、领水进行蚕食活动。据东北当局的调查，俄罗斯在"满洲东北部，逐渐侵占中国领土，自三里至十里不等"[63]。1927年，俄罗斯人进入我国领土东宁县三道沟与四道沟之间的牙古尼小站，增添兵房二所，每所约容二十人。1928年，"俄人乘与中国共商疏浚乌苏里江之时，乃私立界牌于通江华岸，意在侵占三角洲，指通江子为国际河流。当经黑河道尹发现此项情事，遂向俄方提出抗议。俄人竟指界牌为据，毫之不理"[64]。俄罗斯在兴凯湖边各交界点仍"逐渐侵入，始仅起造房屋，现竟派兵占领。……兴凯湖全部，实际上已尽为俄人侵占，现已用汽船巡弋全湖。此湖产渔甚富，向有多数之中国渔人依此为生，现皆被俄人驱逐殆尽"。1931年5月，宁安县"国境第三界牌所置之木桩现被俄人暗自向西移动，约占我方二里之多，直至牛角顶子地方之界牌亦被移动"[65]。1931年8月15日，东宁县东太平沟等处，发现苏联新埋界桩，侵占中国边地四百多里，并派兵驱逐当地中国农民"[66]。

苏联还经常派军队入侵中国领土、领水，破坏中国主权。1921年7月8日，苏俄远东共和国军舰在松花江口炮击我国戊通航业公司商船，伤亡十一人。后经交涉，苏向我国道歉，并愿赔偿损失。翌年3月22日，苏联将赔款五万元交与我国[67]。1924年8月26日，苏联边防巡湖艇"梯戈尔"号闯过边境，进入兴凯湖中国水域，劫去华商满载粮布帆船一艘。中国方面闻讯后，将该巡湖艇扣留。后经双方交涉，各自将所劫扣船只放回[68]。1925年3月，中国当局为维护我国主权，下令禁止苏联人在吉林省行驶长途汽车。苏联驻华大使馆及驻哈总领事对此提出抗议，并声称如不废止此项规定，将对在苏华侨进行报复[69]。1926年7月24日，苏联士兵武装越界，在兴凯湖强抢货船货物，并虏去中国商人、水手八名[70]。1927年8月1日，据延吉警察厅呈报，苏联骑兵越界逮捕我垦民二人，连同牛车押入苏境，看押四十余日。延吉交涉员提出交涉后，苏方才将扣押垦民释放[71]。1928年6月21日，我国朝鲜族垦民四十余人联合呈控苏联武装越界，将珲春洋关坪一带垦民赶走，致使老幼五六百人流离失所，无家可归[73]。8月16日，中国密山县署为了维护边界安宁，要求与苏驻红土崖国防支队长订立《互保治安暂行办法》，但苏方借词推延，不予签字[73]。1930年4月，吉林省政府委员会第九十八次会议议决，因苏联驱逐华侨已在十万人以上，拨专款接济难民，并派员赴伯力、海参崴、双城子等地考察并照料被逐难民"[74]。

在中东路问题上，苏俄在1919年9月对华宣言中声明："愿将中国中东铁路及租让之一切矿产、森林、金产及他种产业，……一概无条件交还中国，毫不索债。"但翌年苏俄第二次对华宣言中，则表示对中东路要"允订专约"，不想无条件交还。1922年苏联代表越飞竟照会中国外交部，声称苏联没有履行1919年及1920年宣言的义务[75]。1922年11月17日，哈尔滨俄文报纸登载一份远东苏俄政府《宣言书》，其中将东省铁路区域认定为俄国领土主权范围。为此，中国哈尔滨交涉员向苏联政府驻哈代表提出严重抗议。该代表表示《宣言书》那样写是"出于误会"[76]。1924年5月31日签订了《中俄解决悬案大纲协定》《暂行管理中东铁路协定》，1924年9月20日又签订了《奉俄协定》。苏联皆以"需用"为借口而对中东路实行所谓的苏中"共管"。实际上，中东路实权一直操诸苏方，在人事配备上，掌路政实权的东铁管理局长一直由苏方担任，机务、车务、商务、财务等几个要害部门皆由苏方控制，路局的行政文件以俄文为主，财务上以俄卢布为核算单位，铁路收入全部存入苏方的远东银行。因此，中苏纠纷、冲突不断发生，矛盾日益激化。

1928年12月22日，东三省交通委员会派员收回中东路"哈尔滨中央电话局"，苏方提出抗议，要求赔偿损失百余万元。1929年3月16日，东省铁路督办规定以后路局命令须由中方局长签字方为有效。4月2日，苏方同意由华人担任商务、机务、车务、总务、会计、进款等六处之正处长职，但要求承认苏联职工会。不久，苏方又以每年保证给中国二千万元为条件，要求维持中东路共管现状，遭到张学良拒绝。5月27日，东省特警处以苏方宣传"赤化"为借口，强行搜查了苏联驻哈领事馆，搜走一批重要文件。31 日，苏方向南京政府提出抗议。6 月 17 日，苏军增兵满洲里附近。19 日苏派兵封闭中国驻伯力领事馆。22 日，张学良在沈阳召开对苏会议，议定改编陆军，屯兵吉蒙边界，接收中东路方法等问题。7 月 7 日，张学良抵北平与蒋介石密议中东路问题，蒋鼓动东北当局采取措施。10 日，东北当局出动武装人员，强行接收中东路沿线电话、电信机构，查封俄罗斯国营商业机关，解散苏方职工联合会，完全接管了中东路，是为"中东路事件"。

1929 年 7 月 17 日，苏联照会中国政府，正式对华绝交。两国处于战争状态。7 月 23 日，据哈尔滨航业公会会长王顺存报告，连日来苏军在乌苏里江和黑龙江扣留华轮十艘。8 月 3 日，据同江县公安局长呈报：中苏两国军队在该县各置重兵隔江对峙，中国江防已增加兵舰七艘，并有陆军第九旅及留守的第三十五团沿江布防[77]。8 月 6 日，俄罗斯革命军事委员会下令建立远东特别集团军，军司令部设于伯力，以配合苏阿穆尔河舰队对中国军队作战。同时苏军在密山、同江、东宁、绥芬河等边界各县布置部队，并经常派遣步骑兵及飞机越境侦察[78]。8 月 13 日，苏军遣兵舰两艘，陆战队三百人，飞机两架，侵入我国绥东县境，占据中兴镇和李家房子，首先挑起军事行动。

8 月 15 日，张学良下达对苏作战动员令，派兵六万增防国境线，委王树常为"防俄"第一军军长，任东路总指挥。中苏战争首先是从东线开始的。8 月 18 日，苏军攻入东宁县城，翌日被击退。28 日，苏军又攻入汪清县。9 月 6 日，绥远县（今抚远市）属乌苏镇驻守的陆军七连突遭苏联炮舰和飞机袭击，当场死亡官兵二十余名，军人眷属十余名。7 日苏军用地雷炸毁绥芬河铁路大桥，机车二辆，客车数辆跌入桥下。同时出动飞机十多架轰炸了绥芬河车站，中国军队伤亡五十余人。19 日，苏兵舰及汽船围攻绥远县城，县署及卷宗均被炮火焚毁，商民房屋毁损大半，县政府暂迁浓江沟里。

苏军最初的军事行动并未受到东北军强有力的抵抗。进入十月份，东北军主力才到达前线，并布置就绪。10月12日午前5时，苏阿穆尔河舰队的八艘军舰突然向三江口东北海军及海军陆战队发起进攻。苏舰发炮两响后，东北海军才开始还击。激战一小时许，苏机十八架助战。战至中午，东北海军的江平、江安、江泰、利绥及东乙等舰均中弹沉没，海军将士死亡二百人以上。苏舰被击沉三艘，伤四艘，苏机被击落二架。

同时，苏军又动用步兵三千人，骑兵九百余人，在飞机、军舰配合下向同江发起猛攻，东北军损失惨重，伤亡军官十七人，士兵五百余人，城中各主要机关均被炸毁。激战至下午3时，因东北军子弹接济不上，不得不弃城而退，13日晚同江县城为苏军占领，三江口江防同时不守。

10月13日，东北江防司令沈鸿烈偕依兰镇守使李杜由哈尔滨赴富锦督战。这时苏军已自动从同江县城及三江口撤退。14日，东北军重新控制同江，并将同江至富锦河道封锁，设尼耳古、土斯克、高家屯等三道防线。驻在富锦市街的李杜旅罗宪章团则在城外龙眼山、倭虎力山挖战壕，修筑工事。30日晨8时，苏军飞机十余架飞入富锦市街上空，向江亨号军舰、杭州号轮船及海军办事处、商会、陆军团部等处猛烈投弹。下午4时苏军舰驶至高家屯附近，沈鸿烈乘江亨舰出击，激战一个多小时，因弹药已尽，乃实行退却，并将江亨舰自行沉没于江湾。苏舰于31日晨破除拦江防线，上午10时，七艘苏舰进入富锦江岸，向中国守军猛烈发炮，同时苏步骑兵三千余名在炮火和飞机的掩护下登陆，在倭虎力山与罗团激战，战斗中罗团击毁苏舰一艘，飞机二架，但终因不敌而退守县城。到晚7时，罗团因孤立无援而向富锦西方退却，富锦遂陷于苏军之手。沈鸿烈和李杜在11月1日撤退到依兰，整顿收集队伍，布置第三道防线。2日，李杜率依兰援军开到桦川，随即开往富锦反攻，下午2时占据富锦。11月1日晚，北风大作，苏舰恐冻于中国境内，未敢贸然深入。8日，依兰、桦川已见江冰，松花江封冻在即，苏舰被迫全部退往伯力，未达到通过水路一举袭取哈尔滨的作战目标。

11月17日拂晓，苏军又一次对密山县发动大规模进攻。与中国驻军和保卫团发生激战。苏机二十余架对密山县城狂轰滥炸，居民逃避一空。苏军乃攻入城内，将狱犯全部放走。临退出县城时，又将该县行政、司法文件及办公房屋一并焚毁。同日，苏军六架飞机在宁安县中国军用机场上空投弹，炸毁中国飞机一架，经该地驻军炮击后退去[79]。11月26日，张学良被迫接受俄罗斯提出的恢复中苏冲突前中东路原状，释放苏方被俘人员的条件，同意开始谈判。12月22日中苏正式签订《伯力协定》，恢复了俄罗斯在东北的一切权益。

注：

［1］姚和锟等著：《吉林边务报告书》概论第2页。

［2］许阶平：《最近之东三省》第2编第52页。

［3］魏声和：《鸡林旧闻录》（一）。

［4］《东三省政略》卷3，交涉、垦务交涉篇。

［5］姚和锟等著：《吉林边务报告书》第14章第2节第18页。

［6］吉林行省档案，1（6—1）—320。

［7］［9］吉林度支司档案，卷1141号。

［8］吉林垦植分会档案（缩）131—2—476。

［10］《吉林省大事记》（1912—1931）101页。

［11］《吉林省大事记》（1912—1931）180页。

［12］［21］吉林省长公署档案，11（7—7）—1921。

［13］混同江指松花江和黑龙江汇合后的江段。魏声和《鸡林旧闻录》（一）。

［14］《吉林省大事记》（1912—1931）第68页。

［15］姚和锟等著：《吉林边务报告书》第15章。

［16］《吉林省大事记》（1912—1931）第72页。

［17］［18］《吉林省大事记》（1912—1931）103页、154页。

［19］步平等编著：《东北国际约章汇释》（1689—1919年）281页。

［20］黑龙江省档案馆编：《中东铁路》（二）50—65页。

［22］［23］［24］［25］［26］姚和锟等著：《吉林边务报告书》第3章第1节。

［27］姚和锟等著：《吉林边务报告书》第3章第2节。

［28］《东三省政略》卷1，边务、绥芬篇。

［29］《黑龙江设治档案史料选编》（上）第25页。

［30］吉林将军衙门档案，1（6—1）—44。

［31］［32］［33］吉林将军衙门档案，1（6—1）—40。

［34］［38］奉天省公署档案，4441号。

［35］［37］［39］吉林行省档案，1（6—1）—259。

［36］吉林行政公署档案，11（7—7）—1885。

［40］《黑龙江设治》（上），225—226页。

［41］［42］《黑龙江设治》（下），708页、678页。

［43］［44］吉林行省档案，1（6—1）—222。

［45］吉林行省档案，1（6—1）—231。

［46］吉林省行政公署档案，11（7—7）—1885。

［47］《东三省政略》卷3，交涉、垦务交涉篇。

［48］《吉林省大事记》（1912—1931）第51页。

［49］按该草约规定，每一沙申按中国六尺六寸核算。

［50］步平等编著：《东北国际约章汇释》（1689—1919年）231页。

［51］刘贵君：《沙俄强占拉哈苏苏述论》载《长白学圃》1986年2期。

［52］《东三省政略》卷3，交涉、税务交涉篇。

［53］［54］［56］［58］［60］［61］《东三省政略》卷1，边务、蜂蜜山篇。

［55］［57］［59］姚和锟等著：《吉林边务报告书》第3章第3节。

［62］《吉林省大事记》（1912—1931）203页。

［63］［64］许阶平《最近之东三省》57页、58页。

［65］《黑龙江沿革史讲稿》黑龙江省档案馆1981年编印，384—385页。

［66］《吉林省大事记》（1912—1931）418页。

［67］［68］［69］《吉林省大事记》（1912—1931）200—216 页；261—262 页；271 页。

［70］［71］［72］［73］《吉林省大事记》（1912—1931）293 页；310 页；332 页；334 页。

［74］《吉林省大事记》（1912—1931）380 页。

［75］何汉文：《中俄外交史》322 页。

［76］《吉林省大事记》（1912 — 1931）232 页。

［77］［78］《吉林省大事记》（1912—1931）359 页；360 页。

［79］《吉林省大事记》（1912—1931）361—365 页。

附篇　日伪统治时期的东满（译稿）

　　1931 年"九一八"事变后，东北沦为日本殖民地，东疆地区被置于日本帝国主义的殖民统治之下，属日伪的"东满"区域。日伪统治时期的东满是东疆史的重要组成部分。从总体上看，大致包括两个主要内容：一个是日伪对东疆的殖民统治和掠夺，另一个是以抗日联军为中心的中国人民反抗日本侵略者的斗争。就目前的研究现状来看，成果主要集中在抗联方面，有关史料得到了全面、广泛的发掘，而且形成了一批重要的研究成果。我们目前对这一课题尚未发掘出新的材料，也没有更进一步的深入研究，故此处暂不置喙。而日伪对东疆的统治和掠夺方面则历来为学术界所忽视，成果寥寥，因而有必要对有关资料进行初步的开掘。

　　日伪统治时期，东满成为日本筹备反苏战争的前哨阵地，极力加强在该地区的统治和控制，大搞经济"开发"和移民侵略，屡次挑起对苏边境争端和边境战争，一直弥漫着战争的气氛。日伪为加强所谓的"国境建设"，不惜投入大量人力物力，进行资源、经济和军事等方面的考察，公开或秘密出版了大量的调查资料和研究成果，其罪恶用心在于为日本侵略者加强对该地区的统治和掠夺提供依据。如今，这批材料成为日伪侵略和掠夺的罪证，为我们研究日伪统治时期的东满提供了丰富的史料。以下我们将从这批日文资料中，选择有关日伪对东满进行政治控制，经济掠夺，移民侵略，"北边振兴"和张鼓峰事件等方面的资料，译成汉文汇辑成篇，基本上可以勾勒出日伪统治下东满历史的概貌。

　　当然，这些史料大多是日伪统治时期形成的档案文件或有关图书资料，在内容上有不少是美化日本帝国主义，宣传侵略有理，侵略有功，对日本"开发"东满经济的"业绩"多有溢美之辞，反映了日本帝国主义的反动政治立场。译者在选译史料时，尽量选取客观记述性资料，但对夹叙夹议不好剪裁的部分也只好照原文译出。希望读者仔细鉴别，弃其糟粕，批判使用。当然，其中有些记述也充分暴露了日本帝国主义的侵略野心和掠夺东满经济的罪恶行径，为我们提供了日本侵略东满的罪证。

第一节　东满概况

日本对东疆的战略地位极为重视，因而划定了所谓的"东满"区域，并力图将东满从东北中部分割出来，使之成为政治上和经济上都具有相对独立性的地域单元，也即所谓的"国境地带"和"东满经济区"。　日本帝国主义还力图将这一地区彻底日本化，因而大量向东满移民，企图改变东满的居民成分。一些法西斯分子甚至捏造说东满是日本人的发源地，充分暴露了日本企图将东满完全变成日本领土的野心。总之，日本通过行政区划、大规模移民和建立环日本海经济带等一系列措施，促使东满特殊化和日本化，使之成为日本进攻苏联的可靠基地。

以下从《满洲国现势》（1942 年版）、《东满事情》（1941 年版）等日文资料中选译部分资料，简单概述日伪统治时期东满的行政区划、地域特色和人口土地方面的基本情况。

一、行政区划沿革

所谓"东满"，大体系指"九一八"事变前旧吉林的东部边疆地区，也即旧吉林省的延吉道和依兰道。"满洲国"成立后，把这一地区作为反苏前哨阵地而极力经营。日伪政权为了强化对所谓"国境省"的控制，乃频繁变更该区的行政建置，以"使满苏国境的国防建设顺应军事上的诸项要求"，"在其行政营运上反映出国防的要求"[1]。兹将其行政区划变更情况简述如下：

1934 年 10 月 11 日，"满洲国"颁布《地方行政改革制度》和新的《省官制》，将包括热河省在内的原东北四省划分为十个省。12 月 1 日起正式实施，原吉林省被肢解为滨江、吉林、三江、"间岛"等四个省，其中"间岛"省辖延吉、汪清、珲春、和龙、安图等五县，三江省辖桦川、富锦、宝清、勃利、依兰、方正、通河、凤山、汤原、萝北、绥滨、同江、抚远、饶河等十四县，牡丹江地区的东宁、宁安、穆棱、密山、虎林等县属滨江省。各省设省长一名，一般由中国人担任。省公署直辖总务、民政、警务、实业、教育等五厅，其中以总务厅和警务厅职权最大，厅长一般由日本人担任。

1937年7月1日，"满洲国"实行第二次行政机构改革，在东满增设牡丹江省，下辖牡丹江市和宁安、东宁、穆棱、密山、虎林等五县。同年12月，又改革省一级官制，将各省的日本人总务厅长一律升为省次长（即副省长），其地位、作用与"满洲国"国务院总务厅长和各部次长相同，是把持全省行政的实权派，原总务厅改称"官房"，掌管机要，重要事务的联络与调整，总动员计划，官吏的升调赏罚，印信情报的管理等等，官房长官仍由日人担任。通过这次改革，从"中央"到地方各级政权，形成了由日本人掌政的"次长中心制"内部控制体系，并加强了对边疆省区的控制。另外，为了适应日本"百万户移民计划"的需要，各省陆续将实业厅改为"开拓厅"。

1939年6月1日，"满洲国"开始实施"北边振兴计划"。为进一步加强对东部边疆的控制，乃又一次调整东满行政区划，从牡丹江、滨江、黑龙江三省中划出东安、北安两省，其中东安省辖虎林、饶河、宝清、林口、密山等五县，1941年又将三江省的勃利县划归东安省。同时扩大东满各省省长的权限，把原属"中央大臣"的一些权限直接转移给各省长，并规定各省长不必向"中央"申请报告，即可按军事需要独立处理重大事务。同时，东北边疆各省省长一般改由日本人担任，一些边境县份，如珲春、绥阳、穆棱、密山、虎林、鸡宁等县的县长，也以便于与日军联系为名而改由日本人充任。其他各行政部门也增加了日本人所占的比例。另外，在边疆各省建立"军官民一体制"的省"防卫委员会"，由当地日军最高司令部的参谋长任委员长，以省、"满铁"、特殊会社和协和会的代表为委员，该委员会负有全省各项事务的统辖权。而且又建立国境警察制度，设立国境警察队。

1941 年 12 月太平洋战争爆发后,日本为加强对苏联的防御,乃指示"满洲国"更进一步加强对东北边疆的控制。1943 年 10 月 1 日,将牡丹江、"间岛"、东安三省合并为"东满总省",省长由日本人三谷清担任,副省长田村仙定。总省公署驻牡丹江市。总省辖三市十六县,具体区划请参见下表。

牡丹江区域	牡丹江市、绥阳县、东宁县、穆棱县、宁安县
"间岛"区域	"间岛"市、延吉县、汪清县、和龙县、珲春县、安图县
东安区域	东安市、密山县、鸡宁县、虎林县、林口县、宝清县、饶河县、勃利县

1945 年 5 月 28 日,又撤销东满总省,恢复"间岛"省,而将牡丹江省与东安省合并称东满省,省长五十子卷三。

二、东满的特色

"东满"是指哪个地区呢?就当时省区而言,系三江省、东安省、牡丹江省及"间岛"省这四个省的总称,其总面积为 22 万平方公里,大体上相当于朝鲜半岛的面积。而欧洲荷兰、比利时、丹麦等国的面积加在一起也不如"东满"大,世界上与"东满"面积相近的地区,只有英国、意大利、南斯拉夫、菲律宾、新西兰等国。

东满四省有一个共同的特点,即都是与苏联接壤的边疆地区,换言之,也即皆为边防要地。由于东满日军经常与苏联远东红军处于对峙状态,因此,日满军队依据日满共同防卫原则而驻守着。在"满洲国"国策中有所体现,称为国境建设。正因如此,振兴工作的重点才放在这四省。

第二个特色,即这四个省在"满洲国"建国前明显地与"满洲国"中部地区,即奉天、新京、哈尔滨三大城市相割离,即"满洲国"并非满洲,它在开发历史上可谓更多地接受俄国海参崴和哈巴罗夫斯克的影响,而东满南部则受到朝鲜的影响,从而形成地区特色。

历来满洲中部地区的人们往往将"东满"称为"东山里",恰似把这一地区当作异国对待。这一地区因地势上由群山隔开,故在居民心理和风俗

附篇 日伪统治时期的东满(译稿)

习惯上留下了明显的痕迹。因此，如今东满与南满、北满一起，构成满洲三个具有鲜明特色的区域。而这第二个特色对于"满洲国"的开发更为重要。

第三个特色是山岳纵横，山清水秀，风光明媚。这一地区与日本本土很相似，为日本开拓团的大量移入提供了良好的自然环境。开拓之父东宫大佐、镜泊学园的渡边和首任山田总务成为此事业的奠基人。

第四个特色，东满四省还有一个共同之处，就是经由日本海的日满交通线得以充分开发，通过日本海航路的完成而实现日本海的内海化。

三、面积与人口

东满地区包含二十四个县，总面积为220770平方公里，约占"满洲国"总面积的16％，与欧洲希腊和丹麦两国的总面积差不多，而比日本的本州岛稍小。据伪康德七年（1940）十月一日的国势调查，东满人口约有347万余人，每平方公里的人口密度为19.3人，大体相当于南满的五分之一左右，与日本本土180人的密度相比，不过只是日本的九分之一。其面积如此广大而人口却这样稀少，但随着本地区产业的开发，人口的增长超出了人们预计的发展速度。其具体状况如下表所示。

三江省总人口（据伪康德七年十月一日国势调查）

全 省	暂定面积 90，417平方公里	人口总数 1，417，888	男 853，306	女 564，582	女100人对男151.1	人口密度每平方公里 15.7
佳木斯市	113.540	128，667	85，236	43，431	196.3	1，133.2
桦川县	7，772.124	208，872	121，305	87，567	138.5	26.9
富锦县	5，857.113	232，222	132，717	99，505	133.4	39.1
勃利县	6，328.635	140，097	81，880	58，217	140.6	22.8
依兰县	9，420.151	243，321	137，926	105，395	130.9	25.5
方正县	2，670.157	78，907	44，812	34，095	131.4	29.6
通河县	6，380.854	77，177	46，939	30，238	155.2	12..1
汤原县	14，848.396	81，064	51，751	29，313	176.6	5.5
鹤立县	8，337.083	108，078	78，903	29，115	270.4	121.0
萝北县	3，793.569	13，703	8，862	4，841	183.1	3.6

全　省	暂定面积 90，417平方公里	人口总数 1，417，888	男 853，306	女 564，582	女100人对男151.1	人口密度每平方公里 15.7
绥化县	4，960.117	48，147	28，214	19，933	1 41.5	9.7
同江县	10，433.562	48，230	28，117	20，113	139.8	4.6
抚远县	9，484.525	9，403	6，644	2，759	240.8	1.0

东安省总人口（伪康德七年十月一日）

全　省	暂定面积 41，397.042平方公里	总　数 522，833	男 346，568	女 176，265	女100人对男数196.6	人口密度 12.6
密山县	13，438.730	330，765	221，630	109，132	203.1	24.6
林口县	3，325.416	61，260	40，325	20，935	192.6	18.4
宝清县	8，827.116	69，034	41，845	27，189	153.9	7.8
饶河县	5，422.165	14，652	10，400	4，252	244.6	2.7
虎林县	10，373.615	47，122	3，368	14，754	39.4	4.5

牡丹江省总人口（伪康德七年十月一日）

全　省	暂定面积 32，974.684平方公里	总　数 689，113	男 447，284	女 241，829	女100人对男185.0	人口密度每平方公里20.9
牡丹江市	362.700	179，317	119，438	59，779	199.8	494.1
宁安县	17，443.420	319，909	195，793	124，116	157.8	18.3
穆棱县	5，580.931	95，235	60，738	34，97	179.1	17.1
绥阳县	3，407.018	39，913	30，812	9，101	338.6	11.7
东宁县	6，179.715	54，839	40，503	14，326	282.2	8.9

"间岛"省总人口（伪康德七年十月一日）

全　省	暂定面积 30，133.146平方公里	总　数 848，819	男 467，789	女 381，030	女100人对男122.8	人口密度每平方公里28
延吉县	5，297.385	407，409	219，260	188，149	116.5	76.9
汪清县	9，026.119	151.700	86，483	65，217	132.6	16.8
珲春县	5，361.528	116，938	68，512	48，429	141.5	22.0
和龙县	4，049.738	137，608	72，323	65，285	110.8	34.0
安图县	6，443.676	35，164	21，211	13，953	152.0	3.5

注：

[1]《满洲国现势》伪康德六年版第 241 页。

第二节 东满经济

日本帝国主义为了最大限度地掠夺东满丰富资源，广泛投资于农林工矿和交通运输各业，控制了东满的主要经济部门。同时极力经营以牡丹江、佳木斯为中心的东满经济区，将之纳入日本控制下的"环日本海经济圈"体系中，大力发展东满经由北鲜三港和日本海的对日贸易，使东满成为日本的原料供应基地和商品倾销市场。

日伪统治下的东满经济具有明显的殖民地经济性质。这在工矿业中表现尤为明显，除了面粉业外，东满其他新式工矿企业几乎全为日本资本所垄断，尤其是制材、造纸、水泥、电力等新兴工业部门皆为日人独占。

日本资本在东北开发产业之目的，一是将东满建成军需供应基地，使之成为日本反对俄罗斯的前哨阵地，二是将东满经济纳入日本经济体系中，使东满经济成为日本经济的附庸。一般是日本国内需要什么，它就在东满开发什么。日本帝国主义在东满大搞"日满经济一体化"，其罪恶目的昭然若揭。

当然，日伪统治时期东满经济的某些部门确有一定程度的发展，尤其是在工矿业和交通运输业中表现较为显著，并形成了以牡丹江和佳木斯为中心的东满经济带。这个经济带又通过图佳铁路和北鲜三港而形成外向型经济结构，与朝鲜和日本联为一体，构成环日本海经济带。我们在揭示东满经济的殖民地属性的同时，还应认真总结东满外向型经济发展的规律及经验教训，借鉴于当今东疆经济开发和东北亚经济区建设的宏伟事业。日伪时期东满经济的某些发展，其功劳不应记在日伪统治者身上，是广大中国劳工用汗水、鲜血和生命换来的，是建立在广大中国劳工的累累白骨之上的。

以下我们从冈崎雄四郎编《东满事情》[1]《"间岛"地方概要》[2]和《省

政汇览》三江省篇[3]等日文资料中摘译部分经济资料，主要涉及东满农林渔牧业、工矿业、交通运输和对外贸易等几个方面的内容，基本反映了当时东满经济的主要特征和概貌。

一、农林牧渔业

（一）农业

东满经济以农业为主，农民占人口总数的90%，铁路运输货物多半都是农产品及其加工品。由此可见，农业在东满占有极其重要的地位。

就耕地面积而言，东满总面积为2317万陌（一陌约合一公顷），除去1290万陌不可耕地外，其他皆是可以利用的农耕地[4]。

东满拥有约724万陌广大的可耕地，为发展农业提供了优越的必备条件。迄今这里的已耕地仅占可耕地面积的19%，其余588万余陌尚属未开垦的富饶土地，对于东满农业的未来具有很大的价值。然而，"九一八"事变以来，东满遭受连续不断的水灾、冷害、兵匪等未曾有过的农业危机，农产品价格暴跌，东满农村更陷于严重的萧条状态。随着治安的恢复，谷价的上涨，金融合作社的设立以及由此带来春耕资金借贷的流畅等，促使耕地面积和产量逐年增加，即将接近"九一八"事变前的水平。尤其是伪康德四年（1937）"产业开发五年计划"的实施，第五个年头即将到来之际，发展中的东满农村在社会、经济、文化等各方面正朝着最高水平奋进。

东满的土地利用状态（单位：一陌＝一公顷）

项目 地域别	总面积	可 耕 地			不可耕地
		既耕地	未耕地	计	
三江省	11, 162, 586	917, 885	3, 292, 128	4, 210, 013	6, 862, 573
东安省	7, 449, 853	175, 861	1, 643, 839	1, 819, 700	2, 689, 925
牡丹江省	3, 317, 594	168, 829	832, 985	1, 001, 814	2, 315, 780
"间岛"省	1, 243, 848	103, 116	110, 754	213, 870	1, 030, 078
合 计	23, 173, 881	1, 365, 691	5, 879, 706	7, 245, 397	12, 898, 356

据"满洲国"产业部伪康德五年(1938)对主要农产品产量的调查,大豆、小麦、粟是东满的主要作物。

东满四省农产物预测产量（伪康德七年八月一日调查）（单位：吨）

省 别	三江省	东安省	牡丹江省	"间岛"省	合 计
农产品总产量	800, 608	228, 044	190, 381	308, 823	6, 009, 816
大 豆	236, 455	65, 821	52, 124	98, 755	454, 159
其他豆类	4, 795	3, 070	1, 671	8, 017	17, 553
高 粱	122, 609	30, 034	6, 620	8, 325	168, 188
粟	129, 576	28, 187	24, 110	64, 298	246, 171
玉蜀黍	143, 051	36, 116	24, 392	39, 466	243, 075
小 麦	104, 927	13, 560	24, 810	1, 819	145, 116
水 稻	40, 60l	43, 536	52, 260	62, 879	204, 276
陆 稻	581	8	9	47	645
其他杂谷	1 7, 585	7, 074	4, 279	24, 026	52, 964
麻 籽	125	2	—	4	131

对比平年收成比率（平年为100）

省别 / 农产品别	全满平均	东满平均	三江省	东安省	牡丹江省	"间岛"省
平 均	99	96	92	100	97	97
大 豆	98	96	91	104	96	94
其他豆类	93	95	97	105	99	95
高 粱	98	97	93	101	100	101
粟	96	98	90	100	100	98

产品别＼省别	全满平均	东满平均	三江省	东安省	牡丹江省	"间岛"省
玉蜀黍	100	98	92	102	98	101
小　麦	92	92	90	97	87	97
水　稻	99	98	99	92	100	102
陆　稻	95	100	101	100	100	100
其他杂谷	93	93	89	95	99	91
麻　籽	98	89	92	100	—	77
苏　子	78	97	87	103	102	99

兴农部农政司发表第一次东满农产品预测产量与前年收成的比率
（伪康德七年八月一日）（以前年为100）

产品别＼省别	全满平均	东满平均	三江省	东安省	牡丹江省	"间岛"省
平　均	116	147	117	122	109	120
大　豆	122	120	117	123	117	126
其他豆类	119	125	111	120	128	144
高　粱	111	114	107	114	124	114
粟	114	114	116	114	114	115
玉蜀黍	122	120	108	114	111	150
小　麦	118	116	122	114	93	137
水　稻	105	101	113	105	94	98
陆　稻	129	115	117	132	—	97
其他杂谷	111	114	108	112	126	113
麻　籽	111	113	125	133	—	83
苏　子	119	138	135	125	168	126

種植比例（偽康德七年八月一日）

農產品別	省別年度	全滿平均	東滿平均	三江省	東安省	牡丹江省	"間島"省
大豆	本年	19.81	31.18	29.91	32.36	30.29	31.78
	前年	21.81	33.76	31.36	37.02	31.88	34.71
其他豆類	本年	2.75	1.75	0.74	1.89	1.13	3.17
	前年	2.74	2.02	0.91	2.41	1.46	3.31
高粱	本年	21.33	8.04	12.43	11.80	3.19	2.76
	前年	20.63	6.15	9.29	9.40	2.94	2.98
粟	本年	20.22	14.76	13.93	11.95	12.11	21.05
	前年	19.38	14.76	13.41	11.48	12.68	19.08
玉蜀黍	本年	11.8l	12.47	14.31	14.18	10.58	10.83
	前年	10.54	14.89	14.50	10.75	11.67	11.65
小麥	本年	5.28	11.76	17.21	9.53	19.43	0.90
	前年	6.72	13.19	21.31	11.36	19.28	0.83
水稻	本年	1.69	6.11	2.16	10.00	13.08	9.23
	前年	1.50	7.44	1.86	8.24	11.04	8.62
陸稻	本年	0.50	0.04	0.08	—	—	0.01
	前年	0.55	0.02	0.04	0.02	—	0.01
其他雜穀	本年	9.04	5.04	2.45	4.21	2.77	10.78
	前年	8.96	3.06	2.5l	4.48	2.19	—
麻籽	本年	0.56	0.01	0.02	—	—	0.01
	前年	0.43	0.02	0.03	—	—	0.01
蘇子	本年	0.39	0.05	0.05	0.03	0.04	0.10
	前年	0.68	0.07	0.07	0.10	0.04	0.07
其他	本年	6.62	6.88	6.71	4.05	7.38	9.39
	前年	6.07	5.55	4.71	4.74	7.82	7.96

播 種 面 積（單位：陌）

年度	本 年			前 年		
	合計	普通農作物	其他	合計	普通農作物	其他
合計	1,297,498	1,205,608	91,910	1,341,568	1,262,387	979,181
三江省	694,078	647,112	46,986	711,715	677,547	34,168
東安省	166,375	159,571	6,804	167,595	159,466	8,129
牡丹江省	161,177	149,231	11,946	172,734	159,135	13,599
"間島"省	275,868	249,694	26,174	289,524	266,339	23,285

年度	增　加　数			以前年为100的增长率		
	合计	普通农作物	其他	合计	普通农作物	其他
合计	56，989	44，050	35，685	385	384	422
三江省	30．435	17，617	12，818	98	96	138
东安省	1，325	1，220	105	99	100	84
牡丹江省	11，557	9，904	1，653	93	94	88
"间岛"省	16，545	13，656	2，889	95	94	112

（二）林业

占东满总面积36%以上的大森林是东满经济开发的原动力。

东满森林面积约占全满的30%，立木蓄积量约占全满的19%，仅次于兴安省和黑河省，堪称满洲林产宝库。随着交通的发达，将来的开发是大有希望的。

据满洲林业局的调查，东满地方的森林面积和蓄积量大致如下：

地方别	森林面积（平方公里）	立　木　蓄　积　量		
		计	针叶树	阔叶树
合计	70，752	674，967，000	307，284，553	367，632，447
三江省	21，567	387，002，000	169，550，038	217，451，962
东安省	21，972	77，806，000	17，596，460	60，209，540
牡丹江省	22，793	139，299，000	81，923，320	57，375，680
"间岛"省	4，420	70，860，000	38，214，735	32，645，265

牡丹江市市公署伪康德六年（1939年）十二月发行的《牡丹江市产业的侧面》一书中，也对东满具有代表性的图佳线及虎林线一带森林的蓄积量做了如下的统计。

森林所在地——宁安、东宁、穆棱、勃利、方正、宝清、三姓、桦川、富锦、饶河、抚远、汤原、绥滨、通河、凤山、虎林、密山。

线　别	森林面积（平方公里）	立　木　蓄　积　量		
		计	针 叶 树	阔 叶 树
图佳线	3, 444, 977	224, 463, 200	113, 627, 200	110, 836, 004
虎林线	4, 114, 938	120, 518, 300	76, 798, 900	43, 719, 400
合　计	7, 559, 915	344, 981, 500	190, 426, 100	154, 555, 400

如上统计，东满森林蓄积量为344981500立方米，占全满蓄积量3508263200立方米的17%。这片密林地带所采伐的林产被集中到牡丹江为中心的市场销售，在货物运输量中居于首位。

森林地带：就东满自北向南而言，三江省的汤原县、同江县、三姓地方（即松花江与乌苏里江之间地区）是密林带。

其次是东安省的脊梁山脉和完达山脉的密林，自古有名的"间岛"省汪清、珲春为中心的图们江及牡丹江流域。

东满森林的年采伐量在190万石至230万石之间，约占全满木材产量的40%左右。随着国内环境的好转，各种建设事业的兴盛，需求的激增，也大大刺激了生产，预计年产量必然逐年增加，随着各地建设工程的发展及各制材厂的活跃，每年木材消费量可达150万石。特别是造纸工业的兴起，木材的消费将飞速激增。

森林铁路：它肩负着扩大东满林业开发和加强治安工作的使命。现在运行的铁路大致如下表所示：

名称	经营者	长度（公里）	区间	木材输送量
亚布洛尼支线	铁道总局林业事务所	75	亚布洛尼—亮子河	15万石
横道河子支线	近藤林业	46	横道河子—夹皮沟	17
仙洞线	"满洲国"	73	仙洞—钓鱼台	50
嘎呀河线	"满铁"	34	春阳—小李树沟	36
天桥岭线	"满洲国"	45	三岔口—天桥岭	32
头道河子线	海林采木公司	39	柴河—羊脸沟	14
计		312		164

（三）水产业

由于满洲国海岸线较短，缺乏海洋渔业资源，但内地却拥有众多的长川大泽，因而淡水渔业较发达，构成满洲渔业的特色。而东满则是这一特色的典型代表。

东满的河流主要有构成北部满苏国界的黑龙江，东部国界的乌苏里江，流贯北满中部的松花江、第二松花江和牡丹江，以及流经朝鲜与满洲国交界的图们江等。湖泊主要有东部苏满国界线上的兴凯湖，牡丹江上游的镜泊湖等等，这些江湖都盛产淡水鱼[5]。

东满江河捕鱼一般是从解冰到封冻期间进行，而封冻期捕鱼主要是在农历正月前。春季解冰后鱼类产卵时为渔业最盛期。

湖泊的渔期一般是从冬季十一月湖面结冰到次年春季三月之间。

东满鱼的种类，除了乌苏里江的鲑、鳟等两三种咸水鱼外，其他都是淡水鱼，其种类据说有81种之多，而最主要的鱼种则是鲤、胖头鱼、鲫鱼、鳊花鱼、草根鱼、鲶、鲑等。

捕捞法：曳网（打网儿）最为普遍，其余有悬网、待网、投网，等等。而捕小鱼则用掏网、篓子、流钓、梁子钓类等进行。东满一年淡水鱼总产量估计有300万斤。据产业部水产科发表的渔产量，主要地区分别如下表所示。

区　　　域	渔产量（吨数）	渔产金额（元）
松花江本流(依兰、同江)	2，502.3	142，630
黑龙江、乌苏里江	1，462.5	100，000
镜泊湖	112.5	16，000
合计	4，077.3	258，630

北边开发政策的实施，水产增殖场的设置，放流养殖等设施的完备，向渔民发放补助金，使经营合理化，东满水产业随着交通文化的发达和人口的增加，必将出现飞跃发展的局面。

该地水产业，因伪康德五年（1938年）九月虎林县创立渔业合作社，而使渔业生产开始企业化。从伪康德四年起，林兼商店的东满公司在乏人问津的兴凯湖、乌苏里江等水域，积极进行水产开发事业，随着水产政策的确立，今后渔业生产可望走上企业化道路。

水产资源丰富的三江省目前正计划建立一家以河鱼为原料的鱼糕制造厂，争取尽早开工。这家由佳木斯水产合作社经营的企业预计平均每年产量约为二百吨，可以向佳木斯乃至东满一带的城市供应新鲜的江鱼糕。

此外，作为满洲新兴产业的东满河蚌捕捞业一跃为日、满经济界宠儿。在以牡丹江为中心的穆棱河、镜泊湖、兴凯湖等江湖中栖息着无穷无尽的贝类。日本服装上的各种纽扣一直用河蚌作原料，主要依靠长江流域供应。"七七事变"爆发后进口中断，使这种原料供应不足，于是对东满的河蚌产生极大兴趣。因此，满洲采贝工业公司在牡丹江设立分公司，积极进行采贝事业。

（四）畜产业

东满农耕地带的畜产业不同于兴安省的牧区畜牧业，只不过作为农家副业或传统农法中的有机组成部分。

伪康德四年（1937年）以来实行的畜产彻底增殖计划正在进行中，新种牛场的设立，原有畜牧业的发展，确保了当地的供给。另外，拓务省又与东亚绵羊协会协作，以实现满洲绵羊增产计划，在扩大三江省林口县龙爪牧场的同时，并向各开拓地配给五千头绵羊。

图佳线龙爪站西一公里处的龙爪牧场位于草丘地带，这里起伏的草丘从乌斯浑河左岸由西向东倾斜，这个低丘地带是绝好的牧场。牧场西方八公里是密林带，现在饲养绵羊总数为二千九百余只，将来主要目标是输入美国美利努种羊并普及五千只改良种羊，向各开拓地的生产组合出租种羊并使之普及。此外，图佳线的林口还设有"满洲国"畜产局的种马场，在五年计划中，预计投资三百万元用于改良东满马的品种，伪康德六年起向增殖良种马的国策事业迈出了第一步，它的完成将对东满畜产开发带来巨大的影响。

牡丹江铁路局也在伪康德六年开始计划五年内投资二百五十万元，在沿线主要城市设立牧场，用于促进东满羊毛业的改良增产和牛马的改良增产；促使东满畜产开发计划得以实现。

东满家畜的分布（伪康德六年度）

省　别	牛	乳牛	绵羊	山羊	猪	狗	家禽
全　国	100%	100%	100%	100%	100%	100%	100%
三江省	2.0	0.7	0.2	0.1	2.1	2.6	1.6
牡丹江省	1.1	1.0	0.1	0.1	1.2	0.9	1.0
"间岛"省	3.4	—	0.1	—	2.0	1.4	2.1

二、工矿业

（一）从资源优势看东满工业特色

东满主要工厂有 207 家，资本总额已突破 7500 万元。下面将东满主要原材料与重要产业联系起来进行考察。据牡丹江铁路局对所辖地区的货物运输状况的调查，运输货物的大宗为谷类、木材、煤三种。请见下表（括号内的数字为％）。

品名	伪康德三年十月	同十一月	同十二月	伪康德四年一月	同二月	合计	同平均
谷类	7，990（4）	31，772（15）	41，960（21）	47，279（24）	20，569（12）	149，570	29，914（15）
木材	49，750（25）	42.617（21）	36，636（18）	40，179（20）	38，309（22）	207，491	41，498（21）
煤	124，490（17）	127，590（19）	50，723（25）	53，476（27）	42，698（25）	218，979	43，799（23）
合计	199，156（100）	204，905（100）	199，859（100）	199，213（100）	171，954（100）	975，508	195，104（100）

如上表所示，以上三大货物占货运总量的 59%，在月均货运量 195104 吨中，煤占 23%，木材占 21%，谷物占 15%。煤和谷物主要在冬季运输，而木材除薪材外，大部分都在夏季运输。因此，如果就全年货运量而言，木材应是占比重最大的运输货物，估计占 30% 左右。

在东满地方采伐到的木材，利用当地森林铁路及各河流等十三条路线向外输送，故生产状况十分兴盛，大规模的工业化制材工厂也兴旺非凡。如果把夏季中国人手工生产的木材也计算在内，东满年制材量达 150 万石左右。造纸工厂的投产及其对木材需求的激增，对制材工业产生了巨大的刺激作用。

独执东满制材业牛耳的企业是牡丹江木材工业株式会社，从业人员达 1600 人，拥有齐全的制材设备。这样，东满丰富的森林资源之开发就成为促进今后国有铁路货运量增加的关键所在。

与木材工业紧密相关的造纸工业，预计每年所需木材可达八十万石，无疑它会成为东满最重要的产业部门。

众所周知，日本纤维工业已经由纺织工业向人造纤维工业发展，纺织工业及人造纤维工业都缺乏原料，目前总需求量的 80% 乃至 90% 要依赖外国。在准战时体制下，日本对原料的自给自足已经成为最紧迫的任务，计划由拥有丰富森林资源的东满来满足日本原料需求是必然趋势，可谓刻不容缓。因此，东满新兴的造纸工业是以日本大财阀为背景陆续建立起来的。

东满煤占货运量的 23%，它不逊于"满铁"沿线的抚顺煤，也是重要运输物资。东满的煤矿资源与森林一样，其蕴藏量是十分惊人的，以鹤岗煤矿为首的主要煤矿有九个。据估计，鹤岗、密山、鸡西、穆棱、珲春等五个煤矿的蕴藏量就超过六亿吨，目前有价值的煤田仍在不断被发现。

仅上述五矿伪康德三年（1936）的产量就达一百五十余万吨。随着东满人口的迅速增加，铁路的发展，火力发电站的扩充，战时工业的勃兴，对煤的需求必将日益增加。伪康德八年（1941）可望达到出煤 720 万吨的目标。

东满大豆、小麦的产额，在伪大同二年（1933）水灾及匪祸等因素影响下，比"九一八"事变前显著减产。然而，随着治安的稳定，"国家体制"的完备，居民的增加，交通网的建成，东满谷物年产额在逐步增长。现在东满农业地带皆以佳木斯、牡丹江为依托。伪康德四年（1937）四月，松花江运费实行从哈尔滨中心主义向佳木斯中心主义转变，这个事实就是旁证。在这个有利时机下，"日清制粉"的直系"康德制粉"乃设牡丹江工厂，年产面粉20万袋，原料小麦需求量达四万五千吨，小麦大部分依赖佳木斯方面供应，据说其运费收入与宁安站全年收入总额相差无几。现在牡丹江铁路局所管辖的制粉工厂有22家，资本总额73万元，年产量377万袋。尤其是康德制粉牡丹江工厂拥有日产4000袋、年产60万袋的生产能力。这样，东满就实现了面粉的自给自足，摆脱了对"北满"的从属地位，可以说向一个独立经济单位迈进了一步。

制油工业也是东满的主要产业之一，但未摆脱家庭手工业范畴，规模小，只能供当地消费。特别是最近欧洲油脂工业的发展，硫安肥料的普及使日本农村减少了对豆饼的需求。在遭受这一系列打击下，各油房都处于萎靡不振的状态。现在油房有102家，总资本667000千元，年产豆饼286万块，豆油3800余吨。

（二）林业及制材工业

东满从事林业和制材业主要有下列企业：

1. 近藤公司。资本百万元。经营形式：个人经营。昭和七年（1932）九月设立。代表：近藤繁司。地址：总公司设于哈尔滨地段街106号，分公司设于滨绥线亚布洛尼、横道河子、穆棱。营业内容：（一）生产品种有建筑用材、铁路用材和薪材。（二）产量：昭和十二年（1937）二十五万石（不包括薪材）。（三）生产能力：亚布洛尼工场一天生产二百五十立方米，横道河子一百二十立方米。（四）常设从业人员六百三十余名。（五）原料来源：滨绥沿线、亚布洛尼、横道河子、穆棱。（六）产品销路：关东军、"满洲国""满铁"、电业公司、电电会社。（七）销售额：制材十七万石，此外还有电线杆、薪材等。

2. 三股流采伐组合。资本四十五万元。资本来源：由本组合成员共同出资。昭和十一年（1936）九月设立。代表：组合长岩间启次郎。地址：敦化小东门外。营业内容：（一）产品种类：原木采伐。（二）产量：昭和十一年（1936）原木及枕木二十二万石。（三）从业人员2109名。（四）销售额：原木十万石。（五）销路：吉林、新京、奉天、南满一带。（六）原料产地：敦化县三股流产原木。

3. 满洲林业股份有限公司工场。资本五百万圆。资本构成："满洲国"占二分之一，"满铁"占四分之一，共荣起业占四分之一。昭和十一年（1936）二月设立。代表：榛可省。地址：总公司设于新京（今长春）丰乐路，支部有吉林直营伐采事务所，设于敦化东门外。营业内容：（一）产品有原木、枕木及制材。（二）产量：昭和十一年（1936）采伐量为一百零八石。（三）生产能力：一年可采伐原木一百二十万石。（四）从业人员：日本人100人，中国人80人。（五）销路：吉林、新京、南满一带。（六）销售额：一百零八万石。（七）原料产地：敦化县。

4. 豆满江林业株式会社图们分社。资本五十万元，实收四分之一。资本系统：土地资本。昭和八年（1933）八月设立，代表：玉木喜三郎。地址：图们市临江街。营业内容：（一）制材。（二）产量：昭和十一年（1936）四万七千石。（三）生产能力：每日一万二千才。（四）原料产地：春阳、大荒沟、老庙山。（五）从业人员87人。（六）销路：京城、釜山、新京、牡丹江。

5. "间岛"林业株式会社。资本十万元。资本来源：朝鲜人。昭和十二年（1937）七月设立。代表李容硕。地址："间岛"省龙井街。经营内容：（一）制材及原木销售。（二）产量：日产一百石。（三）生产能力：年产二万石。（四）销路：朝鲜、日本、新京方面。

6. 牡丹江木材工业株式会社。资本五十万元。昭和十一年（1936）一月设立，代表：伊藤勘三。地址：牡丹江安东街。经营内容：（一）制材品种：原木、制材、贩卖、制箱工业。（二）生产能力：年产五十万四千石。（三）

原料产地:大海林、仙洞、柴河、三岔口、青山、冷山、古城镇、穆棱、春阳、苇沙河。（四）从业人员 1658 人。（六）销路:特殊工程（占 70%）、朝鲜、南满。

7. 牡丹江制材合资会社。资本三万五千元。昭和九年(1934)九月设立。代表:笹内高晴。地址:牡丹江市。营业内容:（一）产品有各种用材。（二）生产能力:年产十八万石。（三）原料产地:穆棱、春阳、苇沙河、冷山。（四）从业人员：74 人。（五）销路：牡丹江、绥芬河、滴道、密山。

8. 大二商会敦化制材所。资本五十万元。昭和十一年（1936）十二月设立。代表:敦化主任岩崎茂十。地址:敦化东门外。营业内容:（一）产品:制材及原木买卖。（二）制材能力:十七万五千石。（三）原料来源:敦化县。（四）从业人员千余名。（五）销路:新京、奉天、鞍山、京城、南满一带。（六）销售额五万石。

9. 敦化制材合资会社。资本六万一千六百元。昭和七年（1932）八月设立。代表：笹田重晴。地址：敦化牡丹江岸。营业内容：（一）产品：制材及原木买卖。（二)制材量:昭和十一年(1936)制材一万七千三百四十石。（三）制材能力：一日二百石。（四）从业人员：51 人。（五）销路：新京、奉天、南满、朝鲜。（六）销售额一万七千二百四十石。

10. 日本海木材株式会社。资本十五万元。昭和十一年(1936)九月设立，代表：米田清三。地址：敦化东门外。营业内容：（一）产品：制材及原木买卖。（二）生产能力：一日一百六十石。（三）原料产地:敦化附近。（四）从业人员 30 人。（五）销路：南满。（六）销售额：二千五百石。

11. 株式会社大二商会图们分会。资本五十万元，全部实收。资本系统：土地资本。昭和八年（1933）五月设立。代表：渡边重次郎。地址：图们临江街。营业内容:（一）产品:制材。（二）产量:昭和十一年（1936）十万九千四百石。（三）制材能力:一日三万三千才。（四）原料产地:春阳、大荒沟、三岔口、老庙山。（五）销路:京城、釜山、新京、牡丹江、日本。（六）销售额九万七千石。

12.亲和木材株式会社图们分社。资本二百万元,实收一百七十三万七千元。昭和八年(1933)十月设立。代表:鹰田政一郎。地址:图们市临江街。营业内容:(一)制材。(二)制材量:昭和十一年(1936)十四万石。(三)制材能力:一日二万才。(四)原料产地:春阳、大荒沟、三岔口、老庙山。(五)从业人员110人。(六)销路:京城、釜山、新京、牡丹江、日本。(七)销售额:十三万二千石。

13.亲和木材株式会社龙井分社。资本二百万元。资本系统:朝鲜及日本。会社设立于昭和九年(1934),分社设立于昭和十一年(1936)九月,代表:久贺泷江。

14.会宁制材会社。资本三十万元。资本系统:岩村组、会宁制材、豆满江合并统制,在昭和十一年一月设立。代表:加纳宪三。地址:"间岛"省龙井街。营业内容:(一)制品种类:制材、胶合板制造。(二)制材能力六万六千石。(三)原料来源:从图们江岸运来的原木。(四)销路:朝鲜、日本。

造纸工业

1.东满洲人造丝纸浆股份有限公司。资本一千五百万元。资本系统:大川系。昭和十二年(1937)九月设立,代表:大川平三郎。地址:"间岛"省和龙县开山屯。营业内容:(一)制品种类:木材、各种纸张的制造、销售及一切附带事业。(二)产量:一万五千吨。(三)生产能力:同上。(四)原料来源:安图县及其他地方的官营砍伐木材,塔乌比系及毛米系采伐的原木。原料材二十万石。(五)从业人员600人。(六)销路:日本、朝鲜、满洲。(七)销售额一万五千吨。

2.满洲造纸股份有限公司。资本金五百万元。资本系统:寺田系。昭和十一年(1936)十一月开始投产。代表:寺田六之助。地址:宁安县桦林(牡丹江北方十二公里)。营业内容:(一)制品种类:木材、各种纸浆制造、销售及一切附带事业。(二)产量一万五千吨。(三)生产能力:同上。(四)原料来源:从图佳铁路沿线二道河子林场、大青山林场、滨绥铁路沿线中东海林公司经营的头道河子林场及大海林口场的四官营砍伐地购入，年需原料二十万石。（五）从业人员1000人。（六）销路：日本、满洲。（七）销售额：一万五千吨。

3. 东洋纸浆股份有限公司。资本系统：神户市内本毛织株式会社、川西系统。昭和十三年（1938）十月设立。代表：川西清兵卫。地址：京图铁路线上的石岘（图们以北十五公里）。营业内容：（一）产品：纸。（二）产量一万五千吨。（三）生产能力一万五千吨。（四）原料来源：图佳线三岔口、大荒沟地方官营采伐区的杉、松材约二十万石。从业人员：1000人。销路：日本。

4. 日满纸浆制造股份有限公司。资本一千万元。资本系统：王子制纸藤原银次郎系。代表：藤原银次郎。地址：本店设于新京，工厂设于敦化南门外官地方。营业内容：（一）制品种类：各种木材纸浆制造、销售及一切附带事业。（二）产量一万五千吨。（三）生产能力一万五千吨。（四）原料来源：敦化县出产之白松。药品来自日本。（五）从业人员1000人。（六）销路：日本制纸会社、宁安。（七）销售额七万九千二百吨。

5. 佳木斯纸浆工厂。佳木斯一带拥有丰富的森林资源，因而计划在佳木斯设立一家纸浆工厂，伪康德八年（1941）可建成一座拥有资金二千万元，年产六万吨的大工厂。由"满洲国"政府及钟纺两家共同出资。

（三）煤矿业

1. 鹤岗煤矿股份有限公司。资本三百万元。资本系统：满洲煤矿股份有限公司。伪康德三年（1936）四月设立。代理总办竹内德三郎。矿址：三江省汤原县鹤岗。营业内容：（一）机械设备：机械工厂、铁工厂、工厂、木工修理厂等十分齐全。（二）出煤量：一日平均一千四百吨，月平均四万吨。（三）煤质：沥青煤，膨胀粘结性强，硫黄及灰分含量少。（四）从业人员4227人。（五）销路：松花江沿岸及哈尔滨市。（六）莲江口运出量：昭和十一年（1936）为二十七万二千六百六十六吨。

2. 穆棱煤矿股份有限公司。资本哈大洋六百万元。资本系统："满洲国"

和苏联人合办,民国十三年(1924)设立。经营者:"满洲国"财政部及苏联人谢结尔斯基。矿址:牡丹江省穆棱县梨树镇。营业内容:(一)机械设备:锅炉、电动机及其他。(二)出煤量:一日平均一千零二十一吨,月平均30060吨。(三)煤质:沥青煤,有强大粘着性。(四)从业人员1500人。(五)销路:滨绥沿线一带及哈尔滨市。(六)销售额:昭和十一年(1936)为十万三千四一九吨。

3. 佛爷沟煤矿公司。资本二万元。资本性质:个人。代表:袁子直。矿址:东宁县佛爷沟。营业内容:(一)机械设备:汲水锅炉、蒸汽机、发电机。(二)出煤量:一日平均五十吨。(三)矿质:纯黑色,十分坚硬,火力较弱。(四)从业人员一百五十人。(五)销路:当地一带。(六)昭和十三年(1938)大阪选出代议士桝谷寅吉向该矿投资二百五十万元,使该矿企业化。

4. 满洲炭矿股份有限公司密山炭矿。资本"满洲国"币八千万圆。资本系:满洲炭矿股份有限公司。伪康德二年(1935)设立。代表:矿长本蟠莫。矿址:东安省密山县滴道。营业内容:(一)机械设备:各种卷扬机工厂、煤车、发电所等。(二)出煤量:一日二百五十吨。(三)煤质:沥青煤,有高度粘结性,火力强大。(四)从业人员1205人。(五)销路:牡丹江方面。(六)滴道站发送量为三万四千五百零九吨。

5. 鸡西煤矿股份有限公司。资本三百万元。资本系统:个人,日满合办。昭和十年(1935)十月设立。代表:董事长徐鹏志、副董事长宗像金吾。矿址:东安省密山县黄泥河子。营业内容:(一)机械设备:发电所、选矿机、卷扬机、掘进机等。(二)出煤量:一日五百吨。(三)煤质:高度沥青煤、粘结性强。(四)从业人员:冬期六百人,夏季四百人。(五)销路:牡丹江一带。(六)鸡西站发送量一万四千四百吨。

6. 抚顺炭矿老头沟炭矿。资本:用抚顺炭矿一部分资金经营。资本系统:"满铁",昭和八年(1933)设立。矿址:"间岛"省延吉县老头沟。营业内容:(一)机械设备:发电机、电气卷扬机、唧筒、扇风机。(二)出煤量:一日平均二百吨。(三)煤质:沥青煤,有粘结性。(四)从业人员1136人。(五)

销路：京图线一带。

7．珲春炭矿股份有限公司。资本三千万元。资本系统：亲和矿业，昭和十一年（1936）设立。代表:中村直三郎。矿址:珲春县。营业内容:（一）出煤量一日平均一百吨。（二）职工 100 人。

8．三和矿业株式会社。资本五十万元。资本系统：日本及朝鲜资本。昭和十一年（1936）设立。代表：梅野实。地址：本社设于东京市曲町区内一之三号。龙井分社设在龙井街第三区。营业内容：制品、煤。

9．三道沟炭矿。资本系统：满洲炭矿株式会社。

（四）其他矿业

1．延和金矿股份有限公司。资本百万元。资本系统：官商合办（经济部为后盾），昭和十一年（1936）十一月设立。代表:副董事长清水行之助。地址："间岛"省延吉市西进学街。营业内容：（一）产品：金、银。（二）产量:昭和十一年（1936）青金二十六瓦,沙金四千五百瓦。（三）原料产地：延吉县八道沟太平金山（矿金）、和龙县夹皮沟（砂金）。（四）从业人员120 人。（五）销路：中央银行。

2．满洲采金会社。资本一千二百万元。昭和九年（1934）五月设立。代表:张弧。地址:本社设于新京,下属佳木斯矿和延吉矿。佳木斯矿:（一）采金。（二）产量:伪康德三年（1936）为一百二十三万二千七百八十八瓦。产值：三十四万二千八百三十五元。（三）从业人员二万人。（四）销路：中央银行。延吉矿:（一）产量:伪康德三年度为十二万一千九百八十二瓦,三十六万七千二百七十三元。（二）从业人员 4000 人。

3．奉天大陆产金公司金矿口采金所。资金二百万元。代表:麦田平雄。地址：本社设于奉天,矿址在春阳站附近。营业内容：二道沟（距图佳铁路上的春阳站二十公里）及四道沟（距春阳站十二公里）。正在进行采掘。从业人员 100 人。

（五）制粉工业

1．康德制粉牡丹江工场。资本三百万元。资本系统：日清制粉株式会社。

昭和十二年（1937）设立，地址：牡丹江市。营业内容：（一）产品：面粉。（二）生产能力：日产四千袋，年产一百二十万袋。（三）原料供给：佳木斯地区的小麦经图佳铁路运至牡丹江。（四）销路:牡丹江省、"间岛"省。销量：一百二十万袋。

2. "间岛"油粉股份有限公司。资本十万元。资本系统：朝鲜人，昭和十二年设立。代表：崔秀吉。地址："间岛"省龙井街。产品：面粉。摘要：本会社以一万七千元收买龙井街英国人的制面工厂及其一切设备而设立，并从德国购入新机器。以前"间岛"省内尚未见这样的制粉制油工厂，面粉几乎都依赖外地输入。本会社适时而设，很受世人瞩目。

3. 增兴水磨。资本五十万元，民国十二年（1923）设立，代表：张北祥。地址：牡丹江省宁安县。营业内容：（一）产品：面粉。（二）产量：年产一十八万七千四百袋。（三）开工日数:每年三百天。（四）原料消费量：小麦3890吨。（五）销路:宁安、牡丹江、勃利、林口、海林。（六）销量：一十八万七千四百袋。

4. 裕东制粉厂。资本三十二万元。民国十二年（1923）设立。代表：都君保。地址：牡丹江省宁安。营业内容：（一）产品：面粉。（二）产量：年产二十五万零四百四十二袋。（三）开工日数：每年三百天。（四）原料消费额：7870吨。（五）销路：宁安、牡丹江、勃利、林口、海林。（六）销量：二十三万八千七百五十八袋。

5. 新华制粉厂。资本十五万元，伪康德三年（1936）设立。代表人：张孙震。厂址：宁安。营业内容：（一）产品：面粉。（二）年产量七万九千二百袋，开工日数二百四十天。（三）原料消费额二千六百四十吨。

6. 满大火磨。资本五万元,代表:李子玉。厂址:牡丹江市。产品:面粉。年产量十七万袋。销路:牡丹江、穆棱、下城子、绥芬河。

7. 元发火磨。资本三万元，代表:孙紫惠。地址：东安省勃利县。产品：面粉。年产一十万四千零四十袋。

8. 德祥东火磨。资本十五万元。代表：张子衡。地址：三江省佳木斯。

产品：面粉。年产二十五万袋。

9. 同瑞昌。资本二十五万元。代表：裕世卿。地址：佳木斯。产品：面粉。年产十万五千袋。

10. 裕记火磨。资本七万五千元。代表：马海成。地址：三江省半截河。产品：面粉。年产一十万四千五百袋。

11. 万发福火磨。资本一万六千元。代表：吴惠堂。地址：牡丹江省穆棱。产品：面粉。年产二万二千袋。

12. 公和利制粉工厂。资本十万元。代表：杜兰溪。地址：一面坡。产品：面粉。年产二十四万八千五百袋。

13. 同大火磨。资本十五万元。代表：梁恕平。地址：三江省依兰。产品：面粉。年产三十三万七千七百袋。

14. 天兴同记。资本六万元，代表：王殿成。地址：三江省依兰。产品：面粉。年产七万二千袋。

15. 东盛恒合记。资本十二万八千元。代表：胡竹堂。地址：三江省桦川。产品：面粉。年产十五万袋。

16. 德祥东。资本十五万元。代表：李文勋。地址：三江省富锦。产品：面粉。年产二十五万袋。

17. 锦昌火磨。资本十二万元。代表曲俊峰。地址：三江省富锦。产品：面粉。年产二十八万袋。

18. 东兴德。资本十万元。代表：赵子谦，地址：三江省富锦。产品：面粉。年产九万袋。

19. 莫和山制粉厂。资本二十七万元。地址：莫和山。产品：面粉。生产能力：月产一万八千袋。

（六）其他加工业

1. 北满产业株式会社。资本一万元。代表：牛尾正一。地址：延吉街。产品：烧酒。生产能力：一万八千石。

2. 哈尔滨啤酒股份有限公司一面坡分公司。资本二百万元。资本系统：

日满合办。系继承昭和九年（1934）七月设立的大满洲忽布啤酒会社而于翌年十月成立的。代表：首席董事高桥真男，一面坡分部主任林贞雄。地址：一面坡（本店设于哈尔滨）。营业内容：（一）产品：啤酒。（二）产量：一百二十五万瓶。（三）生产能力：二百五十万瓶。（四）原料来源：北满沿线。（五）从业人员约50人。（六）销路：滨绥铁路沿线一带及新京、吉林、哈尔滨一带。（七）销量：一百二十五万瓶。

3. 满洲钢材牡丹江制作工厂。资本三百万元。昭和十二年（1937）设立。代表：大保利三郎。地址：牡丹江市。营业内容：（一）产品：卷钢。（二）原料产地：鞍山。（三）销路：东满一带。

4. 牡丹江煤油批发股份有限公司。资本二十万元。资本系统：哈尔滨、图们的批发商会董事及牡丹江批发商四名共同出资。代表：高冈号、上谷正道氏。经营的商品有石油、挥发油、轻油、重油。

（七）窑业

近年来，东满对水泥的需求随着经济建设的发展而逐年增长。在无论如何也满足不了需求的情况下，哈尔滨洋灰有限股份公司决心在图佳铁路线上的温春站附近投资一千万元，兴建一座年产水泥十万吨的水泥工厂。

另外，砖瓦制造业也随着铁路沿线建筑业的兴盛而发展。在原有的中国人砖瓦厂基础上，还利用日本资本设立了一批新工厂，这在东满各地随处可见，但这些众多的小企业尚处创业中。这类工厂数量为55家，资本总额五百一十六万元。东满各类窑业共有370家，一年砖瓦产量为一亿九千万块以上。

（八）酿造业

1. 烧酒：是东满地区无论多么偏僻的地方都普遍存在的家庭工业品。其产量没有准确的统计，估计每年可产酒二千三百万斤。生产规模极其狭小，工厂资本额最大的也不超过二万元。

2. 清酒：随着当地日本人的增加，日本酒的需要量也逐年增加，总需求量可达一万三千石，一直皆由日本输入。该业中人对东满酿造业抱有很大期望，着手于该业的人逐年增加，现在主要的工厂已有十二家，年产量据说有一万石左右。

3．啤酒：一面坡有哈尔滨啤酒工厂的分厂，年产约十五万瓶，主要供当地和附近居民消费。

4．葡萄酒：绥芬河有苏联人经营的葡萄酒工厂，生产条件较好，成绩优良，年产量平均为八千瓶。

5．豆酱、酱油：近年来，随着人口的逐渐增加，对豆酱和酱油的需要也迅速增长。牡丹江有新设的东满酿造株式会社，资本三十万元，伪康德六年（1939）秋开工生产。另有奉天的丸金酱油会社也正计划打入东满，计划投资一百万元，设立一家分厂。

（九）电力工业

东满的产业开发首先应该开发电力资源。牡丹江省的镜泊湖国营水力电气建设规划是五年计划电力部门中的一项，工程总费用九百七十万元。

伪康德八年（1941）九月这个规划初步完成后，在佳木斯建立酒精工厂，在牡丹江投资四十八万元设立氧气工厂，都在积极筹划、加紧准备之中。

三、贸易

（一）东满贸易圈的兴起

东满以图佳铁路线开通为契机，满洲经济形成了以"满铁"为主干和以图佳线为主干的两大经济区，并在统一运费政策的基础上构成了以大连输出港为腹地和以"北鲜三港"（清津、雄基、罗津）输出港为腹地的两大经济区。特别是最近随着东满地方治安的确立，随着产业五年计划的进展，东满产业的开发和日满贸易的发展都是惊人的，并由此而导致新兴的图们贸易迅速崛起，现在早已远远地凌驾于营口和安东之上，并即将与大连港一争高低。

下列贸易表是经由图们的"北鲜三港"输出入数字，其中约有20%流入京图线（长春—图们），难以窥见以"北鲜三港"为基干的东满贸易之全貌，但却可了解下文所揭示的发展趋势。（单位：千元）

年度	伪大同元年	伪大同二年	伪康德元年	伪康德二年	伪康德三年	伪康德四年	伪康德五年
总额	9，795	15，915	34，504	42，639	71，462	114，923	172，728
输出	3，824	3，829	13，356	15，1 43	43，007	66，945	104，616
输入	5，971	12，086	21，1 48	27，496	28，455	47，978	68，112
差额	2，147	8，194	7，792	12，353	14，552	18，967	36，504
指数	100	1 62	352	435	729	1，173	1，763

如上表所示，以产业开发五年计划第一年的伪康德四年（1937）为契机，东满贸易取得了惊人的飞跃发展。即伪康德五年度的输出额比前年猛增了约60%，超过了安东的四千万元，并凌驾于营口的九千五百万元之上，仅次于大连港的输出额。其输入额比前年增加了50%，净增二千一百万元，占全满输入贸易额的第二位。

东满贸易以伪康德三年为界，由原来的入超一跃而转变为出超，到伪康德四年，出超额近一千九百万元，五年更达三千六百余万元。其主要原因是东满特产大豆大量对日本及海外输出贸易的兴盛所致。

就贸易品种而言，输出品是以大豆为主的豆类，伪康德五年度的输出额为一亿四百万元，占输出总额的73%，居于绝对优势的地位。其次是豆饼占7.2%，其他农产品占6.9%。输入品主要是建筑材料，伪康德五年度输入额为六千八百万元，占输入总额的32%。纺织品及其纺织原料占22%，食品及嗜好品占17%，这些依次构成了输入品的主要部分。

这种经由"北鲜三港"的东满贸易之飞跃发展，日满经济一体化的巩固，在日满最短路线的便利条件下，乃势所必然。尤其是随着伪康德六年开始的北边产业振兴工作，东满产业开发的进展，罗津港的建成并由此而引起三港贸易的活跃，贸易机构的充实，航路运输的改善和发展，东满贸易将有一个更加光明的前途。

（二）"间岛"地区的对外贸易

经由朝鲜北部的"间岛"贸易在交通和地理两个因素作用下形成清津

和雄基两个体系。从地区来看，龙井贸易属清津系统，而雄基系统从来都是以消化珲春贸易为大宗。"九一八"事变以来，交通运输状况大为改观，昭和八年（1933）九月京图铁路干线竣工，翌年四月其支线朝开线也已开通。另一方面，以图们江岸的图们站为起点，向北经东京城、宁安接滨绥线。大致在牡丹江地方形成十字交叉路口的图宁铁路，终于在昭和十年一月十五日修通了直达宁北（今牡丹江市）的铁路线。而以宁北为起点一路北进的宁佳线（宁北至佳木斯），其竣工也指日可待了。如上所述，现在"间岛"地区四通八达的汽车交通网之形成，使本地区经济发生划时代的变化。也就是说，今后"间岛"地区的贸易经济将形成北鲜系、京图拉滨系及图宁线系等三大体系。

随着腹地交通网络的形成，经由朝鲜北部的贸易将发生怎样的变化，现在尚难以预见。京图、图宁两线的终端港——罗津港建筑工程的完成，再加上以雄基作为该港的辅助港，使得经由南阳和图们站的腹地贸易取得不言而喻的优势地位，向来占居"间岛"贸易主导地位的清津系必将让位给雄基系统。

这样，"间岛"地区贸易途径随着交通改善而引起各个系统消长和变迁。向来支配"间岛"地区经济的龙井贸易渐次向经由图们的贸易转化，这种倾向不言而喻。

昭和九年"间岛"地区对外贸易额（单位：国币元）

税关别	贸易额			入超额
	输出	输入	计	
图们	11，928，190（89.3%）	16，725，481（79.10%）	28，653，671（83.0%）	4，797，291（61.5%）
龙井村	1，427，957（10.7%）	4，423，322（20.9%）	5，851，279（17.0%）	2，995，365（38.5%）
合计	13，356，147（100%）	21，148，803（100%）	34，504，950（100，0%）	7，792，656（100，0%）

（注）括号内的数字是图们与龙井的百分比。

据上表可知，昭和九年"间岛"地区贸易额为3450余万元，占当年"满洲国"总贸易额1041988000元的3.3%；"间岛"贸易入超达779余万元，占全满入超额 145135000 元的 5.4%。从如此巨大的入超额中可以窥见"满洲国"贸易的一般特征。这主要是由于铁路施工及建筑材料的大量进口，加之因劳动力大量移入而导致消费物品的增加，是构成入超的原因。另一方面，在大兴土木情况下，当地经济自然增长，这也是一个不容忽视的因素。而输出额的相对寡少，则不能不算作一个主要原因。该年输出额总计 13356000 元，创"间岛"贸易史的最高纪录，从表中可见，其增长速度是何等的迅速。京图、图宁线等直通腹地的铁路未开通前，昭和二、三年间（1927—1928）"间岛"的输出贸易额在五百万海关两左右，与昭和九年一千三百万元国币相对比，难说增长很快。如果再从其中减除往年约占半数的地区性贸易额，那么这种情况看得就更清楚了。

就"间岛"地区输出额和输入额各自在全满的地位而言，输出额如上占全满 448426000 元的 3%；而输入额则为 21149000 元，占全满 593562000 元的 3.6%。

其次，就图们、龙井之间相互比较而言，直到昭和八年（1933）一直居于传统优势地位的龙井村终于在翌年开始逆转，无论是输出额、输入额、贸易总额乃至入超额，图们都明显占优势。请参考下表：

图们、龙井贸易额消长表（单位：国币元）

输出入别	税关	昭和九年	昭和八年	增减额	增减比率
输出额	图们	11, 928, 190	1, 453, 199	（+）10, 474, 991	（+）720%
	龙井	1, 427, 957	2, 373, 379	（-）945, 422	（-）40%
	计	13, 356, 1 47	3, 826, 578	（+）9, 529, 569	（+）250%
输入额	图们	16, 725, 481	4, 824, 378	（+）11, 901, 103	（+）250%
	龙井	4, 423, 322	6, 786, 639	（-）2, 363, 317	（-）35%
	计	21, 148, 803	11, 611, 017	（+）9, 537, 786	（+）82%
合　计	图们	28, 653, 671	6, 277, 577	（+）22, 376, 094	（+）360%
	龙井	5, 851, 279	9, 160, 018	（-）3, 308, 739	（-）36%
	计	34, 504, 950	15, 437, 595	（+）10, 067, 355	（+）124%

（注）："+"号表示比前年增加，"-"号表示比前年减少。

如上表所示，龙井无论是在输出还是在输入方面，昭和九年都比上一年减少 30% 乃至 40%。就"间岛"全地区而言，输出额增加 250%，输入增加 80%，可谓划时代的飞跃发展。至于输出入总额，则增加 120% 以上，再加上昭和八年比上年增长 100%，就更能表明其发展速度之快。

尤其单就图们而言，其输出额激增 720%，数年之间成倍增长。

"间岛"地区对外贸易增长情况，请参见下表：

近十年间贸易额对照表

年　次	单位	输出额	输入额	合　计	出超	入超额
大正十四年	海关两	1，556，206	4，124，367	5，627，535	—	2，568，161
昭和元年	同	3，676，648	5，655，398	9，332，046	—	1，978，750
二年	同	5，375，315	6，415，087	11，789，402	—	1，039，772
三年	同	4，703，537	6，501，858	11，205，395	—	1，798，321
四年	同	4，171，841	4，931，631	9，103，472	—	659，790
五年	同	3，296，738	4，164，001	7，460，739		867，263
六年	同	3，790，521	4，619，122	8，409，643	—	828，601
七年	同	2，450，785	3，411，672	5，862，458	—	960，888
八年	国币元	3，826，578	11，611，017	15，437，595		7，784，439
九年	同	13，396，147	21，148，803	34，504，950		7，792，656

（注）：上表中昭和七年以前用海关两表示。按满洲国制定的换算率，1海关两=1.56国币元。

上表所列输出入总额，最高是在"九一八"事变以前即昭和二、三年。在昭和元年至昭和六年的七年中，平均每年的输出入总额为 989747 海关两，将此数据按照"满洲国"所定换算率，可折算成国币 14024605 元。

至于"间岛"地方贸易的对象和品种，可参考下列二表：

1. 昭和八年（1933）输出入国别贸易额（单位：国币元）

对　象	输 出 额	输 入 额	计	百 分 比
日　本	14，027	5，131，791	5，145，818	32.8%
朝　鲜	3，812，522	6，555，480	10，368，002	66.3%
中华民国	29	10，376	10，405	—
苏　联	—	108	108	

对 象	输 出 额	输 入 额	计	百 分 比
德 国	—	760	760	—
美 国	—	102，449	102，449	0.7%
其 他	—	7，173	7，173	—
合 计	3，816，578	11，611，017	15，437，595	100.0%

2. 昭和八年重要输出入品种的数量及金额（单位：国币元）

输	出	
品 名	数 量	价 额
动物及其加工品	—	19，243
大豆	838，520担	2，866，569
白豆	71，68	4224，233
小豆	32，481	132，488
绿豆	1，135	4，777
其他豆类	666	2，360
荞麦	581	1，802
玉蜀黍	922	2，705
粟	11，904	68，878
其他谷类	9，521	39，844
谷类粉	425	2，243
豆饼	14，638	36，041
其他谷类产品	—	2，543
药材及香料	—	210
豆油	28	420
种子类	—	1，396
酒类	—	997
糖类	—	118
豆菜类	—	13，576
其他植物产品	—	5，399
木材	—	224，799
纺织品	—	5，922
金属制品		1，443
各种杂货		19，808

输		
品 名	数 量	价 额
本色绵布	—	375,080
漂白、染色绵布	—	384,471
印花绵布	—	147,528
杂绵布	—	108,584
打绵	—	188,900
绵丝	—	93,871
其他绵制品	—	165,965
麻袋	18,372担	202,935
其他麻制品	—	28,185
毛丝及毛制品	—	33,793
绢及人造绢	—	98,775
铁类	—	1,523,691
其他金属类	—	65,753
机械及工具	—	287,044
车辆及材料	—	258,946
其他金属制品	—	252,566
水产品	—	425,273
罐头及日用品	—	141,409
小麦粉	271,864担	1,953,090
其他食品及粉	—	204,362
果实类	—	153,698
药材及香料	—	22,431
砂糖	24,709担	209,126
日本酒	—	37,072
啤酒	35,931打	68,867
其他酒类	—	5,277
汽水	11,175打	18,112
烟草	—	7,335
化学制品	—	367,973
染料及涂料	—	24,000

输	入	
品　　名	数　　量	价　　额
挥发油	720，259打	185，357
石油	282，048打	181，894
机械油	89，412打	62，247
其他脂蜡晶	—	95，740
纸类	—	183，399
兽皮类	—	6，743
木材	—	469，590
竹、藤草制品	—	92，174
燃料其他	—	45，619
陶瓷器硝子类	—	124，182
洋灰	1，068，417担	1，795，597
其他石料泥土	—	31，069
靴类	446，764双	280，440
各种杂货	—	541，440

四、交通

（一）铁路运输

现在牡丹江铁道局管辖的铁路线如下所示，总长度已达1912公里。

滨绥线（哈尔滨—绥芬河）550公里

（一面坡以东的384公里由该局管辖）

图佳线（图们—佳木斯）580公里

虎林线（林口—虎头）340公里

梨树线（穆棱—梨树镇）82公里

绥东线（绥阳—东宁）91公里

绥佳线（绥化—佳木斯）381公里

鹤岗线（莲江口—鹤岗）54公里

以上皆属东满经济圈各条铁路线。此外，作为日、满联络最短路线并与东满有密切关系的铁路,是联结首都新京站和东满"门户"图们站的干线,也就是下面首先要介绍的"日本海航路京图线"。

1. 日本海航路京图线

京图线将满洲国新京和位于满鲜国界的东满门户图们站联结起来,全长528公里,是满洲国心脏地区横贯东西的日满交通大动脉。

原来从日本进入满洲仅有经由大连和安东两条途径。京图线开通后,可以从京城经北鲜铁路到达京图线,也可经海路在"北鲜三港"中的任何一港上陆,而与京图线连接,从而形成到达满洲的四条路线,使日满交通史揭开了新的纪元。由此可见日本大陆政策的基调,即完成从太平洋到日本海,从裸露着的日本到包裹着的日本的划时代飞跃,实现其变日本海为日本内湖的目的。

"九一八"事变后,昭和六年(1931)十二月实现吉长(吉林—长春)、吉敦(吉林—敦化)两条铁路的合并经营,又在昭和八年(1933)三月一日设立铁道总局,以上两路转归该局管辖。

敦化—图们铁路在"日满提携"下迅速着手修筑,延长189公里,昭和七年五月开工,昭和八年四月完成,昭和八年九月与吉长、吉敦两路合并,总称京图线。

2. 图佳线

该线与直达新京的京图线共同构成东满地区的主要干线。该线经过之地拥有丰富的农产、矿产、林产等重要资源。该线以京图线终点站图们为起点,沿嘎呀河主流上溯,在三道沟离开嘎呀河主流.沿支流的溪谷继续北进,在水南洞村的南面山麓修建了一条半径为360米的环形铁路线,越沙金沟山顶,过汪清、大荒沟、骆驼山、春阳,进入位于"间岛"省和牡丹江省交界处老松岭密林地带,修建一条贯通老松岭山脉的第二条环形铁路线,再穿过牡丹江沿岸平原地带,经由满洲古都东京城和宁安,到达东北满新兴大都市牡丹江站后,铁路线仍继续北上,经由林口和勃利,直达松花江畔的水运都市佳木斯,总长度为580公里。

昭和六年十一月一日，"满铁"总裁内田与吉林省政府长官熙洽就昭和三年五月十三日缔结的"延海铁道建设承包合同"中关于建设延海线（延吉—海林）交换了文书。依据以上文件，多年来反复交涉的重大难题此时得以解决。

该线工程分三段施工，即图们—牡丹江（原称宁北）间的图宁线，牡丹江—林口间的宁林线，林口—佳木斯间的宁佳线。昭和十二年（1937）七月一日全线通车。

3. 梨鸡线

伪康德七年（1940）十二月十日开始试营业的梨鸡线，系联结梨树线梨树镇和虎林线鸡西站的47.2公里铁路。该线从柳毛附近至鸡西之间地势比较平坦，但在省境附近皆属山地。该线对当地产业开发的直接作用不大，但在运输上的利益和影响却很大。也就是说，梨鸡线的开通经梨树线形成牡丹江、下城子、鸡西及牡丹江、林口、鸡西环状铁路线，发挥环状运输之利，并把从东宁到虎头的国境地带以最短的线路联结起来，构成该线的一个不容忽视的重要使命。此外，该线的另一使命是沟通图佳线和虎林线，并与兴宁线和滨绥线构成广义的大复线。该线开通之日，就是北鲜三港与东安、虎头地区结成实际上的复线之时，运输业振兴自不待言。

4. 绥东线

北边振兴计划作为一项壮观的"满洲国"国策已显露头角，昭和十四年（1939）十二月一日开始正式营业的绥东线，开工于昭和十三年三月，翌年六月二十四日竣工，九月一日起试运行。它从滨绥线的绥阳站开始，与俄罗斯隔境相呼应，向南直达三岔口，全长91公里，是一条重要铁路。

该路沿线地形复杂，河川纵横，而且山岳重叠，河岸奇岩耸立，是满洲稀见的胜景。

5. 鹤岗线

该铁路系以松花江岸的三江省省会佳木斯对岸之莲江口为起点，经由鹤岗，以煤矿所在地的兴山为终点，全长约56公里，是一条运煤铁路。

该铁路原称"鹤立岗煤矿公司新兴铁道"，其后改称鹤立岗铁道，昭和九年（1934）又改称鹤岗铁道。最初由鹤立岗煤矿公司从昭和二年（1927）开始营业，昭和四年（1929）改为官商合办，昭和九年（1934）五月七日满洲炭矿会社成立时，与该煤矿一起被置于该会社统制之下。

6. 绥佳线

"满铁"为适应北边振兴计划，获取丰富的林产资源，乃决定建设一条将北满与东满两大谷仓地带联结起来的铁路。昭和十一年（1936）五月，"满铁"建设局踏查队进入人迹罕至的密林地带，用整整四年时间建成了联结滨北线（哈尔滨—北安）要冲绥化和东满新兴都市佳木斯的绥佳线。该线全长382.5公里，伪康德七年（1940）十二月十二日开始全线正式营运。

（二）汽车运输

"间岛"汽车运输自"九一八"事变后迅速发展，昭和十年（1935）一月末汽车营运主要路线大致如下：

区　　　间	经　营　类　别	客票价（单位：元）
北鲜庆源—珲春间	民营（定期）	金1.00
北鲜训戎—珲春间	同（同）	同
珲春—东兴镇间	铁路总局营（同）	国币5.00
图们—小城子间	民营（同）	图们嘎呀河，金1.00
		嘎呀河大肚川，同2.30
		大肚川大荒沟，同1.50
		大荒沟小一岔口，同1.50
		小三岔口小城子，同1.50
大肚川—百草沟间	民营（定期）	金1.50
大荒沟—百草沟间	同（同）	同
图们—延吉间	同（不定期）	……
延吉—百草沟间	同（定期）	延吉依兰沟，金1.25

区　　　　间	经营类别	客票价（单位：元）
		依兰沟百草沟，同1.25
延吉—八道沟间	同（同）	延吉朝阳川，同0.50
		朝阳川八道沟，同1.00
龙井—延吉间	同（同）	金1.00
龙井—上三峰(北鲜)间	同（同）	龙井南阳坪，金0.90
		南阳坪开山屯，同0.90
		开山屯上三峰，同0.20
龙井—三道沟间	同（同）	龙井头道沟，同1.00
		头道沟二道沟，同0.75
		二道沟三道沟，同1.50

　　以上线路在客车运行外，其间还有不定期的、随意性的卡车营运。无论是客车还是卡车，在雨季道路泥泞之时即使是定期客车也不得不停运。

　　就车辆现状而言，官厅及其他公共机关的专用车姑且不论，普通营业用及个人自家用汽车共有89辆，其中营业用客车56辆，卡车11辆，合计67辆；个人自家用汽车10辆，卡车12辆，总计22辆。

　　再看一下三江省汽车营运状况。该省大小河川纵横，在河川上架设的桥梁甚少，汽车运输受河川阻碍而难于进行。特别是该省湿地沼泽遍布，夏季营运几乎处于停滞状态，只有在冬季结冰期尚可勉强运行。省内汽车营运路线如下表所记，可分为铁路总局经营和民营两种，数量极少，而且这些道路如上所述，夏季几乎没有什么营运，只是在冬季才可运行。

三江省辖区内长途国营汽车路线

区　　间	经　过　地	公　里　程
哈尔滨—同江	通河、三姓、佳木斯、富锦	692公里
佳木斯—勃利	永丰镇、湖南营	184公里

辖区内长途民营汽车路线（伪康德三年三月末三江省公署民政厅调查）

区　间	经过地	公里程	摘　要
依兰—勃利	双河镇	160公里	屯垦团经营
佳木斯—勃利	永丰镇、湖南营	184	同
富锦—集贤镇	永安屯	60	满人经营
富锦—宝清	柳大林子	140	同

（三）水路运输

1. 东满水运概况

满洲能够航行汽船的河流只有松花江、黑龙江、嫩江、乌苏里江等东北满地区的江河，其航路总长度约有四千五百公里。特别是松花江流贯北满谷仓地带的大平原，占北满水运量的90%。黑龙江和乌苏里江作为界河具有重要意义。尤其是在产业开发五年计划中，对东北满资源的运输具有很高的经济价值，无论是在产业上还是在政治上，都与铁路同样重要。

当地主要航运码头是：

松花江岸——依兰、汤原、佳木斯、富锦、同江

乌苏里江岸——东安镇、饶河、虎头

黑龙江岸——街津口、抚远

特别是佳木斯码头，自从图佳铁路线开通一跃而成为水陆联运枢纽。伪康德七年（1940）十二月绥佳线（绥化—佳木斯）新铁路的开通，使这种联运更加扩大。向来以哈尔滨为中心的北满河运将在今后日益向以佳木斯为据点的方向发展。随着东北满产业的迅速开发，原来由航业联合会经营的北满航运业改由"满铁"直接经营十分必要，因而该联合会所属的船舶和一切财产被"满铁"所收买，并于昭和十四年（1939）四月在哈尔滨设立北满江运局，"满铁"遂开始统一经营铁路和船舶，水运的特殊意义被充分发挥出来，从而加快了满洲产业开发。

2. 松花江水运

在铁路总局一分局中，水运局管辖下的哈尔滨航业联合会使"九一八"

事变后一度停止航行的黑龙江、乌苏里江航行在昭和八年（1933）恢复，伪满洲国的船舶可以沿松花江顺流而下，再溯黑龙江主流而上，直达漠河。翌年又溯乌苏里江而上，经虎林直达兴凯湖。

大同二年（1933）各航线船只分配状况如下：

航　　路	使用船	只数	一往返所需日数	就航回数
哈市·富锦线	客船（定期）	10	10日	1日1回
同上	客船（临时）	4	10日	月12回
同上	货客船	5	15日	同10回
富锦·黑河线	客船（定期）	2	9日	同6回
哈市·黑河线	客船	6	21日	同8回
哈市·虎林线	客船（定期）	9	21日	同10回
黑河·漠河线	客船	3	12日	同8回
哈市·三姓线	货客船	2	8日	同9回
哈市·大赉扶余线	客货船	3	12日	同8回
扶余·吉林线	同	3	10日	同2回
漠河·瑷珲线	同	1	15日	同2回
大赉·江桥线	同	1	10日	同3回

货物输送：松花江沿岸物资极其丰富，水运在货物运输中的地位，请参见下表：大同二年（1933）调查，单位：吨

装货地	大豆	小麦	杂谷	煤	木材类	其他	合计
哈尔滨	—	—	1688	3510		35992	41190
三姓	72110	904	586	103	5306	211	79220
佳木斯	30838	15824	589	1784	250	937	50222
富锦	34807	34701	1332	—	16	993	71829
其他	95364	21313	10222	148613	46668	49743	371923
合计	233119	72741	14417	154010	52240	87856	614384

（四）航空运输

为了顺应满洲国对东满飞跃发展的期望，必顺建立航空网。满洲航空株式会社乃逐年努力扩大定期航空网，其结果是北部的萝北、富锦、佳木斯，

东部的饶河、绥芬河、珲春，西部的哈尔滨、新京等政治、经济重要都市全部建立航空线，从其办事处增设的状况，可以看到在日本内地也很少见到的发达景象。

定期航空路线航空班次（昭和十四年十月改正）

区　　间	距　　离	航　空　班　次
牡丹江—新京	360公里	星期日以外每日一次
牡丹江—哈尔滨	270	星期二、四、六
牡丹江—三岔口	175	星期一、三、五
牡丹江—饶河	475	星期二、四
佳木斯—哈尔滨	305	每日
富锦—哈尔滨	445	每日
牡丹江—清津	355	星期二、四、六

备考：据满洲事情案内所编《松花江》。

此外，还有特别定期航线：有牡丹江、东宁间175公里，牡丹江、密山、富锦间675公里，皆每周往返二次。

注：

［1］满洲事情案内所，1941年出版。

［2］图们铁路办事处，1935年编印。

［3］国务院总务厅情报处，1936年编印。

［4］须佐美芳男著：《开拓中的东满》26页。

［5］以上译自《东满事情》84页。

第三节　日本在东满的移民

日本帝国主义为永久霸占中国东北，疯狂推行移民侵略政策，有计划地把各种形式的日本人"开拓团"大规模遣送到我国东北，从中国农民手中掠夺大量土地，使无数中国农民流离失所。

日本向东北移民是日本和伪满洲国的重要"国策"之一，而东满则是日本开拓团入植最重要的地区，也即所谓的"开拓第一线地带"。其主要目的是巩固日本对边境地区的控制，加强对东满的统治，充实其边境防务，以便在发动对苏战争时能够迅速补充兵力，尤其是日本拓务省直接策划的农业集团开拓民，主要配置在东满地区。此外，日本还在东满搞了青少年义勇队开拓民、林业开拓民、渔农开拓民、铁道自警村、朝鲜人开拓民等各种形式的移民侵略。

关于东满日本开拓团入植的具体情况，我们从冈崎四郎编《东满事情》的第十四部分"东满开拓民"一文中摘译部分资料，可以窥其概貌。

一、百万户移民计划与东满

日本农业移民计划以伪康德三年（1936）八月作为日、满两国之国策而确定的百万户移民计划为基础，即从伪康德四年（1937）起在二十年内移民一百万户。该计划为便于实施，乃分四期进行，每五年为期。移民户数第一期十万户，第二期二十万户，第三期三十万户，第四期四十万户。这些移民又分为甲种移民和乙种移民两种，甲种移民由政府提供较优厚资助。在日、满两国政府有关当局的组织下，组成二百户乃至三百户的集团，有计划地进行移民，称之为"集团开拓民"。乙种移民政府资助较少，是民间团体或移民自发组织起来的，入殖到治安、交通及其他环境较优越的地区，其规模一般在三十户左右，称之为"集合开拓民"。第一期计划的十万户移民中，预计移入集团开拓民七万户，集合开拓民三万户。伪康德四年为该计划实施的第一年，六次集团开拓民共移入五千户，各种集合开拓民移入约一千户。

第二年即伪康德五年（1938），预定移入集团开拓民一万户，集合开拓民五千户，再加上新确定的青少年义勇队移民计划以及由于各种原因而未完成的上年度计划。但仍不变更第一期目标，预计自第三年度起分别完成预定集团开拓民一万、二万及三万户，集合开拓民一千、一万及一万七千户，从而完成第一期十万户入植的计划。

本计划在实施过程中，还考虑到前半期以集团开拓民为中心，后半期以集合开拓民为中心，这样开展工作最为便利和切合实际。因此，逐年增加集合开拓民，预计达到集团开拓民和集合开拓民各五十万户的设想。

实施本计划需要巨额的资金。日本政府对集团开拓民和集合开拓民分别给予每户一千及五百元以内的补助，二十年一百万户共需补助金七亿五千万元。另外满洲拓植公社预计向每户开拓民提供约二千元的贷款，其总额在二十亿元以上。此外，满洲国方面还要负担移民的公共设施费、治水费、湿地排干费等项目支出，这些费用根据工程的难易程度，总计约需二十五亿乃至四十亿元的资金。当然，一百万开拓民可垦耕一千万町步（每町步约合一公顷）的土地，如以每町步产值七十元计算，那么此项事业完成后每年可获得七亿元的庞大财富，二十年间累计至少不下五六十亿元。

如此前所未有的大规模迁移，是维系日、伪满两国关系的主要国策，已经历了八年的风风雨雨。面对东亚新形势和世界政局大变迁，重新调整移民体制是十分必要的。我们把东满作为日本移民史的发祥地而给予高度重视。伪康德六年（1939）在东京召开日满开拓恳谈会，确定了长期不变的开拓大纲，其目标是培养在大陆长期建设的根基。

二、拓务省农业开拓民

"九一八"事变余烬未消的昭和七年（1932）秋，对满日本人集团开拓民的先锋队——第一次弥荣开拓团，挑选日本东部十一县的健儿，到预定入植地的三江省永丰镇安家落户。不久，翌年七月循其足迹的第二次千振开拓团入植于三江省湖南营。以后，第四次城子河开拓团于昭和十年（1935）盛夏八月在密山县城子河及哈达河着手入植的准备工作，共一百五十名先遣队员专门从事移民的建设。翌年春季三月，大队移民，进入预期的正式入植活动。第五次开拓团入植地为黑台、永安屯、朝阳屯、信浓村四处，皆位于东安省密山县中部，虎林线在靠近该地区中部的地方东西向横穿而过，乘坐该铁路线客车的旅游者，无论是谁皆可从车窗看见这些村落星星点点地散布于路旁。该区以黑台站为中心，东有连珠山站，西有莫和山站。其中黑台开拓团在昭和十二年（1937）九月派先遣队员十名入植，翌年三月大队移民完成入植。永安屯开拓团在昭和十一年七月派先遣队入植，翌年三月完成大队移民入植。信浓村开拓团在昭和十一年六月派先遣队52名入植，翌年三月完成大队移民入植。

如上所述，从昭和十一年起在二十年内重新确立一百万户、五百万人的大规模开拓民计划，并将之付诸实施。于是出现了第一批大规模移民浪潮。即第六次熊本村、宫城村、福岛村、茨城村、东北村、东海村、静冈村等各开拓团在昭和十一年七月在三江省汤原县，龙爪沟开拓团在三江省勃利县（现属东安省）印下了最初的历史足迹。尔后积极构筑住宅，进行农耕，翌年九月各村把家属也都招来了。

紧接着，又涌来了第二批大规模开拓民。昭和十三年（1938）五月，第七次七虎力河开拓团在距三江省千振开拓地以南数十公里之地、四合屯开拓团在该省汤原县熊本村附近完成入植工作，并进而展开各项建设。更有第八次开拓民的先遣队也已入植于三江省的汤原、通河、依兰、方正四县的十五个地方，大队移民亦陆续入植。

东满第一次至第七次拓务省开拓农民户数及人口表（伪康德七年三月）

省　别	入　植　地	户　数	人　口
三江省	第一次弥荣	291	1.172
同	第二次千振	327	1.232
东安省	第四次城子河	255	559
同	同　哈达河	172	471
同	第五次永安屯	282	679
同	同　朝阳屯	266	620
同	同　黑台	201	526
同	同　信浓村	290	473
同	第六次黑咀子	292	313

省　别	入　植　地	户　数	人　口
同	东二道岗	133	133
同	西二道岗	143	143
同	六人班	136	150
同	北五道岗	291	291
同	南五道岗	292	294
三江省	龙爪	248	248
同	洼丹岗	15	15
同	舒乐镇	24	24
同	大古洞	39	39
同	第六次小古洞	41	41
同	同　上久坚村	32	32
同	同　张家屯	45	45
同	同　太平山	34	34
同	同　汤原熊本	2.26	2.40
同	同　宫城	1.98	2.98
同	同　福岛	1.72	1.89
同	同　茨城	1.31	1.31
同	同静冈	1.48	1.51
同	同东北	2.39	2.39
同	同东海	2.18	2.18
同	第七次七虎力	52	52
同	第七次四合屯	23	23
同	第七次清和	62	62
牡丹江省	第八次密古河	48	48
同	第八次榆林	50	50
同	第八次兰岗	52	52
同	第八次桦林	58	58
同	第八次卢屯	40	40
同	第八次三道溜	25	25
同	第八次柞木台	11	11
同	第八次公心集	56	56

省　别	入　植　地	户　数	人　口
同	第八次中川村	44	44
同	第八次大八浪	42	42
同	第八次马大屯	24	24
同	第八次北靠山屯	34	34
同	第八次天罗勒密	28	28
合计		5830	9549

三、开拓青少年义勇队

通称为满洲开拓青少年义勇队的青年开拓民计划，系指招募十六到十九岁的日本质朴青少年经两个月培训后移入满洲，主要在北满和东满未开发地区开设训练所，在三年的时间里进行辅佐"满洲建国大业"和进行满洲开拓所必需的身心陶冶及实地训练。义勇队开拓民以甲种开拓民或乙种开拓民的形式，有计划地入植。伪康德四年（1937）七月，日、满两国有关当局经多次磋商，决定在两三年内训练所收纳三万人。很快，同年十月和十二月先后有两批青少年共 319 名作为先遣队员进驻设在黑龙江省嫩江县伊拉哈的训练所。满洲开拓青少年义勇队发端于昭和九年（1934），在已经是霜降的东部满苏国境，有十四名十四岁到二十岁的青少年，穿越着没有铁路，也没有固定道路的密林，在东部边境乌苏里江沿岸的饶河县定居下来，建立了"北进寮"。

此后，在"七七"事变爆发和国际形势紧迫化的刺激下，日满一体化得以加紧贯彻，尤其对一百五十万农村青年来说，开拓大有希望的新天地，以此作为振兴国运根基的东亚永远和平的基础，立即把大量青少年移民组成义勇军移往满洲的呼声越来越高，政府也认识到了它的重要性，立即决定在第一年（1937）就将三万人送入训练所。为此除将嫩江训练所扩大至可容纳一万人外，还在黑龙江省孙吴县设立容纳五千人的训练所，在滨江省铁骊县设立可容纳五千人的训练所，在三江省勃利县设立可容纳五千人的训练所，在牡丹江省宁安县设立可容纳七千余人的训练所，总计入所人员达三万人。此类训练所由满洲拓殖公社直接管理，通称"大训练所"，学员在这类训练所接受一年基础教育后，一律分配到伪满洲国、铁道总局及"满拓"等机关设立和经营的小训练所中再接受两年的培训。

大训练所定员六千人或一万二千人，并附属三千町步以上的耕地以及牧场和烧材林等。训练生以三百人组成一个中队，五个中队即一千五百人编成一个大队，各中队分居，并分别进行训练。小训练所分为甲种、乙种、丙种三类，甲乙两种皆以农业生产训练为主，甲种小训练所以所在地为入植地；训练课程结束时学员即作为农业开拓民在该处定居。

乙种小训练所则与此不同，在完成训练课程后，即作为农业开拓民入植到其他开拓地方。

丙种训练所尚未设置，但将来义勇队或开拓团的指导员、医师、教员等将在这类训练所中培训，对学员实施基础教育。或者把为重要工矿部门培养骨干技术员当作主要训练目的。

当然，因为甲种训练所结束后立即过渡为开拓团，所以将来作为组成村落的农耕地全部计算在内应有三千町步。另外，乙种训练所的训练生定员以三百人至一千五百人为标准，其附属农耕地每名训练生应有二町步，还须有牧场和烧材林。

按此计划，第二年度即伪康德六年（1939）接收六万人（大小训练所各三万人）、七年度十万人（大训练所四万、小训练所六万人）、八年度十二万人（大训练所五万、小训练所七万人）。从第一年度至此共计接收三十一万人。此外，如把本计划与成人开拓民计划加在一起，当初的百万户移住计划不需用二十年就可望实现。

三江省勃利县和牡丹江省宁安县两处大训练所的开拓者们每天进行开拓训练，完全与军队相同，而绝异于以往的学校教育，与其说是学校倒不如说是练武场，尤以接受学校所得不到的培养为重点。在训练所中，不雇佣任何杂役，日常生活全部自理，并且把学习项目与武士道结合起来，以培养日本精神，陶冶日本"皇国农民魂"。在这里结束二年训练后，即编入上述的农业集团开拓民中，同时拨给十町步耕地以保证其成为独立的农户。

地方别	科　别	所　　名	收容预定人员	现在人员		最近车站
				职　员	训练生	
三江省	大训练所	勃利（属东安省）	6，000	78	2，429	图佳线勃利
同	甲种小训练所	依兰县大林	300	5	104	同千振
东安省	乙种小训练所	饶河大和村	300	2	114	虎林线虎头
同	甲种小训练所	宝清县龙头	300	3	62	同　兴凯
同	同	宝清县头道	300	4	61	同　　同
牡丹江省	特别训练所	宁安	4．500	103	3，091	图佳线东京城
同	乙种小训练所	东宁县大乌蛇	300	5	114	绥宁线三岔口
同	甲种小训练所	宁安县南山市	300	1	101	滨绥线山市
同		镜泊学园	300	1	27	图佳线东京城
"间岛"省	乙种小训练	珲春县黑顶	300	4	60	北鲜阿吾地
计			12，900	206	6，163	

　　大小训练所的训练时数系以每年 240 天，1440 小时为目标。一天平均训练六小时，从五时三十分（冬季六时）开始，到八点三十分熄灯止，完全实行军队式纪律。

	大　训　练　所		小　训　练　所		备　　考
	周时数	年时数	周时数	年时数	
教学	16	640	13	520	教学科目有修身、公民、普通科（数学、国语、史地）、农学、语言学、武士道、体育、教练等。
军事	5	200	5	200	
工作	15	600	18	720	
计	36	1，440	36	1，440	

　　日本大陆政策之根本，在于五百万开拓民的入植，而作为其核心的青少年义勇队移民之成功与否，关系到这个重大国策的前途命运。因此，拓务省从伪康德七年（1940）起采取了增加补助金一倍、刷新训练方针、增

设训练所、完善保健设施等项措施，以确保百万户开拓民的入植万无一失。

四、林业开拓民

林业开拓民是满洲林业政策的具体表现之一。昭和十一年（1936）在拓务省资助下，以圆满完成官营砍伐为目的，招徕采伐技术优秀的日本樵夫，指导满洲樵夫和林业工人。满洲林业局委托日本营林署招募了日本伐木技术人员三十二人，作为对满开拓民中最初的特殊自由开拓民入植于图佳铁路沿线。也就是说，现在林业开拓民入植地只限于下述东满地区。获得开拓民资格者系有经验之樵夫并且从事农业的四十岁以下的户主及其家属，大多出身于与东满气候、风土相近的秋田和青森。其入植地为现在古城镇、仙洞、三岔口及京图线二道沟等四处。而从新时期对木材的长远性需求及东满经济开发的重要性之认识上看，在今后确立大规模入植计划是非常必要的。顺便指出，营农依赖于"满拓"，而采伐资金则依赖满洲林业。

省别	县别	入植地（团名）	户数	人口	所管营林署	采伐地	出身县别
三江省	勃利	古城镇	138	495	勃利	大青山	青森
牡丹江	宁安	仙洞	91	417	牡丹江	二道河子	秋田
"间岛"省	汪清	三岔口	40	184	图们	天桥岭	秋田
同	和龙	二道沟（新秋田）	53	208	延吉	古洞河	秋田
计			322	1，304			

（伪康德六年七月满拓调查）

团　名	入植县名	户数	耕作面积	一户耕作地	役畜	豚	鸡
古城镇	勃　利	123	366町	2.9町	91	9	9
三岔口	汪　清	43	144	3.3	30	4	4
二道沟（新秋田）	和　龙	43	107	2.5	42	16	16
仙洞	宁　安	100	483	4.8	54	40	40

五、渔农开拓民

伪康德元年（1934），由大谷尊由组织日本移民六十余人迁入三江省同江县，是渔农开拓民之开端。但因对渔法研究不够、渔产贩卖机构不善、渔产加工不得法等缘故而流于失败。为缓和国内食用畜肉短缺而实施鱼代替供应，在"满洲国"开拓总局和产业部水产科的支援下，伪康德六年（1939）九月，用满拓公社的贷款，在牡丹江镜泊湖畔筹备移入日本渔农开拓民。同年十一月，从日本秋田县来的先遣队员二十户二十名移入该地。该开拓团按计划应移五十户，但因当时已是结冰期，基建工作十分困难，故上述五十户的全部入植被推迟到伪康德七年（1940）末，预计在伪康德八年（1941）招徕家属移入。

该团的经营形式与林业开拓团的林农结合相同，也是采取渔农结合的形式，从而使冬夏各季之经营合理化。因此，分给每户渔民水田一町步，旱田四町步，备用林三町步，牧场二町步，总计十町步。

六、铁道自警村

铁道总局所辖一万多公里的铁道沿线，作为日满两国国防线的铁路加强自我防卫显得尤其迫切。

总局所辖铁路是开发沿线产业文化的经济线。

铁道自警村在全满有十三处，其中东满地区已入植的有三个自警村。这个数目不可能与拓务省庞大的移民计划相比，但就其肩负着开拓铁路和国防铁路的特殊使命而言，又具有特殊开拓团的重要意义。已经移入的村民曾是满洲原野持枪者，又是富有农业经验和有耕作能力的家族群体。不过现在入植资格已扩大到普通农民。

村　　名	入植年月	入植户数	所　　在　　地
宁安自警村	昭和十一年四月	20	图佳线宁安站附近
东京城自警村	同	13	同　东京城站附近
山市自警村	同	21	滨绥线山市站附近

自警村由铁路局附业课管辖，采取推举村长、副村长的自治体制，还设有农事、警备、卫生、副业、贩卖等方面的专门负责人。

总局规定这类开拓团负有警备任务，并实行现金工资制。后来取消现金工资以后，在经营中出现许多困难，要求进行改革的呼声越来越高。

七、朝鲜人开拓民

"九一八"事变后，朝鲜农民入满人数平均每年在四五万人之间，即一万户左右。他们大部分仅携有到达目的地之旅费，或投靠亲友，或随便散居满洲各地。这样放任自流，不仅给农民自身带来不幸，也破坏了与原住居民的和睦关系，甚至还会引起一些社会问题。因此，伪康德三年（1936）六月，乃指定"间岛"和东边道的二十三个县为朝鲜人移居区，翌年向一万户以内的移民发放移住许可证，以此控制朝鲜人向该地区的移民。

很早就有朝鲜农民移入满洲，大多散居各地江河沿岸，开垦当地中国农民放弃的荒地和湿地，对满洲产业开发做出了不小的贡献。但除了若干定居者外，在满洲广大土地上生活的朝鲜人对所居村落缺乏依恋之情，为寻求肥沃土地而辗转迁徙，故普遍具有流动性。

在东满，大半以上的朝鲜农业开拓民从事中国农民生疏的水田经营，并获得了稳步的发展。

当局为加强对这些地区朝鲜农民的统制，乃规定宁安县（属牡丹江省）为朝鲜农民移居区，而穆棱县被定为朝鲜人移民指导援助区。目前"满鲜拓植会社"一面着手进行收买土地的准备工作，一面在伪康德六年（1939）一月和朝鲜总督府协力首次募集移居穆棱县的朝鲜人开拓民，并投入了很多人力、物力，由此可见，今后朝鲜移民更有显著增加的趋势。

穆棱县大城厂共荣村，位于滨绥线穆棱站的东南方约七十公里处，以大城厂为中心周围约有二十华里，拥有一万垧广阔的宜耕土地。在满鲜拓植会社的经营下，组织了共荣集团部落，现有移民户数 176 户，人口 792 名，全村分十个部分。此外，在虎林线平阳站附近的朝鲜农民开拓民主要聚居在船口、鸡林、福田三处，从事水田耕作。

船口村朝鲜农民开拓民：其位置距虎林线平阳站八公里，昭和四年（1929）由俄罗斯迁来五十多名朝鲜农民最初垦植，其人数逐年增加，现有 196 户，1200 余人。

鸡林村开拓民：户数 103 户，人口约 750 余名。

福田村开拓民：伪康德三年（1936）作为第四次哈达河开拓团移民的替换地，将原在哈达河居住的朝鲜农民迁入此地，现有户数 52 户，人口 260 余名。

全满朝鲜人开拓民入植状况（伪康德六年）

种 别	户 数	人 口	入 植 地
集 团	3，930	20，085	安图、汪清、穆棱、宁安（以上东满），桦甸、怀德、柳河、兴京、盘山
集 合	915	4，853	牡丹江、穆棱、宁安、珲春、三岔口（以上东满），怀德、兴京、通辽、新安镇
分 散	7，231	29，056	图们、开山屯（以上东满），安东
合 计	12，076	51，994	

东满地方

省 别	县 数	部 落 数	户 数	人 口
"间岛"省	3	71	1，074	5，752
牡丹江省	2	9	911	5，123
合 计	5	80	1，985	10，875

第四节　张鼓峰事件始末

张鼓峰是吉林省珲春市敬信乡防川村的北山，一座中苏边境线上的小山峰，因山上有块刀状岩石，故又称"刀山"。苏联地图上称此峰为札粤泽尔纳亚，意思是湖对面的高地。此峰位于中、朝、苏三国交界之处，山南面为防川湖和防川村，与朝鲜豆满江市和洪仪里隔江相望；山东面是苏联的哈桑湖；山西面四华里处有一个隆起的小山，名沙草峰。所谓的张鼓峰事件，就是 1938 年 7 月下旬到 8 月初，日本帝国主义和苏联围绕争夺张鼓峰和沙草峰两个高地而发生的一场大规模边境军事冲突，苏联又把这次冲突称为哈桑湖事件。

张鼓峰事件是日伪统治时期在东满发生的一个重大历史事件，当时在国际上引起强烈反响，成为世界各国瞩目的重大政治事件。其基本经过是这样的：1938 年 7 月，日本向苏联提出将张鼓峰及其附近的哈桑湖岸划给伪满洲国，遭到苏联拒绝后，7 月 15 日派三名日本间谍上张鼓峰测绘苏军阵地，被苏军打死，日本以此为借口向苏联提出抗议，要求苏军从张鼓峰撤军。苏联认为苏军开枪是因为日军侵犯了苏联领土，严正拒绝日本的要求。此后，两国在边境地区调遣军队，战争一触即发。7 月 31 日，日本夜间袭取了张鼓峰，并攻占了沙草峰。8 月 2 日至 6 日双方在张鼓峰和沙草峰一带展开激烈的争夺战，苏军动用飞机和大炮进行猛烈反击，使日军遭到沉重损失，伤亡 1440 人，日本不得不向苏联提出停战建议，经双方反复磋商，8 月 11 日正式停火。

这次事件并不像日本人所记述的那样，仅仅是由边境问题引起的军事冲突。实际上这是日本北进侵犯俄罗斯的一次军事试探。日本帝国主义长期以来一直抱有侵占苏联远东地区的野心，因而不断在"满"苏边境挑起冲突，制造出兵借口。只是苏联在远东地区建立了强大的军事防御力量，配备优势的机械化地面部队，并在远东拥有强大的海军和空军，使日军不敢冒然发动全面侵略战争。而 1938 年日军在中国战场上遭到顽强抵抗，越来越深地陷入持久战的泥潭中，使得日军不敢全面对苏开战。因此，日军企图通过边境局部战争试探苏军实力，又想以此威慑苏联，使之不在日本全力进攻中国时抄其后路。此外，日本还有一个更重要的目地，就是企图转移世界人民对其南进战略的视线，制造日本打算北进侵苏的假象，以减轻英美等国对它南进侵犯英美势力范围的抵制和压力。

以下，我们摘译日本东洋协会调查部编印的《张鼓峰事件经过概要》（1938 年版）一书的有关内容，该书较为详备地记述了该事件的基本过程。当然，该书出自日本侵略者之手，带有日本帝国主义的反动政治观点，把这个事件说成是领土争端，对日军多有溢美之辞，而对苏军却极尽诬蔑之能事。尽管如此，该书毕竟对军事冲突和谈判过程进行了细致的记载，从中可以看出该事件的基本梗概，提供了一些可供我们批判使用的有关材料。

一、满苏国境的争端

蜿蜒如长蛇般的全线长达四千三百公里的满苏国境，多年来纷争迭起，潜伏着一触即发的危机。

苏联在满苏国境，两三年间，从非法越境、射击、绑架、暴行到侵犯领空、妨碍河川航行、非法测量等不法行为，大体上可表示如下：

	昭和十年	昭和十一年	昭和十二年
东部国境	88件	120件	112件
西部国境	8	14	9
北部国境	22	49	27
满蒙国境	18	20	22
合　计	136	203	170

日满两国政府鉴于国境纷争频繁发生的实际情况，于1936年3月向苏方提出划定从兴凯湖至图们江陆境的国界及设置关于处理国境纷争委员会的建议，对此苏方曾一度表示同意，并提出多种协定案。1937年苏方希望重新研讨国境委员会设置问题。但因苏方顽固坚持其毫无诚意的主张，终于不得不使交涉中断，直至今日。

在最近几年引起纠纷的事件中，特别最令世人瞩目的是昭和十一年三月在西部满蒙国境贝尔湖西侧阿基科、多伦北方发生的在苏军指挥下的外蒙军和日满双方的武装冲突。接着被视为重大事件的是去年六月北部国境黑龙江中的满领乾岔子岛俄罗斯炮舰击沉事件，最终导致本年七月十二日在东部国境突然爆发的张鼓峰事件。

二、张鼓峰事件的发端

最近，血腥的肃反风暴席卷全国的俄罗斯政局极度动荡不安，特别是留西科夫大将出逃事件发生后不久，东部国境即刻弥漫着危机风云。本年七月十二日午前十一时，在满苏国境线内约三公里处满洲领土张鼓峰，苏联士兵十余名突然非法侵入并占领该地，在其东侧斜坡上约有四十名苏联士兵构筑掩蔽战壕，并且在其北侧斜坡上约有三十名苏联士兵搭起帐篷露营，在该峰一带构筑阵地，在其背后东方约二十公里处集中了大量兵力，并继续向这一带增加警备和兵力。这就是张鼓峰事件的发端。

对此，满洲国政府于十四日午后由驻哈特派员下村，向苏联代理总领事库兹涅佐夫提出严重抗议，要求苏军立即撤退：

十二日午前十一时，十余名苏联士兵向距满苏国境约三公里以内的满洲领土张鼓峰非法入侵，开始构筑阵地。在其后方俄罗斯士兵约三十名轮流作业，并在该峰东侧斜坡上准备了十一个帐篷。满洲国对苏方的不法行为提出严重抗议的同时，要求上述苏联士兵立即撤退，并要求苏方采取有效措施不再重复这种不法行为。

接着，日本政府也于十五日正午命驻苏代理大使往访库兹涅佐夫代理委员，对有关上述事件提出严重抗议。可是苏方主张该地属苏联领土，对我方要求予以拒绝。其抗议内容如下：

据可靠情报，自十二日正午开始苏军侵入长池西方的张鼓峰，现约有四十名苏军为占据该地开始进行有充分计划的修筑工事作业。由于该地确属满洲国领土，故苏军入侵该地显然是非法行动，不能不引起守备当地的日满军宪理所当然的愤慨。日本政府鉴于和满洲国的特殊密切关系，及苏军非法侵占地点的位置关系，对本事件极其关注。故本官根据政府的训令，向苏联政府严正要求迅速撤退该地苏军，并声明苏方如不实行撤退，日后发生的事态和纠纷皆由苏联政府负一切责任。

然而苏联对于"满洲国"方面的抗议，非但没有在现场调查的基础上迅速表明有诚意的回答，而且直到十六日仍未做出任何回答，在张鼓峰依然构筑阵地工事。尤其是自事件发生以来东部国境一带苏联军队的活动日益活跃，十五日竟在东宁对面的苏联领土上集结步、骑、炮兵约两个师团及相当数量的坦克、飞机等，对我方进行傲慢的示威。

因此，"满洲国"外交部以发布会的形式，对有关该事件发生以来的满苏外交经过及"满洲国"方面的公正要求的内容于二十日发表如下声明：

对于十二日的张鼓峰事件苏方没有表示任何诚意，且从那以后没做任何答复，对此外交当局决定再次敦促苏联政府做出答复，十八日对驻哈特派员下村再度发出训令。接到通知后，下村特派员当日立刻按训令召见库兹涅佐夫代理总领事："此次苏联突然非法占领之举，敢于构筑阵地及其他军事设施，即或从纯粹的第三者看来，也必然会断定为明显的挑战行为。"如此谴责了苏联方面的不法行径。通告苏联为使事件迅速和平解决，首先要求苏联政府使局势迅速恢复到事件发生之日以前，即七月十一日以前的状态，苏联政府如不答应我方要求，万一导致非常事态，其责任悉归苏联。对于要求苏联反省，库兹涅佐夫代总领事声称不确切了解该地越境之事实，只根据条约，认为关于在本国领土上的行动，别国插嘴毫无道理。左右其词，毫无诚意表示。下村特派员再次重申，只有恢复事件前状态，此外再无迅速和平解决之途径。当苏联不予接受时，我方只能断定苏方图谋扩大事态，以促使苏方的醒悟。库兹涅佐夫代理总领事也答应将此建议转达给苏联政府。这样一来，事件的解决应采纳"满洲国"方面公正妥当的要求，除表示首先迅速按事件发生前状态撤兵的诚意以外，别无外交解决的途径。"满洲国"方面在下决心解决事件的同时，严重关注着今后苏联方面的态度。

于是，在对苏关系日渐恶化之时，带着重要任务正在巴尔干、北欧旅行的日驻苏大使重光于十八日急速乘飞机自斯德哥尔摩飞回莫斯科，立即亲自承担起对苏交涉的任务。二十日午后二时到外务人民委员会访问李维诺夫委员，进行了约一小时半的重要会谈。但李维诺夫委员坚持张鼓峰一带为苏联领土，会谈未取得任何成果而决裂。

就其事件经过，我外务省二十三日发表情报部长谈话如下：

关于张鼓峰事件，七月十五日本驻苏代理大使对苏联政府提出抗议。要求苏军立即撤退，但因苏方对此予以拒绝，故二十日午后二时重光大使往访李维诺夫外务人民委员，重申日本政府的抗议。会谈主要内容如下。

重光大使说：

据日满方面现有的确切资料，发生问题的地点确属"满洲国"领土，而且直至今日长期生活在这里的"满洲国"人民，在发生问题的张鼓峰山上，每年六月及九月均按地方习俗举行宗教仪式。我方站在与"满洲国"有共同防卫之责任的立场上，在"满洲国"领土内迅速采取必要措施乃理所当然。以往苏联虽然主张维持满苏国境现状，并一再声称要维持边境一带的平静，可是此次突然以武力占领战略要地，只能说是企图破坏国境的现状，由此产生事端之一切责任均由苏方负责。换句话说，上述行动被视为对日本的一种挑衅行为，打破了日苏关系的圆满，无疑是投下了一块巨石。在这种事态下，日满方面极为隐忍自重，注视着苏联方面的妥善处理。同时声明根据事态，无论何时都有采取紧急必要手段的权利和准备。总之，今日之要求为迅速撤出张鼓峰方面的苏军，恢复七月十一日前的原状，恢复边境方面的宁静。关于这一点，日本政府敦促苏联政府认真考虑。

重光对十五日午后四时苏联士兵向正在张鼓峰附近执行侦察任务的日本宪兵的射击及松岛伍长下落不明提出抗议。李坚持主张出事地点明显是苏联领土，如果说是破坏了国境的安宁，那恐怕是日满方面所破坏，其责任也完全在于日本方面。

对此，重光大使反复郑重重申：苏方主张之唯一佐证是地图，而该图苏联从未向外界公开发表，苏联政府以外任何人都不知道，对于如此紧迫的事态，重复地图的议论只能是增加问题的纠纷。今天的问题从日满方面看来，对于确属满领之地，由苏军入侵引起，苏方一反以往维持现状的主张，自行采取直接行动并开始建筑阵地，日本军队在日满共同防卫之责任上，不得不对此入侵提出抗议。

对此，李反驳道：对于把苏联的行动视为挑衅性行动这一点不得不提出抗议，苏军在自己领土上的行动并不是什么挑衅，以此要求撤军才是挑衅。

重光大使强烈重申：本事件的发生以苏方侵入"满洲国"领土并采取

军事行动为起因，今天的提案要求恢复原状继续保持国境的宁静是合乎情理的，被苏联拒绝责任重大。结果李对我方合情合理的提案充耳不闻，结束了会谈。

三、夺回张鼓峰和沙草峰

自从在莫斯科重光大使与李维诺夫委员开始交涉以来，张鼓峰一带曾暂时处于宁静状态。可是至七月三十日午夜，因苏联部队突然向我方监视部队进行非法射击，终于使双方开始交火，我军于三十一日上午五时四十分将张鼓峰、六时又将沙草峰完全夺回，将苏军驱逐出"满洲国"领土。

朝鲜军报道班发表

八月一日：七月十二日以来在张鼓峰连续二十多天不法越境的暴戾苏军，三十一日拂晓更加执拗地炮击沙草峰南方高地，由于我方果敢地予以反击，敌人死伤二百多，坦克十一辆、速射炮两门被缴获，遭到惨重损失而败退，尔后在长池东方高地留下几个中队，一部分转移到东北方。长岭子方面的苏军又向哈桑方面移动，我军正严密监视苏军的行动。

八月一日上午十一时十五分：本月三十一日在沙草峰、张鼓峰附近日苏军队发生冲突，围绕该地以外的满苏国境及日本海海岸方面，直到一日局势平稳，未发生任何异常情况，国境附近古城、龙岘的朝鲜人民村落共庆日军大捷，阴云密布的国境一带变得平稳明朗。

八月一日午后八时三十分：一日正午以来敌机两度盘旋在张鼓峰上空，对我方第一线部队进行轰炸或对地面射击，我方并无损害。午后二时三十分敌重轰炸机编队自图们江下游方面越境，轰炸朝鲜内洪仪南方金草场附近的铁路，接着轰炸庆兴桥梁，我方并无重大损害。直到午后五点半击落敌机数：在洪仪南方四公里处击落两架，在甑山击落重轰炸机两架，另外在水流峰附近似乎击落一架，尚未明确断定。

八月一日午后十一时五十分：（1）一日午后飞入国境的敌机被地面部队击坠五架后向东方狼狈逃去，国境附近的朝鲜、满洲各地极为平静。（2）

遗弃在张鼓峰附近战场的敌人尸体经调查又增加三十七具，按服装判断为陆海空联合兵种。（3）对于此次事变苏中两国照例散布谣言，轰炸清津、罗津，甚至空袭哈尔滨，急切地进行可笑的虚构的广播，只能被国内外人士嘲笑。

八月二日：二日午前十时过后约有一大队的苏联部队及九辆坦克对张鼓峰进行反攻，被我张鼓峰守备队击退，坦克三辆被重创，遗弃在战场上。一日苏联飞机连续多次非法越境轰炸满鲜非武装地带，二日上午七时三十分又有十多架飞机的飞行编队越境，飞到张鼓峰及九沙坪上空投弹。对于苏联的威吓行动，我军坚持隐忍，苏联严重的挑战行为日益引起国内外的激愤。

八月三日：一日午后以来再次调查战场，陆续发现被遗弃的苏军尸体，又发现二十具，在连续的调查中与先前发现的合起来估计超过七十具，三十一日的拂晓战斗中敌人的损伤比想象的要大。

八月三日上午十一时三十分：至三日上午十时以前的状况如下：（1）张鼓峰前面的敌人得到新的增援，自二日午后三时左右动用步兵三四个大队，炮十数门，坦克三十辆，从洋馆坪方面对沙草峰方面进行反攻，当接近彼我距离约200米时，我方以猛烈的炮火阻击，将其击退，后退约400米，对峙到傍晚。（2）午后八时敌人再次发动猛烈进攻，又被击退，相对峙直至今晨。（3）苏军损伤极为严重。（4）我第一线部队官兵意气日益旺盛地坚守着阵地。（5）敌炮兵占领了古城东北约十公里的马腰山附近阵地，并不时炮击古城。我方几乎没有损害，该部落的居民已转移到安全地带避难。（6）由于敌重型轰炸机在过去一日进行低空飞行，被我地面部队射击受到很大损害，其后从二千米以上的高空投弹，因而其命中率极低。如二日那样十九架敌重轰炸机在古城投弹，一颗落在该地兵营一庭院里，还炸毁一家朝鲜居民的住房，我方无损害。

八月三日午后四时三十五分：三日午后三时前形势如下：（1）上午十时张鼓峰前面的敌人停止进攻。（2）接近沙草峰我方阵地前约一百五十米处的苏军，目前后退至八百乃至一千米处，正在构筑阵地。（3）在张鼓峰东南二公里的五十二号高地方面的敌军也后退若干米。（4）本日从早晨听见低空有敌机声，但未见机影。

在两军对峙的情况下，东京莫斯科之间的严重外交交涉在继续进行。在莫斯科有驻苏大使馆宫川书记官和苏外务人民委员会米劳诺夫远东部长会谈，在东京堀内外务次官和斯大林的苏联代理大使再度进行接触，但看不到任何解决问题的曙光，当地的交战依然继续。据我陆军省发表的其后的战况如下。

四日午后一时三十五分发表：（1）三日午后十时许古城方面遭受苏军迫击炮射击，战况无重大变化。（2）苏联飞机今晨到上午十一时半没有起飞，战场渐次恢复平静。我方士气旺盛，严密警戒苏方动向。

四日午后六时四十分发表：（1）四日上午十时许苏军进攻古城，我军无损害。（2）到午后四时据所得情报，前线方面依然平稳无大变化。

五日午后八时十分发表：（1）五日正午时候苏军用飞机越境飞到张鼓峰上空被我方地面射击击退。（2）苏军终日对张鼓峰及古城方面继续进行缓慢的炮击。

六日午后六时三十分发表：（一）到六日上午十点三十分时的状况：（1）上午八时三十分，沙草峰正面苏军的一部进攻到我阵地前二百米附近，由于我方炮兵射击使其退却。（2）苏军炮兵自本日清晨开始轰击我炮兵阵地，又在上午十时三十分，在洋馆坪东方台上约有炮兵两个中队侵入，被我方炮火压制。（二）直到午后五时许的状况：（1）苏军飞机于午后二时许三次约二十架（以轻轰炸机为主包括若干架战斗机）对张鼓峰、沙草峰以及朝鲜内甑山、洪仪站、四会站附近轰炸，我方损失不明，这次击落敌机一架。（2）接着，午后三时许苏军飞机十七架轰炸下汝坪，午后三时三十分四十架敌机轰炸张鼓峰、沙草峰。（3）其后苏军地面部队无进攻动向，两军在长池两侧相对峙。（三）证实在六日早晨的战斗中，苏军炮四门、坦克四辆被破坏。

七日上午十一时发表：（1）六日午后苏军继续进行飞机轰炸，自午后四时三十分开始了猛烈的炮击，到午后九时三十分许渐渐疏缓。（2）午后十时三十分许苏军对五十二高地（张鼓峰的东南方约一千五百米）及沙草峰进行夜袭，我军用手榴弹击退敌人，苏军继续构筑最近已经停止了的工事。（3）据七日上午九时三十分的情报，五十二高地方面敌我正在相隔一百五十米至二百米交战，沙草峰方面相距八百米展开炮战。（4）在六日战斗中我第一线部队以炮火使苏军约四五十辆坦克遭到破坏或瘫痪，我方对坦克战充满信心。我方到六日傍晚的损伤是战死五名，有负伤轻微者，前线官兵士气颇为旺盛，坚决应付挑战。

七日午后三时半发表：（1）张鼓峰正面的敌人被击退，沙草峰正面无大变化，可以看见前方被击毁的数辆苏军坦克瘫痪在那里。（2）上午十时许，苏军战斗机对龙岘（张鼓峰东南方图们江南岸）、洪仪及四会两站附近进行对地射击，并有轻型轰炸机二十七架轰炸张鼓峰及古城。

七日午后五时发表：（1）七日午后二时三十分许，苏军轻型轰炸机及战斗机共计十架对庆兴（图们江西岸）附近进行机关枪射击及轰炸，两名朝鲜人因此负伤。（2）午后四时稍前，五十二高地前面的敌人转入反攻，我前线部队继续坚守阵地，我左翼方面的苏军未向前进，情况无变化。

七日午后八时四十分发表：到本日傍晚的战况如下：（1）七日清晨越境轰炸及扫射的敌机约增至百架，轰炸洪仪站附近的铁路、炮兵阵地渡船厂、张鼓峰、水流峰、庆兴桥、其古劳乌亚山（珲春东方的苏联领土）及五家子附近，我方损失轻微。（2）反攻张鼓峰正面的敌人依然停在五十二高地前方二百米处。（3）水流峰正面的敌人逐渐增加兵力，约达三个大队，目前停在三百至四百米线上。（4）侵入洋馆坪方面的敌军在该地北侧的棱线上，估计约有兵力百人，炮二三门。（5）敌炮兵今天仍继续炮击，但比昨日稍见减缓，敌机数量增加，但不似昨日活跃，在高度二千乃至三千米对地面射击，高度较大。

八日上午十一时二十五分发表：（1）七日白天，随同坦克进攻五十二号高地及沙草峰一带的苏军，皆被我方击退。（2）昨夜午后十时许，少数苏军夜袭张鼓峰立即被击退，其他方面无变化。（3）七日白天，苏军损失相当大，我方损失目前正在调查中。（4）八日早晨在沙草峰方面有一名苏军投降者。在回忠院（水流峰南麓）有一名举白旗的投降者，目前我方正在审讯中。

八日午后六时四十分发表：（一）对八日晨投降者审问的结果表明，投降者为八年级学校（比我国中等学校的程度稍低）毕业的士兵。（1）苏军士气极为不振，即使在战场上也进行肃反，企图逃走者颇多，谁也不希望扩大战争。指挥二十辆坦克的某部队长欲携坦克投降被枪毙。（2）苏军士兵对远东军出动大批兵力、坦克及飞机显示威力未取得任何成果持嘲笑态度。（二）午后三时许苏军用飞机二十多架越境到朝鲜领土庆兴投弹，我方无损失。

八日午后九时发表：（1）直到八日午后六时判明彼我双方的损伤如下：我方到六日前战死七十人，战伤一百八十人，在六日以后（包括夜间战斗）死伤约二百名，敌人的死伤累计约达一千五百名，此外被破坏的坦克百辆，击落飞机六架，其中两架是在我领土内坠落。（2）关于本日敌人情况，除白天有一支部队反攻张鼓峰，立即被击退外，无显著的积极行动。

十日上午十一时三十分发表：（1）从九日日落时分起，携有战车、山炮、机关枪的约有两个大队的苏军对张鼓峰方面反复发动数次顽强的进攻，皆被我方击退。（2）十日早晨五十二高地及沙草峰方面，敌我相距四五百米，张鼓峰方面在手榴弹投掷距离内交战。自上午六时苏军开始炮击，我方以新型精锐炮兵予以还击。（3）九日白天直到夜间的交战中，敌人损失相当惨重，彼我双方的损失目前正在调查中。

十日午后六时发表：到午后四时半的状况如下：（1）张鼓峰前面的苏军和我方约隔五十米相对峙，苏军兵力有步兵约两个大队，五十二高地及沙草峰方面无变化。（2）水流峰及下卧峰受到疏缓的炮击。（3）我炮兵压制了洋馆坪北方棱线上的苏军炮兵。（4）天气虽然良好，但苏军飞机并未起飞。

十一日上午十一时三十分发表：（1）五十二高地的苏军，昨天日落后发动进攻，接近我阵地前一百五十米，被我方击退，今早敌我于相距三百至四百米处对峙。（2）张鼓峰南侧的苏军，昨晚子夜发动进攻，展开手榴弹战，被我击退。（3）沙草峰方面的我军右翼，昨夜遭袭击，被击退，苏军停止在阵地前二百米处，其兵力是拥有机关枪及步炮的大约一个大队，在左翼相隔约一千米，昨夜平静。（4）昨日午后七时许苏军攻击机十二架对水流峰进行地面扫射。

四、重光大使的交涉经过

关于讨论我方停战提议的第三次会见，从十日午后六时四十分开始了长达约三个小时的交涉。苏方逐渐承认了我方的主张，终于达成了停战的原则上的谅解，还对今后具体的停战方法当场签订了协定。

外务省十二日午后五时半就第三次会见内容发表如下：

第三次交涉纪要

重光大使：前次会谈内容已向政府报告，只是在最后作为贵方提案所陈述的，即："如果双方相约越过一定的线而不越境，以及不进行射击，就同意停止军事行动。如协定成立后，任何一方有越过该线、正在越境的行为，应要求其立即后退。所谓该线，即根据珲春界约在地图上所划之线。换句话说，要恢复到七月二十九日以前，即战争开始前存在的军事状态。国境安宁恢复后，再着手确定有争议地区的国境。"如上所述，为了解除贵我双方军队相对峙的状态，中止两军的战斗行为，双方从该线相互后退，并且意味着相约不再接近该线。贵方认为恢复国境安宁后，再着手确定国境。可是，军队相对峙是极为危险的，因此不妨同意在战斗行为停止后，着手解决这个问题吧。

李委员：刚才贵大使所陈述的，与上次所述的完全一致。但我认为不是像贵大使作为附带说明所说的那样，我只是说承认珲春界约的线，即不越过此线，也不得越过此线进行射击，并未说从该线后退。然而日本方面后退却是很好的，苏方在事件前也曾在该地，我们未曾向满方射击，若无来自他方射击是不会对此做出反应的。有争议的国境不是"特马伦克逊"而是"利得马伦克逊"，在这一点上多少有些差别，这无非是坚持重复既往说法的立场。

重光大使：您对于确定国境之事似乎无异议。但必须指出，这在有争议的线的两侧双方军队处于对峙状态下是不可能的。所以我想请教一下您对解除此种状态有何高见，如沿着根据珲春界约苏方主张的线向两侧划出一公里的距离，双方军队都后退，恢复平静，再着手确定国境您有异议吗？

李委员：像上面所说的那样，反对苏军后退。因为该地为苏方领土。苏军有任意屯驻的权利，苏军的存在不会成为确定国境的妨碍吧？我仍坚持原来的说法。

重光大使：苏军在俄罗斯领土上驻兵是当然的，这在日本方面也是同样。可是在双方军队仍然处于互相敌视的情况下，确定国境是不可能的。我建议切实结束冲突可先做出一个权宜之计，解除相互敌视的状态，才是最实际的。即双方应在小枪射程之外，双方大约相隔一公里停止战斗。然后进行国境确定，我方热切希望和平解决此不幸的事件，关于停战细节，可在当地由两军代表商议。

李委员：同意日军从日方主张为满洲领土的占领地点后退，双方都不得进入这个中间地带。但是我方不能把在苏联领土内的苏军根据外国的要求撤退，上述问题另当别论。同意停止战斗行为，可否于八月十一日正午（沿海州地方时间）命令停止一切战斗行为？国境确定委员会也有必要在停战协定的同时进行协商吧？

重光大使：停战协定有必要在现场两军代表间进行。

李委员：协定在阁下及本人之间商议就足够了，不必由当地军代表商议。

重光大使：我认为作为一个实际问题，在当地似乎不会有任何误解，且不会发生预料不到的事情，由当地军代表进行商议是必要的。

李委员：对此我无异议。其次关于国境确定委员会，为确保委员会有效地开展工作，必须有第三国人参加，即由苏方代表二名，日满方面代表共二名，此外必须另有外国仲裁者一名构成，当然仲裁者应是双方同意的。

重光大使：这是一个新的问题，此刻提出这个提议实为无益，把问题引向复杂化，只能把停战谈判过分延长，因此，这一点希望贵方撤回。

李委员：关于国境委员会，有必要以中国与俄罗斯帝国的代表签署的条约、地图等为基础。

重光大使：现在所谓的国境，是指有争议的张鼓峰方面的国境吧，对于把条约、地图等在委员会上进行审议没有异议，此外也有必要审查日满方面现存的资料。

李委员：未确定之国境，按贵方原来的说法是指存在争议的战争地区。确定国境应根据当事国间之条约决定，把条约以外的任何资料考虑在内，是难于谅解的。

重光大使：在资料中最值得参考的是条约，这一点毫无异议，但是收集条约以外的有关实际问题（标志境界的界石）的资料也必须在委员会上审议。我方并不想轻视条约的价值，虽然条约是主要资料，但也不应排斥其他资料，这就是我方的主张。

李委员：与国际条约不相矛盾的材料不妨可以考虑，但与条约相矛盾时，条约必须具有决定权。关于商定停战，因为预定在本日午后十二时的状态下停止战斗。所以希望尽早决定。

重光大使：关于停战协定，现在研究一下必须在两小时内确定，其他问题需要向政府报告，这里不能回答。

午后九时半会谈结束。其后就若干细节，达成如下协定：

一、日、苏两军于八月十一日正午（沿海州地方时间）停止一切战斗行为。

二、日、苏两军维持十一日上午零时当时的线。

三、协定由当时双方军队代表进行。

关于国境委员会，重光大使赞成日、满代表各一名，但也明确阐述不赞成第三国人参加。

根据经过如上前后三次重光大使与李委员的会谈，最终原则上达成了停战的协定，并决定在当时进行进一步具体的交涉。八月十一日傍晚，我方委员长大佐、吉田中佐、田中少佐和苏军代表休得伦大将、谢苗诺夫斯基大佐等在张鼓峰南面的札粤泽尔纳亚高地会见，进行关于停战及其他问题的协商。十二日上午十时三十分，陆军省发表协定要旨如下：

十一日午后八时许，长大佐与苏军团长大将休得伦（远东方面军参谋长）在张鼓峰苏军阵地内会见并达成如下要旨的协定：

一、日、苏两军在现在线上停止战斗行为。

二、两军间的尸体由两军各自收回。

三、两军实际控制线十二日正午在张鼓峰东面白墙的屋子里进一步确定。

四、上述三项即时交换文件。

接着在十二日夜，两军代表依据前协定之趣旨，写成备忘录，各自都签了名。至此危机重重的国境纷争问题得到了暂时的解决。

十三日上午十一时二十分陆军省发表备忘录如下：

十二日午后九时三十分两军代表签署的备忘录概要如下：

两军代表鉴于在张鼓峰北部日、苏两军极为接近的特殊情况，签订如下协定：

（一）关于张鼓峰棱线北部的现状目前应向两国政府报告。

（二）日、苏两军指挥官根据两国政府有关停止军事行动的协定，为保证今后在张鼓峰附近不发生任何事件，采取万全的措施。

（三）自一九三八年八月十二日午后八时起，在张鼓峰棱线北部必须把日、苏两军的主力从棱线后退到八十米以上的线上。

签字完毕已经是午后十一时。

注：

[1] 标注两军停战时位置的地图，必须在十三日签字，两国代表在十二日午后从五十二高地南方起逐次进行现地调查，使苏军代表确认日本军队完全保持着张鼓峰的峰顶。

[2] 苏军代表除休得伦大将外，还有谢苗诺夫斯基旅团委员（政治部

少将）乌索托夫大佐。日方委员是长大佐、吉田中佐，田中少佐。

[3]休得伦大将曾任西班牙政府军的军事顾问，本年四月被任命为远东军参谋长，是苏军中指挥近代战争的权威者，是最有才能的指挥员。

第五节　北边振兴计划

1938 年 8 月，日军在张鼓峰事件中，在苏军强烈反击下而遭受惨重失败后，感到亟需加强对边境地区的控制和管理，进一步充实边防实力，从而把边境地区建成综合性的反苏军事基地。为此，关东军在当年 12 月制定了《绝密：关于在国境方面国防建设的要求事项》，提出以牡丹江省的牡丹江、虎林、密山、东宁、穆棱诸市县，黑河省的黑河、瑷珲、呼玛、孙吴、通河、奇克各县，"间岛"省的珲春县，兴安北省的海拉尔地区，三江省的佳木斯、富锦、宝清、饶河等市县作为"国防建设"的重点。伪满洲国根据关东军的意旨，由总务厅长官、治安部次长和警务司长，会同关东军第四课，对东部和北部边境地区进行了调查，并以企划处为中心组织了二十个国境建设方策准备委员会，具体筹划国境建设的分科提案。各方策准备委员会从 1939 年 1 月起陆续制定出各分科国境建设方案，5 月 11 日汇总成综合性的《国境建设施策基本要纲》，15 日，伪国务院总务厅召集有关部局、"满铁"、协和会、有关特殊会社、伪国军等方面的会议，决定以"北边振兴计划"为名发表，该计划以三年为第一期，从 1939 年 6 月 1 日起正式施行。

北边振兴计划与当时的产业五年开发计划和日本开拓团移民合称伪满三大国策。北边振兴计划实施范围为"间岛"、牡丹江、三江、黑河、东安、北安、兴安北省等七个省，而其中的东安省和北安省是专门为实施本计划而新增设的省份。计划实施的经费，在第一期的三年期间，预算总额为十亿元，其中伪满洲国政府分担二亿元，"满铁"分担六亿元，特殊会社分担二亿元。就伪满政府预算情况来看，康德六年（1939）支出 5125 万元，七年（1940）支出8690万元，八年（1941）支出8500万元，合计23315万元，超过了预定的二亿元。各省地方官厅依据中央的三年计划及每个年度的实施计划制定各省的三年计划及每个年度的实施计划，并在中央预算的基础上实施。

计划的具体内容分为十七个部门，即：（一）铁道（二）道路及汽车（三）通讯（四）航空（五）治水（六）电气（七）供水及城镇计划（八）开拓，（九）劳力（十）物资调运及积聚（十一）马产及运输工具（十二）防卫（十三）保健（十四）协和会及后方各机关（十五）行政机构（十六）人事（十七）经费等部门[1]。

日伪推行"北边振兴计划"，实际上是企图使东部和北部边境地区在政治、经济、军事等方面建成对苏进攻的战备体制。它以加强国防建设、促进边境地区经济开发、振兴民生为名，实质上是进一步强化对边境地区的法西斯统治，掠夺东、北满丰富的资源，把东满和北满建成其扩大侵略战争的综合性军事基地。当然，在推行这个计划期间，东满和北满边境地带的经济发展较快，但这种发展建立在对中国劳工残酷奴役和压榨的基础上，是为军事需要服务的畸形发展。

东满四省在北边振兴计划中占很大的比重。1939年，北边振兴计划预算总额为2424.1万日元，其中"间岛"省占215.1万日元，牡丹江省占428.5万日元，东安省占318.6万日元，三江省占468.7万日元，四省合占预算总额的59%[2]。1940年是该计划全面展开的一年，关于这一年东满地区北边振兴计划的具体内容，我们在吉林省档案馆发现当时的一份"绝密"材料，即《东满康德七年度（1940）北边振兴计划》，兹将其中东安、牡丹江和"间岛"三省计划的具体内容译述如下：

一、东安省

（一）第一部门：道路

第一类道路（军用公路）建设总延长62公里（总工费298575元），第

一类道路改良总延长 67 公里（总工费 55135 元）

（二）第二部门：通讯

警备通讯的扩建预算 109000 元。新设有线电话 76 公里，添架电话线 489 公里，补修有线电话 212 公里。通讯鸽饶河、宝清两县各配备 100 只。

（三）第三部门：城镇供水计划

1. 都邑计划：密山县内东安预算 303300 元，西鸡西预算 100000 元，西东安预算 50000 元，斐德预算 50000 元，滴道预算 7400 元。虎林县虎林预算 100000 元，宝东预算 100000 元。宝清县内宝清预算 100000 元。林口县内林口预算 111671 元，力图使以上主要城镇设施齐备。

2. 供水企业：密山县东安预算 587800 元，虎林县虎林预算 296000 元。宝清县宝清预算 300000 元，在这三处建供水设施。

（四）第四部门：开拓

各县开拓民入植计划：集团开拓民：密山 200 户，宝清 1100 户，计 1300 户。集合开拓民：密山 200 户（其中 50 户为渔业开拓民），林口 150 户，虎林、饶河各 50 户（皆为渔业开拓民），计 450 户（其中渔业开拓民计 150 户）。青年义勇队：密山 900 名，虎林 1200 名，宝清 300 名，计 2400 名。

（五）第五部门：劳力

劳力保有设施经费 50000 元，以上经费用于在林口建立一个能收容 350 名工人的收容所，以确保对工人的安置。

（六）第六部门：物资调运和聚集

1. 农产品方面：

（1）资助农业团体经费 270111 元，该项经费用于合作社职员的整备。在密山县新设豆酱、酱油加工厂（年产豆酱 100000 罐，酱油 2000 石）及咸菜加工厂（年产 100 吨）。在省内各县设 90 个蔬菜贮藏库。奖励蔬菜栽培、特需植物栽培面积 1143 陌，新打 40 眼井，并资助一部分肥料。

（2）特殊农产品：为奖励干草生产供给大镰、集草机、捆包机等物品。

（3）增产经费 26481 元，用于职员整备，农产扩充。

2．畜产方面：

（1）从本年开始，计划两年内在密山县新设省立种畜场（经费8900元）。另拨28000元用于整顿和扩充虎林、宝清、饶河的种畜场。

（2）畜牛增殖：购入繁殖牝牛1500头（预算375000元），种牡牛75头（预算26250元），输送到各县，交付生产使用。

（3）养猪增殖：购入种牡猪100头（预算33000元），配给各县以奖励增殖。

（4）养鸡增殖：购入鸡雏24000只（预算8000元）建立林口县养鸡场。

（5）家畜防疫经费15782元，用于牛疫11200头，炭疽17600头，猪霍乱16000头，猪疫32000头的预防注射。

3．水产方面：

（1）水产增产：目标是盐鲑560吨，鱼糕200吨，普通淡水鱼2960吨。调整省县水产机构，扩充虎林、饶河、密山三县已设的水产合作社，并力图尽快增设宝清水产合作社。

（2）鲑渔业：虎林县和饶河县各五个渔场的扫底设施（经费1万元），购买加工原料鲑鱼资金的贷款（经费9000元）。

（3）其他优良渔业的奖励：补助费及资金贷款各41050元，奖励当地传统渔业资金10000元，鱼糕原材料购买贷款12000元，水产集体销售所事业资金40000元，水产合作社公用设施的资助（集体销售所、卡车、畜鱼池、贮冰库、加工厂、搬运船等设备，共需经费45200元）等。

（七）第七部门：马产及运输工具

1．马产方面

（1）马的移殖：预算500000元，输入牧场役马2000匹，配给除虎林县以外的各县使用。

（2）种牡马管理：把民有种牡马60匹配给各县，共用经费480元，使其交配以改良马种。

（3）其他有关马政管理职员的整顿、役马使用传习教育（经费2228元），限制马匹外流（经费2250元）。

2．运输工具：

预算支出99000元，用于筹措密山县大车200台，林口县150台，虎林、宝清两县各100台，饶河县50台，共计600台。

（八）第八部门：防卫

1．防空无线电设施：预算支出1500元，用以维修保养虎林、饶河两县三个无线电所。

2．防空监视哨：巩固和加强两个哨所（经费1000元），用中央预算支出整备监视所的器材。

3．防空设施：东安传令机一台（经费5000元），电警报器一台（预经费4740元），防毒器材补充（中央预算）。

（九）第九部门：保健

1．医疗设施的充实：东宁新设省立医院（预算505000元），密山县新设县立传染病房和诊疗所（预算58601元）。此外还将培训保健防疫人员。

2．防疫、防毒、救护器材：防毒救护器材完善（预算18290元），防疫器材完善（预算5000元）

（十）第十部门：行政（含宣传）

1．行政机构中的警察：国境警察队增建房舍（预算122040元）。新设特殊收容所（经费60000元）。

2．宣传工作：民心启蒙和掌握工作的实施（预算5500元），宣传机构的充实（预算3800元），情报网的健全（预算100元），福利工作、展览会、讲演会的开办，宣传委员会的组织，宣传器材的完备，戏剧、电影的资助等等。

（十一）第十一部门：人事

1．官舍建设：各县新建代用官舍A号100户，B号114户，C号422户，计636户。

2．公共娱乐室：各县设12个，经费180000元。

3．其他：东安新建官吏会馆（经费 200000 元），支付除林口县以外的各市县物资配给资金（经费 100000 元）搞巡回慰问活动（经费 4000 元）。

二、牡丹江省

（一）第一部门：道路

第一类道路建设总延长 83 公里，总工费 453000 元。

（二）第二部门：通讯

警备通讯设施：预算经费 46570 元，架设有线电话 270 公里，修补电话线 200 公里，在移民地架设警备电话 120 公里。

（三）第三部门：城镇供水计划

1．城镇计划：完善东宁县东宁镇（预算 375000 元）和绥阳县绥阳镇（预算 5000 元）等主要城市的设施。

2．供水设施：在穆棱县下城子（预算 64400 元）、东宁县东宁镇（预算 96200 元）建四处供水设施。

（四）第四部门：开拓

1．各县开拓民入植计划：集团开拓民宁安五个团 1250 户。集合开拓民宁安 290 户，穆棱 380 户，东宁 75 户，绥阳 65 户，计 910 户。青年义勇队宁安甲种二个队 600 名，东宁乙种二个队 600 名，绥阳乙种一个队 300 名，"满铁"青年训练所 300 名。

2．勤劳奉仕队：计划在宁安县内分配一般开拓团 200 名，特种学生 50 名，当地奉仕队 30 名。

（五）第五部门：劳力

1．劳力储备设施：支出经费 50000 元，计划在牡丹江市及东宁、穆棱、绥阳等各县设劳力收容所，以保障劳动力的生活和对他们的辅导。

（六）第六部门：物资调运及聚集

1．农产品方面

（1）对农业团体的资助：预算 64920 元，用于合作社职员的活动。公共设施：在东宁及宁安新设咸菜加工厂，建设费 20000 元，年产 200 吨。再加上省设工厂年产合计 400 吨。在东宁建设豆酱、酱油工厂，年产豆酱 100000 罐，酱油 2000 吨。此外，在东宁县设制绳工厂，年产藁绳 1230 吨。此外，在东宁县还建有蔬菜贮藏库（建设费 9800 元，容量 50 吨）。在牡丹江市、宁安县、穆棱县、绥阳县、东宁县等地建 30 个蔬菜简易贮藏库，每个库资助建设费 400 元，容量为 30 吨。

（2）特殊农产品：生产普通干草 7000 吨，特需干草 13000 吨，计 2 万吨。调配大镰 895 把，叉子 24 把，苇席 2400 张，卡车 2 台。

（3）增殖事业预算 47680 元，用于职员活动。为奖励蔬菜栽培，在牡丹江市及宁安、穆棱、绥阳、东宁等县造灌溉用井 60 眼，并资助上述市县 2000 陌所需肥料。

2. 畜产方面：

（1）预算 28000 元，用于宁安、穆棱、东宁等县种畜场的扩充与整备。

（2）畜牛增殖：从朝鲜输入牝牛 1800 头，预算 360000 元，配给牡丹江市 800 头，宁安、穆棱各 400 头，东宁、绥阳县各 100 头。购入牡牛 90 头，预算 15750 元，配给宁安、穆棱两县各 40 头，东宁、绥阳两县各 5 头。

（3）养鸡、养猪增殖：预算 16000 元，在牡丹江市、宁安县各建委托种猪场 2 所，穆棱县建 1 所，用于猪的改良和繁殖。还在牡丹江市及宁安县各建委托种鸡场 2 所，穆棱县建 1 所，用于补助养鸡增殖。

（4）家畜防疫：预算 10160 元，用于牛疫及炭疽各 11300 头的防疫。

（5）其他：东宁县新设屠宰场，经费 21600 元。

3. 水产方面：

（1）水产增殖：预算 14350 元，重点用于宁安县水产养殖设施的建设，采用集约方法增殖鱼产，力图达到增产鲜鱼 345 吨的目标，而扩充水产机构。

（2）渔业公共设施：宁安县设水利合作社，设公共销售所一处，蓄鱼池一处，贮冰库一处，加工制造厂一处等。奖励优良渔业创业计划。增加大拉网 2 张，小拉网 5 张，挂网 10 张，养殖人员 2 名。此外，还向传统渔业发放奖励金。

（七）第七部门：马产及材料运输

1. 马产方面：

（1）购入役马补助费：预算 116750 元，牡丹江市购进 100 匹，宁安县 1335 匹，穆棱县 450 匹，东宁县 350 匹，绥阳县 100 匹，总计 2335 匹，以此促进役马的繁殖。

（2）民有种牡马管理：预算 1200 元，各市县新增种马 150 匹，用于促进马的繁殖。

（3）其他：马政职员的整备、役马使用讲习教育（预算 2228 元），限制马匹外流（预算 1645 元）等。

2. 搬运工具：

车辆购入补助费预算 10500 元，宁安、穆棱两县各配备大车 200 台。东宁、绥阳两县各配备 150 台，总计 700 台。

（八）第八部门：防卫

1. 防空设施：预算 2200 元以完善东宁县的三处防空监视哨所。

2. 其他训练费 1700 元，防空设施费 6500 元，各市县补助防卫费 1750 元，使防空设施更加完善。

（九）第九部门：保健

1. 卫生及防疫费：预算 162457 元，其中用于医疗设施，宁安及穆棱两县传染病房建设（预算 104100 元）、东宁县诊疗所的日常费（预算 10254 元）。

2. 防疫设施：在牡丹江建防疫所（预算 115000 元），省及各市县配备防疫用品（预算 10000 元），完善防疫、防毒、急救用品（预算 15000 元）。

（十）第十部门：行政（含宣传）

1. 国境警察队分舍的增建：预算 100000 元，其中包括东宁县 4 处，绥阳县 2 处。

2. 弘报宣传:预算 10000 元,用于袖珍留声机、连环画册、巡回电影、招徕开拓民广告画的制作等,以扩大宣传网,从侧面推动北边振兴计划。

（十一）第十一部门:人事及其他

1. 防卫委员会及物资整备委员会的有效运行（预算 3000 元）,以实现国策的完善。

2. 为实施空中测量而借用飞机（预算 91000 元）。

3. 其他:在牡丹江市设官吏会馆,预算 300000 元。物资配给资金（上年转入 20000 元,本年度 60000 元）交付各市县灵活使用。

三、"间岛"省

（一）第一部门:道路

第一类道路建设总延长 91 公里,总工费 461896 元,追加预算估计 440104 元,架设特殊桥梁延长 450 米,总工费 213000 元。

（二）第二部门:通讯

1. 电信设施:新增设图们—新兴、延吉—牡丹江、图们—牡丹江的复线。开始办理八道河子、石岘、铜佛寺的电信业务。

2. 电话设施:新增设新京—图们、延吉—老道沟、珲春—马滴达、图们—石岘、延吉—牡丹江间的复线,并预计石岘电话开始营业。

3. 警备电话添架 150 公里,补修 150 公里,计 300 公里,经费 31260 元。

（三）第三部门:治水

珲春防水工程（经费 290000 元）及土门子防水工程（经费 220000 元）的筑堤和护岸建设。

（四）第四部门:供电

供电设施:新增设龙井和珲春发电站,在龙井、二道沟、珲春、老龙口、土门子设变电所,架设送电线路 14 条。

（五）第五部门:城镇供水规划

1. 城镇计划:去年部分完成的珲春第二期给水工程（经费 551961 元,

其中转入 230000 元）继续施工。

2. 供水事业：继续实施去年停止不前的珲春上水工程，经费 200000 元。

（六）第六部门：开拓

1. 各县开拓民入植计划：集合开拓民（日本人）珲春 500 户，延吉 80 户，汪清 230 户，计 810 户。朝鲜人开拓民汪清 505 户，安图 495 户，计 1000 户。

2. 勤劳奉仕队：学生特务 40 名，当地劳动 400 名，计 440 名。

3. 充作日本开拓民入植和开拓地整备（3848 陌），为此须安置 420 户原住民，已经拨款 45000 元，以妥善安置原住民。

（七）第七部门：劳力

1. 劳力保护设施：充分利用去年在珲春建立的劳力收容所。

2. 劳动力供需的调整：对劳动力状况实行调查（伪康德六年九月末工人人数为 60112 人），确认劳动力状况，积蓄劳动力资源，以保障重点需要。

3. 加强对劳动力的管理，运用有关机构加强对工人的指导，调整工资。

（八）第八部门：物资调运和聚集

1. 农产方面：

（1）兴农合作社资助费 69840 元，对职员进行调整。还向省属各县配给稻草加工编织机 800 台，稻草加工编绳机 500 台，稻草加工捆包机 9 台，共预算支出 46000 元。此外，还建立蔬茶简易贮藏库 20 处，其中延吉县 8 处，汪清县 4 处，珲春县 8 处，总预算 8000 元。

（2）增产方面：预算 28478 元，用于整顿职员，奖励蔬菜增产，为特需的 258 陌菜地建 15 眼水井，并资助部分肥料费。

（3）为奖励特殊农产干草的生产而资助小镰 108 把，捆包机 3 台，苇席 300 张。

（4）确保蔬菜生产的其他措施：召开防治病虫害方法的讲习会，并配备药物和器具。

2. 畜产方面：

（1）扩大省立劝农模范场，家畜、畜产品的增殖和改良，力图实行综合性措施，以确保该项事业的完成。

（2）畜牛增殖：汪清、珲春两县输入朝鲜牛2000头，预算42.5万元。本省又购入种牛84头配给上述二县。此外，对畜牛的借贷，牡牛的饲养及繁殖等采取奖励措施。

（3）奖励养猪养鸡：为解除因各种传染病的潜在威胁而导致成绩不佳，应将纯种鸡猪安置在种畜场，并逐渐向普通农民普及推广。拨经费18850元，在每县设立一处县营养猪及养鸡场。

（4）其他：限制宰杀和输出，共同管理饲料资源并培植饲料作物，提高畜产知识，进行各种调查等等。

（5）家畜防疫：在六个月内全面实施牛疫防疫，并对炭疽27650头，疽800头，猪霍乱24000头，猪疫700头，实行预防注射和检查。

3．水产方面：

水产增殖目标为盐鲑15吨，鲜鱼130吨，水产增殖费为5188元，其中包渔业资助奖励费2550元。充实水产指导员，资助小拉网渔船5只，养殖设施一处。此外，在公共设施建设方面还有珲春的集体销售所。

4．工矿业方面：

（1）农具的修理及完善：设立延吉农具工厂，预算13600元。

（2）汽车修理：为满足省内客车125辆、卡车401辆的维修需要，延吉同和汽车营业所增设修理工厂。此外，延吉、珲春皆可望建立修理工厂。

（3）煤矿事业：凉水泉子、豆满江岸、三道沟、老头沟都蕴藏着丰富的煤田，对此煤田的开发定会十分兴旺。尤其是珲春煤矿的液化气更是深得"满洲国"的重视。

（4）其他：省内石灰石资源丰富，正计划在和龙县设立水泥工厂。全省有5家砖瓦制造厂，年产一千万块，正计划在特别时期使之生产能力增加30%。

5. 物资供给和保存积聚方面：

（1）生必会社在延吉设分社，在图们设仓库，龙井、图们、珲春设供给所，还设有面积 8612 平方米、贮藏能力为 11316 吨的仓库，以利于全省物资的供给和保存。

（2）延吉专卖署本年度决定供应袋子的数量为 970500 条，其中建筑部门为 490540 条，以绝对确保重点供应为方针。

（九）第九部门：马产及搬运方面

1. 马产方面：

（1）役马输入：汪清、珲春两县输入 330 匹，经费 82500 元。限制马的外流，汪清、珲春两县给 5963 匹马打了印记，限制向他省输出马匹。

（2）国有种马向各县借贷 18 头，经费 7050 元，用于奖励马产。

2. 搬运工具：

预算 115000 元，汪清、珲春两县各配备 25 台大车。

（十）第十部门：防卫

1. 防空监视哨所：新配置哨所确定后迁移，增设哨所要按照新规格进行，另外器材申请补助经费 3750 元，大概可以满足该项工作之所需。

2. 防空设施：延吉、珲春两地各设电气警报器一个，省内设有传令机一台，配备防毒面具 150 件，防毒衣 10 套。此外，还利用防空捐及省地方费购入防毒面具 565 件，防毒衣 65 套，毒气检查器 20 台。还向省属一般官民普及防毒面具 2490 件，防毒衣 249 套。

3. 其他训练用火器（经费 2764 元）及防空掩体（经费 4000 元）的整备，并在各县构筑大量防空壕。

（十一）第十一部门：保健

1. 医疗设施：去年因资金材料不足而未完成的珲春医院（预算 28 万元），图们传染病房及附属卫生试验室（预算 8 万元），延吉国立医院及其普通病房（预算 10 万元），转入本年预算，努力获得充足的资金和材料，以完成预定目标。

2. 防疫及防毒设施：培养各县卫生技术员及备齐外部消毒器材（经费7070元），在防疫区设11处隔离所（经费4730元），对传染病房患者实行调查（经费3199元）。

（十二）第十二部门：协和会及其他后方诸机关

1. 协和会：在省本部内增设机动小组，增加服务队的青少年队员，努力训练骨干会员，以充实本会机构。为加强北部边疆地区的防卫能力，除进行国民训练外，还应对开拓民贯彻民族协和精神，根据统制经济的要求而调整国民生活，其重点应放在实行"协和"政治上。

2. 满洲军人后援会：各种赞助会以发展会员3540名，募集赞助金25840元，捐款33000元（59个团体）为目标，按照事业计划的规定，极力扩大和加强这项事业。

3. "满洲国防"妇人会：增加会员，整顿部、会内部组织，融合会员，疏通部、会间的思想，力图紧跟形势发展趋向而制定行动计划，以有助于日满共同防卫事业。

4. 满洲红十字会：发展志愿人员6748名，捐款61988元。在延吉县亮兵台设7处委托诊疗所（经费3760元），配备急救箱85个（经费3000元），其他诸如建立治疗队，设一个诊疗所及组织志愿人员团体等措施，皆在计划之中。

（十三）第十三部门：行政机构

1. 本年度宣抚工作：购入宣传车一台（经费19016元），在各地举办电影会及免费治疗，是完成国策的一个重要方面。

2. 房舍方面：翻新和增建边境警察房舍16栋，费用80000元。

（十四）第十四部门：人事

1. 分配给官吏购物资金的数量：珲春县12000元，汪清县6000元，和龙县2000元，以满足其日用必需品的供应。

2. 其他福利设施：目下正在计划建筑宿舍、官吏会馆、公共娱乐所等。

注：

[1] 以上译自《满洲建国十年史》原书房发行,昭和四十四年三月出版,
345—346 页。

[2]《满洲国史》(日文) 1970 年版, 总论, 665 页。

[衣保中辑译]

奉使吉林日记

吴大澂撰

光绪六年（1880），吴大澂奉使筹办东北边务。

旧历四月二十一日，从京都启程，五月十七日到达吉林城。后赴伯都讷、三姓、宁古塔、珲春等地。此间吴大澂亲至木其河，密访韩边外，精诚开导，晓以大义，韩遂归顺，更名为"效忠"。吴大澂亲书"安分务农"四字以代韩氏自题"威镇江东"匾。

《皇华纪程》有"两度皇华岂易逢"诗句，注记："庚辰夏间奉使赴吉林筹办边防事，阅七年矣。"即此行。途中地理、邮驿与所见所为一一录记，遂成此文。

本文系孤稿本，抄自江苏省图书馆。底本为朱丝栏，纸心有字：青云书屋偶钞。每页十八行，共三十五页。"奉使吉林日记"题下有长方篆刻：雨苍曾藏。"路邮记里"下有长条篆刻：海虞曾氏雨苍收藏记。"奉天至吉林路程"字上角有篆文方印：十将军印斋。后有观蚁道人沈煦孙跋文。

路邮记里

通州四十里，夏店四十里，枣林二十五里，邦均四十五里，宿。阴流三十里，别山二十里，玉田五十里，宿。丰润八十里，榛子镇五十里，宿。沙河驿五十里，永平府六十里，宿。双望三十五里，抚邑三十五里，宿。深河四十里，红瓦店[1]五十里，宿。老君屯三十里，前卫[2]五十里，宿。中后所五十里，沙后所五十里，宿。宁远州三十里，连山三十里，高桥三十里，宿。松山三十六里，双阳店三十里，十三站五十里，宿。吕阳驿四十里，小孤家子五十里，宿。中安堡三十里，小黑山三十里，胡家窝铺二十里，宿。半拉山五十里，白旗堡三十里，新民屯五十里，宿。巨流河二十里，孤家子十五里，老边二十五里，宿。香三家二十里，奉天四十里，宿。大洼三十里，青水台四十里，范家屯二十里，宿。沙子河二十里，铁岭二十里，孙家台五十里，九射[3]四十里，宿。巫云门三十里，棉花街。

奉天至吉林路程

浦河四十里，一路[4]三十里，辽河屯四十里，铁岭二十里，高丽站十里，孙家台四十五里，乌云堡门五十里。杨木林子五十里，夜何站二十五里，英苟不见[5]二十五里，火石岭子二十五里，小故山[6]五十里，大故山三十五里，山家子[7]五十里，双阳河三十里，义路河五十五里，一立气三十里，大随河四十五里，吉林四十五里。

奉使吉林日记

四月廿一日，出东便门至双桥，尖。晚宿通州东门外恒裕店。三弟送至通州，潘子静、柯巽庵[8]两孝廉试罢南归，亦订同行。通州牧高星槎建衡来晤。

四月廿二日，午前，答州牧高星槎，访高雨人太守同善，述吉林地方情形甚详。午后，高雨人来答，出示吉林金厂图。作家书，致郑玉轩观察书。

廿三日，黎明，三弟送余登车，行二十里至半壁店，又二十里至夏店，尖。又六十五里至邦均，宿。三河县何际云大令其翔中途迎谒，茶话半晌。邦均则蓟州属矣。

廿四日，由邦均店至别山五十里，尖。又五十里至玉田县，宿。晤费仙洲大令瀛。

廿五日，行四十里至流沙河镇，又四十里至丰润县，尖。徐幼岩刺史庆铨时摄县篆，客中遇故人亦一乐也。午后。行五十里至榛子镇，宿。

廿六日，五十里至沙河驿，尖，为迁安县所辖。六十里至永平府，晤游子代观察智开，心慕十余年，今始见之，言论丰采迥不同于俗吏。民情爱戴，治行卓然，为直省第一循吏，已由永平府擢授永定河道矣。卢龙县董亦三大令汝缄，合肥人，经历郭荫亭东槐，武陟人。

廿七日，行三十五里至双望，又三十五里至抚宁县。县令福曜号焕臣，倭文端公[9]之子，因病未能一见。又四十里至深河，宿。

廿八日，行五十里至红瓦店，尖。又十里至临榆县城。晤劳玉福大令乃宣，嘉兴人，才识明练，为牧令中不可多得之器。又晤姚春农都统。申刻出关，行二十里至老君屯，宿，为宁远州所辖。

廿九日，五十里至前卫，尖。又五十里至中后所，宿。中后所有宁远州巡检，又设有把总。

三十日，行五十里至沙后所，尖。午后，行三十里至宁远州南关，宿。州牧王嵩焘因病未见。是日作先大父事略一篇，欲乞张幼樵侍讲作家传，载入谱牒也。

五月初一日，大风。行三十里至连山，尖。又三十里至高桥，宿。锦县孙惠之大令汝为来见。作谢麟伯维藩墓志铭。

初二日，风未息。行三十六里至松山，尖。策骑行十八里至锦州城。晤古都统古尼音布，号子心。锦州府增芝圃太守、杨敬亭副戎鸿礼，为宋祝三军门照料后路事宜，亦驻饬州城内，略谭片晌。出东门行二十余里至双阳店，又十里至四通碑，毅军部队驻扎于此。又十里至大凌河，宿，毅军部队在焉。是日共行九十四里。

初三日，渡大凌河，三十里至十三站，又十里至望山坡，尖。午后，行三十里至闾阳驿，宿。作曾祖母沈太夫人节孝事略。

初四日，行五十里至小孤家子，尖。署广宁县谈云浦大令广庆来晤。语及地方词讼，知其勤于听政，到任甫及两月，清理积案不少，民间亦称其公正勤明，有循吏之风，东省州县中不可多得也。系广东驻防汉军翻译进士，曾经铭将军调至吉林，差委一年，于彼处民情吏治言之甚悉。午后行三十里至中安堡，又十五里至阳春堡，又十二里至小黑山，宿。

初五日，行二十里至胡家窝铺，又三十里至二道井，尖。又二十里至半拉门，三十里至白旗堡，宿。署新民厅同知姚冶如明府镕来晤。铭将军遣材官四人来迎。是日作家谱序一篇。

初六日，行五十里至新民屯，尖。又二十里渡巨流河，又十五里至弧家子，宿。

初七日，行二十五里至老边，又二十里至香三家子，又十里至大石桥，宿。上合肥师相书，致张孝达书。

初八日，辰刻，行二十五里恭谒昭陵，观太宗文帝圣德碑。微雨。巳刻进城。岐子惠将军岐元、谦吉人都统谦德、松岚亭府尹松林、恩云峰少司农恩福、苏少宗伯苏勒布、少司马绵佩卿师绵宜、启颖之少司寇启秀、兴诚斋[10]少司空兴恩，均出城请圣安。又晤左冠亭军门宝贵。午后，拜客遇雨而归，住南门内汇隆店。承德县佛宝号丽山。

初九日，辰刻，恭谒福陵，观太祖高皇帝圣德碑。巳刻回城。作家书。午后拜客。申刻，赴同官公宴，在府尹松岚亭寓中。寄合肥师相书，附家信两封。

初十日，微雨。行四十里至浦河，尖。雨甚。又三十里至懿路，茶尖。晴。又二十里至范家屯，宿。

十一日，行五十里渡铁岭河至高丽铺。铁岭县毛南谷大令夔来晤。又五十里至孙家台，宿。开原县张康侯大令锡蕃来晤，常州人。

十二日，行四十五里出威远堡门，尖。始入吉林境，两面皆山，龙冈起伏不断，林木葱茂，晴峦欲滴，可见地脉之厚矣。午后行三十五里至莲花站，宿。

十三日，行五十里至叶赫站，尖。二十五里至英苟不见，又二十五里至火石岭子，宿。

十四日，行三十五里至叶尔苏站，尖。又二十五里至小孤山，又三十五里至大孤山，宿，即阿勒谈额墨勒站也。是日共行九十五里。

十五日，行三十里至伊通河，茶尖。见巡检吴，固始县人，健帅[11]

之族侄也。又二十五里至伊巴丹，尖，俗谓之驿马站。午后，行二十里至三家子，又四十里至苏瓦延站，宿，俗谓之双延河。是夜月食既。

十六日，行四十里至长岭子，茶尖。又十五里至伊勒门，又二十里至岔路河，尖。又五十五里至蒐登站，宿。是日共行一百三十里。

十七日，行三十五里至萧家店，尖。又三十里至吉林省城。铭鼎臣将军、玉昆圃都统均出城恭请圣安。因新修官参局公所尚未竣工，暂寓城内北大街之永升店。将军都统来晤，申刻往答。

十八日，辰刻，与将军都统同赴各庙求雨。午前，将军来晤，出示折稿及迭次接奉廷寄。午后拜客。

十九日，辰刻，与将军都统同赴各庙求雨。回寓起折片各稿，恭报到省日期。未刻，谒将军，商酌折稿。是夜大雨倾盆，农情欣慰矣。接李相国咨文。

二十日，辰刻，作家书。将军来晤，出示折稿片稿，代为奏刻木质关防及设立边务局各事宜。午后，缮写奏折，致远斋书。明日有折差进京，属带家书，南信亦由都中转寄，较为便捷。寄家书一封。

二十一日，缮写奏片。午后，起会衔奏请添练马步各营并增拨月饷折稿。

二十二日，辰刻，至将军府封折，巳刻拜发。下午，读《吉林外纪》二册。

二十三日，上合肥师相书。接宁古塔副都统双福来咨：本年五月初四日，据二道河卡伦骁骑校样泰呈称，探得俄人带领伊界居住高丽人等百余名以及车辆，修辟道路。暗为访探，系由岩杵河俄营起修直至赴海之冲衢大道。二道河卡伦迤南相对俄卡恒道河地方所修道路宽二丈余。后自恒道河奔向距珲春西南三十余里黑顶子地方，接连修辟，尚未完竣等情。又接珲春协领瑚图哩来文：前派骁骑校吉勒图楷密探俄情，去后于五月十四日据报，探得岩杵河俄首于四月二十八日拨兵五十七名并携大炮二杆，赴双城子去讫。又探得五月初三日由海洋驶来大火轮船一只，即在相距珲春九十余里之摩阔崴南傍停泊，载有英国人约有四百余名，内有华人三十余名，随带小火轮船一只，上有四五人探试水势深浅，又登岸上各山顶用千里眼照望地理。有两夷酋登岸经由江道直至岩杵河南北各营瞭望，就于初七日回船往东洋去迄。此次船上不与俄国倒换帖子洋钱等情。读《吉林外纪》一册。

二十四日，与将军、都统同赴各庙求雨。至将军府商改折稿。回寓接宁古塔副都统双福来咨：据戍守乌扎库大卡防御委参领哲英额呈称，四月十五日职与俄站葛必达乌哩尼牙克会哨一次。五月初一日复在快当毕拉与红土崖俄官巴果尼葛林会哨一次。初十日职又经往红土崖与该俄官巴果尼葛林、云尼果幅奇、不隙什克等会见。在该处住歇四日，窥见大轮船四只，由该国发来官兵实数九百余名，添拨各要口驻扎，设立兵房四处，住有马步兵六七百名。探得年前由该国拨来四千余户，在彼设屯七处，每户发给官洋枪两三杆等情。致孝侯书，作家书。

二十五日，与将军、都统赴各庙求雨。至将军府封折，已刻拜发。午后读《雍正上谕》一册。

二十六日，与将军、都统赴各庙求雨。申刻，雨。起会衔奏请筹款兴修吉林各城折稿，刘晴岚太守来，即属带呈将军一阅。

二十七日，读《雍正上谕》半册。午后，将军来晤，出示总署来函，拟覆总属信稿。

二十八日，由永升店移居官参局。覆浙抚谭文卿前辈书。将军、都统来晤。

二十九日，答将军都统。复德晓峰方伯书。是日大雨，竟夕不止。

六月初一日，与将军、都统同赴各庙拈香。读《汉书·地理志》，考泥封各印十余则。顾缉庭同年来。汪子仁来。接运斋书、戴孝侯书。

初二日，缉庭来晤。将军属拟折稿，预筹咨调宋祝三一军，以备不虞。

初三日，与将军都统同赴各庙谢神。午后前，畏寒而睡，睡醒复大热。缉庭来晤。

初四日，大雨。鼎臣将军邀游龙潭，辰刻登岸。舟沿江两岸，禾麻葱茂，烟树迷蒙，大似江南风景。午刻到山，赴龙王庙拈香。观龙潭周围二十余丈，水深不知其底。循岸而南，有神榆一株，树已半枯，每年将军致祭一次。午后，对雨开尊谈宴甚乐，酉刻归。

初五日，疟疾复作，竟日不适。缉庭来晤。

初六日，邀刘晴岚太守诊脉，服药一服。申刻至将军府。登楼望江并至后圃观园丁灌菜。玉昆圃都统招改，薄暮归。

初七日，辰刻奉到廿九日寄谕一道。接运斋书、陈伯潜书。疟疾复作。午后，将军派员送来木质关防，谢恩后开用关防。缉庭来晤。作家书，寄京信。

初八日，读《汉书·地理志》，考汉泥封官印十余则。至将军府。

初九日，缉庭来晤。

初十日，郭梯阶协戎长云来晤。奉到寄谕一道。

十一日，清理书箧。缉庭来晤。

十二日，郭梯阶协戎来晤。午后至将军府。

十三日，拟马步各营章程，照直隶练军旧制略为增减。

十四日，拟马步营制奏稿，送将军阅定。

十五日，至将军府。接三姓副都统长咨文，钞录俄国乌苏哩边界廓米萨尔照会称：贵副都统属界设卡，殊属有益，廓米萨尔将欲躬亲言谢，仍因本属商等遵照两国和约赴松江通商，去时贵副都统善视尔等，俾其不误通商，庶于我两国所属大有裨益等语。酉刻，将军来晤，商议松花江设立水关事宜。拟派缉庭观察会同协领德风占翼长前往办理。

十六日，拟设立水关奏稿，并致总署书。缉庭来晤。

十七日，接合肥师相书。为将军画纨扇，并临钟鼎文一方。

十八日，复合肥师相书。缉庭来晤。

十九日，接戴孝侯书，送将军阅之。午前，将军来晤。至观音堂拈香，并观演剧。午后回寓，复孝侯书，寄大兄书，复吴平斋丈书。戌刻，将军来晤。作家书，二十发，由津转寄。

二十日，缉庭来晤，商改咨调宋军奏稿初二日所拟。申刻至将军府。致王夔石侍郎书。缉庭明日赴三姓，夜饮后至永升店，送缉庭行。

廿一日，上吴江相国[12]书，上高阳尚书[13]书，又上宝相国[14]、景大司农[15]

二书，致运斋书。申刻，将军招饮。戌刻接运斋书、孝达书，即刻作复。

廿二日，为刘晴岚书扇两柄，书篆屏六幅、对四联。

廿三日，与将军都统至火神庙致祭。致将军府拜折，正折二件、片一件。读《林文忠政书》一册。

廿四日，读《林文忠政书》一册。书篆屏四幅、对四联。接德凤占、顾缉庭来函，知伯力新到俄兵二千余名，并添设大炮二十四尊。前黑龙江将军丰汉文丰绅到吉新调绥远城将军。

廿五日，上合肥师相书，致王夔石侍郎书，致孝达书，致运斋书。午刻，诣将军府，恭祝万寿，行礼后入座听戏。酉刻回。接运斋二信、郑庵师二信、徐东甫信。丰汉文将军来晤。

廿六日，辰刻，恭诣万寿宫行礼。午刻，至将军府。行礼后入座听戏。酉刻，公请丰汉文将军。

廿七日，午刻，至将军府，恭祝万寿，行礼后入座听戏。申刻拜丰将军，送郭梯阶协戎赴珲春。致铜井书，寄三姓长都统转交。

廿八日，读《林文忠政书》。题拓本。

廿九日，题拓本。丰将军来，德远庵都护来。午后将军来晤，同至丰将军处送行。

三十日，丰将军启程入都，恭诣万寿宫，寄请圣安。是日辰刻奉到廿四日寄谕一道。曾沅浦宫保奉命督办奉天防务。刘连捷、郭宝昌、刘维桢各营及宋祝三一军，均归节制矣。

七月初一日，大雨竟日。读《林文忠政书》。

初二日，大雨竟日。上合肥师相书。诣将军府。

初三日，致戴孝侯书。祝鼎臣将军夫人寿，酉刻归。

初四日，上合肥师相书。午后将军招饮。寄天津信，排递。

初五日，复何铁生前辈信，复彭芍亭[16]中丞信。将军来晤。

初六日，复潘伯寅师信。为将军书扇。

初七日，寅刻，接合肥师相复书，并戴孝侯信，接刘毅斋信四月十九日新疆喀什噶尔发。至将军府商拟折稿。午后拟折稿。致运斋书。

初八日，复合肥师相书，寄大兄书，奉到七月初一日寄谕一道。

初九日，上母亲禀函。寄张吉人书，致平斋丈书。附家信，寄津信，寄京信。

初十日，致王廉生书，致钟六英书，致柳河门书，致潘辛芝、汪葆田书。午后至将军府拜折。明日由水路至三姓，酉刻登舟。

十一日，辰初解缆，行一百五十余里，泊，地名冷棚，距舒兰河口尚有十余里也。读《惜抱轩尺牍》一册。

十二日，行二百四十里，泊，地名白土崖子，以陆路计之距冷棚一百八十里，吉省至此三百里矣。读《国朝先正事略》第一册。

十三日，行二百余里，泊，不知其地名，距伯都讷仅七十里耳。读《国朝先正事略》第二册。

十四日，巳刻，抵伯都讷城南门外，泊。富捷堂都护来晤。至都统府答富捷堂，请铁炮三尊带至三姓，以备各营操演之用。午后，正拟解缆，大风忽起，浪高数丈，各船颠簸几不能泊。至晚，风始定。致鼎臣将军书。读《国朝先正事略》第三册卷四。

十五日，风急仍不能行。午后，始解缆，行三十余里即泊，距新城陆路不过十二里耳。读《国朝先正事略》第三册卷五。

十六日，巳刻，行至三岔口。酉刻，泊蒙古之大孤屯，陆路距新城八十里耳。拟条陈洋务奏稿。

十七日，行二百数十里，泊，距土人云地名南北河，陆路距新城二百四十里，距双城堡八十里，距阿勒楚喀一百八十里。读《国朝先正事略》第四册。

十八日，申刻行至哈尔滨。戌刻泊北岸黑龙江界，距呼兰城三十五里。读《国朝先正事略》第四册。

十九日，未刻，过摆渡河口，即吉林驿站。借用北岸黑龙江地设立五站之渡口，南为色勒沃特库站，乃阿勒楚喀界。北为佛斯亨站，即黑龙江所属矣。戌刻，泊北岸黑龙江地，俗名呢尾子。改奏稿，并拟片稿。

二十日，风不利行，七十余里泊北岸黑龙江界，地名正宝河。读《国朝先正事略》第五册。

廿一日，行五十里至白杨木，即佛思亨站。又七十里至瓜拉，泊。瓜拉北为富拉浑站。接铭将军信，接刘晴岚、余恂卿信，接徐雨之信。复铭将军信。

廿二日，行四十里至南天门，又一百三十里至罗拉密，泊。复铭将军信，复刘晴岚、余恂卿信，复徐雨之信，致赵印潭信。

廿三日，行六十里至大古洞，二十里至小古洞，又三十五里至三姓。晤长润生都护。在三姓城南门内设立行馆。已刻登岸，午后答长润生都护。皞民、凤占同来。接家信。

廿四日，长润生都护来晤。改奏稿，自缮奏折二开。

廿五日，自缮奏折七开。申刻，润生都护招饮。

廿六日，拟奏片稿，自缮奏折七开，致铭将军书。

廿七日，辰刻，上母亲禀函，复大兄书，复三弟书，寄家信。已刻拜发奏折。致郑玉轩书，寄家书。与润生都护同赴巴彦涵相度形势，为扎营之地。酉刻归。寄家书。

廿八日，接铭将军信，寄到《防海新论》一部。拜润生都护。午后，缉庭、凤占来晤。

廿九日，观《防海新论》一册。

三十日，复铭将军信，致刘晴岚、余恂卿信，致郭梯阶信。观《防海新论》一册。

八月初一日，致铭将军信，复戴孝侯信。观《防海新论》。

初二日，长润生都护来晤。复郎亭信，上徐朗轩中丞书。午后访铜井，商制水雷法。

初三日，铜井来晤。复芝生母舅书，接家信二封，接顺之年伯书、辛芝同年书，汪保田书、刘芝田书、戴孝侯书、李勤伯书、何芝生书，接总署六百里夹板信。灯下复总署书。

初四日，自缮复总署书，申刻发。铜井来晤。

初五日，雨。复孝侯书。铜井来晤。

初六日，雨。致铭将军书，致刘晴岚、余恂卿书。接铭将军信并咨文一件，奉到七月廿六日寄谕一道。拟覆奏稿。又致复铭将军书，上合肥师相书。接赵印潭信，即复。

初七日，雨。复辛芝书、汪葆田书、华帽山书、何芝生书。铜井来晤。

初八日，晴。复李平甫、张季文书、薛虹如书，致屠时斋书，复姜东生书。

初九日，致沈吉田书，复杨实斋书。午后，至西门外查看铁练。上母亲禀函，复大兄书，复三弟书。寄家书。铜井来。

初十日，致铭将军书，复吴香畹书，托寄南信，复曾宫保书。

十一日，复冯伯申书。铜井来晤。接铭将军信。

十二日，致张香涛书，致陈寿卿前辈书，致徐东甫书，复铭将军书，致顾康民书。

十三日，赴巴彦涌相度营盘地基，酉刻归。

十四日，再赴巴彦涌，亲督量丈各哨营房基址，酉刻归。

十五日，招铜井、凤占来寓便酌。申刻，润生都护招饮，薄暮回寓。铜井来夜话。

十六日，接铭将军书。铜井来晤。复铭将军书，复刘晴岚、余恂卿书，复玉昆圃都护书。

十七日，致德凤占翼长处，祝其母夫人寿。午后，约润生都护同至西门外江边丈量堤岸，铜井同往，酉刻归。凤占招饮。接铭将军书。

十八日，复铭将军书。

十九日，致戴孝侯书，致赵印潭书。

二十日，移住巴彦哈达绥字中营内。四更时递到夹板批回原折一件系廿七日所发。接喜桂亭书，接合肥师相书。

二十一日，长润生都护来晤。

二十二日,致铭将军书。督饬弁勇在山顶起筑炮台一座。是日筑四尺高。铜井来晤。

二十三日,督饬弁勇挖濠。大风竟日。

二十四日,复合肥师相书。

二十五日,接戴孝侯信,接吴江相国书。

二十六日,复孝侯信,致铭将军书。

二十七日

二十八日,复沈经笙太夫子书。

二十九日

九月初一日,接铭将军书,即复。进城祝长润生都护夫人寿。申刻回营,大风雨雷。

初二日

初三日,复铭将军书。

初四日,复郑玉轩书,上母亲禀函,致大兄、三弟书。

初五日,复吴广庵书,作吴平斋封君七十寿序。致顾康民书。寄家信。

初六日,致长润生都护书,起咨稿二、札稿二。

初七日,复江佩之书,复华帽山书。

初八日,稽核营中一切账目。

初九日,复高云帆书,上吴江相国书。

初十日,长润生都护来晤。接铭将军书、张孝达书。

十一日,复张孝达书。

十二日,复铭将军书。

十三日,上高阳尚书、嘉定侍郎书,致郑玉轩、顾康民书。

十四日,拟安抚赫哲奏稿并章程八条。

十五日,戴孝侯来,同往东崖相度营基。

十六日,将营中一切事宜交戴孝侯接管。午后与孝侯同舟回城。是日嶹民由南路查勘荒地回,春海绘图呈阅,知翁肯河南百余里外可放之荒不少，大半皆膏腴也。接铭将军书。

十七日，长润生都护招饮。席散启程渡江，润生都护及皞民、孝侯送至江干。是晚宿妙噶山站。

十八日，行六十里，宿鄂勒图木索站。复铭将军书，致戴孝侯书。

十九日，行四十五里至乌那珲，尖。又四十五里至崇固尔库站，宿。

二十日，行四十里至垒凌河，尖。又二十里至富托珲，宿。接孝侯书，即复。

二十一日，行三十里，尖。饭后过浓浓河，又四十里至佛斯亨站。接总署公函，即复。是夜大雪。

二十二日，行二十里渡江而南，在摆渡河尖。行五十里至叩乞河，宿。

二十三日，四鼓开车，行三十里，黎明至色勒佛特库站，俗名夹板站，尖。又行六十里至苇子沟，宿。

二十四日晨，过黄山嘴子至满家店四十五里，尖。午后，至斐克图站二十五里，茶尖。又行二十五里至洼浑河，宿。

二十五日，五鼓开车，行三十五里渡阿什河，又五里至阿勒楚喀城。晤富春轩都护。致冯伯申书，致郑玉轩、顾康民书。

二十六日，行五里过白城子，即金之故都也。土人往往掘地得古泉及金银器物。又十五里至萨库里站，尖。又六十里至拉林城，宿。

二十七日，二十里至多欢站，茶尖。又五里渡拉林河，尖，俗名牛头山。又四十里至大岭，宿。

二十八日

二十九日，行至法特哈门，尖。又至舒兰站，宿。

三十日，三鼓开车，渡舒兰河，行五十里至乌拉城，尖。又四十里至旧站，茶尖。雨。又三十里至吉林省城。

十月初一日，清理各项账目。午后至将军府。

初二日，拟三姓放荒奏稿，拟改安抚赫哲章程。

初三日，拟添练各军营制奏稿。

初四日，拟三姓请拨随缺地亩片稿。午后，至将军府商改各奏稿。

初五日，拟三姓水关请设税局奏稿。

初六日，复戴孝侯信。

初七日，复长润生都护信。喜贵亭参赞到吉，与将军都统同诣万寿宫，跪请圣安。午后，玉昆圃都护来，同至喜贵亭处。皡民自三姓归，夜谈良久而去。

初八日，拟覆奏松花江水路情形奏稿。午后至将军府，喜贵亭参赞来晤。

初九日，因三姓转运军火船只在伯都讷阻冻不能前进，邀凤占、森堂同至将军府，与晴岚、恂卿商议雇车转运之法。因一时焦急，不免动火矣。午后至喜贵亭处。

初十日，辰刻，恭诣万寿宫行礼。德凤占、富森堂、余恂卿同来。

十一日，辰刻，至北门外教场与喜贵亭参赞阅操。

十二日，复戴孝侯书。

十三日，改马步营制十二条为十六条。

十四日

十五日，邀凤占、玉堂、如山、森堂、晴岚、恂卿、焕卿、缉庭夜饮。

十六日，写家信。

十七日，致张孝达书。

十八日

十九日，复彭芍亭中丞书。

二十日，未刻，至将军府，封折拜发。

二十一日，黎明出城，拟至木其河，密访韩边外。改服旗装，令勇目牟振邦为前导，策骑而行，仅带仆人张祥、车夫郭四而已。至小蓝家屯，尖。至桂子沟，宿。是日仅行三十里，泥冻路滑，马行不能迅速耳。

廿二日，四鼓即起，行十五里天始明，又十五里至穿心店，尖。又六十里至孙家店，宿。

廿三日，黎明行二十里至长山屯子，尖。又六十里至松花江，又十里至桦树林子,宿。彼处有韩边外旧开烧锅铺房一所,前后数十间,久已歇业,有伙友李姓在彼照料。是夜先属牟振邦至木其河,传谕韩边外,勿生疑虑,约明日见面。

廿四日,由桦树林子至木其河,中有大岭甚峻。韩边外出迎道左,遂至其家门,有"公明正直"四字匾,系漂河民人公送。因问其夹皮沟金苗尚旺否,曰"近年不旺矣"。"尚有金匪否?"曰"贫民偷挖,三五成群,时来时去,获利无几,并无大股聚挖之人"。余曰:"现拟弛禁招商纳税,有无承领之人?"曰:"此事实无把握,不敢承领。如开禁而金苗不旺,税无所出,徒费工本,无益于国计,无益于民生,不如不开禁也。"是日与韩边外同屋而睡,示以坦白,无诈无虞。因与开诚布公,晓以大义,宣播朝廷德意,宥其既往,予以自新。渠亦感激涕零。劝其进城一见将军,总以年老不能任事为词,犹狐疑不自决耳。

廿五日,晨起,属韩边外之侄韩寿德、韩寿春,再三开导,乃幡然感悟,曰:"吴某此来,赤心为国,不惮劳苦。今吾得见天日,不终于废弃,虽赴汤蹈火亦所不辞。"遂约明日同行。余因作书告知将军,适将军亦遣岳福林带亲兵四人,前来迎护。余召其家中上下人等各赏钱一千,亲自点验,共一百二十余人,亲族佣工均在其内。是日仍宿韩边外家。

廿六日,午刻启程,行三十里至桦树林子,宿。是夜四鼓时有刘歪脖子从敖东城来,持赵令敦诚谕帖赶至桦树林子。刘歪脖子者名刘元芝,向系金匪头目,投归赵令,派为南冈一带练总。因其与韩边外素所熟悉,欲意招至敖东城,面为晓谕也。

廿七日,黎明起,仍与韩边外同行。敲冰渡江,行七十里至长山屯子,宿。

廿八日,行二十里至孙家店,茶尖。又三十里至四间房,尖。又三十里至穿心店,宿,距城六十里。

廿九日,行三十里至桂子沟,茶尖。又十五里至大蓝家屯,尖。又十五里进城。道旁观者如堵墙。皆云韩边外有此一日,可知其平日存心忠厚,从此拨云雾而见天日,为吉林去一大病矣。至将军府,将军闻韩边外来,以为一喜一惧。盖因屡次被控，奉命查办前案，尚未了结，恐有浮言别生枝节耳。顾皞民来晤，依尧山都护依克唐阿来晤。

十一月初一日，韩边外来，同至依尧山、德远庵、喜贵亭处。即在贵亭寓中午饭，并至教场阅操。申刻，至将军府，鼎翁出示韩效忠被控各案卷。至玉都统处。

初二日，拟折稿。皞民来，留之夜饮。

初三日，致张孝达书，上吴江相国、高阳尚书书。

初四日，上合肥相国书，致郑玉轩书。午刻招贵亭、远庵、尧山饮。复戴孝侯书。寄家信。

初五日，禀母亲一函，寄大兄、三弟书。纪招抚韩边外事。寄家信。

初六日，致宋祝三书。未刻，至将军府封折拜发。复长润生书。

初七日，至喜贵亭、依尧山处，至将军都护府辞行。明日启程赴宁古塔也。

初八日，辰刻出东门，行四十里至茶棚，尖。又二十里至江密峰，宿。致汪葆田书，复华帽山、高云帆书。

初九日，行四十里至额和木站，尖。又三十里至七道河，宿。复沈吉田书，复潘辛芝书，复江佩之、张季文书。

初十日，辰刻过老爷岭，行五十里至拉法站，尖。又二十五里至苦不了河，宿。

十一日，行四十里至退抟站，尖。三十里至张才岭下，宿。

十二日，过张才岭，行五十里至义气松站，尖。又四十里至额木和索罗站，宿。

十三日，行五十五里至张家店，尖。又二十五里至塔拉站，宿。

十四日，行二十五里至朱墩，尖。又四十里至毕尔罕站，宿。

十五日，行四十里至花黎木，尖。又二十里至沙兰站，宿。

十六日，三鼓起行，四十里至蓝旗沟，尖，天未明也。又四十里至宁古塔城，寓九如栈。德远庵都护、双如山、金玉堂、刘俊卿诸统领来晤。

申刻，答德远庵都护。

十七日，答双如山、金玉堂、刘俊卿诸统领。接将军信。

十八日，复铭将军信。午后，俊卿带来洋枪队操演一次。

十九日，作家信。德远庵都护招饮。

二十日，复郎亭书，上合肥相国书，致铜井书。俊卿呈送巩字军马步三营花名册，点验一过。寄家书。

二十一日，致戴孝侯书。

二十二日，致张孝达书，致冯伯申书，致顾康民书，致文焕卿书。午后，致教场观巩军各弁勇施放十三响枪。

二十三日，德远庵都护招饮。

二十四日，由宁古塔启程赴珲春。是日行四十里至七间房，尖。又三十里至东京城，宿。即佛讷和古城。

二十五日，行二十里至马兰河，又二十里至斗沟子，尖。又三十里至窝棘口，宿。是日午刻在斗沟子接到兵部火票，递回原折，并奉到十一月十三日廷寄论一道。

二十六日，行二十五里至老松岭下萨奇库卡伦，尖。又行二十五里过老松岭至三道河子，茶尖。又三十五里至骆驼砬子，宿。

二十七日，行四十里至阿密达，尖。又四十里至嘎雅河，宿。

二十八日，行二十五里至荒片，尖。又十里至望青，有卡房一所，即哈顺卡伦也。又十五里至五人班，宿。五人班者，旗民关清德合五人为伙，入山樵采卜居于此，今五人相继沦谢，独关清德尚存，年已七十余。有子有孙，陶然自乐也。

二十九日，行二十里至大坎子，尖。又二十里至和尚窝棚。老僧七十五，病不能行，其徒四十余岁，亦病僧也。又过一岭，俗名高丽岭。行二十五里至德同，宿。即穆克德赫卡伦。

十二月初一日，行二十余里至凉水泉子，有平川地数百垧。沿图们江以东有一山，山孤立江边，形如纱帽。又东南二十余里至密占，宿。郭副将德协领均带队来迎。

初二日，行六十里至珲春。中有一岭曰盘岭，纡回数里。自岭以东一片平原，可垦千余垧之地。是晚宿郭副将所盖营房内。双如山、金玉堂来晤。

初三日，答如山、玉堂、德协领。下午回营，致铭将军书。

初四日，接铭将军书，致铜井书。

初五日，赴教场阅操点名，午后回营。

初六日，复铭将军书，复文焕卿书。

初七日，上总署书，上徐中丞书。下午赴珲春镇辞行，晤如山、玉堂、德协领。

初八日，启程回省。行六十里宿密占。

初九日，行九十里至嘎雅河，宿。

初十日，由嘎雅河绕东南行过一岭，由南而西，由西而北。又过一大岭，始达海陵河口，有窝棚一所。又十余里至滴塔嘴子刘家盐锅，宿。是日约行九十余里，人马俱乏，导路者误以为七十里也。

十一日，由滴塔嘴子至珠子营团练会房三十五里，尖。又三十里至官道口，又五里至钓鱼台，宿。

十二日，行三十里至白石砬子，尖。午后过一岭，峰峦秀丽，群松环峙，纡回三里，如石谷子画，令人徘徊不忍去也。行十五里至榆树川，有窝棚数间，又二十五里至五个顶子，宿。

十三日，行三十里至土门子，尖。又三十里至滚牛砬子，又十里至练兵台，宿赵麻子窝棚。

十四日，五鼓开车，行二十五里至哈尔巴岭底，又过岭十五里，尖。又十里至凉水泉子，又三十里至黄驼腰子，宿。是日行八十里。

十五日，行二十里至沙河镇，尖。俗名甩湾子。又十里至二合店。赵松年大令敦诚自敖东城来晤。又三十里至通沟，宿。

十六日，行二十五里至卡尾河，尖。又二十五里至三岔口，又二十里至额木和索罗站，奉到十二月初七日廷寄一道。

十七日，行四十里至义气松站，尖。午后过张才岭下刘家店，宿。是日共行九十里。

十八日，行三十里至退抟站，尖。又三十里过拉法河至义气冈子，茶尖。又三十里至五陵屯，宿。

十九日，行二十里至大屯，又十里至富乡村，尖。又三十里过海清岭，茶尖。又四十里过庆岭至乐泉沟马家店，宿。

管带吉林二起马队官兵尽先即补协领花翎佐领委营总双全。

蓝翎尽先防御骁骑校委参领春明。

花翎骁骑校委参领庆魁。

蓝翎领催尽先即补防御委防御庆云。

蓝翎披甲委骁骑校庆林。

蓝翎披甲尽先即补骁骑校委笔帖式永琳。

蓝翎披甲尽先即补骁骑校委官德祥。

威远堡管理边务户部主事庆勋。

威远堡边门章京防御果锜斯珲。

吉林七起肆扎兰五品花翎尽先骁骑校领催委防御德隆阿。

蒙古和罗站五品顶戴领催委官刘文魁。

管理西路界址事物四品花翎防御庆禄。

叶赫站奖赏蓝翎笔帖式倭克锦。

暂署吉林七起马队官兵营总事务云骑尉委参领双庆。

赫尔苏站领催委官徐文彬。

二扎兰领催委防御署参领永海。

大孤山站驻扎云骑尉委参领常德。

阿勒谈额墨勒站领催委官银永馀。

东路界官云骑尉连贵。

伊通西路界巡官四品花翎防御庆禄。

289

管带伊通巡防马队官兵四品花翎骁骑校委参领庆福。

苏瓦延站署领催黄德才。

蒐登站笔帖式博勒忠武。

蒐登站领催委官谢永升。

王佐臣号干卿、刘景芳号紫垣。

此吴窓斋中丞北行日记。其中韩边外事足为此书生色，宣示朝廷德化，果能感格倾诚。中丞当日可谓踌躇满志，以是知边隅荒徼，每有负固不服激而成变者，半由疆吏之不善化导耳。

壬戌十月，雨苍表既携示此册，留案头数日，阅毕附记。观蚁道人沈煦孙。

校注

［1］红瓦店，《皇华纪程》作红花店。

［2］前卫，即前屯卫城。

［3］九射，《皇华纪程》作九杜。

［4］一路，后文作懿路。

［5］英苟不见，即英额卜占。

［6］小故山，《吉林通志》作小孤山，大故山作大孤山。

［7］山家子，《皇华纪程》作三家子。

［8］柯巽庵，名逢时，武昌人。"巽庵"，清代职官年表作"逊庵"。官至贵州巡抚。

［9］倭文端公，即倭仁。乌齐格里氏，字艮峰，蒙古正红旗人。历任工部尚书、翰林院掌院学士、军机大臣，谥文端。

［10］兴诚斋，名恩。"诚"，清代职官年表作"承"。

［11］健帅，即吴元炳，字子健，河南固始县人，官至安徽巡抚。

［12］吴江相国，指沈桂芬，字红笙，顺天宛平（今北京）人，本籍江苏吴江。时为兵部尚书，并入军机处，为总理各国事务大臣。

［13］高阳尚书，指李鸿藻。直隶高阳（今河北高阳）人。历任工、吏、礼等部尚书、军机大臣。

［14］宝相国，即宝鋆，满洲镶白旗人。时为武英殿大学士，并入军机处，为总理各国事务大臣。

［15］景大司农，即景廉。满洲正黄旗人。时掌户部。

［16］彭芍亭，名祖贤。江苏长洲（今苏州）人。"亭"清代职官年表作庭。官至湖北巡抚。

［刘贵君标注］

《东陲纪闻》东疆史料摘抄

秦岱源撰

东省幅员辽阔，地处极边，东北毗连俄疆，南与朝鲜接壤，西南濒海，西邻直蒙。与俄韩分界之区，虽有黑龙江、乌苏里江及图们江、鸭绿江天然为之屏障，然自兴凯湖以南，图们江以北，其间并无山河以为之限。树牌表界，年湮代远，动被迁移。自前清咸丰十一年两国勘界而后，至光绪十二年吴大澂奉命督办边务，按查沿边界牌多已损失，或移置他处。吴因逐细查勘，究得实情，与俄员重订界约，增立界牌，自是遂为定界。今则界牌多已废圮，或被迁移，然其地形迹尚有可考，言界务者犹引以为证焉。计自图们江下游左岸之长岭子起（距海口三十里地名防川顶），有土字界牌（吴大澂勘界时，仿伏波故事建铜柱，而刻铭其上曰：疆域有志国有维，此柱可立不可移。今已为俄人迁入伯力博物院中，作陈设品矣）。以北有啦字、萨字两牌，又北至瑚布图河源，有帕字界牌，循瑚布图河至河口有倭字界牌，绝绥芬河而北取子午线偏西十二度，北至中东路五站取子午线偏东三十度，东北百里至密山县界，以北有那字界牌，又东北有玛字界牌，又以北偏东有拉字界牌，由此东南至兴凯湖西岸白棱河口之北，有喀字界牌，逾湖而东至松阿察河口有亦字界牌（现已移至河口北二百余步），由此，东北以松阿察河及乌苏里江为天然之界水，至乌苏里江口，有耶字界牌（现已移至通江西岸）。此吉省东鄙与俄东海滨省分界之情形也。

咸丰年间勘界后，所立界牌多系木质，年久即见朽坏，且拔弃甚易，自经吴大澂勘界后，乃更立石牌。其形长方，高英尺六尺，宽二尺二寸，厚一尺，系取淡青沙石为之，然虽属石质，仍易于迁动。据闻凡分界地，形势少佳，且有俄民居住者，往往一移即数丈，或数十丈，因吾国边境多无人管顾也。

绥芬河者，极东边境之河流也，源出珲春城北一百七十里之图们山，东北流入东宁县界，折而西北，经穆棱窝集，折东北流，协领河自西来入之，迤东流经东宁县，北接瑚布图河口，瑚布图河合众水北流来会。瑚布图河亦名无沙河，或作乌蛇沟河，源出珲春东北之分水岭，迤北流为中俄两国间之界水，经帕字界牌至三岔口左岸，与小瑚布图河会，又北流合于大绥芬河，河口有倭字界牌在焉。绥芬河既会瑚布图河，下流入于俄境，迤东流，中东铁道循河之左岸以接于西伯利亚线，河流折而南趋，以注于黑龙湾，自发源至入海处凡七百余里。

在中东路线，东端华俄交界之站，因在绥芬河流域，习俗通称之曰绥芬河站。其实当地全系山岭，距河流尚百里许，俄名曰帕尔克拉尼虚纳，亦曰五站，毋宁仅称之曰绥芬，以别于河名，尚较确切。

位于吉省极东之湖泽，与俄共有者，为大兴凯湖，亦曰新开湖。在宁安县正东四百里，湖形椭圆，北宽南隘，东西广约百里，南北长约百四十里，周围约八百里。水面之大，几与洞庭相埒，深处约十四五尺，浅处不过五六尺，湖底为沙泥，有种种有机物遗体。湖之四围，东南两方有淤地，近岸芦苇丛生，西岸为山地，丘陵起伏，北岸则沙石成为高陇，陇高自二十五尺至六十尺，陇上树木繁茂，连亘于大小湖之间，而成地峡。入湖之水凡十，自东岸注入者曰半泡子河；自南岸注入者曰雷风河，曰横道河；自西岸注入者曰毛尔毕河，曰南岔河，曰北岔河，曰网房子河，曰夕阳河，曰乌札库河，曰白棱河；湖之东北开一口，曲折北流为松阿察河，注于乌苏里江。清咸丰十年，中俄北京条约，割我东海滨之地以与俄，东自松阿察河口西至白棱河口，尽湖心以为界，于是湖之过半遂为俄属。湖水之温度不甚低，鱼类孳生颇繁，且湖底砂石淤泥相混合，恰适于鱼类之生育。每年三月冰解之期，鱼群由乌苏里江经松阿察河逆流而上，入于湖。湖中鱼类以鳇鱼为最大，有长丈余者，味极腴美。其次则为达吗哈鱼，沿岸之赫斤人，所谓鱼皮鞑子者，概以捕此鱼为生计。该地人民皆以为佐食之品，所惜者渔业不兴，捕网未尽其利，每年所获者，仅供附近居人食料而已。湖中兼产蚌珠、水獭，尤为贵重难得之物。

大兴凯湖之北，有小湖即所称小兴凯湖者是也，全属吾国领土，又名达巴库湖。与大兴凯湖相距约五里许，两湖之间界以地峡，形如麦陇，松柞、芦苇丛生，夏秋之际，不能通行，冬季冰结，可以乘爬犁往来，以从事采伐，备建筑、炊爨之用。惟中多虎狼，居民苦之，据故老传闻，两湖昔本为一，嗣因土地变迁，风浪搏击，泥沙壅起，故至分歧为二，然至今两湖之间尚沟通焉。入小湖之水凡三，自东北流入者曰小黑河，自湖西北流入者曰成子河，曰梨树沟河。湖河中亦盛产鱼类，为鱼户所利赖。

乌苏里江源出东海滨之锡赫特山脉中，山脉，沿海岸数千里东流之水入海，西流之水入乌苏里江及黑龙江，盖一大分水岭也。乌苏里江源出山脉之西麓，曰三道沟河，曲折西北流，右岸纳支流数条，迤西有刀毕河自左岸来会。源出锡赫特山脉之南端，东北流与三道沟河合，会流至虎林县东界，松阿察河挟兴凯湖之水自左岸来会，自此而下始有乌苏里江之名。乌苏里既会松阿察河，又北流溢为金银泡，又北流左岸纳小穆棱河，又北流右岸纳库尔布新河、尼满河，又东北流大穆棱河自左岸来会，又东北流左岸纳七虎林河，右岸纳瓦哈河，又东北流锡布克里河自左岸来注之，又东北流右岸受爱心泡及西北湖二水，又东北流左岸纳阿布钦河，又东北流右岸纳鸡心、小清二河，诺罗河即挠力河自左岸来会，又东北流右岸纳数支流，又东北流毕拉音河自左岸来注之，又东北流右岸纳毕钦、新开、阿满三河，又东北流混同江分一支流自左岸来会，名曰通江。既会通江迤东北流右岸纳牤牛、膏牛、七里窝三河以入，于混同江入江之处即俄属东海滨省城哈巴罗夫卡，亦称伯力，唐之勃利州也。江自发源处至此已二千三百余里，自咸丰十年北京条约割江东之地以与俄人，此江遂为两国间界水。俄人于江之右岸，筑铁道以达海参崴，所谓乌苏里铁道者是也。当铁道未成时，俄汽船往来于江之上下，自伯力以达伊满，倚为交通之要道，吾国航权之失盖非一日矣。

沿乌苏里铁道而南，与中东铁道交叉之点，曰双城子者，为俄远东之重镇，亦东路之门户也。俄过激党之乱，骚扰及于乌苏里铁道一带，未能侵入中东路线者，因双城子驻有重兵，故吾国第九师驻焉，日美等国亦有军队驻焉。由此迤南即海参崴，为俄远东重要之军港，路线两旁规划井然，区分为海陆军营所有地，俄籍客民所有地，国民私产地，地方自治局牧场，矿厂地，国有森林区，寺院教堂地，及预备殖民地等等。繁庶之概，颇非他处所能企及。现在崴埠一邑，人口尤多，除俄人避乱来此者外，各国屯驻军队颇不少，地隘人稠，居室难得，逆旅中多有架设叠床者。至于出入口之货物，堆存海岸一带，有如山积，因运输力不足，且当事之人肆应不遑也。

溯吾国乌苏里江以东诸地之丧失，实由于北京条约。咸丰九年，俄政府派伊格奈提夫为驻华公使，值天津和议破裂，英法联军入京，清帝出狩热河，恭亲王奕䜣留守，奕䜣少不更事，潜匿不敢出，俄使乃乘此时机出任调停，劝奕䜣出主和局，力保无虞，遂订北京和约。俄使自谓有斡旋之功，索乌苏里江以东至海滨之两国公有地为报酬，竟许与之。咸丰十年十月初二日，奕䜣与俄使增订续约十五条。兹将关于满洲割地之数条列下：（一）两国沿乌苏里河、松阿察河、兴凯湖、白棱河、瑚布图河、珲春河及图们江为界，以东属俄国，以西属中国。惟自国界东迄海滨原居之中国人及中国人所占渔猎地域，俄国均准其照常居住及渔猎。（二）由两国派员秉公查勘，设立界牌，东界查勘在乌苏里江会齐，于咸丰十一年三月内办理。（三）交界各处准两国人民自由贸易，并不纳税，自此约缔结，乌苏里江以东九十万三千英方里地全入于俄。先是俄员木剌福岳夫曾亲至满洲沿海一带视察形势，于朝鲜近境得一大港湾，命名为大彼得海湾，而定湾内海参崴为远东海军之根据地。自北京缔约以后，乃汲汲焉筑炮台，修船厂，建军械厂，设西比利亚铁道以联贯之，移民戍兵，殆无虚日。一千八百七十二年徙东方沿岸总督府于此，尔后人口递增，日趋繁盛，十年以前其贸易出入总额达三千万卢布，日俄之役复由二等军港改一等军港，往日荒凉寂寞之海滨，今已为东方之雄镇，岂知六七十年前固犹是吾人之领土乎。

乌苏里江左岸，折西沿混同江右岸，清初为宁古塔、三姓副都统分辖地，今则为密山、虎林、饶河、绥远、同江诸县。位于吉省东北隅，县治之设大多在光宣之间，三面邻俄，榛莽甫辟，然沿江一带农林渔泽大利无穷，移民实边，此为佳壤，苟荒野尽辟，实力略充，筹备交通，整治道路，然后依险筑塞，用固国防，乃永世之利也。惟乌苏、混同两江，航权久失，内陆路权，又非我操，此一隅之地已陷入俄人势力圈中，及今俄乱方殷，不极力设法挽图，将见他日亦不免沦为异域，是不能不有望于有地方之责者。

所属垦务可分两大区域，一为穆棱河之平原，一为乌苏里混同江之沿岸。前者垦务之兴，始于光绪中叶，今榛芜已稍稍辟。后者渐有汉民移殖，然尚在萌芽时期，就东省垦殖方面言亦一重要区域也。

穆棱河流域左右，为极大之平原，自石头河至穆棱河口袤长六百余里，幅员自百里至四百余里不等，平畴沃壤，弥望无际，统计官荒民荒约五百余万垧。近来奉直山左之民赴此开垦者实繁有徒，惟旷土甚多，已垦者不及十之一二，加以地僻人稀，盗贼纵横，提倡保护未周，固非目前即能望其兴盛也。

乌苏里江混同江沿岸一带，向属黑斤人所居，此种人素以渔猎为生，不知粒食，故虽据有沃土而农事迄未萌芽，近华韩人民渐有移住此间者，稍稍从事农业，然垦地尚无多也。据光绪季年，吉林垦植分会之调查，自同江县城西古城子起，迤东沿混同江右岸，至通江西岸之耶字界牌，折西南沿乌苏里江松阿察河左岸，至兴凯湖畔之龙王庙亦字界牌止，全段计长一千三百七十二里，以宽十五里计算，共得面积二万零五百九十五方里，照吉省每方里四十五垧计算，共计毛荒九十二万六千七百七十五垧。除去山林、河渠、水甸，不堪耕种者约十之三，城厢、村镇、道路、牧场、庐墓约十之三，所除之地为三十七万零七百一十垧。又除去已垦熟地二千一百九十八垧，及同江、绥远、饶河三县黑斤人四百三十六名，清廷恩赏地四千九百八十垧外，实计可垦之荒共三十六万三千五百三十二垧。移垦之民每户平均计壮丁二口，每口授地十垧，约可移民一万八千一百七十余户。计当时调查该区所居之住户仅有华人三百八十七户，男女共八百六十余名，黑斤人一百八十八户，男女约一千名，韩国侨民四十一户，男女约二百二十名，均未领照入籍。

同江境内，地势平坦，土色纯黑，深尺许，在全段中此为上腴。绥远沿江一带，亦多黑土，质性肥沃，惟地多沟渠，稍有水害。饶河境内土性松活，色纯黑，深四五寸，平冈一带可为良田，其不甚平者，亦可耕种。虎林境内土黑含沙，其低洼处辄受江水之浸渍。密山县境沿松阿察河水甸甚多，大冈及古董林边，亦有可耕之地，土质肥沃。

同江境内，宜种大小麦、谷、马铃薯、烟草、蔬菜等类，高粱、黄豆次之。绥远境内，土性较冷，谷苗生长稍缓，宜种玉黍、大小麦、菜蔬等类。饶河境内，宜种玉黍、小米、大小麦、烟草、菜蔬等类。虎林境内，宜种玉黍、小米、麦、黄豆、菜蔬等类，谷及高粱收量较次。密山境内，谷黍、大小麦、黄豆、玉黍均宜。

东省渔业，除西南沿海一带外，以吉林东北为最盛。盖其地黑斤人衣食二者，皆仰给于渔，而松花、混同、乌苏里等江及兴凯湖又为产鱼区域，故渔业极盛。兹据吉林垦植分会所调查，产于松花、混同两江者为鳇鱼、鲟鱼、白鱼、大马哈鱼、鲫鱼、鲤鱼、鲱鲤、鲟子鱼、勾心鱼。各鱼中以大马哈、勾心两种为最盛，鳇鱼味最佳，鲟鱼次之。鳇鱼多长七八尺，其最大者重数百斤，状似鲇鱼，通身无鳞，皮灰黄色，鼻如喙，前伸若象，人误触之，则痛不忍。口生鼻下，圆若覆杯，周身无别翅，只脊骨一条，光洁透亮，味最腻美，筵席中所用之鱼骨即此种也。前清时曾列为贡品。产于乌苏里江者，为鳇鱼、鲫鱼、细鳞鱼、鳊鱼、白鱼、草根鱼、鳟花鱼、勾心鱼、鳅鳄鱼，此类鱼中鳅鳄鱼之皮，尤坚韧细软，黑斤人用作衣服靴鞋等物。产于兴凯湖者为鲫、鲤、鳊、鳜、白鱼、四楞鱼、大马哈鱼，而尤以鲫鱼之味最美，为湖中之特产。

捕鱼方法，种种不一。有所谓鱼梁子者，每年五六月间，江水泛涨，鱼多随水入于分岔之小河。捕法：乘江水泛涨时，以柳条密编成笆，横插河口，下流既无出路，上流又被阻塞，至秋后水落，用网打捞，大小无遗。有曰挡冰幛者，于冬令封江之际，分岔小河冰先凝结，其正流水势汹涌，冰块随波流动，激撞作响，鱼必惊疑窜入小河。捕法：先将河口之冰凿一长缝，横插柳笆于内，中留一门，柳条编作半圆形之鱼圈，紧傍柳笆插于上流，鱼自下流撞入圈门，即难逃窜，取长柄网兜打捞甚易。曰网滩者，江中泥沙淤积久则成滩，水势浅稳，且无草木，易于施网。凡大马哈鱼到此，则游泳不去。捕法：用两船拽载一网，分途撒落。一网能得鱼数百斤，或千余斤。有用鱼钩者，取长绳一，多系铁钩于上，掷入江心，再系一二木杆浮于水面，凡巨鱼经行必吞钩被获，不用香饵，可捕得鲟鳇大鱼。若冬令封江后，可于冰上凿开两窟，将鱼钩上贯貂毛一绺，每冰窟内下钩一具，两手各提其一，上下动摇，大鱼贪食貂毛，误吞钓钩，瞬息可获。曰挂网者，网孔大如盆口，横布水内，鱼入网孔，遂被捕获。冬令封江后，凿冰数十孔，入网于冰内，用钓杆逐眼传递，俟网在江中展布，乃引动之，一网可数百斤。

森林之繁茂，乌苏里流域虽不逮图们流域，然综合全段观之，亦富于材木之区也。查密山县境内，东部自达巴库湖以东至松阿察河沿岸，有古董林（凡树木疏散而不密接者俗呼古董林），面积大者十余垧，小者三五垧不等，延长百余里，所产多杨、桦、柞、椴、水曲柳、黄松等类，县之西南境，若楸皮沟、黄泥河、上掌、青沟岭、黄窝集等处，亦为林木茂密之区，所产多棵松、杉松、柞、椴等类。虎林县属沿江平地产柞、桦、杨木，不成片段，内地溪谷间，自阿布沁河至外七里星河，森林颇富，约占面积二千五百余方里，所产松、杨为最，柞、桦次之。饶河县境内，山岭复杂，林木繁茂，沿江一带所产木材多柞、杨、榆、桦之类，若大段森林则在内七里星河与外七里星河两处，每处约占面积四千余方里，所产以棵松、杉松、白松为多，大者围五尺，运至俄境，可得善价，现已有流民在此私行砍伐。绥远县境内，秦得力山、额图山、依力嘎山、科勒木山、斯莫勒山、太平山皆有森林，居民砍伐木材，以之售于俄国江轮，附近江岸者砍伐殆尽矣。同江县沿江一带，无大段森林，内地山岭间散生杨、桦、柞、椵等木，大者可作建筑材料，小者仅供薪炭之需，居民多以售与俄轮，与绥远同。

乌苏里江迤南，为牡丹、穆棱、绥芬诸河流域。清初系宁古塔副都统管辖地，今为宁安、东宁、穆棱三县。宁安即清初之宁古塔，濒于牡丹江曲，柳边以外之都会，此为最古（渤海龙泉府）。清初设将军于此，实据全省形胜之中枢，自将军移驻吉林，边备稍弛，壤域乃日蹙矣。迨中俄北京条约，割弃东海滨地，藩篱尽撤，形势益孤，近在宣统初年，始分置东宁、穆棱两县以为犄角。东宁逼近俄边，绾俄出入路口，颇为扼要。穆棱居东宁、宁安、密山之间，为陆路交通之孔道，三方声气藉资联络，乃成要地。

综览山川形势，老松岭之脉横其南，毕展窝集亘其西，黄窝集山脉障其东，牡丹、穆棱、绥芬诸河分流其间，表里山川，气势雄壮，千年以来，渤海、金源、满洲更起迭兴，皆以牡丹流域为窟宅，盖榆关以东一大奥区也。

此区域间，虽为群川经流之所，然地段悉在上游，多川谷而少平原。宁安境内，自清初以来，汉旗杂处，生聚日蕃，故牡丹江沿岸已无旷土，晚近经营垦务多在绥芬流域，其地接近俄疆，山川交错，中颇多腴壤，前清光绪初元，设招垦局于三岔口，是为东宁垦务之发端。设治以后，三岔口一带渐次开辟，至最近则小绥芬河流域已为垦民麇集之所，其经营此间垦务者，为商办阜宁屯垦公司所垦地亩。沿中东路五六七各站，南至大绥芬河，分东西两大段，东段设屯二，曰东前屯，曰东中屯。西段设屯三，曰西前屯，曰西中屯，曰西后屯。于东西适中之地，设立屯垦总公司，以为统辖机关。别于马家大营地方，设立屯垦转运处，为前赴东宁之孔道，粮石出口运输甚便。该公司股本既足，规划亦周，倘能安集流亡，竭力整治，不难日见起色。第闻该公司地亩，有转租于贫民栽种罂粟者，是不能不望当道严加取缔也。

由此迤南，为图们江左岸延吉、珲春、和龙、汪清四县地。位于吉省南部，与日俄两国水陆衔接，长白山支脉亘其全部，林木之富，矿产之饶，为吉林全省之冠。迤南图们江沿岸，土壤膏腴，最宜垦植。前清道咸以后，韩民越界私垦，沿江一带多为所占，至光绪末年，竟酿成绝大之交涉。今虽划疆设治，稍事经营，然自"间岛"交涉以后，已入日本势力范围，将来吉会铁路告成，一听人宰割而已。

"间岛"之交涉何自起乎，考图们江自茂山以下，沿江多滩地，而光霁峪前假江之地为最大，纵横数里，宽约里余。计有地二千余亩，接连图们北岸。光绪七年，韩人于图们北岸私掘一沟，使江水岐出，此滩遂介立江中。自越垦放荒，韩民首先租种其间，每岁纳租银八百余两于越垦局。光绪二十九年，韩官李范允行文越垦局，妄指假江之地为"间岛"，谓有田五十余亩，划在两流之间。又曰，此土介在一江分派之中，始由韩民耕种，遂欲妄相牵混，指为韩领。此"间岛"名称之所由来也。光绪二十九年，韩民滋衅，乱平后，与韩官订草约十二条，其第八条曰，古"间岛"即光霁峪假江地，向准钟城韩民租种，今仍循旧办理。是"间岛"之为吉省属地已成铁案。是后韩民越垦者日众，渐达和龙峪迤南一带，数逾八万，日人利其土地膏腴，妄思染指，遂派宪兵驻和龙峪，以保护韩人为名，干涉我主权，谬指光霁峪以东为东"间岛"，和龙峪一带为西"间岛"，诬为两国未定之界，且牵及长白山穆牌。而曩日韩人指海南河（亦曰海兰河）、布尔哈通河为图们江之说，至是复活（康熙五十年，打牲乌拉总管穆克登，奉旨查中韩边界，立牌于分水岭而还，谓之穆牌。嗣经韩人私移至松花江支源、黄花松沟子附近，而韩人图籍书图们江为豆满江，缘音同之故。于是光绪十一年，两国委员勘界，彼国委员强指图们江为豆满江，而以海南河为图们江，相持未决，卒成悬案）。交涉既起，我国特派边务督办驻扎延吉，以资控理，相持一年之久。宣统元年秋，安奉铁路交涉解决。日使伊集院彦吉遂乘机与我外部重提旧案，卒缔结"间岛"协约。

"间岛"协约计八条，兹附录于下：（一）中日两国协定以图们江为中韩两国国境，其江源地方以界碑为起点，依石乙水为界。（二）中国准外国人居住龙井村、局子街、头道沟、百草沟等处贸易，日本于此等地方得设置领事馆。（三）中国准韩国人民在图们江北之垦地居住。（四）图们江垦地居住之韩人，服从中国法权，归中国地方官管辖及裁判，中国官吏对于此等韩民与中国人一律待遇，所有纳税及其一切行政上处分，亦同于中国人。（五）韩人诉讼事件由中国官吏按中国法律秉公办理，日本领事或委员可任便到堂听审。（六）图们江杂居区域内，韩人之财产，中国地方官视同中国人民财产，一律保护，该江沿岸彼此人民，得任便往来，惟无护照公文不得持械过境。（七）中国将吉长铁道延长至延吉南边界，与朝鲜会宁铁道联络，一切办理与吉长铁道同。（八）本协约调印后，日本统监府派出所及文武人员于两月内完全撤退。

查图们江左岸一带，及海南河、布尔哈通河诸流域间，皆属平原沃壤，为吉南最佳之殖民地。自光绪七年，废禁山围场之制（清初发祥地入关后遂加封禁，列为禁山围场），始于各处设局招垦，于是图们江以北，渐有韩民越界冒禁私垦，其始仅在茂山对岸，继乃蔓延于江岸沿岸一带。二十年，吉林将军奏将越垦韩民立社编甲，照则升科，列为编氓，设抚垦局以统之。凡越垦之地，统建四大堡，堡各立社。镇远堡，建于黑山顶，分设八社，与韩之庆兴府对峙。宁远堡，建于光霁峪，分设十三社，与韩之钟城府对峙。安远堡，建于章毋得基，分设七社，与韩之茂山府对峙。统计四堡三十九社，收抚垦民四千三百零八户，男女丁口二万零八百九十八人，丈报熟地一万五千四百余垧，岁征租银二千七百七十九两有奇。自是以后，韩民越垦范围渐蔓延于延珲全境，至光绪末年，遂酿成中日间一大交涉，为世人所注目焉。

据光绪三十四年之调查报告，延珲全境，华韩人民田产数目如下：

一、马牌：所辖为月朗社、霁霞社、枢榆沟、春华社、春芳社、霁晴社等六处，计华民田产四千八百七十三垧六亩五分；韩民田产三千六百零一垧二亩八分。统计田产八千四百七十四垧九亩三分。

二、东盛涌：所辖为勇智社一处，统计华民田产四千三百二十七垧四亩七分；韩民田产四百四十九垧四亩八分。统计田产四千七百七十六垧九亩五分。

三、光霁峪：所辖为光宗社、开文社、开泰社、光风社、开运社、光德社、光昭社等七处，计华民田产三十五垧三亩二分；韩民田产五千七百四十四垧八亩五分。统计田产五千七百八十垧一亩七分。

四、珲春：所辖为城厢、西炮台、屯西河口屯、西水湾子屯、东西间房屯、南小城子屯、北后地屯等七处，统计华民田产一万五千零九十九垧八亩四分六厘。韩民田产无。

五、黑顶子：所辖为怀恩社、敬信社、南义社、敦仁社、归化社等五处，计华民田产六百六十二垧二亩七分一厘；韩民田产二千二百五十六垧七亩七分七厘。统计田产二千九百十九垧二亩四分八厘。

六、和龙峪：所辖为街市、东沟、西沟、南沟、北沟等五处，计华民田产一千一百十三垧；韩民田产二千五百五十垧。统计田产四千六百六十三垧。

七、铜佛寺：所辖为街市、尚义社、崇礼社等三处，计华民田产一万一千四百零八垧六亩一分；韩民田产计八百九十四垧七亩；统计田产一万二千三百零三垧三亩一分。

八、凉水泉子：所辖为春芳社、春华社、春和社三处，计华民田产四千五百零七垧；韩民田产二百三十六垧。统计田产四千七百四十三垧。

九、八道沟：所辖为智仁社、尚义社两处，计华民田产五千七百二十九垧八亩八分；韩民田产一千一百四十九垧八亩五分。统计田产六千八百七十九垧七亩三分。

十、头道沟：所辖为守信社、明新社两处，计华民田产一万二千八百四十垧六亩二分；韩民田产一千一百一十垧九亩。统计田产一万二千九百五十一垧五亩二分。

十一、二道江：所辖为信道社、文道社，遵道社、乐道社、宏道社五处，计华民田产五千五百六十二垧二亩六分。韩民田产无。

十二、局子街：所辖为局子街、志仁社两处，计华民田产一万零一百零八垧四亩九分；韩民田产三千三百五十二垧一亩。统计田产一万三千四百六十垧五亩九分。

十三、稽查处：所辖为茂官社、茂德社、茂功社、茂赏社、对阳社、对月社、对川社、白云社、白玉社等九处，计华民田产无。韩民田产四千九百五十二垧五亩五分。

十四、六道沟：所辖为勇智社一处，计华民田产三千一百零六垧零四分；韩民田产六百十二垧一亩二分。统计田产三千七百十八垧一亩六分。

十五、白草沟：所辖为春阳社、春明社、春融社三处，计华民田产七千一百零八垧九亩七分；韩民田产四百二十三垧二亩二分。统计田产七千五百三十二垧一亩九分。

以上各社分十五区，共计华民田产八万五千四百八十三垧六亩二分七厘，韩民田产二万八千三百三十垧八亩二分七厘，合华韩民田产统计共十一万三千八百十七垧四亩五分四厘，此系已垦之土。其未垦之土尚占一千五百余方里，而韩民之田比诸华民为三之一，如稽查处一区田产尽属韩民，光霁峪、黑顶子、和龙峪三处韩民之产，且远倍于华人，已成喧宾夺主之势。回顾"间岛"条约牛首蛇身，非特门户洞开，拱手揖盗，并将吉长、吉会两路断送于人。呜呼，是尚不如竟割海南河、布尔哈通河以东地与日，尚得截然划分疆域，限制流民，且保存其他权利。今则华韩杂居，人民间偶有冲突，或涉及政治问题，日兵即长驱直入，拘我官吏，蹂我境邑，自由行动，一岁间交涉之案，动有数起，始谋不臧，后患方长。他日吉省东南之纠葛，正不知伊于胡底也。

此区域间为矿产极富之所，而金矿尤占大部，其类有二：金质藏于地中者曰线金，随河流而散布者曰沙金，以及银、铜、煤、铁无一不有。兹将矿产之分区略记如下：

石建坪，产线金地，咸丰年间曾经开采。西二道沟、西三道沟、西南沥金沟、七八道沟、汪清沟、东三道沟、西北岔、东柳树河、香房沟，土门子、塔子沟、狐狸别、东西道沟、瓦冈塞、蜂蜜沟、黑顶子、沙金沟、大六道沟、小六道沟、马蹄塔、河邦、百草沟，以上二十二区，俱为沙金出产地。其间有曾经开采者，有曾试采者，有苗露而未开者。现经商民领牌挖取者，为西北岔、东柳树沟、香房沟、土门子、瓦冈塞、大六道沟诸处。

天宝山、兴隆沟，以上二处为产银地，天宝山所产尤富。光绪初年，曾经开采，后因与日人屡起交涉，遂至封闭，兴隆沟则曾经试采。

老头沟、头道沟、稽查处、珲春东沟、三道沟、凉水泉、石头河、东庙儿岭、阴阳河、关门嘴子、龙王庙西山、嘎呀河，以上十二处，俱产煤地。除阴阳河、嘎呀河两处，苗露未采外，余均经附近居民私采，及商民开采。而稽查一处则已属之日人，煤质极佳，且产煤油。

天宝山、滚牛拉子，以上两处为产铜地。前者曾经开采，后者苗露未开。沙松背以上为产铁地，苗露未开。

至于该区域间之森林，可分为山岳、川湿、平原三项，就中山岳、川湿一带为森林繁密之所。光绪末叶，曾由边吏派员调查，据报告所录为下列各种：

针叶树种（此种最多） 黄松、果松、红松、白松、杉松、油松、鱼鳞松。

阔叶树种（此种较少） 棘松、杨、柳、椴、楸、柞、榆、桦、色木。

图们江上流一带，其初林相甚密，佳木亦多，自放荒越垦以后，韩人越江种地沿岸森林多被采伐，或开垦时以野火焚之。数十年间，满山树木殆尽，自马牌以上至高丽崴以下，其间已成童山。惟长白一带，人民稀少，犹有原生之林相。海南河、噶顺河、嘎呀间、红旗河诸流域之森林，凡中流以下各区，利于搬运者，业已采伐殆尽，所余惟各沟之上源。石头河之森林，因沟口只有人民数十家，树木惟供灶薪之用，未受野火焚害，林相颇佳。至密江之森林，因沟中一带荒地尚未开垦，森林未受斧斤之害，故林相亦佳。兹将各流域森林之面积列载如左：

区　　域	概定面积	森林面积
图们江上流	五千二百四十七方里	一百零一万四千四百三十六尺缔
海南河	四千六百六十四方里	一百二十二万一千二百零二尺缔
噶顺河	六千七百方里	一百二十三万五千三百十二尺缔
嘎呀河	一万零一百二十方里	三百四十九万二千二百十尺缔

图们江下流　　一万一千四百七十方里　　三百九十四万零一百八十尺缔
合　　计　　四万一千二百零一方里　　一千零九十三万三千三百四十一尺缔

　　如上表所列，森林之面积，试按分年砍伐额而预算之，假令每年斩伐额为十五万缔者可历九十四年，余为三十万缔者可历三十五年，余为五十万缔者可历十八年。余无论伐期长短，数年之间只可择伐，不可秃伐。因其间现在直径未满五寸者，生长量尚待将来，且其轮廓之容积，犹未及列入生长量计算内也。

[田新廷辑]

东疆文献目录

中文图书

中俄界约斠注

 （清）　洪钧校注　光绪二十年（1894）上海醉六堂活字印刷本

中俄交界考（七卷）附西伯利亚铁路考（一卷）

 （清）　钱恂撰　光绪二十年（1894）　大连市图书馆藏

中俄交界事务表

 光绪二十六年（1900）抄本　辽省图

中俄界纪三编

 （清）　邹代钧著　1911年湖北武昌亚新地学社铅印本

 辽省图

中俄国界述要（七卷）

 民国年间石印本　吉省图存卷一

中俄界务沿革纪略

 张弨辑　民国年铅印本　吉省图

中俄边界铜柱铭拓本

 1920年苏州振兴书社影印本　吉林省社科院馆藏

俄界情形

 （清）　曹廷杰著　光绪十一年（1885）抄本　大连市图

东省与韩俄交界道路表（一卷）

 （清）　聂士成撰　清末石印本　吉大图书馆

东三省韩俄交界道里表

 （清）　聂士成撰　清末石印本　大连市图

东陲刍议

　　（清）　刘莹泽著　铅印本　东北师大图书馆

东陲纪行

　　（清）　刘文凤撰　光绪年间刻本　辽省图

东陲纪闻

　　秦岱源著　1919年锡成公司铅印本　吉大图书馆

东游纪程

　　（清）　聂士成撰　光绪二十一年（1895）石印本

东游日记

　　（清）　土鹤鸣撰　1910年（宣统二年）石印本　齐市图

东道问题

　　祁仍奚著　1929年辽宁海事编译局印本　沈阳市图

东江遗事

　　（清）　吴逸林撰　1935年石印本　辽省图

朝鲜李朝实录中的中国史料（十二册）

　　吴晗辑　1980年中华书局

长白山　（地理书）

　　肖荣寰著　北京科学出版社　1982年7月版

长白山　（英文）

　　H．E．M　杰姆斯　伦敦1888年

长白山　（诗集）

　　延边朝鲜族自治州文联编　延边人民出版社　1980年2月版

长白山录

　　（清）　王士祯撰　清康熙年刻本　吉省图

长白山志

　　王季平主编　吉林文史出版社　1989年版

长白山江冈志略

（清）　刘建封撰　光绪三十四年（1908）铅印本　辽省图

长白山胜迹全景

刘建封等编摄　宣统二年（1910）　辽省图

长白山灵迹全影

王瑞祥拍影　1911年　吉省图

封长白山记

方象瑛　辽大图

长白汇征录（八卷）

（清）　张凤台修纂　宣统二年（1910）铅印　辽省图

长白山人四求吟草

（清）　霍穆欢著　清光绪年刻本线装　东北师大图

长白山风物传说

抚松县文化馆编　沈阳春风文艺出版社　1985年7月版

长白山中　（儿童读物）

梁之著　中国少年儿童出版社　1981年5月版

长白山下　（短篇小说集）

蔡天心著　新文艺出版社　1954年版

长白山绵绵山岭　（短篇小说）

高士心著　东北人民出版社　1954年版

长白风雪　（长篇小说）

段雨生著　解放军文艺出版社　1981年版

夜奔长白山

马运鹏著　中国青年出版社　1959年11版

说吧，长白山

全成辉著　韩昌熙译　辽宁人民出版社　1982年8月版

长白山人参故事

抚松县文联编　沈阳春风文艺出版社　1980年4月版

长白山植物药志

　　吉林省中药研究所等编著　吉林人民出版社　1982年铅印本

白头山天池

　　丁兴旺著　地质出版社1982年出版

图们江鱼类

　　郑葆珊等编著　吉林人民出版社1980年版

鸭江行部志注释

　　（金）　王寂撰　张博泉　罗继祖合注　1984年黑龙江人民

　　出版社

鸭绿江采木公司事业便览

　　鸭绿江采木公司编印　长春市图

鸭绿江上的木帮

　　丁耶著　吉林人民出版社　1983年6月版

鸭绿江边的抗日名将梁世风

　　曹文奇著　辽宁人民出版社　1990年版

鸭绿江传

　　杨大群著　中国青年出版社　1981年5月版

鸭绿江歌声

　　辽宁文化协会编　1948年6月　辽省图

春天来到鸭绿江

　　雷加著　作家出版社　1952年12月版

安东志

　　安东商业会议所编　1920年　大连市图

安东县志　（八卷首一卷）

　　关定保等修　于云峰等纂　1931年安东宏业号铅印部铅印本

　　吉省图

安东县志（十五卷）

（清）　吴光国修　光绪三十四年（1908）抄本　线装　辽省图

安东县志摘要

民国初年抄本　辽省图

安东县一般状况

1938年12月安东县公署编印　辽省图

鸭绿江畔的新星——丹东

郑德锋等编著　北京工人出版社　1984年9月版

通化县志（四卷）

李春雨修　邵芳龄纂　1927年奉天作新印刷局铅印本

吉省图

通化县乡土志

潘德基修纂　1982年据宣统二年（1910）抄本复印　吉省图

通化县一般状况

1937年通化县公署总务科编印　辽省图

通化省史略

章俊民编　1941年新京满洲新闻社　延大图书馆

通化省统计年报　（1940年度）

通化省公署编印　1941年10月　辽省图

通化志略

通化地区地名委员会编　1984年　吉林省通化地区地名

委员会刊印

通化县志初稿

通化县志编写委员会　吉林师范大学历史系文化革命工作团编

1958年油印本　东北师大图

通化宗教

李镇华辑　载入通化县志卷二　伪满康德二年八月铅印

吉林市图

通化祠宇志

　　李镇华辑　收入通化县志卷一　伪满康德二年（1935）八月铅印

　　吉林市图

通化市文物志

　　通化市文物志编写组编　1986年12月　吉林省文物志编委会

通化县文物志

　　通化县文物志编写组编　1986年5月　吉林省文物志编委会

通化文艺史料

　　通化市文化局、浑江市文化局编辑　1987年10月通化市

　　文化局印

东边教育团国内参观日记

　　李献廷编　民国十年（1921）出版　铅印本　辽省图

辑安县志　（四卷）

　　刘天成　苏显扬修　张拱垣　于云峰纂　1931年石印本

　　辽省图

辑安县乡土志

　　吴光国修　于会清纂　1915年奉天作新印刷局铅印本　辽省

　　图

辑安县一般状况

　　辑安县公署编　1935年　吉林市图

辑安县外交公牍

　　吴光国著　1915年奉天作新印刷局　沈阳市图

浑江市文物志

　　吉林省文物志编委会编印　1987年2月

浑江文史资料

　　浑江市政协文史资料委员会编　1988年7月

调查长白府抚松设治报告

　　　　许中书编撰　宣统元年（1909）抄本　辽省图

抚松县志　（五卷）

　　　　张元俊修　车焕文纂　1930年铅印本　辽省图

抚松县一般状况

　　　　伪抚松县公署编　1936年　黑省图

长白县一般状况

　　　　伪长白县公署编　1938年油印本　辽省图

长白朝鲜族自治县概况

　　　　1985年延边人民出版社出版

长白朝鲜族自治县文物志

　　　　吉林省文物志编委会编印　1988年7月

延边调查实录

　　　　沈茹秋著　1987年10月延大出版社出版

延吉边务报告（四卷）

　　　　（清）　吴禄贞撰　光绪三十四年（1908）奉天学务公所铅印

　　　线装　辽、吉省图

调查延吉边务报告书（三卷）

　　　　周维桢等辑　光绪三十四年（1908）铅印本　辽省图

延吉厅领土问题之解决

　　　　（清）匡熙民著　宣统元年（1909）铅印本　吉省图

"间岛"问题

　　　　（清）宋教仁著　1908年7月　黑省图

调查延吉珲春农业报告书

　　　　（清）刘庆琦　宣统年铅印　沈阳市图

调查延吉森林报告书

　　　　（清）李维楫编　宣统年间铅印本　沈阳市图

延边历史研究（1—5辑）

延边历史研究编辑部编　不定期出刊

延边朝鲜族自治州州志

　　1963年打字本　延边地区档案馆藏

延边朝鲜族自治州经济地理

　　李振泉著　上海新知识出版社　1957年版

延边朝鲜族自治州医疗保健史资料汇编

　　延边朝鲜族自治州卫生局编　1983年延边朝鲜族自治州卫生

　　局铅印本　长春中医学院藏

延边历史事件党史人物录（新民主主义革命时期）

　　中共延边州委党史工作委员会党史研究所编　1988年

　　6月出版

延边民歌选

　　赵功义搜集整理　沈阳春风文艺出版社　1980年版

延吉县志（十二卷）

　　延吉县行政公署编　1982年据1914年抄本复印　吉省图

延吉县县政一瞥

　　延吉县公署编　1935年6月出版　辽省图

延吉县一般状况报告书

　　延吉县公署编　1935年10月出版　辽省图

延吉市文物志

　　1986年11月　吉林省文物志编委会出版

延边文史资料（1—5辑）

　　政协延边朝鲜族自治州委员会文史资料委员会编

延边文物资料汇编

　　延边朝鲜族自治州文管会办公室、延边朝鲜族自治州博物馆合编

　　1983年印行　吉林市博物馆

延吉小营子遗迹调查报告

（日）　藤田亮策著　李莲译　1978年12月　吉林省博物馆刊
印

图们市文物志

　　1986年11月　吉林省文物志编委会编印

珲春副都统衙门档案

　　原件存中国第一历史档案馆，拍照本一部存吉林师范学院古籍
　　研究所　入《长白丛书》五集　摘编本

珲牍偶存（一卷）

　　（清）　李金镛撰　王庆长节抄　1978年上海古籍书店据
　　光绪十一年（1885）王氏怀古山庄刻本刷印　辽省图

珲春琐记（一卷）

　　小方壶斋舆地丛钞再补编本

珲春县志（二十三卷首一卷）

　　朱约之修　何廉惠等纂　1982年据1931年复写本复印
　　吉省图

珲春县乡土志（二十二卷）

　　徐宗伟等纂　1982年据1935年钢笔抄本复印
　　吉省图

珲春县县政概要

　　伪珲春县公署总务科文书股编　伪康德元年（1934）抄本
　　齐齐哈尔图书馆

珲春县公署一般状况

　　伪珲春县公署编　1935年　辽省图

珲春县一般状况续集

　　伪珲春县公署庶务科编辑　伪康德五年铅印　吉省图

珲春地理志

　　光绪年间进呈抄本　线装　辽省图

今日之珲春

　　白月恒著　1920年北京高等师范学校图书馆印　辽省图

珲春文物志

　　吉林省文物志编修委员会编印

珲春文史资料

　　政协吉林省珲春县、文史资料委员会编　珲春县印刷厂印刷

和龙县土壤志

　　金在银等著　1983年　和龙县图书馆藏

和龙县中草药名录

　　赵光洁等著　1987年和龙县地方志编纂委员会油印本

安图县志（六卷）

　　（清）刘建封修　吴元瑞纂　据宣统三年（1911）稿本复印　吉省图

安图县志（六卷）

　　陈鸿谟等修　孔文泉等纂　1982年吉林省图书馆复印本　吉省图

敦化县地理表

　　谢祖荫修纂　1982年吉林省图书馆据宣统元年（1909）抄本　复
印　吉省图

敦化市文物志

　　吉林省文物志编委会编　1985年11月出版

韩边外

　　李树田主编　1987年吉林文史出版社出版

绝域纪略

　　（清）　方拱乾著　清刻本　王锡祺收入《小方壶斋舆地丛钞》

　　第二帙，杭州古籍书店出版

宁古塔副都统衙门档案

　　辽宁故宫档案馆

宁古塔纪略（一卷）

　　（清）　吴振臣纂　清抄本　线装　吉大图

宁古塔志

　　（清）　方拱乾纂　道光间吴江沈氏世楷堂刻《昭代丛书》本

辽省图

宁古塔地方乡土志

　　（清）岳西本等纂　光绪十七年（1891）抄本　辽省图

宁古塔山水记

　　（清）　张缙彦撰　1984年李兴盛据孤本整理点校　黑龙江

人民出版社出版

宁古塔氏族谱

　　（清）　光绪十八年（1892）重抄本　辽宁省新宾满族自治县

刘庆华收藏

宁安县志

　　王世选修　梅文昭纂　1924年铅印本　吉省图

宁安县一般状况

　　伪宁安县公署编　1935年油印本　辽省图

宁安县一般状况（1936年度）

　　伪宁安县公署编　1937年8月出版　辽省图

东宁县志略

　　田征明纂　1980年东宁县图书馆据首都馆1920年

铅印翻印本　吉大图

牡丹江风土志

　　颜公权著　1943年8月沈阳启文印书馆出版　辽省图

穆棱县一般状况

　　1936年12月穆棱县公署总务科编印　辽省图

密山实事录草稿

　　刘懋忱纂　民国初年密山办事处油印本　线装　辽省图

张鼓峰事件鸟瞰

　　王中枢编　1938年　商务印书馆版192页

[杨立新编辑]

中文图书·论文部分

史　　地

延边史略

　　李峰　《延边历史研究》1期

延边地名沿革

　　高仁　卢连成《延边史志》86年1期

延边朝鲜族自治州县、市名称由来

　　田象程　《地名知识》　83年4期

延边地名趣谈（一）

　　梁焕俊　《延边文史资料》3辑

延边满语地名初探

　　傅宝录　《延边方志》86年1期

珲春历史沿革

　　金白奎　《珲春文史资料》3辑

"珲春"一名的由来

　　市地名办　《珲春文史资料》3辑

珲春的渤海遗迹与日本道

　　王侠　《学习与探索》82年4期

渤海时期的"日本道"

　　崔锡升　《珲春文史资料》3辑

长白三江源流考

　　《地学杂志》5卷5期　1903年5月

长白山地名初考

　　安龙祯　《延边史志》85年1期

长白山附近的地势与松花江水源

　　附　完颜城址考

　　小川琢治　史学研究会讲演集2期　1906年9月

有关长白山的知识

　　和田清　《史学杂志》49卷7期　38年

鸭江行部志地理考

　　朱希祖　《地学杂志》　32年1期

鸭绿江边三城市

　　石鹤冈　《文萃》42期　46年8月

丹东历史沿革初探——截止新中国成立前夕

　　文史办　《丹东文史资料》86年2期

豆满江流域史（一）（二）

　　石本惠吉　《东洋》36卷10、11期33年10、11月

龙井地名起源

　　鱼允元　宋国欣　《延边文史资料》2辑

铜佛寺

　　安龙桢　《延边文史资料》2辑

敦化沿革

　　刘忠义　《延边文史资料》3辑

安图县的设置和刘建封

　　车相勋　《延边文史资料》3辑

绥芬河市的形成与名称由来

　　孙伯言　《黑龙江史志》88年1期

东宁县建制简史

　　温世杰　《牡丹江市志》86年1期

牡丹市郊区行政区划的演变

　　温世杰　《牡丹江市志》86年4期

宁古塔考

今西春秋　羽田博士颂寿纪念　东洋史论丛1950年

宁古塔镜泊湖踏查记

诚荪《地学杂志》1期

牡丹江江源初考

袁林　《牡丹江市志通讯》86年3期

牡丹江市考

牡丹江市志办　《黑龙江史志通讯》82年2期

牡丹江市考（续）

牡丹江市志办　《黑龙江史志通讯》83年1—2期

乌苏里江沿岸伊彻满语地名诠释

姚中嶬《黑龙江史志通讯》83年6期

天门岭地理位置之我见

张昌熙　《延边大学学报》83年3期

疆　界

历史上之东北疆域

金毓黻　《边疆研究集刊》1期　40年9月

中国东北的历史疆域

钟民岩　《中央民族学院学报》74年2期

东北历代疆域史

张博泉等　吉林人民出版社81年

我国东北疆域变迁考

谷中乔　《东北》41年2卷3期

东疆考察纪闻

考察组　《长白学圃》89年　《吉林师院学报》90年1期

东北国境问题

《边疆建设》1卷2期、2卷1期　46年、47年

考古学上汉代及汉代以前的东北疆域

佟柱臣　《考古学报》56年1期

元代高丽的东北境

津田左右吉　《朝鲜历史地理》2期　13年

高丽末鸭绿江畔的领土

津田左右吉　《朝鲜历史地理》2期　13年

辽金两代东北边墙考

刘仁成　东北2卷5期　41年1月

鲜初豆满江方面的治理

津田左右吉　《朝鲜历史地理》2期　13年

鲜初鸭绿江上游地方的领土

津田左右吉　《朝鲜历史地理》2期　13年

李朝时代的西北领界与鸭绿江

麻生武龟《满鲜史论丛》38年

明代东北疆域考

黎敬文　《考古》76年1期

浅论清代东北边疆的管理

徐景学　《学习与探索》80年1期

清代官员巡查东北边境的记录

吴文衔　《东北考古与历史》82年2期

清帝国东北边界形成的若干问题

（苏）齐赫文斯基　《中俄关系研究会通讯》80年2月3日

清季中俄东部边界的勘定

李健才　陈连开　《博物馆研究》91年2期

东北边疆形势与兵要地理

关瑞玑　《凯旋》33、34期48年7月

东北失地与边疆冲突

　　汪杨　《殖边月刊》1卷10期

吉林旧界变迁纪要

　　杨耀皑　《东方杂志》1923年14卷7期

中俄国界史地考

　　翁文灏　《地学杂志》28年17卷1期

中俄界记蹙地考

　　曾庆锡　《地学杂志》6卷12期　15年

中俄尼布楚条约和清政府的巡防制度

　　李士良等　《哈尔滨师院学报》78年1期

中俄界线简明说

　　（清）钱恂著　1卷　小方壶斋舆地丛抄第65册

中俄交界续记

　　（清）王锡祺　1卷　小方壶斋舆地丛抄第65册

中俄国境之实地探查

　　雪若　《行健》4卷6期34年6月

中俄东部边疆的历史考察

　　步平　《学习与探索》83年6期

早期中俄东段边界地图初探

　　刘远图　《中俄关系问题》81年1期

《清高宗实录》中俄边界东段史料辑录

　　张杰　《黑河学刊》83年3期

丙午中俄谈判及丁未设东省总督资料百则

　　黄光域译　《近代史资料》81年3期

一八六一年后清政府在黑龙江左岸的巡边活动

　　刘邦厚　《北方论丛》80年3期

中俄界碑表

魏声和 《东北丛刊》7期 30年7月

吴大澂珲春勘界简论

王宁 《东北地方史研究》86年2期

沙俄对我国东部边疆的侵略与吴大澂一八八六年珲春勘界

董万仑 《延边大学学报》77年1期

评一八八六年中俄勘界

张本政 《学术研究丛刊》80年3期

一八八六年兴凯湖会谈勘界与沙俄的侵略扩张阴谋

董万仑 《延边大学学报》78年2期

吴大澂的古松图和铜柱铭

郑国 《黑龙江文物丛刊》84年2期

长岭子铜柱

崔锡升 《珲春文史资料》第3辑

珲春黑顶子地方调查记

杨再林 《延边史志》85年1期

清末归还黑顶子地方之始末

李正凤 《珲春文史资料》第3辑

收回海参崴交涉之经过及专约与协定之内容

《时事月报》30年6月 2卷6期

从庙岛交涉看沙俄的野心

李吉奎 《社会科学战线》78年3期

图们江界碑之历史

《东方杂志》13卷2号

吉林旧界变迁纪要

杨耀凯 《地学杂志》8卷3期 1906年3月 《东方杂志》

14卷7期 1906年7月

爱国将领吴禄贞事略

　　苗立臣　《延边史志》85年2、3期

吴禄贞督办延吉边务的历史业绩

　　孙继远　《延边文史资料》第三辑

吴禄贞在延边

　　何庸　《延边文史资料》第二辑

"间岛"问题

　　宋教仁　《地学杂志》4、5、6、12号6卷2、4、6、10—12号

　　7卷1号　14年—16年

"间岛"问题

　　《东方杂志》5卷5号　1908年6月

"间岛"问题

　　宋渔父　《建国月刊》15卷1—4期　36年7—10月

"间岛"问题

　　《建国月报》36年15卷1—4期

"间岛"交涉之原委

　　《东方杂志》13卷l号　16年1月

"间岛"问题的始末

　　高永一　《延大学报》81年3期

"间岛"问题之过去及将来

　　尤其伟　《学生杂志》4卷9号　17年

"间岛"交涉之旧历史

　　《东方杂志》16年2月　13卷2期

论"间岛"确系中国之领土

　　《东方杂志》1908年5月　5卷5期

吴禄贞与所谓"间岛问题"

　　吴忠亚　《社会科学战线》84年4期

"间岛"新调查

《东方杂志》5卷12号　1909年1月

清季延吉边务交涉始末纪略

　　孙志　《延边史志》86年2期

中日延吉边务交涉与吴禄贞

　　刘树权等　《中日关系论丛》82年1期

《光绪丁未延吉边务报告》简介

　　朴庆辉　《延边史志》86年1期

关于清末延边越垦四堡三十九社的位置

　　车成苣　《延边历史研究》第1期

中韩国界之历史性

　　向高　《边疆建设》1卷1、2期　46年11月

中朝国界之历史性

　　向高　《边疆建设》1卷1期　46年

中朝界务史略（上、下）

　　杨昭全　《中国边疆史地研究报告》三　四辑

东省韩俄交界道里表

　　1卷　（清）聂士成著　胡思敬编　问影楼舆地丛书

东省交界道路表（中俄韩交界）

　　1卷　清末石印本

朝满境界私考

　　小藤文次考　东洋学芸杂志22卷291期　1905年

对俄中现存边界问题的几点看法

　　《黑河社联通讯》82年4期

东北中苏国界与中蒙国界的今昔

　　修炎　《边疆建设》1卷1期　46年

驳谎言的制造者——关于中苏边境的若干问题

　　史宇新　《历史研究》74年1期

试评1945年的中苏谈判和中苏条约

　　孙其明　《安徽大学学报》88年3期

考　古

延边地区的高句丽遗迹

　　则灵　《延边史志》85年2、3期

延边地区高句丽、渤海时期的纹饰板瓦初探

　　严长录　杨再林　《博物馆研究》88年2期　《中国朝鲜

　　民族迁入史论文集》146页

延边发现渤海贞孝公主墓和壁画

　　延边朝鲜族自治州博物馆　《文物天地》81年2期　《吉林日

报》81年4月8日

略述延吉市发现的朝鲜古铜钱

　　呼国柱　《博物馆研究》89年2期　《中国朝鲜民族迁入

　　史论文集》159页

延吉德新金谷古墓葬清理简报

　　延边朝鲜族自治州博物馆　《东北考古与历史》

　　82年1辑

龙井县朝东明代人墓的发掘

　　延边州博物馆　《博物馆研究》86年2期

吉林延吉柳庭洞发现的原始文化遗存

　　延边博物馆　《考古》83年10期

和龙县龙海渤海墓葬

　　延边博物馆　《博物馆研究》83年3期

吉林珲春黄家店古墓清理简报

　　吉林省珲图公路考古发掘队　《博物馆研究》89年1期

吉林省珲春市甩弯子渤海房址清理简报

图珲铁路考古发掘队　《北方文物》91年2期

吉林敦化哈尔巴岭发现依克唐阿碑

　　刘忠义　《黑龙江文物丛刊》84年3期

吉林敦化牡丹江上游渤海遗址调查记

　　王承礼　《考古》62年11期

渤海旧国记略

　　徐景复　《延边方志》90年1、2期

敦化县二十四块石调查记

　　吉林大学学报　58年3期

和龙县西古城及其附近渤海遗迹调查

　　严长录　《博物馆研究》84年1期

和龙县兴城遗址发掘

　　吉林省文物考古研究所　《博物馆研究》88年2期

和龙县龙海古迹调查

　　郑永振　《黑龙江文物丛刊》83年2期

珲春古城考

　　魏声和　《东北丛刊》14期

珲春的渤海遗迹与日本道

　　王侠　《学习与探索》82年4期

珲春龙虎刻小考

　　顾众　《博物馆研究》82年1期

珲春市东六洞二号遗址发掘简报

　　吉林省图珲铁路考古发掘队　《北方文物》90年1期

珲春县英安镇盘岭沟口渤海遗址

　　李正凤　《博物馆研究》89年3期

珲春郎家店墓地调查

　　温海滨　《博物馆研究》86年3期

珲春郎家店墓地再次调查

　　李正凤　《博物馆研究》88年3期

吉林珲春南团山、一松亭遗址调查

　　董学增　《文物》73年8期

石头河子古城

　　李正凤　《珲春文史资料》3辑

绥芬河流域原始文化初探

　　张泰湘　《社会科学战线》82年2期

牡丹江地区原始文化试论

　　杨志军　《黑龙江文物丛刊》83年3期

乌苏里江流域考古调查

　　黑龙江省博物馆　《文物》72年3期

乌苏里江流域发现的古代文化遗存

　　黑龙江省博物馆　《光明日报》72年3月29日

安东都护府考

　　金毓黻　《制言半月刊》40期　1937年

安东古县城考

　　周凤阳　《东北丛刊》17期　1931年5月

关于东夏国都及其位置的考证

　　朴真奭《延边大学学报》81年1—2期

关于东夏都城的再探讨

　　景爱　《延边大学学报》81年4期

关于东夏国南京的继续探讨——兼答景爱同志的商榷意见

　　朴真奭　《延边大学学报》82年2期

牡丹江市郊南城子调查记

　　陶刚　《牡丹江市志通讯》86年5期

沙虎古城考

张呈文 《牡丹江市志通讯》86年5期

对乌苏里江以东地区作考古学与历史学的考察

佟柱臣 《社会科学战线》84年1期

集安浑江流域新石器时代遗址调查

集安县文物保管所 《博物馆研究》85年3期

试析浑江市永安遗址出土的铜铃

张殿甲 《博物馆研究》91年2期

丹东地区出土的一批古代官印

王连春 《黑龙江文物丛刊》83年3期

民 族

辽代鸭绿江女真新探

冯继钦 《博物馆研究》86年2期

清廷对吉林边疆少数民族地区的统治

杨余练等 《历史研究》82年6期

清代库页岛费雅喀人的户籍与赏鸟林制

关嘉录等 《社会科学辑刊》81年1期

尼夫赫人（费雅喀）民族史志概要

孙运来 《牡丹江师院学报》83年1期

俄罗斯远东地区民族的风俗民情

海东 《延边历史研究》第3辑

珲春满族的源流

郎伯君 《博物馆研究》89年3期

珲春县满族乡浅说

关庆瑞 《延边史志》85年2、3期

十九世纪末朝鲜人迁入延边自治州的发展

吕光天 《中国民族问题研究集刊》57年6期

浅谈延边朝鲜族迁入时期人口、土地、入籍等状况

　　　　洪景莲　《中国朝鲜民族迁入史论文集》

试论延边朝鲜族聚居区的形成

　　　　孙春日　《朝鲜族研究论丛》2期

珲春朝鲜族的迁入及其历史作用

　　　　金东俊　《中国朝鲜民族迁入史论文集》

朝鲜族迁入安图县的历史初考

　　　　车相勋　《中国朝鲜民族迁入史论文集》

朝鲜族迁入安图县初考

　　　　车相勋　《朝鲜族研究论丛》2期

朝鲜族古典民俗舞蹈在安图县

　　　　金晶勋　《朝鲜族研究论丛》2期

浅谈日本帝国主义对东满地区的移民侵略政策

　　　　朴京才　《延边历史研究》3辑

鸭绿江流域朝鲜族迁入情况

　　　　李光仁　《中国朝鲜民族迁入史论文集》

试论朝鲜族喜着白衣习俗

　　　　千寿山　《延边历史研究》1期

黑龙江畔的居民（一）（二）（三）

　　　　石泽癸身　东京人类学会杂志15卷5、6、7期　1900年

黑龙江东部地区各历史时期的民族服饰及发型

　　　　孙广林　《牡丹江市志》86年4期

政　　治

谈我国历代政府对乌苏里江流域的管辖

　　　　王崇实　《延边大学学报》77年4期

明政权对乌苏里江流域及东滨海地区的卫所设置和管辖

杨旸等　《社会科学辑刊》79年1期

乾隆朝对黑龙江下游及库页岛地区管辖一例

　　佟永功等　《历史档案》84年1期

清入关前吉林的经略

　　（日）周藤吉之　树人译　含发校　《延边方志》90年1、2期

清初宁古塔将军的设置和抗俄斗争

　　孙秀仁等　《学习与探索》79年4期

试论宁古塔将军迁驻吉林乌喇的原因

　　郭中秋　《史学简报》81年1期

依克唐阿将军及其有关遗迹

　　刘忠义　《延边文史资料》3辑

依克唐阿镇守珲春二三事

　　孙集　《延边史志》86年1期

清朝、民国政府对延边朝鲜族人民的统治政策

　　黄今福　《朝鲜族研究论丛》2期

十九世纪末沙皇俄国对东北的侵略

　　曾实权等　《青海师范学院学报》80年1—2期

庚子年跑毛子

　　崔锡升　《延边文史资料》2辑

十九世纪八十年代沙俄在乌苏里江地区的排华罪行

　　张本政　《学习与探索》80年5期

二十世纪初沙俄在海参崴迫害华侨的罪行

　　刘家磊　《社会科学战线》80年3期

牡丹江人民抗俄斗争史略

　　张树仁　《牡丹江市志通讯》86年2期

试论二十世纪初延边地区的"三·一三"运动

　　金东和　《延边大学学报》79年2期

有关三十年代中共开山屯区委的部分资料

    俞荣晓　《延边文史资料》2辑

中共珲春县委第一任书记考

    王占海　《延边史志》85年1期

高士斌在珲春分水岭

    郎立天　《延边文史资料》2辑

日本帝国主义侵略延边和朝鲜统监府"间岛"派出所

    卢连成　《延边方志》90年1、2期

日本帝国侵略延边

    陈亚子等　《东北师大科学集刊》57年4期

清末——民国时期绥芬河地区外国领事馆

    陈捍东　《牡丹江市志通讯》85年2、3期

"间岛"日本总领事馆简介

    鱼允元　《延边文史资料》2辑

"间岛"日本总领事馆图们分馆

    卜钟燮　《延边历史研究》3辑

鸭绿江上的反日潮

    《反攻》39年6卷6期

1927年东北临江官民的抗日设领斗争

    谭译等　《近代史研究》82年1期

30年龙井村事件

    吴育森　《延边文史资料》2辑

月晴区革命斗争史料

    图们市政协文史办　《延边文史资料》2辑

伪满初日寇在珲春设置的军、警、宪机构概况

    文龙　《珲春文史资料》2辑

日寇在珲春的宪兵分队组织概况及其罪恶活动

王喜奎　金东俊　《珲春文史资料》2辑

日本驻珲领事馆屠杀我国抗日军民的罪行片断

文龙　《珲春文史资料》2辑

在珲春首次组织的"三·八"节活动

日升　《珲春文史资料》3辑

珲春正义团

金哲洙　《珲春文史资料》2辑

珲春县相助会

崔锡升　《珲春文史资料》2辑　《延边文史资料》3辑

"间岛"协助会

权立　金春善　《延边文史资料》3辑

日寇的喉舌——协和会珲春本部

黄春山　《珲春文史资料》2辑

亲日反共的崔允周

崔武益　《延边历史研究》3辑

四十八个坟坑

崔锡升　《延边文史资料》2辑

珲春事件

崔锡升　《珲春文史资料》2辑

玻璃洞六人惨杀事件

黄春山　《珲春文史资料》2辑

电线村烧杀事件

黄炅云　金元永　《珲春文史资料》2辑

大麻子沟血案

韩忠普　《珲春文史资料》2辑

柳亭坪七人惨杀事件

黄炅云　金元永　《珲春文史资料》2辑

仁河洞惨案

　　　　黄灵云　金元永　《珲春文史资料》2辑

中岗子事件

　　　　郑万镐　《珲春文史资料》2辑

四道河子惨案记

　　　　姜永学　《延边文史资料》2辑

龙瓜沟事件

　　　　《鸡西文史资料》86年2期

小六道沟集团部落

　　　　文龙　《珲春文史资料》2辑

骆驼河子部落

　　　　崔锡升　《珲春文史资料》2辑

珲春县日本开拓团概况

　　　　文龙　《珲春文史资料》2辑

浅谈东满抗日民族统一战线的特点及其历史作用

　　　　金春善　《延边历史研究》1辑

东宁革命根据地的建立

　　　　宋宪章　《牡丹江市志通讯》86年5期

和龙县游击队长——金世

　　　　李光仁　《延边历史研究》3辑

汪清县游击队的建立发展及其反日斗争

　　　　文虎甲　《延边历史研究》3辑

抗日时期的中共汪清县委

　　　　崔锦哲　《延边历史研究》3辑

白山青松——陈翰章将军生平事迹

　　　　《延边文史资料》3辑

回忆陈翰章同志

马喜山匪帮兴亡史

　　千寿山　《延边历史研究》1期

解放初期的牡丹江市公安局与孙长德

　　伟伦　旭滨　《牡丹江市志通讯》86年5期

解放初期牡丹江市朝鲜人民民主同盟的活动

　　韩武吉　梁在华　《延边历史研究》1期

解放初期牡丹江市朝鲜人民民主大同盟

　　韩武吉　梁在龙　《牡丹江市志通讯》86年2期

张闻天在牡丹江地区开辟革命根据地大事记

　　张廷友　《牡丹江市志通讯》86年5期

军调小组在牡丹江

　　封官龙　《牡丹江市志通讯》86年5期

中国延边朝鲜族自治州的成立

　　韩武吉译　《延边历史研究》1期

军　　事

乌苏里江流域的抗俄斗争

　　董振兴等　《牡丹江师院学报》79年1期

乌苏里江流域的抗俄斗争（二）

　　董振兴等　《牡丹江师院学报》79年2期

庚子年珲春军民的抗俄斗争

　　郎立天　《延边文史资料》2辑

沙俄的入侵东北与忠义军的抗俄斗争

　　池喜谦　《延边文史资料》2辑

珲春炮台史话

　　关庆瑞　李树昆　《珲春文史资料》3辑

清末图们江水师营

田象程　　《延边历史研究》3辑

十九世纪下半叶沙俄对黑龙江以北乌苏里江以东地区的殖民

徐昌义　　《求实学刊》83年5期

张鼓峰事件是日本北进的试探吗？——兼论日本北进战略的畸变

张捷　　《中山大学学报》88年4期

东北边境的变迁与张鼓峰的地位

李安和　　《东方杂志》36卷3期　39年2月

1939"满蒙"边境上战争的起因——日本关东军进攻俄罗斯的军事试探

厉春鹏　徐占江　　《黑河学刊》88年1期

俄罗斯红军攻克虎头的战斗纪实

刘翰章　　《牡丹江市志通讯》85年5期

略述一九四五年八月苏军在延边对日作战经过

安华春　田象程　　《延边历史研究》3辑

边陲人民抗日武装队伍——珲春游击队

金东俊　　《珲春文史资料》3辑

珲春挺身队

黄炅云　黄春山　　《延边文史资料》3辑

平岗区初期抗日活动

李光仁　　《延边文史资料》2辑

三十年代罗子沟农民抗日武装——独立营

于达　　《延边文史资料》2辑

记活跃在穆棱林区的抗联小分队

房玉玲　赵虹　　《牡丹江市志通讯》86年5期

战斗在牡丹江畔

刘金凯　解志一　宫野进　　《牡丹江党史资料》86年1期

伪满时安东的防空机构——协和义勇奉公队

王云峰　　《丹东文史资料》86年2期

解放战争时期延边的建军简况

　　姚作起　高云凤　《延边历史研究》3辑

解放战争时期延边人民参军参战概况

　　姚作起　《延边历史研究》3辑

解放战争时期延边地区的剿匪斗争

　　千寿山　《延边历史研究》3辑

牡丹江军区沿革史

　　胡宝林　《黑龙江史志》86年3期

牡丹江军区概述

　　王光辉　《牡丹江市志》86年4期

牡丹江军分区沿革

　　王光辉　《牡丹江市志》86年5期

牡丹江军分区1946年冬季森林剿匪几点经验总结（节录）

　　《黑龙江党史资料》86年8期

牡丹江建政剿匪时期的十四团

　　董振东　《牡丹江市志通讯》85年5期

经　　济

图们江流域左岸人类生态经济系统

　　王俊　《人口学刊》88年1期

渤海以旧国、中京、东京为王都时期的手工业试探

　　方学凤　《延边方志》87年2期

光绪初年吉林东部边疆的开发

　　董万仑　《北方论丛》80年5期

乌苏里江流域的开发

　　赵连泰　董振兴　《北方论丛》88年1期

延边古代农业发展历程试探

方学凤　《延边史志》86年1期

清代延边地区的农业开发

刘洁　《吉林师范学院学报》90年2期

十九世纪八十年代宁古塔、三姓、珲春等地的土地开发

董万仑　《中国经济史论文集》（下）82年1月

浅谈近代延边地区的水田开发

黄今福　《延边历史研究》1期

延边地区水田开发历史初探

崔贤彬　《延边史志》86年1期

延边地区水旱年情况简介

王克印　《延边史志》86年1期

延边农业生产函数研究及其应用

李东进等　《延边大学学报》86年4期

三岔口招垦局

邹化岐　《黑龙江史志通讯》83年6期

十九世纪末二十世纪初沙俄对我国东北经济掠夺述略

黄定天　《龙江史苑》85年1期

日本金融资本在延边的渗透和掠夺

朴灿寿　《延边方志》87年2期

延边农业剩余劳动力转移方式的系统分析

金奎方　李东进　《朝鲜族研究》2期

从俄日帝国主义对鸭绿江流域森林的争夺看其掠夺东北森林资源的

特点及其异同

王希亮　《龙江史苑》86年1期

日本帝国主义侵略下的产物——中日合办鸭绿江采木公司

刘黔贵　《丹东文史资料》86年2期

鸭绿江之交通

魏吉和　《东方杂志》15卷9号　1918年9月

鸭绿江大铁桥参观纪略

　　冯建纬　《铁路协会会报》26年5月　163、164期

清代丹东地区的冶铁业

　　马忠信　《丹东史志》86年4期

安东典当业简介

　　任剑秋　《丹东文史资料》86年2期

延吉市最早的钱庄——会源恒钱庄

　　李无未　《延边史志》86年1期

珲春东沟金矿

　　日升　《珲春文史资料》3辑

珲春第一煤矿——华宝煤矿

　　日升　《珲春文史资料》3辑

珲春商埠地

　　崔锡升　《珲春文史资料》3辑

清代珲春海产

　　董玉瑛　《中国经济史论文集》（下）82年1月

清源开市与珲春

　　（日）　寺内威大郎著　田德义译　《博物馆研究》88年1期

记西步江口岸

　　关庆瑞　《珲春文史资料》3辑

刍议近代贸易重镇——珲春

　　黄今福　《延边历史研究》3辑

延边海关建制考

　　金泰彦　《延边史志》86年1期

图们海关简志

　　金泰彦　《朝鲜族研究论丛》2期

图们海关概要

　　李昌元　朴相周　《珲春文史资料》3辑

图们江航运考略

　　关庆瑞　《珲春文史资料》3辑

珲春早期对外贸易

　　葛秀凤　《珲春文史资料》3辑

边贸口岸——档壁镇

　　杨桦　《牡丹江市志通讯》89年5期

东北解放战争时期珲春军工生产基地

　　郑万镐　《珲春文史资料》3辑

珲春军工生产基地

　　张维权　《延边历史研究》3辑

珲春最早的饭庄——"福春茂"

　　吴印辑　《珲春文史资料》3辑

昙花一现的龙井村民族工商业

　　吴柏城　《延边文史资料》2辑

龙井大兴电灯公司考

　　龙井发电厂厂志办　《延边史志》86年1期

龙井大兴电灯公司兴衰始末

　　权德生　《延边历史研究》3辑

宁古塔城及其地区经济开发

　　赵德贵　《东北师大学报》88年1期

牡丹江市最早近代木材工业——志诚公司始末

　　树青　《牡丹江市志通讯》85年1、2期

《日伪时期牡丹江航空线》补述

　　范垂正　《牡丹江市志通讯》86年4期

建国前的牡丹江电业

庞福升　　《牡丹江市志通讯》86年2、3期

解放初期的牡丹江市银行

　　仲兆选　　张文波　　《黑龙江史志通讯》83年5期

牡丹江地区米酒考述

　　张呈文　　《牡丹江市志通讯》86年4期

旧社会牡丹江的典当业

　　杜兴波　　《牡丹江市志通讯》86年2期

牡丹江市储蓄事业的发展

　　叶如鹄　　《牡丹江市志通讯》85年1、2期

俄国在黑龙江、乌苏里江地区的农业移民

　　张宗海　　《大庆师专学报》84年1期

19世纪末中俄黑龙江和乌苏里江沿岸的烧酒贸易

　　郭蕴深　　《北方论丛》90年2期

清末东北地区开埠设关及其关税制度

　　戴一峰　　《社会科学战线》88年2期

东北最早的海外贸易

　　舒宁　　《吉林史志》1984年1期

"九·一八"事变前东北当局对于日本要求修筑敦图路问题交涉经过

　　罗靖寰　　《文史资料选辑》52辑

"九·一八"事变前东北与苏联的贸易

　　徐万民　　《东北地方史研究》86年1期

北满之对外商务与乌苏里铁路

　　《东省经济月刊》3卷2号

东省铁路合同名称考释及其他

　　薛衔天　　黄红莲　　《中国边疆史地研究导报》90年2期

伪满洲国《北边振兴计划》初探

　　苏崇民　　《现代日本经济》88年1期

文　化

试谈渤海以旧国、中京、东京为王都时期的教育运动

　　方学凤　《延边历史研究》1期

渤海以旧国、中京、东京为王都时期的佛教试探

　　方学凤　《延边大学学报》86年4期

二十世纪初东北朝鲜族居住地区的民族教育运动及其历史功绩

　　朴文镐　《延边历史研究》1期

龙井教育概况

　　韩生哲　《延边文史资料》2辑

中俄书院

　　金白奎　《珲春文史资料》3辑

延边最早的官办学校——珲春一小

　　金白奎等　《珲春文史资料》3辑

记延吉垦民模范学堂的兴办

　　洪流　《延边方志》87年2期

延吉市北山小学校史话

　　燕参　《延边史志》86年1期

"五卅"暴动前的私立明东学校

　　梁焕俊　《延边文史资料》2辑

珲春国民高等学校事件

　　崔长录　黄炅云　《珲春文史资料》2辑

解放战争时期延边教育事业的恢复和发展

　　金在律　《延边教育学院学刊》88年1期

延边民族教育三十五年的历史经验

　　姜永德　《延边大学学报》81年2期

回忆东北军政大学吉林分校

涂锡道　《延边历史研究》3辑

吉林省学生工作团简记

　　金春明等　《延边历史研究》3辑

老航校在牡丹江时候

　　孟新舟　《牡丹江市志通讯》86年4期

清代至日伪时期延边朝鲜族医药卫生防疫史略

　　姜春等　《东北地方史研究》87年2期

解放前珲春县医疗卫生概况

　　李能镐　《珲春文史资料》3辑

延边医药卫生历史概况

　　张文宣　《延边文史资料》2辑

珲春市宗教概略

　　市民委　《珲春文史资料》3辑

从图们教会看伪满时期的基督教朝鲜监理会

　　鲁德山　《延边历史研究》1期

宁古塔梨园习俗

　　关庆成等　《黑龙江文物丛刊》83年2期

综　　合

《鸭江行部志注释》序

　　罗继祖　《东北史研究》83年1辑

读《鸭江行部志》小记

　　罗继祖　《社会科学战线》88年1期

宁古塔纪略（上）（下）

　　《吉林史志》84年1、2期

康熙赐诗巴海

　　张呈文　《牡丹江市志通讯》86年2期

延边历代志书编纂出版情况

　　李钟官　盛修　《延边史志》85年1期

"间岛"地方史的考察

　　樊哲民泽　《禹贡半月刊》2卷4期《黑白半月刊》2卷4期

究竟谁是黑龙江北乌苏里江东的经济开发者？

　　钟民岩　《中央民族学院学报》75年3期

近代东北危机与清末的移民实边思想

　　林世慧　《黑河学刊》87年2—3期

恶霸地主孙荣铭发家史

　　梁里夫　《延边文史资料》2辑

亲日地主李永春发家史

　　《延边文史资料》2辑

铁蹄下的吉林

　　《生活》31年10月　6卷44期

[杨立新编辑]

综 合 资 料

吉林省东北部调查报告书

  1934年6月　吉林省档案馆藏（以下简称"吉省档"）

满洲事情　第二辑　第二回（"间岛"、珲春）

  外务省通商局　1920年11月　大图　吉省档

满洲事情　第四辑　第一回（吉林、"间岛"、哈尔滨）

  外务省通商局　1920年11月　同上馆藏

满洲事情　第五辑　第一回（齐齐哈尔、珲春、头道沟）

  外务省通商局　1921年2月　大图　吉省档

东满事情

  冈崎雄四郎编　1941年5月　满洲事情案内所出版

  284页　辽大图　吉省档　吉大图　东北师大图　哈图

东满要览

  1940年出版　吉省档

吉林省东部地方状况

  朝鲜总督府警务局编　1928年3月　519页

  大图　吉省档　吉市图

跃进东满之全貌

  山下武男著　北满堂书店　1940年　126页

  吉省图　哈图

最近"间岛"事情

  朝鲜及朝鲜人社　1927年10月　462页

  辽省图　大图　吉省档　长图　黑省图

"间岛"事情梗概

"间岛"日本总领事馆　1932年6月　114页

大图　吉省档

"间岛"事情梗概附录

　　"间岛"日本总领事馆　1933年8月　吉省档

"间岛"事情梗概

　　"间岛"日本总领事馆　1933年3月　79页

辽省图　吉省档　哈图

"间岛"省概况

　　"间岛"日本总领事馆编　1930年　吉省档

"间岛"省概况

　　"间岛"日本总领事馆编　1932年　吉省档

"间岛"地方概要

图们铁路办事处编　1935年5月　102页

吉省图　哈图

建设途上的"间岛"

1935年5月　吉省档

"间岛"省统计年报

1940—1941年版　吉省档

"间岛"省管内状况概要

1935年3月　吉省档

"间岛"省势概要

1936年9月　吉省档

"间岛"省公署管内状况概要

　　"间岛"省公署民政厅编　1935年3月　吉省档

"间岛"要览

　　"间岛"省公署总务科编印　1937年3月　95页

吉省档　吉社科图

省政汇览（"间岛"省）

国务院总务厅情报处编　1936年8月　沈图　大图

吉省档　吉省图　吉大图　东北师大图　黑省图

"间岛"之现势

太田胜编　1935年10月鲜满事情出版社　吉省档

"间岛"

"间岛"教育会编　1935年11月　栗原书店　吉省档

"间岛"事情

东洋拓植株式会社京城支社编　1918年　大图

关于"间岛"事情

朴斗荣著　关东军参谋部　1933年　13页　大图

"间岛"省

15页　东北师大图

关于"间岛"的各种文献

天野元之助著　1930年　27页　大图

最近的"间岛"与珲春

吉村香六　1931年11月　朝鲜交通协会　42页

吉省档　哈图

珲春县事情梗概

1934年6月　吉省档

珲春县统计表

1934　吉省档

间珲统计要览

吉林事务所编　1933年9月　吉省档

延吉事情

满洲国协和会　"间岛"地方事务局编　吉省档

关于延吉县事情

满洲国协和会　1935年6月　吉省档

头道沟事情

头道沟领事馆编　1933年　吉省档

图们

吉林铁路局　1936年4月　产业处殖产科　吉省档

图们事情

图们领事分馆编　1935年9月　吉省档

图们事情

"间岛"大日本帝国总领事馆图们分馆编　1936年6月　吉省档

图们事情

日本驻图们领事分馆　1936年9月　吉省档

安图县事情

平林三治著　1936年8月　安图出版　28页　大图　吉省档

安图县概况

县民政厅行政科编　1935年11月　吉省档

安图之概况

"满铁"资料课编　1936年　吉省档

"间岛"省安图县志

"间岛"省公署总务厅总务科　1935年　吉省档

"间岛"省汪清县势概要

汪清县公署　1936年5月　吉省档

罗子沟之概况

罗子沟宪兵队编　1936年10月　吉省档

"间岛"罗子沟事情

吉林铁路局　1936年4月　吉省档

珲春敦化

三宅俊成　1943年9月　满洲事情案内所　105页

辽省图　沈图　大图　吉省档　东北师大图　黑图

"间岛"省和龙县事情

吉田丰二著　大同学院　1936年　66页　大图

东北师大图　哈图

额穆敦化两县事情

"满铁"哈尔滨事务所调查课　1926年9月　136页

吉省档　东北师大图　哈图

长白县事情

满洲国地方事情编纂会　1934年11月　吉省档

敦化

小林纯吉编　1933年　76页　辽省图　大图

敦化县事情

川原田雄编　1936年　81页　油印　黑图

敦化县敖东城调查报告书

吉林省公署教育厅编　沈图

牡丹江之现势

"满铁"铁道局编　1937年　80页　东北师大图

牡丹江事情

佐藤钟次郎著　1941年　286页　东北师大图　黑省图

牡丹江省

17页　东北师大图

牡丹江省和"间岛"省

"满铁"总裁室弘报课　1941年　26页　大图

跃进牡丹江及其周边

佐藤钟次郎编　1938年　288页　辽省图　大图　长图

牡丹江市势概要

岩崎丙午郎编　1939年　63页　大图

宁古塔事情（东部北满）

　　横地信果著　1931年　35页　辽省图

宁安县事情

　　满洲国地方事情编纂会编　1934年　54页　辽大图

宁安县的传说与近代史实

　　横地信果　1939年　20页　大图

满洲国地方事情（第二卷）宁安县事情

　　地方事情编纂会编　1934年　长图

东北部满洲之沿革（以宁古塔为中心）

　　"满铁"哈尔滨事务所调查课　1925年　147页　辽省图

　　大连图　吉省图　吉大图　哈图

东北满事情

　　广冈光治编　哈尔滨兴信所　1941年　黑省图　哈图

东宁县事情

　　中村撰一　"满铁"哈尔滨事务所　1928年　57页　辽省

　　图　沈图　大图　辽大图　吉市图　东北师大图　哈图

东宁县珲春县一般调查报告

　　"满铁"经济调查会　1934年　294页　大图

东宁县调查报告书

　　吉田美之　1934年　203页　大连图　吉省图　吉大图

东宁珲春一般状况调查

　　315页　大连图

穆棱县一般状况

　　吉林事务所编　1933年　打字本　吉省图

绥芬河地方调查报告

　　发智善次郎　1934年　（油印）　吉市图

三江省

"满铁"调查部编　油印　吉省图

省政汇览（三江省）

国务院总务厅情报处　1936年3月　吉大图

三江省和东安省

"满铁"总裁室弘报课编　1940年　21页　大连图

跃进三江省（佳木斯）

小岛芳静著　东亚出版社　1937年　243页

辽省图　黑省图

佳木斯事情

春名辛、宫崎义友编　1936年　81页　哈图

东安省政概要

1941年10月　吉省档

吉林省依兰县事情

满洲国地方事情编纂会　1932年　289页　吉大图

三江省饶河县

于长运编　奉天兴亚印书局　1936年　269页　大连图

辽大图　吉大图　哈图

三江省萝北县事情

西岗完、吉田忠一郎著　大同学院　1935年　101页

大图　辽大图　吉大图　东北师大图　哈图

桦川县概况

桦川县公署　1936年　大图

三江省宝清县事情

洲崎吉郎著　大同学院编　1936年　72页　大图

辽大图　东北师大图　哈图

三江省通河县事情

宇都宫仁著　大同学院编　1936年　109页　大图

辽大图　吉大图　东北师大图　黑省图　哈图

三江省绥滨县事情

洲崎吉郎著　大同学院编　1936年　150页　大图

辽大图　吉大图　哈图

历 史 地 理

"间岛"省古迹调查报告

鸟山喜一、藤田亮策著　1942年　58页　图64页

沈图　大图　吉省图　长图　吉市图　东北师大图

延吉小营子遗迹调查报告（上）

75页　图65幅　东北师大图

延吉小营子遗迹调查报告（下）

1943年　76页　图70幅　东北师大图

东京城

鸟山喜一著　文教部满洲古迹古物名胜天然纪念物保存协会

1943年　44页　图20幅　辽大图　东北师大图

关于东京城出土的鸱尾

泷川政次郎编　1937年　大图

北满洲及东部西比利亚调查报告

鸟居龙藏著　朝鲜总督府　1922年　大图

渤海国小史

鸟山喜一著　新京满日文化协会　1939年　148页　辽省图

沈图　辽大图　吉省图　长图　吉大图　东北师大图　黑省图

渤海史考

鸟山喜一著　东京奉公会　1915年　305页　辽省图　大图

海西卫疆域考

（油印本）　52页　大图

绥芬河纪事

　　1911年　（誊写版）　大图

豆满江流域史

　　石本惠吉　1931年12月　吉省档

"间岛"珲春北鲜及东海岸地方行脚记

　　川口忠著　1932年2月　大连小林又七支店出版　358页

　　大图　吉省档

长白山预备调查报告书

　　满洲帝国协和会科学技术联合会自然科学研究会编

　　1934年　151页　沈图　大图　吉省图　吉大图　黑省图

关于长白山的综合调查

　　村山酿造著　1942年　42页　东北师大图

长白山综合调查报告书

　　万代源司编　"满铁"吉林铁道局　1941年　315+7页

　　吉大图　东北师大图　吉社科图　哈图

长白山之陆水

　　山崎正武著　1941年　6页　油印本　东北师大图　黑图

长白山史料片断

　　村山酿造著　奉天图书馆　1941年　辽省图　东北师大图

嘎呀河流域篇

　　松岛鉴　1929年3月　"满铁"兴业部农务课　405页　吉省

　　档　长图

极东地方事情

　　满洲国外交部政务司　1934年1月　吉省档

满洲东部国境地域的考察

　　增田忠雄　1937年4月　吉省档

满苏国境乌苏里流域调查报告书

竹内虎治编　"满铁"经济调查会　1935年　212页　油印

大图　吉省图　吉市图　东北师大图

北满沿乌苏里地方

民政部编译　1933年　36页　大图

乌苏里地方的旅行

普罗基乌力斯基著　大连日日新闻社　1943年　432页

辽省图　东北师大图　哈图

乌苏里方面旅行报告书

松村如夫著　1943年　油印本　黑省图

乌苏里探险记

乌卡阿眩比尼夫著　"满铁"调查部第三调查室译　朝日新闻社

1941年　446页　辽省图　吉大图　东北师大图　黑省图

中国领乌苏里江沿岸事情

哈尔滨商品陈列馆　1927年　39页　大图

乌苏里江水系之部

关东军参谋部编　1935年　吉省图

绥芬河及图们江水系之部

关东军参谋部　1935年3月　吉省图

兴凯湖概况

关东军司令部编　1937年　54页　哈图

满苏国境地图

"满铁"调查部　1942年　大图

边　疆　界　务

白头山定界碑

筱田治策　东京乐浪书院版　1938年　辽省图

"间岛"问题之回顾

筱田治策　1930年　61页　沈图　大图　吉省档　黑省图

"间岛"问题之经纬

佐藤贞次郎　1931年6月　东亚经济调查局　37页　大图

吉省档

满洲问题关键的"间岛"

长野朗著　东京中国问题研究所　1931年　211页

辽省图　哈图

头道沟事件

田中幸策　东京外交时报社　1939年　长图

俄罗斯的远东植民政策

继本和夫著　1939年8月　满洲国通讯社印　吉省档

满蒙国境风云

茂森唯士编　东京太阳阁版　1937年　344页

大图　东北师大图

绥芬河以北国境地区特别调查报告（交通）

"满铁"经济调查会　1934年　95页　吉大图

满苏国境问题之解剖

斋藤真编　横滨贸易协会　1935年　28页　辽省图

满苏国境纷争事件与国境线之检讨

满洲弘报协会编印　1937年　66页　东北师大图

满苏国境问题意见书（附江东六十四屯问题）

1940年　81页　辽省图

满苏国境纷争史

中村敏著　东京改造社　1939年　400页　大图

辽大图

满洲国境关系日文卷目录

外务局调查处　1940年　149页　（油印）　吉大图

满洲国境问题

　　增田忠雄著　中央公论社　1941年　133页　辽省图

　　大图　长图　吉大图　东北师大图　哈图

满洲国境事情

　　满洲事情案内所编印　1940年　70页　辽省图

　　吉市图　东北师大图

张鼓峰

　　赤石泽邦彦著　东京兴亚书店　1941年　353页　大图

张鼓峰事件经过概要

　　东洋协会调查部　1938年　36页　大图　吉省图

民　族　移　民

南满及"间岛"珲春朝鲜人事情

　　在外朝鲜人事情会　1923年　200页　大图　哈图

统监府时代的"间岛"韩民保护设施

　　九冈治编　满洲拓植会社　1944年　63页　黑省图

集团计划部落建设计划

　　"间岛"省公署编　1935年8月　吉省档

模范部落实施计划要纲

　　"间岛"省公署　1935年8月　吉省档

"间岛"省公署第三次集团部落建设协商事项

　　"间岛"省公署编　1936年3月　吉省档

在满朝鲜人事情

　　民政部总务司调查科编　1933年12月　吉省档

关于"间岛"的朝鲜人问题

　　中沟新一著　1931年5月　中日文化协会出版　吉省档

关于"间岛"朝鲜人概况

吉林铁路局　1937年1月　吉省档

"间岛"省汪清县鲜农移民入植实施经过情况

满鲜拓植股份有限公司　1937年　吉省档

"间岛"省安图县鲜农移民地建设并入植实施经过情况

满鲜拓植股份有限公司编　1937年　吉省档

"间岛"日本人的地位

平开镇夫　1920年5月　奉天"满铁"公所印　吉省档

"间岛"珲春地方日本侧鲜农集团部落要图

1935年6月　吉省档

"间岛"朝鲜人问题

天野元之助著　中日文化协会　1931年　87页　大图

东北师大图

赫哲调查报告

铃木诚、平野伍吉编　1942年　8页　大图

宁安日本人史

横地信果　哈尔滨第一线联盟　1936年　29页　大图

三江省内朝鲜人状况调查

三江省公署警务厅编　1937年　250页　（油印本）　吉大图

佳木斯移民实况

市川益平著　1933年　32页　大图

三江省开拓村农家经济调查

小西俊夫编　1942年　83页　吉省图　东北师大图　黑省图

弥荣村综合调查

东京帝国大学农字部第一调查班编　1942年　164页　大图

弥荣开拓十年志

弥荣村开拓协同组合编　1942年　302页　沈图　长图

东北师大图

弥荣村要览

　　　山崎芳雄编　满洲移住协会　1936年　144页　辽省图

　　　大图　吉省档　长图

东宫大佐传

　　　梁濑春雄著　东京新绒社　1942年　379+28页　吉大图

满洲移民之父东宫（铁南）大佐

　　　桥本传左卫门　东京农业与经济社　1928年　　13页　大图

满洲移民之父东宫铁南

　　　秦贤助著　东京时代社　1941年　302页　　　辽省图　大图

政　治　文　教

"间岛"省例规集

　　　"间岛"省公署编　1937年　沈图

"间岛"警察须知

　　　冈政久编　1929年　312页　大图

"间岛"省第二回参事官会议议事录

　　　1937年4月　吉省档

延吉民会史

　　　上田铁人　1937年9月　延吉日本人居留民会　吉省档

老头沟朝鲜人民会会势

　　　老头沟朝鲜人民会　1934年10月　吉省档

"间岛"地区"匪贼"分布要图

　　　"满铁"编　1935年6月　吉省档

关于松花江方面海军派遣队的活动

　　　海军省军事普及部　1932年11月　吉省档

"间岛"与治安

　　　铁路总局警务处　1935年6月　吉省档

统监府临时"间岛"派出所纪要

　　1936年5月　满洲经济调查会　吉省档

"间岛"省文教要览

　　"间岛"省公署　1944年　吉省档

三江省、滨江省、牡丹江省、"间岛"省管下满鲜人中等学校调查表

　　牡丹江铁道局总务课人事系　1939年4月　吉省档

经　济

东满产业调查报告书

　　朝鲜劝农株式会社编印　1937年7月　吉省档

东满地方特产事情

　　铃木三郎著　1937年10月　"满铁"铁道总局　吉省档

东部吉林省经济事情

　　东亚经济调查局　1928年　162页　大图　吉省图

东部吉林省经济事情

　　嘉治隆一　1928年2月　东亚经济调查局　621+27页

　　吉省档　哈图

京图线及背后地经济事情

　　佐滕晴雄　1935年6月　"满铁"铁道总局　442页　辽大图

　　吉省档　吉省图　东北师大图　哈图

吉敦沿线经济概况

　　吉林省公署总务厅调查科　1933年8月　吉省档

吉会预定线沿道经济资料

　　工务局统计课编　1918年6月　吉省档

吉会铁道关系地方调查报告书

　　佐田弘治郎　1928年10月　吉省档

吉会铁道关系地方调查报告书

佐田弘治郎　"满铁"出版　1928年9月　吉省档

吉会铁道关系地方调查报告书

佐田弘治郎　"满铁"出版　1928年12月　吉省档

吉会铁道关系地方调查报告书

佐田弘治郎　"满铁"出版　1929年3月　吉省档

"间岛"产业调查书

统监府临时"间岛"派出所编　1910年7月　779页

大图　吉省档　东北师大图

产业统计

"间岛"省公署编　1935年5月　吉省档

"间岛"省康德三年度产业设施状况

吉林铁路局　1937年6月　吉省档

"间岛"之产业

"间岛"省公署　1936年3月　吉省档

"间岛"经济调查

1934年　103页　（油印）　黑省图

"间岛"经济事情

李哲浩著　东满经济研究所　1937年　120页　东北师大图

"间岛"及珲春地方资源调查书

"间岛"总领事馆　1934年　吉省档

局子街方面经济状况

朝鲜银行调查局　1918年4月　吉省档

珲春县经济状况调查书

训戒驿长　1937年7月　吉省档

东宁珲春纵走带一般经济事情

土肥雄武　1934年8月　吉省档

东宁县南部、珲春县北部、汪清县东部经济状况

"满铁"经济调查会　117页　1934年　大图　吉省档　吉省图
　吉市图

珲春县经济事情

　"满铁"经济调查会编　1935年11月　满洲中央银行
　吉省档　吉省图　黑省图

豆满江流域经济事情

　朝鲜总督府铁道局营业课　1927年5月　吉省档

乌苏里江地方经济事情

　交涉局第一课编　1915年　长图

镜泊湖畔产业概要

　高桥忠男　1937年4月　吉省档

管内产业要览

　牡丹江铁路局产业处编　1937年4月　吉省档

东满康德七年度北边振兴计划书

　牡丹江铁道局总务科资料系编　1940年5月　29页
　吉省档

吉林省三姓、勃利地方经济事情

　石井俊之　"满铁"经济调查会　1935年　148页　大图
　吉省档　吉省图　吉大图　哈图

吉林省内三姓、勃利间地方调查报告

　"满铁"经济调查会　1934年　333页　大图

吉林省东北部松花江沿岸地方经济事情

　"满铁"调查课　1921年　346页　大图哈图

农　业

农村经济

"间岛"农业机构概要

朝鲜总督府"间岛"派遣员 1935年6月 吉省档

"间岛"农业机构概要

中谷忠治编 "满铁"资料课 1936年 81页 大图

黑省图 哈图

"间岛"农业机构概要

松木丰三 1936年1月 "满铁"资料课 吉省档

"间岛"省农村振兴委员会规程

珲春县公署 1936年 吉省档

"间岛"珲春地方东拓 自作农创定状况

1934年1月印行 吉省档

"间岛"省管内租佃惯行调查

总务科 1936年 吉省档

"间岛"省之佃民制度

地籍整理局 1938年12月 吉省档

满洲家族制度惯习调查（第一卷哈尔滨及延吉地方）

列野茂著 有斐阁 1944年 868页 辽省图

汪清县农事合作社岁入岁出预算书

汪清县农事合作社 1937年 吉省档

农村实态调查一般调查报告书（吉林省延吉县）

临时产业调查局 1936 624页 沈图 黑省图 哈图

农村实态调查一般调查报告书（吉林省敦化县）

临时产业调查局 1936年 450页 吉省图 黑省图 哈图

宁安县农业劳工事情调查报告书

"满铁"产业部 1936年10月 吉省档

三江省汤原县农村概况调查报告书

兴农合作社中央调查课 1940年 66页 长图

三江省通河县农村概况调查报告书

兴农合作社中央调查课　1940年　59页　长图

宁安县农村购买力吸收对策调查报告书

　　葛原秀治编　1943年　47页　黑省图

兴凯湖畔农村巡行

　　实业部农务司农政科　1934年　67页　大图

关于东满特产的销售量

　　牡丹江铁路局总务处资料科　1937年9月　吉省档

东满管下粮栈实态调查

　　牡丹江铁路局　1937年9月　吉省档

"间岛"省义仓积谷现状

　　"满铁"弘报课　1936年12月　吉省档

"间岛"省义仓积谷现状

　　奉天地方事务所　1936年1月　　吉省档

间珲地方有关农产品市场的调查

　　中谷忠治编　吉林事务所　1933年9月　20页

　　吉省档　黑省图

"间岛"省农产物搜集对策调查报告

　　满洲中央银行调查课　1943年　124页　（油印）　黑省图

"间岛"省关于农作物青田卖买防止输出检查及其贩卖实施经纬农事合

　　作社问题

　　满洲中央银行调查课　1937年11月　吉省档

"间岛"大豆共同贩卖情况

　　井原隆二著　大连"满铁"产业部商工课　1937年

　　65页　吉市图

"间岛"大豆共同贩卖斡旋实施计划书

　　"间岛"总领事馆　1935年11月　吉省档

"间岛"省大豆共同贩卖实施状况一览表

“间岛”省公署　1936年　吉省档

“间岛”省大豆共同贩卖实施状况

　　“满铁”资料课　1936年6月　吉省档

“间岛”大豆收购状况调查

　　“间岛”省公署实业科　1935年2月　吉省档

农业生产

“间岛”之农业

　　“间岛”省公署　1936年10月　吉省档

“间岛”省康德十年度农产物增产目标

　　牡丹江铁道局　1943年　吉省档

昭和七年度间珲地方农业状况

　　1932年印行　30页　（油印）　黑省图

“间岛”珲春地方农业概况

　　“间岛”日本帝国总领事馆　1931年12月　吉省档

“间岛”地方农业统计

　　“间岛”日本总领事馆编印　1933年　35页　（油印）　大图

吉林省“间岛”地方珲春、凉水泉方面农业调查报告

　　“满铁”经济调查会编　1934年出版　107页　大图

　　吉市图　东北师大图

吉林省“间岛”地方珲春、汪清、延吉地方农业调查报告

　　经济调查委员会编印　1934年　108页　大图

“间岛”省汪清县罗子沟调查报告书

　　冈虎一　1935年2月　吉省档

罗子沟地方农耕地调查复命书

　　“满铁”龙井村派出所编　1933年4月　吉省档

敦化额穆地方农业调查报告

经济调查会编　1933年4月　吉省档

"间岛"主要作物栽培情况调查

金河荣编　1933年　47页　（油印）　黑省图

"间岛"主要农作物解说

"间岛"日本总领事馆　1935年　吉省档

"间岛"大豆问题

中谷忠治　1936年5月　252页　吉省档　黑省图

"间岛"大豆概况

铁道总局营业局混保课　1940年　吉省档

"间岛"产大豆的调查

图们铁路办事处　1934年4月　吉省档

"间岛"及朝鲜大豆品质调查

混保检查所　1937年12月　吉省档

吉敦沿线水田候补地调查报告书

"满铁"临时经济调查委员会编　1929年　241+34页

大图　吉省图　吉大图

以蛟河为中心的东部满洲水稻栽培

蛟河采种场　1935年　吉省档

"间岛"省烟草作地带的农业经营事情

武藤高吉著　奉天满洲叶烟草株式会社　1942　96页

吉省图　吉市图　黑省图　齐市图

"间岛"地方美国种黄烟调查

"满铁"弘报课　1937年5月　吉省档

敦化县药草概说

吉林铁道局附业课　1939年8月　吉省档

宁安县农业大要

"满铁"吉林事务所　1934年　吉省档

东宁附近农业调查报告

　　经济调查会　　1933年12月　　吉省档

吉林省宁安县牡丹江流域农业调查报告

　　士居丁编　　1934年出版　　11页　　大图　　吉省档　　吉市图

吉林省穆棱县穆棱河流域农业调查报告

　　士居丁编　　新京　　1934年　　82页　　大图　　吉省档　　哈图

绥芬河附近农业调查报告

　　"满铁"经济调查会　　1933年　　36页　　（打印本）　　大图

依兰县勃利县地方农业调查报告

　　"满铁"经济调查会　　1934年10月　　135页　　大图

　　吉省档　　吉省图　　吉市图　　吉大图

三江省内湿地踏查报告书

　　"满铁"编　　1937年　　（油印）　　吉省图

宁安之土壤

　　藤谷武雄　　1936年　　17页　　哈图

牡丹江水系乌斯浑河流域第一号土地改良地区（三江省勃利县第六

　　区龙爪沟）调查书

　　临时产业调查局编印　　1935年　　13页　　哈图

牡丹江省开拓团的土壤及农业经济调查书（桦林、密占河、七星、五林

河）

　　牡丹江省开拓科编印　　1943年　　152页　　哈图

秋分作况季报（康德八年度）

　　"间岛"勤农模范场编印　　1941年　　10页　　（油印）　　黑省图

滨江省密山及虎林地方土壤调查书

　　临时产业调查局编印　　1935年　　48页　　长图　　哈图

穆棱河水系第二号土地改良地区滨江省第六区平阳调查书

　　临时产业调查局编　　1935年　　16页　　哈图

穆棱河水系第三号土地改良地区滨江县第四区锅盔堡调查书

　　临时产业调查局编　1935年　18页　长图

穆棱河水系第三号土地改良地区滨江省密山县第七区朝阳屯调查书

　　临时产业调查局编　1935年　15页　黑省图

穆棱河水系第七号土地改良地区滨江省密山县第七区连珠山调查书

　　临时产业调查局编　1935年　16页　哈图

林牧渔业

吉林省东北部林业

　　青柳胜敏　"满铁"调查课　1920年　161页　大图

吉林省东宁方面林业调查报告书

　　"满铁"经济调查会编　1934年　25页　（打印）　大图　吉省图
吉市图

吉林省东宁汪清方面森林调查报告

　　土居传三郎　"满铁"经济调查会　1934年　油印　大图　吉省
图　　吉市图

吉会铁道沿线森林调查书

　　"满铁"兴业部农务课编　1929年　大图

吉会铁道沿线森林调查书（其三、四）四合川地域编

　　"满铁"兴业部农务课　1929年　157页　大图　吉大图

"间岛"珲春方面森林调查报告

　　"满铁"经济调查会　1934年　36页　（打印）　大图　吉市图

南满松豆牡流域森林调查书

　　"满铁"地方课　1918年　408页　沈图　大图　吉省图　吉大图
哈图

满洲松豆牡三江上流地方森林航空调查记录

　　中村品藏等著　1933年　20页　大图

嘎呀河西部上流地域镜泊湖东部森林调查书

　　　"满铁"经济调查会编　1934年　27页　（打印本）　大图　吉市图

宁安县森林资源调查报告

　　　"满铁"经济调查会编　1934年　52页　（打印本）　沈图　大图

北"满铁"路东部线穆棱站方面森林调查书

　　　"满铁"经济调查会编　1934年　41页　（打印本）　大图　吉市

　　　图

关于"间岛"的林场

　　　铁路总局　1935年3月　吉省档

珲春林务署概要

　　　小里嘉明　1936年8月　珲春林务署　51页　吉省档　黑省

　　　图

关于"间岛"的部留林场（直营）

　　　小林则雄　1935年10月　吉省档

"间岛"省内森林业者的各组合

　　　"满铁"弘报课　1935年3月　吉省档

延吉林务署管内官行砍伐状况

　　　"满铁"资料课　1945年6月　吉省档

敦化县森林集团伐采事业调查报告

　　　"满铁"大同林业事务所　1935年　吉省档

"间岛"方面林场调查复命书

　　　地方部农务课　1934年吉省档

大汪清社有林场十三年度伐木计划（改订）

　　　"满铁"产业部　1937年　22页　哈图

"间岛"省五县联合农畜产品评会关系书类

　　　"间岛"省公署　1936年4月　吉省档

滨绥沿线（牡局管内）养蜂事情

牡丹江铁路局附业课殖产系　1939年　46页　（油印）　哈图

东满地区主要都市（牡丹江、勃利、佳木斯、密山）畜肉、鸡蛋消费状况调查报告

　　松本利夫编　"满铁"调查部　1939年　86页　（油印）　哈图

东满的淡水渔业

　　大西弘编　满洲事情案内所　1944年　41页　哈图

北鲜及东满地方水产品需给事情

　　"满铁"调查部　1939年　87页　（打印）　大图

工　矿　业

东满主要会社工场调查

　　牡丹江铁路局总务处资料科编　1937年　85页　（打印）　大图

"间岛"省关于康德七年度第十四半期民需用洋灰材铁砖瓦用煤配给预想

　　吉林铁道局　1940年5月　吉省档

镜泊湖发电所预定地附近地质调查概报

　　"满铁"地质调查所　1937年10月　吉省档

吉会预定线地方矿山调查报告

　　佐田弘治郎　1931年2月　178页　沈图　大图

　　吉省档　吉省图

"间岛"省和龙县亚东矿山踏查概报

　　"满铁"调查部　1942年11月　吉省档

和龙煤矿事情

　　矿产部矿务课　1939年4月　吉省档

天宝山矿业调查

　　木原二庄等编　吉省档

天宝山银铜山调查

    牡丹江铁路局　　1937年7月　　吉省档

开山屯矿山概况

    开山屯矿业所　　1937年7月　　黑省图

"间岛"省延吉县朝阳铜山再调查报告

    产业部调查课　　1942年　　（油印）　　8页　　黑省图

穆棱煤矿

    "满铁"　　1927年　　48页　　大图

"间岛"省和龙县三道沟砂金矿地质图

    1幅　　黑省图

"间岛"省安图县西北岔附近锑矿现况调查报告

    "满铁"调查部　　1940年　　12页　　大图

商　业　金　融

敦化（商业事情）

    吉林铁路局产业处殖产科　　1936年5月　　吉省档

龙井村（商业事情）

    吉林铁路局产业处殖产科　　1936年　　吉省档

东北满商工人事兴信录

    广冈光治　　1942年9月　　满洲兴信所联盟　　吉省档

珲春贸易概况

    北鲜铁道管理局　　1936年9月　　吉省档

"间岛"贸易年报

    "间岛"日本领事馆　　1934年5月　　吉省档

间珲地方贸易大观

    "满铁"龙井村派出所　　1933年9月　　吉省档

昭和十年珲春贸易年报

"满铁"资料课　1936年6月　吉省档

"间岛"珲春地方贸易年报

　　1933年度　吉省档

昭和九年上半期间珲地方贸易统计表

　　1935年3月　吉省档

图们税关输出入数量调查

　　"满铁"资料课　1936年7月　吉省档

"间岛"地方满洲国侧现行课税调查

　　"满铁"龙井派出所　1933年6月　吉省档

"间岛"金融界的推移

　　满洲中央银行　1944年　30页　（油印）　黑省图

"间岛"珲春金融部概要

　　"满铁"龙井村派出所　1933年5月　吉省档

珲春金融会的设立

　　吉林铁路局　1936年5月　吉省档

"间岛"金融事情

　　"东拓""间岛"分店　1933年9月　吉省档　延大图

图们商工案

　　图们商工会　1939年　127页　辽省图　省图　黑省图

佳木斯商工案内

　　官崎义友编　1939年　182页　长图

佳木斯商工案内（康德八年版）

　　菅野菊三郎编　1941年　210页　吉大图　黑省图

国境的商业都市绥芬河

　　枝村茶编　1934年　119页　大图　吉省图　吉市图

佳木斯商业案内

　　佳木斯日本商工会　1937年　吉省图

牡丹江商工名录

　　佐藤钟次郎著　1940年　401页　辽省图　长图　吉大图

交 通 运 输

东满洲交通略图

　　"满铁"吉林铁路局货物科编　1939年　大图

东满地方视察报告

　　关东递信局监督课　1936年　146页　（誊写版）　大图

京图线的开通与东北朝鲜三港

　　1935年　东北师大图

穆棱并鹤立岗各铁路局营业成绩（1933—1935）

　　哈尔滨铁路局北满经济调查所　1936年　5页　大图

吉敦铁路建设图片集

　　"满铁"铁道部　1929年　长图

林密线建设概要——满洲国国有铁道

　　"满铁"铁道建设局　1936年　33页　大图

图宁线建设图片集

　　"满铁"牡丹江事务所　1935年　58页　黑大图

图宁线建设纪要——满洲国国有铁道

　　"满铁"铁道建设局　1936年　198页　大图　吉大图

敦图线建设史

　　本田康喜　满洲新报社大连支社

　　1934年　344页　辽省图　大图　吉大图

敦化图们间铁道的完成与日满关系

　　"满铁"铁路总局编　1933年　93页　沈图　大图

敦图线建设工程图片集

　　"满铁"铁道建设局　1934年　大图

乌苏里铁道现况

　　"满铁"哈尔滨事务所调查课编　1926年　61页　哈图

东满新线概要（牡丹江—林口间、林口—密山间）

　　"满铁"吉林铁路局编　1936年　23页　大图

吉会铁道关系地方调查报告书（第一辑一般经济）

　　"满铁"庶务部调查课编　1928年　334页　吉大图　黑省图

吉会铁道关系地方调查报告书（第二辑东部满洲对策要论）

　　"满铁"庶务部调查课编　1929年　81页　吉大图

吉会铁道关系地方调查报告书（第五辑行政及财政）

　　"满铁"庶务部调查课　1928年　70页　吉大图

吉会铁道的使命与日满关系

　　林利雄著　1933年　16页　大图

吉林省（其一吉会线关系地方）

　　"满铁"庶务部调查课　1919年　200页　吉省档　吉省图　哈图

吉林省穆棱县内铁道沿线调查报告

　　1934年　60页　大图

列车运转时刻表（牡丹江铁道局）

　　"满铁"　1940年　82页　大图

京图线案内

　　"满铁"铁路总局　1934年　87页　辽省图　大图　古省档

京图线概况

　　吉林铁路局旅客科　1936年　油印本　吉大图

东满经济事情及日满间货物运输

　　冈郁编　牡丹江铁路局　1939年　145页　辽大图　吉省档

满鲜国境横断铁路及终端港

　　临时经济调查委员会　1929年7月　吉省档

敦图线天图线建设纪要

铁道建设局　1935年2月　大图　吉省档

天图轻便铁道

　　"满铁"庶务部调查课　1925年3月　61页　吉省档　哈图

龙青铁道背后地事情

　　吉林铁道局　1939年10月　吉省档

龙青线建设概要

　　铁道总局建设局　1940年6月　吉省档

图宁线事情

　　宁北建设事务所编　1934年12月　吉省档

图宁、宁佳、林密线及背后地概况

　　佐藤晴雄　1935年5月　铁路局　404页　　大图

　　辽大图　吉省档　吉省图　吉大图

宁佳线、林虎线的经济价值

　　铁道总局　1935年　216页　大图　辽大图　吉省图

　　吉大图　哈图

吉林会宁间广轨铁道预定线路调查书

　　饭田耕一郎　1918年5月　218页　大图　吉省档

敦化汽车区沿革并背后地事情

　　敦化汽车区　1939年3月　吉省档

"间岛"省道路网五年实施计划概要

　　"间岛"省公署　1936年3月　吉省档

汪清罗子沟之间汽车路线调查报告书

　　牡丹江铁路局运输处汽车科　1937年3月　吉省档

汽车路线珲春—庆源

　　1940　油印本　39页　黑省档

明月沟安图间汽车运输营业计划的有关调查及计划书

　　牡丹江铁路局运输处　1937年2月　吉省档

"间岛"汽车营业合同的经纬

　　吉林铁路局　　1936年11月　　吉省档

"间岛"汽车调查

　　"间岛"总领事馆　　1934年4月　　吉省档

东满线东兴镇东宁间汽车路线调查

　　牡丹江铁路局　　1937年1月　　吉省档

"间岛"汽车合同

　　吉林特务机关　　1935年6月　　吉省档

"间岛"汽车业者合同问题状况

　　"满铁"龙井村派出员编　　1935年1月　　吉省档

豆满江水运及该流域的木材

　　经济调查会　　1932年11月　　吉省档

拉滨京图沿线主要地及北鲜诸港概况

　　哈尔滨日本商工会议所　　1934年2月　　25页　　吉省档　　黑省

图

乌苏里江及兴凯湖方面出张报告

　　"满铁"铁路局水运课　　1934年　　大图

松花江航行权问题研究

　　"满铁"哈尔滨事务所调查课　　1924年　　244页　　大图

　　吉省图　　吉大图　　东北师大图

［衣保中辑译］

后　记

李澍田教授素以爱国爱乡著称于学界，东疆文化尤为偏嗜。在身体力行，呕心沥血，苦心经营《长白丛书》事业同时，于东疆文化多所建树，先后提出"长白区域文明"及"东疆边务学派"等科学命题，进行大胆探索和开拓。在李教授的引导、鼓励下，一批有志青年汇集在一起，形成一支阵容可观的研究队伍。1989年，李澍田教授精心设计了"中国东疆研究"课题，先后被列为吉林省教育委员会、吉林省社会科学规划和国家教育委员会的重点科研项目，并组织我们开展这方面的研究。

1990年，吉林省考古研究所研究员，我国著名东北史地学家李健才先生把他撰著的《图们江流域的历史考察》书稿寄给李澍田教授，李教授阅后觉得甚有价值，遂纳入课题计划，责成我为之续补成书。最初，我因对东疆问题所知甚少，又有其他任务尚未完成，故犹豫未决，迟未着手。值得庆幸的是，李教授向来对工作要求甚严，一再督导，我才决然承命，着手工作。

我在续补工作中，谨遵健才老的治学方法，从资料入手，重史实考述，戒空泛议论，突出边疆问题、开发问题和反侵略斗争。为符吉林东疆题旨，乃将研究地范围由图们江流域扩及牡丹江地区和乌苏里江流域，以反映东疆历史全貌。

伪满部分原拟写作，惜乎中文资料匮乏，又无深入研究，很难有所突破。乃从日文书刊中摘译有关资料，按题汇编，庶几可窥伪满东疆一斑。译稿中的第一、二、三、五节由吉林师院历史系讲师刘含发君校核，第四节由吉林师院张晋昌教授笔润。他们严谨认真的校订工作，保证了译稿的质量，对他们的辛勤劳作我十分感激。

　　我在接受任务后，爱人患病住院，病人孩子无从照料，工作几乎难以为继。困厄之际，岳父母刘镇武和崔剑秋二老为支持我的工作，不顾自己年迈体弱和工作繁忙，克服困难代我照料孩子，使我的研究没有中辍。在短短的一年时间里就完成了史料搜集、整理、写作、译述等繁重任务。在此谨向支持科学研究事业的两位老人表示崇高的敬意。在资料搜集工作中，吉林大学俄罗斯研究所助理研究员张广翔同志热心为我借阅资料，给予真诚的帮助。吉林师院古籍所东北文献研究室主任衣兴国和古籍资料室杨立新同志对本课题的研究工作也给予大力支持和协作。历史系八九级本科生积极参加这项课题的工作，郭冬梅同学协助翻译部分资料，郝彬同学帮助抄写部分书稿。内助刘洁老师抱病赶抄十七万字书稿。因此，这本小书包含着众多亲友和同志的辛劳，在此谨向他们表示衷心的感谢。

　　　　　　　　　　　　　　　　　　　　　　　衣保中

　　　　　　　　　　　　　　　　　　　　1991 年 1 月 1 日